OBRAS PÓSTUMAS
Allan Kardec
POR CLAUDIO DAMASCENO FERREIRA JUNIOR

OBRAS PÓSTUMAS

ALLAN KARDEC
POR CLAUDIO DAMASCENO FERREIRA JUNIOR

1ª edição / Porto Alegre-RS / 2021

Capa: Marco Cena sobre tela de William Adolphe Bouguereau - A Caridade
Capa: Marco Cena
Produção editorial: Maitê Cena
Revisão: Gaia Revisão Textual
Produção gráfica: André Luis Alt

Dados Internacionais de Catalogação na Publicação (CIP)

K18o Kardec, Allan
         Obras Póstumas. / Allan Kardec ; Organizador: Claudio Damasceno Ferreira Junior. - Porto Alegre: BesouroBox, 2020.
         320 p. ; 16 x 23 cm

         ISBN: 978-65-88737-40-8

         1. Espiritismo. 2. Filosofia espiritual. I. Título. II. Ferreira Junior, Claudio Damasceno.

                                                                           CDU 133.9

Bibliotecária responsável Kátia Rosi Possobon CRB10/1782

Copyright © I. Boca Migotto, 2020.

Todos os direitos desta edição reservados a
Edições BesouroBox Ltda.
Rua Brito Peixoto, 224 - CEP: 91030-400
Passo D'Areia - Porto Alegre - RS
Fone: (51) 3337.5620
www.besourobox.com.br

Impresso no Brasil
Junho de 2021.

Os direitos autorais provenientes desta obra serão doados pelo organizador ao Centro Espírita Dr. Ramiro D'Ávila (Sopa do Pobre) - Porto Alegre/RS.

SUMÁRIO

Biografia de Allan Kardec 11

Discurso pronunciado junto ao túmulo de Allan Kardec 19

Aos assinantes da Revista Espírita 27

PRIMEIRA PARTE 29

Capítulo 1 – Profissão de fé espírita raciocinada 31
    1. Deus 31
    2. A alma 32
    3. A Criação 35

Capítulo 2 – Manifestações dos espíritos 39
    Caráter e consequências religiosas das
    manifestações dos Espíritos 39
    1. O perispírito como princípio das manifestações 42
    2. Manifestações visuais 44
    3. Transfiguração – invisibilidade 47
    4. Emancipação da alma 48
    5. Aparição de pessoas vivas – bicorporeidade 53
    6. Os médiuns 53
    7. Obsessão e possessão 63

Capítulo 3 – Homens duplos – aparições de pessoas vivas **69**

Capítulo 4 – Controvérsias sobre a ideia da existência de seres intermediários entre o homem e Deus **78**
    Carta endereçada a Allan Kardec 78

Capítulo 5 – Causa e natureza da clarividência sonambúlica **84**
    Explicação do fenômeno da lucidez 84

Capítulo 6 – Segunda vista **88**
    Conhecimento do futuro – previsões 88

Capítulo 7 – Introdução ao estudo da fotografia e da telegrafia do pensamento **94**
    Fotografia e telegrafia do pensamento 98

Capítulo 8 – Estudo sobre a natureza do Cristo **104**
    1. Origem das provas sobre a natureza do Cristo 104
    2. Os milagres provam a divindade do Cristo? 106
    3. As palavras de Jesus provam a sua divindade? 109
    4. As palavras de Jesus depois da sua morte 118
    5. A dupla natureza de Jesus 120
    6. A opinião dos Apóstolos 122
    7. A predição dos profetas em relação a Jesus 126
    8. O Verbo se fez carne 128
    9. Filho de Deus e Filho do Homem 130

Capítulo 9 – Influência perniciosa das ideias materialistas **135**
    Sobre as artes em geral e sua regeneração pelo Espiritismo 135

Capítulo 10 – A teoria da beleza **140**

Capítulo 11 – A música celeste **150**

Capítulo 12 – A música espírita **153**

Capítulo 13 – A estrada da vida **160**

Capítulo 14 – As cinco alternativas da Humanidade **165**
    1. A doutrina materialista 166
    2. A doutrina panteísta 167
    3. A doutrina deísta 168
    4. A doutrina dogmática 169
    5. A Doutrina Espírita 170

Capítulo 15 – A morte espiritual **172**

Capítulo 16 – A vida futura **177**

Capítulo 17 – Perguntas e problemas **183**
    Expiações coletivas 183

Capítulo 18 – O egoísmo e o orgulho **190**
    Suas causas, seus efeitos e os meios de destruí-los 190

Capítulo 19 – Liberdade, igualdade e fraternidade **196**

Capítulo 20 – As aristocracias **200**

Capítulo 21 – Os desertores **205**

Capítulo 22 – Ligeira resposta aos detratores do Espiritismo **213**

SEGUNDA PARTE **217**

Capítulo 1 – Extratos, in extenso, do livro das Previsões relativas ao Espiritismo **219**
    1. A minha iniciação no Espiritismo 219
    2. Meu Espírito protetor 224
    3. Meu guia espiritual 225
    4. Primeira revelação da minha missão 228
    5. A minha missão 229
    6. Acontecimentos 230
    7. Acontecimentos 230

8. O Livro dos Espíritos 231
9. Minha missão 232
10. O Livro dos Espíritos 235
11. O Livro dos Espíritos 236
12. A tiara espiritual 236
13. Primeira notícia de uma nova encarnação 239
14. A Revista Espírita 240
15. Fundação da Sociedade Espírita de Paris 242
16. Duração dos meus trabalhos 243
17. Acontecimentos – papado 244
18. Minha missão 245
19. Futuro do Espiritismo 245
20. Minha volta 246
21. Auto de fé de Barcelona. Apreensão dos livros 247
22. Auto de fé de Barcelona 248
23. Meu sucessor 250
24. Imitação do Evangelho 251
25. A Igreja 254
26. Vida de Jesus, por Renan 255
27. Precursores da tempestade 256
28. A nova geração 258
29. Instrução relativa à saúde do Sr. Allan Kardec 260
30. Regeneração da Humanidade 263
31. Marcha gradual do Espiritismo.
Dissidências e obstáculos 269
32. Publicações espíritas 270
33. Acontecimentos 271
34. Minha nova obra sobre A Gênese 272
35. A Gênese 273
36. Acontecimentos 274
37. Meus trabalhos pessoais. Conselhos diversos 274

Capítulo 2 – Fora da caridade não há salvação 277

Capítulo 3 – Projeto – 1868 278
1. Estabelecimento central 279

2. Ensinamento espírita 280
3. Publicidade 280
4. Viagens 281

Capítulo 4 – Constituição do Espiritismo **282**
   1. Considerações preliminares 282
   2. Sobre os cismas (opiniões divergentes) 284
   3. O chefe do Espiritismo 286
   4. Comitê central 290
   5. Instituições acessórias e complementares
   ao Comitê central 294
   6. Extensão das atividades do Comitê central 295
   7. Estatutos que constituem o Comitê 297
   8. Sobre o programa das crenças 299
   9. Recursos e haveres 303
   10. Allan Kardec e a nova constituição do Espiritismo 305

Capítulo 5 – Credo espírita **312**
   Introdução 312
   Princípios fundamentais da Doutrina Espírita,
   reconhecidos como verdades incontestáveis 317

BIOGRAFIA DE ALLAN KARDEC

É ainda sob o impacto da profunda dor que nos causou a partida prematura do venerável fundador da Doutrina Espírita que nos entregamos a uma tarefa que seria simples e fácil para suas mãos sábias e experientes, mas que seria impossível para nós se não contássemos com o auxílio eficaz dos bons Espíritos e com a boa vontade dos nossos leitores.

Quem, dentre nós, sem ser taxado de presunçoso, poderia se vangloriar de possuir o espírito metódico e organizado que iluminaram todos os trabalhos do mestre? Somente a sua grande inteligência poderia organizar materiais de natureza tão diversa, esmiuçá-los e transformá-los, para depois os espalhar, como orvalho salutar, sobre as almas desejosas de conhecer e amar.

Kardec era objetivo, possuía uma grande capacidade de síntese, sem deixar de se aprofundar nas questões. Sabia agradar e se fazer compreender utilizando uma linguagem simples e, ao mesmo tempo, elevada, muito distante do estilo familiar e da falta de clareza da linguagem metafísica.

Trabalhando de forma incessante, ele conseguiu, até aqui, dar conta de tudo. Entretanto, o aumento diário de suas relações e o desenvolvimento constante do Espiritismo fizeram com que ele sentisse a necessidade de reunir em torno de si alguns auxiliares inteligentes. Foi justamente quando preparava a nova organização da Doutrina e dos seus trabalhos que ele nos deixou para ir viver num mundo melhor. Lá ele receberá o prêmio pela missão cumprida e buscará elementos para uma nova obra de devotamento e sacrifício.

Ele era sozinho, mas como somos muitos, nos denominaremos *Legião*. Assim, por mais fracos e inexperientes que possamos ser, temos a íntima convicção de que nos manteremos à altura da situação. Para isso, vamos partir dos princípios estabelecidos por ele, cujas evidências são incontestáveis, para executar, tanto quanto nos seja possível e de acordo com as necessidades do momento, os projetos que o próprio Sr. Allan Kardec pretendia realizar no futuro.

Enquanto seguirmos o caminho traçado por ele, com o auxílio de todos os homens de boa vontade, unidos num esforço comum pelo progresso e pela regeneração intelectual e moral da Humanidade, o Espírito do grande filósofo (Kardec) estará sempre conosco, auxiliando-nos com a sua poderosa influência. Que ele possa suprir as nossas deficiências, e que nós possamos ser dignos da sua ajuda, dedicando-nos à obra com o mesmo devotamento e a mesma sinceridade, ainda que não tenhamos o seu conhecimento e a sua inteligência.

Em sua bandeira, o mestre escreveu estas palavras: *Trabalho, solidariedade e tolerância*. Sejamos, como ele, incansáveis; sejamos, em conformidade com os seus anseios, tolerantes e solidários. Não devemos temer seguir os seus exemplos nem temer reconsiderar, quantas vezes forem necessárias, os princípios ainda sujeitos a controvérsias.

Solicitamos a participação e o conhecimento de todas as criaturas. Tentaremos avançar priorizando a segurança e a certeza em detrimento da rapidez. Ao agirmos assim, se cada um se propuser a cumprir com o seu dever, colocando de lado todas as questões pessoais a fim de contribuir para o bem geral, nossos esforços não ficarão infrutíferos. Fiquem certos de que nós seremos os primeiros a dar o exemplo.

A melhor maneira de adentrar nesta nova fase que se abre para o Espiritismo é fazer com que os nossos leitores conheçam, em rápidas pinceladas, o que foi, durante toda a sua vida, o homem íntegro e honrado, o sábio inteligente e fecundo, cuja memória se transmitirá aos séculos futuros envolvida por uma auréola que só os benfeitores da Humanidade possuem.

Nascido em Lyon, a 3 de outubro de 1804, vindo de uma antiga família que se distinguiu na magistratura e na advocacia, o Sr. Allan Kardec (Hippolyte Léon Denizard Rivail) não seguiu essas carreiras. Desde moço, sentiu-se inclinado ao estudo das diversas ciências e da Filosofia.

Educado na Escola de Pestalozzi, em Yverdon (Suíça), tornou-se um dos discípulos mais admiráveis desse célebre professor e um dos mais zelosos divulgadores do seu sistema de educação, que tão grande influência exerceu na reforma do ensino, tanto na França quanto na Alemanha. Dotado de uma inteligência notável, ele foi atraído para o ensino pelo seu caráter e pelas suas aptidões especiais. Desde os 14 anos, ensinava o que sabia aos seus colegas que tinham aprendido menos do que ele. Foi nessa escola que desabrocharam as ideias que, mais tarde, o colocariam no rol dos homens progressistas e dos livres-pensadores.

Nascido sob a influência da religião católica, mas educado num país protestante, teve que suportar atos de intolerância relacionados a essa circunstância. Isso o levou a conceber a ideia de uma reforma religiosa, na qual trabalhou em silêncio durante longos anos com o objetivo de alcançar a unificação das crenças. No entanto, faltava-lhe o elemento indispensável para a solução desse grande problema – somente mais tarde o Espiritismo viria fornecer-lhe um rumo especial a esses trabalhos.

Após concluir os seus estudos, voltou para a França. Conhecedor profundo da língua alemã, traduziu para esse idioma diferentes obras de educação e de moral, principalmente as obras de Fénelon, que o haviam seduzido de modo particular.

Kardec era membro de várias sociedades científicas, entre elas a da Academia Real de Arras, que, em seu concurso de 1831, premiou uma notável dissertação de sua autoria sobre a seguinte questão: *Qual o sistema de estudo mais em harmonia com as necessidades da época?*

De 1835 a 1840, fundou, em sua casa, à Rua de Sèvres, "cursos gratuitos" de Química, Física, Anatomia comparada, Astronomia etc., iniciativa digna de elogios em todos os tempos, principalmente porque, naquela época, eram poucas as pessoas que se dispunham a fazer isso.

Sempre preocupado em tornar atraentes e interessantes os métodos de educação, inventou um sistema engenhoso de ensinar a contar e uma técnica que ajudava a desenvolver a memória visando ao estudo da História da França. Seu objetivo era fazer com que o aluno fixasse na memória as datas dos acontecimentos de maior relevância e as descobertas que ilustraram cada reinado.

Entre as suas numerosas obras de educação, citaremos as seguintes:
- 1824 – Curso prático e teórico de Aritmética, segundo o método de Pestalozzi, para uso de professores e mães de família.
- 1828 – Plano proposto para o melhoramento da Instrução Pública.
- 1831 – Gramática francesa clássica.
- 1846 – Manual de exames para os certificados de capacidade – soluções racionais das questões e dos problemas de Aritmética e de Geometria.
- 1848 – Catecismo gramatical da língua francesa.
- 1849 – Programa dos cursos usuais de Química, Física, Astronomia, Fisiologia que ele ministrava no Liceu Polimático.
- 1849 – Tópicos para os exames normais da Prefeitura e da Sorbonne, acompanhados de instruções especiais sobre as dificuldades ortográficas;

obra muito apreciada na época do seu aparecimento e da qual recentemente ainda eram tiradas novas edições.

Antes que o Espiritismo viesse tornar popular o pseudônimo (apelido) Allan Kardec, ele já era, como é possível ver, uma pessoa instruída, por meio de trabalhos diferenciados, mas tendo todos eles o objetivo de esclarecer as massas e fazer com que elas se ligassem mais fortemente às suas famílias e aos seus países.

Por volta do ano de 1854 (e não em 1855, como consta no original francês de *Obras Póstumas*), quando se discutia a questão das manifestações dos Espíritos, Allan Kardec se dedicou com muita perseverança a observar o fenômeno, visando, principalmente, à dedução de suas consequências filosóficas. Desde logo percebeu que ali estava o princípio de novas Leis da Natureza, ou seja, Leis que regem as relações entre o mundo visível e o mundo invisível. Reconheceu que na ação do mundo invisível encontrava-se uma das forças da Natureza (os Espíritos), cujo conhecimento haveria de lançar luz sobre uma multidão de problemas considerados insolúveis. Compreendeu também o alcance que a ação desse mundo invisível teria, do ponto de vista religioso.

Suas obras principais sobre essa matéria são: *O Livro dos Espíritos*, referente à parte filosófica, cuja primeira edição foi publicada em 18 de abril de 1857; *O Livro dos Médiuns*, relativo à parte experimental e científica, publicado em janeiro de 1861; *O Evangelho Segundo o Espiritismo*, que aborda a parte moral, publicado em agosto de 1864; *O Céu e o Inferno, ou a Justiça divina segundo o Espiritismo*, publicado em agosto de 1865; *A Gênese, os milagres e as predições segundo o Espiritismo*, obra publicada em janeiro de 1868; e a *Revista Espírita, jornal de estudos psicológicos*, publicação mensal que teve o seu início em 1º de janeiro de 1858.

Em Paris, fundou em 1º de abril de 1858 a primeira Sociedade Espírita regularmente constituída, sob o nome de *Sociedade Parisiense de Estudos Espíritas*, com a finalidade exclusiva de estudar tudo aquilo que pudesse contribuir para o progresso da nova ciência.

Allan Kardec se defendeu, com muito fundamento, de não ter escrito nada sob a influência de ideias preconcebidas ou que seguem algum tipo de sistema. Era um homem calmo e de caráter imperturbável. Observou os fatos e, dessas observações, deduziu as Leis que os regem. Foi o primeiro a apresentar sobre esses fatos uma teoria e a formar com eles um conjunto de conhecimentos metódicos e regulares.

Ao demonstrar que os fatos, erroneamente qualificados de sobrenaturais, se acham submetidos a Leis, ele os incluiu na categoria dos fenômenos da Natureza, destruindo assim o último refúgio do maravilhoso e uma das causas da superstição.

No início, os fenômenos espíritas eram tratados muito mais como um objeto de curiosidade do que de reflexões sérias. *O Livro dos Espíritos* de Kardec fez com que o assunto fosse visto por um ângulo completamente diferente. Abandonaram-se assim as mesas girantes, que tinham sido apenas um exercício preliminar, e passou-se a dar maior atenção à doutrina propriamente dita, que abrangia todas as questões que interessavam à Humanidade.

Assim, a publicação de *O Livro dos Espíritos* coincide com a verdadeira data de fundação do Espiritismo, visto que, até então, a Doutrina Espírita contava apenas com elementos esparsos, sem coordenação, cujo alcance nem todos tinham conseguido compreender. A partir dessa obra, a Doutrina chamou a atenção de homens sérios e se desenvolveu rapidamente.

Em poucos anos, as ideias espíritas conquistaram inúmeros adeptos em todas as classes sociais e em todos os países. Esse êxito, sem precedentes, decorreu da simpatia que essas ideias despertaram nas pessoas e da maneira clara com que elas foram expostas. Aliás, essa clareza na forma de escrever é uma das características que distinguem os textos de Allan Kardec.

Ao evitar as fórmulas abstratas da Metafísica, o autor proporcionou a todos uma leitura sem fadiga, o que é uma condição essencial para tornar uma ideia popular. Sobre todos os pontos que geram controvérsia, sua argumentação, portadora de uma lógica firme, quase não oferece espaço à contestação, predispondo os leitores à convicção.

As provas materiais que o Espiritismo fornece sobre a existência da alma e da vida futura tendem a destruir as ideias materialistas e panteístas (Deus como sendo o próprio Universo). Um dos princípios mais fecundos dessa Doutrina, e que tem por base a existência da alma e a sua vida futura, é o da *pluralidade das existências* (reencarnação), pressentida por inúmeros filósofos antigos e modernos e, nestes últimos tempos, por *Jean Reynaud, Charles Fourier, Eugène Sue*, entre outros.

A pluralidade das existências se conservou como uma hipótese até que o Espiritismo veio demonstrar a sua realidade, provando que nela reside um dos atributos essenciais da Humanidade. Desse princípio decorre a solução para todas as anomalias aparentes que existem entre os homens, tais como as desigualdades intelectuais, morais e sociais. Assim, o homem sabe de onde vem, para onde vai, qual o motivo de ele estar na Terra e o porquê do sofrimento nesse mundo.

As ideias inatas (que nascem com os indivíduos) se explicam pelos conhecimentos adquiridos em vidas anteriores; a caminhada dos povos e da

Humanidade se deve à ação dos homens que viveram no passado e que voltam a essa vida depois de terem progredido no mundo espiritual; as simpatias e as antipatias também podem ser explicadas pela natureza das relações anteriores. Essas relações, que religam a grande família humana de todas as épocas, têm como base os princípios da fraternidade, da igualdade e da solidariedade universal, ou seja, as próprias Leis da Natureza, e não mais uma simples teoria.

Em vez do princípio: *fora da Igreja não há salvação*, que alimenta a divisão e a animosidade entre as diferentes seitas religiosas, e que tanto sangue tem derramado, o Espiritismo tem por lema: *fora da caridade não há salvação*, isto é, a igualdade entre os homens perante Deus, a tolerância, a liberdade de consciência e a benevolência mútua.

Em vez da *fé cega*, que aniquila a liberdade de pensar, o Espiritismo diz: "*Fé inabalável é somente aquela que pode encarar a razão face a face, em todas as épocas da Humanidade*" (*O Evangelho Segundo o Espiritismo*). Ainda nessa obra, no cap. 19, item 7, ressalta-se:

> [...] A fé necessita de uma base, e essa base é a perfeita compreensão daquilo em que se deve crer. Para crer, não basta ver, é preciso, sobretudo, compreender. A fé cega não pertence mais a este século. Ora, é justamente o dogma da fé cega que produz hoje o maior número de incrédulos, porque ela quer se impor e também porque exige que o homem abra mão de duas de suas mais preciosas faculdades: o raciocínio e o livre-arbítrio.

Kardec era um trabalhador incansável, sempre o primeiro a chegar e o último a sair. Faleceu no dia 31 de março de 1869, quando se preparava para uma mudança de local, em função do tamanho considerável de suas inúmeras ocupações. Diversas obras que ele estava quase terminando, ou que aguardavam a oportunidade para serem publicadas, virão um dia provar, com mais ênfase, a extensão e a magnitude das suas concepções.

Morreu conforme viveu: trabalhando. Há muitos anos, ele sofria de uma enfermidade no coração, que só podia ser combatida por meio do repouso intelectual combinado com uma pequena atividade material. Entretanto, voltado inteiramente para sua obra, ele recusava-se a tudo aquilo que pudesse absorver um só instante que fosse de suas ocupações prediletas. Ocorreu com ele o que acontece com todas as almas que possuem uma grande austeridade de princípios, ou seja, *a lâmina gastou a bainha!*

Seu corpo se entorpecia e se recusava a fazer os serviços que seu Espírito lhe pedia, mas seu Espírito, cada vez mais vivo, enérgico e fecundo, alargava o círculo de sua atividade. Nessa luta desigual, a matéria (corpo físico) não poderia resistir eternamente e acabou sendo vencida; o aneurisma se rompeu, e Allan Kardec caiu fulminado. Um homem deixava a Terra, e um grande nome tomava lugar entre aqueles que ilustraram este século; um grande Espírito ia recuperar as suas forças no Infinito, onde todos aqueles que ele consolou e esclareceu aguardavam impacientes o seu retorno!

Recentemente ele havia dito: "a morte bate com mais força na fileira dos homens ilustres!... A quem ela virá agora libertar?"

Ele foi, como tantos outros, recuperar as suas forças no Espaço. Foi procurar elementos novos para restaurar o seu organismo, desgastado por uma vida de trabalhos incessantes. Partiu com aqueles que serão os faróis da nova geração, a fim de retornar em breve com eles e concluir a obra que deixou em mãos dedicadas.

O homem não existe mais, mas sua alma permanece entre nós. Será um protetor seguro, uma luz adicional, um trabalhador incansável que as falanges do Espaço conquistaram. Assim como na Terra, sem ferir a quem quer que seja, ele vai fazer com que cada um ouça seus conselhos oportunos; vai abrandar o fanatismo prematuro dos impetuosos e ajudar os sinceros e os desinteressados, estimulando também os fracos. Agora, ele vê e sabe tudo o que há pouco apenas conseguir prever!

Ele não está mais sujeito às incertezas nem aos fracassos e fará com que compartilhemos das suas convicções, dando-nos a certeza do objetivo, apontando-nos o caminho, com aquela linguagem clara e precisa que fez dele um modelo nos anais literários.

O homem, repetimos, não existe mais. Entretanto, Allan Kardec é imortal! Sua memória, seus trabalhos e seu Espírito estarão sempre com aqueles que empunharem com força e determinação a bandeira que ele sempre soube fazer com que fosse respeitada.

Uma individualidade poderosa foi responsável pela obra. Era o guia e a luz de todos. A obra, na Terra, tomará o lugar do trabalhador. Os seguidores não se reunirão mais em torno de Allan Kardec, mas, sim, em torno do Espiritismo, tal como ele o estruturou e, com seus conselhos, com sua influência, avançaremos a passos firmes para alcançar as fases venturosas prometidas à Humanidade regenerada (*Revista Espírita*, maio de 1869).

agora se revestem com uma forma atual, por estarem em concordância com os fenômenos observados.

Depois dessa primeira obra apareceram, na sequência, *O Livro dos Médiuns*, ou *O Espiritismo experimental*, *O que é o Espiritismo*, ou um resumo sob a forma de perguntas e respostas, *O Evangelho Segundo o Espiritismo*, *O Céu e o Inferno* e *A Gênese, os milagres e as predições segundo o Espiritismo*. A morte veio surpreendê-lo no momento em que, com a sua incansável atividade, ele trabalhava noutra obra que tratava sobre as relações entre o Magnetismo e o Espiritismo.

Devido à *Revista Espírita* e à *Sociedade Espírita de Paris*, da qual era presidente, ele se tornou, de certo modo, o centro para onde tudo convergia, o traço de união para todos aqueles que tinham contato com os fenômenos espíritas por meio da experimentação. Há alguns meses, sentindo que estava próximo o seu fim, ele preparou as condições para que tais estudos continuassem com toda vitalidade, mesmo depois da sua morte. Assim, estabeleceu um Comitê Central para que lhe sucedesse.

Ele provocou rivalidades, fez seguidores com o seu modo um tanto pessoal de agir e deixou ainda algumas divergências entre os "espiritualistas" e os "espíritas". Daqui em diante, senhores – e esse é o desejo dos amigos da verdade –, devemos todos nos unir em torno de uma solidariedade fraterna, empregando os mesmos esforços em prol da elucidação do problema, pelo desejo geral e impessoal da verdade e do bem.

Sobre o nosso digno amigo, a quem rendemos hoje as derradeiras homenagens, disseram que ele não era o que se pode chamar de um *cientista*, que nunca foi um físico, um naturalista ou um astrônomo e que preferiu compor uma doutrina baseada na moral em vez de submeter a realidade e a natureza dos fenômenos à discussão científica.

Senhores, talvez tenha sido preferível que as coisas começassem assim. Nem sempre se deve recusar valor ao sentimento. Quantos corações foram consolados por essa crença religiosa! Quantas lágrimas foram enxugadas! Quantas consciências não se abriram aos fulgores que emanam da beleza espiritual! Nem todos são felizes neste mundo. Muitas afeições aqui são desfeitas! Muitas almas têm sido envenenadas pelo ceticismo! Será que não significa nada ter aberto o caminho da espiritualidade para tantas pessoas que estavam na dúvida e que não amavam mais a vida, nem a vida física nem a intelectual?

Se Allan Kardec tivesse sido um *cientista*, certamente não teria podido prestar esse benéfico serviço, nem levar tão longe o estímulo a tantos corações. Porém, ele era o que eu denominarei simplesmente de "O bom senso encarnado". Possuía uma razão sensata, que ia direto ao ponto, sem rodeios. Ele a utilizava constantemente em sua obra, atendendo aos anseios íntimos do **senso comum**.

Observação

Senso comum: Maneira de pensar da maioria das pessoas, a partir de experiências, vivências e observações do mundo.

Essa qualidade era muito importante, na ordem das coisas com as quais nos ocupamos. Era, seguramente, a primeira de todas e a mais preciosa, sem a qual a obra não teria se tornado popular nem teria conseguido lançar pelo mundo as suas imensas raízes.

A maioria daqueles que tem se dedicado a esses estudos lembram-se de que na juventude, ou em certas circunstâncias especiais, foram testemunhas de manifestações inexplicáveis. Poucas são as famílias que nunca as observaram. O ponto mais importante era tratar essas manifestações com bom senso e examiná-las segundo os princípios do método positivo (aquele que se apoia nos fatos e na experiência).

Conforme previu o seu próprio organizador, esse estudo, que foi lento, difícil e complexo, precisa entrar agora num período científico. Os fenômenos físicos, que a princípio não foram examinados com profundidade, devem ser objeto da "crítica experimental", a que devemos a glória dos modernos progressos e as maravilhas da eletricidade e do vapor. O método experimental deve ser utilizado nos fenômenos de ordem ainda misteriosa a que temos assistido, para dissecá-los, medi-los e defini-los.

Isso, senhores, porque o Espiritismo não é uma religião, mas, sim, uma ciência, da qual conhecemos apenas o abecê. O tempo dos dogmas terminou. A Natureza abrange o Universo, e o próprio Deus, que outrora era feito à imagem do homem, é considerado pela Metafísica moderna como um *Espírito na Natureza*. O sobrenatural não existe. As manifestações obtidas com o auxílio dos médiuns, como as do Magnetismo e do sonambulismo, *são de ordem natural* e devem ser severamente submetidas ao controle da experiência. Não existem milagres. Assistimos hoje ao alvorecer de uma ciência desconhecida. Quem poderá prever as consequências que o estudo positivo dessa nova psicologia vai produzir no pensamento humano?

De hoje em diante, o mundo será regido pela Ciência, por isso, senhores, não será fora de propósito, neste discurso fúnebre, citarmos a obra atual de Kardec e as consequências novas que ela nos desvenda, precisamente no que se refere às nossas pesquisas.

Em nenhuma época da História, a Ciência descortinou, ante o olhar espantado do homem, horizontes tão grandiosos. Sabemos hoje que a *Terra é um astro* e que a *nossa vida atual se completa no Céu*. Pela análise da luz, conhecemos os elementos que queimam no Sol e nas estrelas, a milhões e trilhões de léguas do nosso observatório terrestre. Por meio do cálculo, temos acesso à história do Céu e da Terra, tanto sobre o seu passado longínquo como sobre o seu futuro. Passado e futuro que, aliás, não existem para as Leis imutáveis. Pela observação, determinamos o peso dos globos celestes que gravitam no Espaço.

O Globo em que nos encontramos tornou-se um átomo estelar que voa no Espaço dentro das profundezas infinitas, e a nossa própria existência neste Globo se tornou uma fração infinitesimal da nossa vida eterna. No entanto, aquilo que mais pode nos impressionar é o admirável resultado dos trabalhos físicos realizados nestes últimos anos, ou seja, que *vivemos no meio de um mundo invisível*, agindo constantemente ao nosso redor.

Sim, meus senhores, esta é uma revelação imensa para nós. Contemplem, por exemplo, a luz que o Sol brilhante espalha na atmosfera; contemplem este azul tão suave da abóboda celeste; notem a emanação deste ar morno que vem acariciar nossas faces; admirem estes monumentos e estes campos. Pois bem! Por mais que tenhamos os olhos abertos, nada vemos do que aqui se passa!

De cem raios emanados do Sol, apenas um terço deles é acessível a nossa vista, seja diretamente, seja refletido por todos esses corpos. Os dois terços restantes existem e atuam à nossa volta, de modo invisível, se bem que real. São quentes, sem serem luminosos para nós e, no entanto, são muito mais ativos dos que aqueles que nos atingem, uma vez que são esses raios que atraem as flores para o lado do Sol e que produzem todas as ações químicas.

Observação

Nota do original francês: A nossa retina é insensível a esses raios, mas existem substâncias que os veem, como o iodo e o sal de prata, por exemplo. Ao ser fotografado o espectro solar químico, que a nossa visão não alcança, não se percebe nenhuma imagem visível na chapa fotográfica recém-saída da câmara escura, mesmo que nela exista uma imagem, visto que certa operação química faz com que essa imagem apareça.

São ainda esses raios que elevam, também de forma invisível, o vapor de água na atmosfera para formar as nuvens, exercendo assim, sem cessar, em torno de nós, de maneira oculta e silenciosa, uma ação colossal, mecanicamente comparável ao trabalho de muitos bilhões de cavalos!

Se os raios caloríficos e os raios químicos que atuam constantemente na Natureza são invisíveis para nós, é porque os raios caloríficos ferem a nossa retina com muita lentidão, e os raios químicos a ferem com muita rapidez. Os nossos olhos só veem as coisas entre dois limites, aquém e além dos quais nada enxergam. O nosso organismo terreno pode ser comparado a uma harpa de duas cordas, que são o nervo ótico e o nervo auditivo. Certa espécie de movimento põe em vibração o nervo ótico, e outra espécie de movimento põe em vibração o nervo auditivo. Nisso se resume *toda a sensação humana*, mais restrita nesse ponto do que a de alguns seres vivos, como a de alguns insetos, por exemplo, nos quais essas mesmas cordas da visão e da audição são mais delicadas.

Ora, na realidade existem na Natureza não dois, mas dez, cem, mil espécies de movimentos. A Física nos ensina que vivemos dentro de um mundo que para os nossos olhos é invisível, nada tendo de impossível que seres, também invisíveis para nós, vivam igualmente na Terra, com sensações totalmente diferentes das nossas e sem que possamos apreciar a sua presença, a menos que se manifestem para a nossa visão, por fatos que caibam na ordem das nossas sensações.

Diante de tais verdades, que apenas estamos começando a descobrir, negá-las, *a priori*, parece absurdo e sem valor! Quando se compara o pouco que sabemos e a limitação da nossa esfera de percepção, com a quantidade do que existe, não se pode deixar de concluir que nada sabemos e que tudo nos falta conhecer. Dessa forma, com que direito pronunciaremos a palavra "impossível" perante fatos que testemunhamos, sem podermos descobrir a sua causa única?

A Ciência nos fornece dados tão autorizados quanto os que vimos anteriormente sobre os fenômenos da vida e da morte e sobre a força que nos anima. Para isso, basta observar a circulação das existências (ora encarnado, ora desencarnado).

Tudo é apenas metamorfose (transformação, mudança). Em seu curso eterno, os átomos que constituem a matéria passam incessantemente de um corpo a outro, do animal à planta, da planta à atmosfera, da atmosfera ao homem, e o nosso próprio corpo, durante toda a vida, está sempre mudando a substância que o constitui, assim como a chama, que só brilha pela constante renovação dos elementos.

Quando a alma retorna, esse mesmo corpo, tantas vezes transformado durante a vida, devolve para a Natureza todas as suas moléculas para não mais retomá-las. O dogma inadmissível da "ressureição da carne" foi substituído pela sublime doutrina da "transmigração das almas" (passagem da alma de um corpo para outro – reencarnação).

Eis o Sol de abril que brilha nos Céus e a todos inunda com o seu primeiro orvalho a nos aquecer. Os campos despertam, os primeiros botões desabrocham, a primavera floresce, o azul-celeste sorri, e o renascimento se opera por toda parte. Entretanto, essa vida nova é formada pela morte e só cobre ruínas!

De onde vem a seiva destas árvores que se tornam verdes novamente nestes campos dos mortos? De onde vem essa umidade que nutre as suas raízes? De onde vêm todos os elementos que vão fazer surgir, sob as carícias de maio, as pequenas flores silenciosas e os pássaros cantores? Vem da morte, senhores! Vem destes cadáveres sepultados na noite sinistra dos túmulos!

Lei suprema da Natureza, o corpo material não passa de um conjunto transitório de partículas que absolutamente não lhe pertencem e que a alma agrupou, de acordo com as suas características, a fim de criar para si órgãos com a finalidade de a colocar em contato com o mundo físico. Mas enquanto o nosso corpo se renova, peça por peça, pela troca constante dos elementos que o compõem, enquanto um dia ele cai como uma massa inerte, para não mais se levantar, o nosso Espírito, que é um ser pessoal, mantém constantemente a sua *identidade* indestrutível e reina soberano sobre a matéria da qual se revestiu durante a vida, estabelecendo, por meio desse fato eterno e universal, a sua personalidade independente, a sua essência espiritual, que não se submete ao domínio do Espaço e do Tempo, a sua grandeza individual, a sua *imortalidade*.

Em que consiste o mistério da vida? Por quais vínculos a alma se prende ao corpo físico? Qual é o efeito que faz com que ela se desprenda? Sob que forma e em que condições ela existe após a morte? Que lembranças e que afeições ela conserva? Como ela se manifesta? Eis aí, meus senhores, problemas que estão longe de serem resolvidos e que, em seu conjunto, constituirão a Ciência Psicológica do futuro.

Alguns homens podem negar tanto a existência da alma quanto a de Deus, podem afirmar que a verdade moral não existe, que não há Leis inteligentes na Natureza e que nós, espiritualistas, somos vítimas de uma imensa ilusão. Outros, ao contrário, podem dizer que conhecem, por um privilégio especial, a essência da alma humana, a forma do Ser supremo, o estado da vida futura e qualificar-nos de ateus, porque a nossa razão se nega a adotar a fé que eles professam. Uns e outros, senhores, não vão nos impedir de estarmos aqui na presença de problemas tão grandes, de nos interessarmos por essas coisas, que de modo algum não nos são estranhas, e que tenhamos o direito de aplicar o método experimental da Ciência contemporânea na pesquisa da verdade.

É pelo estudo objetivo dos efeitos que chegamos à apreciação das causas. Na ordem dos estudos reunidos sob a denominação genérica de "Espiritismo", *os fatos existem*, embora ninguém conheça o modo de como eles são produzidos. Eles existem tanto quanto os fenômenos elétricos, luminosos, caloríficos. No entanto, senhores, nós não conhecemos nem a Biologia nem a Fisiologia. O que é o corpo humano? O que é o cérebro? Como a alma age de forma autônoma? Nós ignoramos. Assim como também ignoramos a essência da eletricidade e a essência da luz. Portanto, é prudente observar todos esses fatos com imparcialidade e procurar descobrir as suas causas, que talvez sejam de espécies diversas e mais numerosas do que até agora havíamos suposto.

Pouco nos importa as pessoas que possuem a visão limitada pelo orgulho ou pelo preconceito e que não conseguem compreender os anseios das nossas mentes, que desejam ardentemente o conhecimento. Do mesmo modo, não damos importância caso elas lancem sobre esse tipo de estudo a sua ironia mordaz ou as suas maldições. A nossa visão está muito acima disso!

Você foi o primeiro, ó mestre e amigo! Foi o primeiro a testemunhar com viva simpatia, desde o início da minha carreira em Astronomia, as minhas deduções relativas à existência das humanidades celestes, pois, tomando nas mãos o meu livro sobre a *Pluralidade dos mundos habitados*, o colocou de imediato na base do edifício doutrinário com o qual você sonhava. Muitas vezes conversávamos sobre essa vida celeste tão misteriosa; agora, ó alma, você sabe por uma visão direta em que consiste a vida espiritual, a qual todos nós retornaremos um dia e da qual não nos lembramos durante a nossa existência na Terra.

Você voltou a esse mundo, de onde todos viemos, e colhe o fruto dos seus estudos terrestres. O seu corpo dorme aos nossos pés, o seu cérebro se extinguiu, os seus olhos se fecharam para não mais se abrirem, a sua palavra não mais será ouvida...

Sabemos que todos nós vamos mergulhar nesse último sono, que vamos voltar a essa mesma inércia, a esse mesmo pó. Entretanto, não é nesse corpo que colocamos a nossa glória e a nossa esperança. O corpo tomba, mas a alma permanece e retorna ao Espaço. Vamos nos encontrar num mundo melhor, lá no Céu imenso onde desfrutaremos das nossas mais preciosas faculdades, onde continuaremos os nossos estudos, uma vez que a Terra é um teatro muito acanhado para que possamos desenvolvê-los.

É preferível saber dessa verdade do que acreditar que você está todo inteiro neste cadáver e que a sua alma se destruiu com a interrupção do funcionamento de um órgão. A imortalidade é a luz da vida, como este Sol resplandecente é a luz da Natureza.

Até breve, meu caro Allan Kardec, até breve!

AOS ASSINANTES DA *REVISTA ESPÍRITA*

Até hoje, a *Revista Espírita* foi essencialmente obra e criação do Sr. Allan Kardec, assim como todas as obras doutrinárias que ele publicou.

Quando a morte o surpreendeu, as múltiplas ocupações e a nova fase em que se encontrava o Espiritismo fez com que ele tivesse a necessidade de alguns colaboradores convictos, a fim de executar, sob sua direção, trabalhos que ele não podia mais fazer sozinho.

Procuraremos não nos afastar do caminho que ele traçou, mas pareceu-nos ser do nosso dever consagrar aos trabalhos do mestre, sob o título de *Obras Póstumas*, algumas páginas que ele guardaria para si, se tivesse permanecido fisicamente entre nós. A abundância de documentos acumulados em seu gabinete de trabalho nos permitirá, durante muitos anos, publicar em cada número, independentemente das instruções que ele possa vir a nos dar como Espírito, artigos interessantes que Kardec tão bem sabia tornar compreensíveis a todos.

Assim, acreditamos satisfazer ao desejo de todos aqueles a quem a filosofia espírita reuniu em nossas fileiras e que souberam apreciar, no autor de *O Livro dos Espíritos*, o homem de bem, o trabalhador incansável e devotado, o espírita convicto, que colocava em prática, na sua vida privada, os princípios que ensinava em suas obras.

Revista Espírita, 12º ano – junho de 1869.

PRIMEIRA PARTE

1. Profissão de fé espírita raciocinada
2. Manifestações dos Espíritos
3. Homens duplos – aparições de pessoas vivas
4. Controvérsias sobre a existência de seres intermediários entre o homem e Deus
5. Causa e natureza da clarividência sonambúlica
6. Segunda vista
7. Introdução ao estudo da fotografia e da telegrafia do pensamento
8. Estudo sobre a natureza do Cristo
9. Influência perniciosa das ideias materialistas
10. A teoria da beleza
11. A música celeste
12. A música espírita
13. A estrada da vida
14. As cinco alternativas da humanidade
15. A morte espiritual
16. A vida futura

17. Perguntas e problemas
18. O egoísmo e o orgulho
19. Liberdade, igualdade e fraternidade
20. As aristocracias
21. Os desertores
22. Ligeira resposta aos detratores do Espiritismo

CAPÍTULO 1

PROFISSÃO DE FÉ ESPÍRITA RACIOCINADA

1. Deus
2. A alma
3. A Criação

1. DEUS

1 – *Existe um Deus, inteligência suprema, causa primeira de todas as coisas.*

A prova da existência de Deus está neste **axioma**: *Não há efeito sem causa*. Vemos constantemente inúmeros efeitos cuja causa não está na Humanidade, visto que ela é impotente para produzi-los, ou, até mesmo, para explicá-los. Assim, pode-se dizer com segurança que a causa está acima da Humanidade. É a essa causa que damos o nome de *Deus, Jeová, Alá, Brahma, Fo-Hi (na China), Grande Espírito* etc., conforme as línguas, os tempos e os lugares.

Esses efeitos não se produzem ao acaso, acidentalmente, e sem que exista uma ordem entre eles. Desde a organização biológica do menor inseto e da mais insignificante semente até a Lei que rege os mundos que circulam no Espaço, tudo está sob o comando de um pensamento, uma combinação, uma previdência, um cuidado que ultrapassa todas as **concepções humanas**. A causa desses efeitos é, portanto, soberanamente inteligente.

Observações

Axioma: Verdade evidente que não precisa ser demonstrada.

Concepções humanas: Capacidade que o homem tem de compreender ou não alguma coisa.

2 – *Deus é eterno, imutável, imaterial, único, todo-poderoso, soberanamente justo e bom.*

31

Deus é eterno. Se Ele tivesse tido um começo, alguma coisa teria existido antes Dele; teria saído do nada ou seria a criação de um ser anterior. É assim que, pouco a pouco, voltamos ao infinito na eternidade.

Deus é imutável. Se Ele estivesse sujeito a mudanças, as Leis que regem o Universo não teriam nenhuma estabilidade.

Deus é imaterial. Sua natureza difere de tudo aquilo a que chamamos de matéria, pois, do contrário, Ele estaria sujeito às oscilações e às transformações da matéria e, assim, não seria mais imutável.

Deus é único. Se houvesse vários deuses, haveria várias vontades e, nesse caso, não haveria unidade de pensamento nem unidade de poder na condução do Universo.

Deus é onipotente (todo-poderoso)* porque *é único. Se Ele não tivesse o poder soberano, haveria alguma coisa ou alguém mais poderoso do que Ele. Assim, Ele não teria feito todas as coisas, e as que Ele não tivesse feito seriam obra de um outro deus.

Deus é soberanamente justo e bom. A sabedoria providencial das Leis Divinas se revela tanto nas mínimas quanto nas maiores coisas, e essa sabedoria não permite que se duvide nem da Sua Justiça nem da Sua bondade.

3 – *Deus é infinito em todas as Suas perfeições*.

Se fosse possível admitir imperfeição em apenas um dos atributos de Deus, se tirássemos Dele a menor parcela *de eternidade, de imutabilidade, de imaterialidade, de unidade, de onipotência, de justiça e de bondade*, poderíamos imaginar um ser que possuísse o que Lhe falta, sendo assim, esse ser mais perfeito do que Ele é que seria Deus.

2. A ALMA

4 – *Existe no homem um princípio inteligente a que chamamos de ALMA ou ESPÍRITO. Esse princípio é independente da matéria e lhe dá o senso moral e a faculdade de pensar.*

Se o pensamento fosse uma propriedade da matéria, seria possível ver a matéria bruta com a capacidade de pensar. Ora, nunca ninguém viu a matéria inerte dotada de faculdades intelectuais. Quando o corpo físico de uma pessoa morre, ele deixa de pensar, portanto é lógico concluir que a alma é independente da matéria e que os órgãos são apenas instrumentos com o auxílio dos quais o homem manifesta seu pensamento.

5 – *As doutrinas materialistas são incompatíveis com a moral e subvertem a ordem social.*

• Se o pensamento fosse um produto do cérebro, como a bile é um produto do fígado, conforme pretendem os materialistas, disso resultariam inúmeros inconvenientes, como, por exemplo:

• Se o corpo físico morresse, a inteligência do homem e todas as suas qualidades morais retornariam ao nada.

• Os nossos parentes, os amigos e todos aqueles que tivessem desfrutado da nossa afeição estariam perdidos para sempre.

• O homem de inteligência superior não teria mérito algum, e todas as faculdades transcendentais que revela deveriam ser creditadas tão somente ao acaso da constituição do seu organismo físico.

• A diferença entre o imbecil e o sábio seria apenas de mais ou menos massa cerebral.

• O homem, nada esperando para além desta vida, não teria nenhum interesse em fazer o bem.

• Ele procuraria para si os maiores prazeres possíveis, mesmo que fosse à custa de outros, e isso lhes pareceria muito natural.

• Alguém se privar de alguma coisa em benefício do próximo seria uma estupidez.

• Entre todas as pessoas, o sentimento mais racional seria o do egoísmo.

• Para o infeliz que fosse constantemente perseguido pela adversidade, o melhor que poderia fazer seria se matar, visto que, destinado a mergulhar no nada, isso não lhe faria diferença alguma, uma vez que ele abreviaria os seus sofrimentos.

Assim, é lícito dizer que a doutrina materialista:

• Sanciona o egoísmo, que é a origem de todos os vícios.

• Nega a caridade, que é a fonte de todas as virtudes e a base da ordem social.

• Justifica o suicídio (entrar no nada é melhor do que continuar sofrendo).

6 – *O Espiritismo comprova a independência da alma.*

A existência da alma tem a sua comprovação nos atos inteligentes do homem, que devem necessariamente ser fruto de uma causa inteligente (o Espírito), e não de uma causa inerte (o corpo físico). A independência da alma em relação à matéria é claramente demonstrada nos fenômenos espíritas, pois neles ela aparece agindo por si mesma. Essa independência também se manifesta pelo seu isolamento *durante a vida*, o que lhe permite pensar e agir na ausência do corpo físico.

Pode-se dizer que, se a Química separou os elementos da água, expondo suas propriedades, e se ela pode desfazer e refazer um corpo composto, o Espiritismo também pode separar os dois elementos que constituem o homem: *o Espírito e a matéria, a alma e o corpo*. Pode separá-los e reuni-los à vontade, não deixando dúvidas sobre a independência de um em relação ao outro.

7 – *A alma do homem sobrevive à morte do seu corpo físico e conserva sua individualidade após a morte deste.*

Se a alma não sobrevivesse à morte do seu corpo físico, o homem só teria como perspectiva o nada. O mesmo aconteceria se a faculdade de pensar estivesse vinculada à matéria. Se a alma não conservasse a sua individualidade, ou melhor, se ela se perdesse no reservatório comum chamado o *grande todo*, assim como as gotas de água se perdem no oceano, isso seria o mesmo que o pensamento do homem se transformar em nada, e as consequências seriam absolutamente as mesmas, ou seja, seria como se ele não tivesse alma.

A sobrevivência da alma após a morte do corpo físico está comprovada de maneira incontestável, e até certo ponto palpável, pelas comunicações espíritas. Sua individualidade é demonstrada pelo caráter e pelas qualidades de cada um. Essas qualidades, que distinguem as almas umas das outras, constituem a sua personalidade. Se as almas se confundissem num todo comum, as suas faculdades seriam as mesmas (não haveria almas mais evoluídas do que outras).

Além dessas provas de caráter inteligente, ainda temos as provas de caráter material, que são as manifestações visuais, ou aparições, tão frequentes e autênticas, que não é permitido colocá-las em dúvida.

8 – *A alma do homem é feliz ou infeliz depois da morte, segundo o bem ou o mal que fez durante a vida.*

Se admitirmos que Deus é soberanamente justo, não é possível aceitar que as almas tenham todas o mesmo destino. Se, no futuro, a posição do criminoso fosse a mesma do homem virtuoso, a prática do bem não teria nenhum sentido, nenhuma utilidade.

Ora, supor que Deus não faz diferença entre aquele que pratica o bem e aquele que pratica o mal seria negar a Sua justiça. Durante a vida terrena, nem sempre o mal recebe punição, assim como nem sempre o bem recebe recompensa, portanto deve-se concluir que a Justiça será feita depois, porque, se não fosse assim, Deus não seria justo.

Além disso, as penas e as alegrias futuras são materialmente comprovadas pelas comunicações que podemos estabelecer com as almas daqueles que já estiveram entre nós. Essas almas vêm nos descrever o estado feliz ou infeliz em que vivem, enumerando a causa das suas alegrias ou dos seus sofrimentos.

9 – *Deus, a alma, a sobrevivência e a individualidade da alma após a morte do corpo físico, as penas e as recompensas futuras constituem os princípios fundamentais de todas as religiões.*

O Espiritismo vem acrescentar às provas morais desses princípios as provas materiais dos fatos e da experimentação, cortando pela raiz os enganos da doutrina materialista. Na presença dos fatos, a incredulidade não faz mais sentido. É assim que o Espiritismo devolve a fé para aqueles que a perderam e dissipa as dúvidas daqueles que não acreditam.

3. A CRIAÇÃO

10 – *Deus é o criador de todas as coisas.*
Essa afirmação é a consequência da prova da existência de Deus (item 1).

11 – *O princípio das coisas, ou melhor, como elas surgiram, faz parte dos segredos de Deus.*

Tudo indica que Deus é o autor de todas as coisas, mas quando e como Ele as criou? A matéria existe, assim como Deus, desde toda a eternidade? Isso é o que ignoramos completamente. Sobre tudo o que Ele não julgou conveniente nos revelar, só podemos estabelecer hipóteses mais ou menos prováveis.

Dos efeitos que observamos, podemos chegar a algumas causas, mas existe um limite que nos é impossível transpor. Querer ir além desse limite é, simultaneamente, perder tempo e cair em erro.

12 – *O homem tem como guia, na pesquisa do desconhecido, os atributos de Deus.*

Para investigar os mistérios que nos são permitidos sondar pelo raciocínio, existe um critério certo, um guia infalível, ou seja, os atributos de Deus.

Se admitirmos que Deus é *eterno, imutável, imaterial, único, onipotente, soberanamente justo, bom e infinito em todas as Suas perfeições*, qualquer doutrina ou teoria, científica ou religiosa, que tentasse tirar um só de Seus atributos seria necessariamente falsa, visto que ela tenderia a negar a própria divindade.

13 – *Os mundos materiais tiveram um começo e terão um fim.*

Se a matéria existe desde toda a eternidade, assim como Deus, ou se ela foi criada numa determinada época, é evidente, segundo o que acontece diariamente sob os nossos olhos, que as transformações da matéria são temporárias e que dessas transformações resultam os diferentes corpos, que nascem e se destroem sem cessar.

Os diferentes mundos resultam da aglomeração e da transformação da matéria. Como todos os corpos materiais, eles devem ter tido um começo e, certamente, terão um fim, seguindo Leis que nos são desconhecidas.

Até certo ponto, a Ciência pode formular as Leis que foram responsáveis pela formação desses mundos e remontar ao estado primitivo deles. Toda teoria filosófica que estiver em contradição com os fatos demonstrados pela Ciência é, necessariamente, falsa, a menos que consiga provar que a Ciência está errada.

14 – Ao criar os mundos materiais, Deus também criou seres inteligentes, aos quais damos o nome de Espíritos.

15 – Não conhecemos a origem nem de que maneira os Espíritos são criados. Apenas sabemos que eles são criados "simples e ignorantes", ou seja, sem sabedoria e sem o conhecimento do bem e do mal. Entretanto, possuem a capacidade para se aperfeiçoarem ao longo do tempo, bem como a aptidão para tudo adquirirem e tudo conhecerem. No princípio, eles são como as crianças, sem vontade própria e sem a consciência perfeita da sua existência.

16 – À medida que o Espírito se afasta do ponto de partida, suas ideias vão se desenvolvendo, assim como acontece com as crianças. O desenvolvimento das ideias proporciona o livre-arbítrio, ou melhor, a liberdade de fazer ou não alguma coisa, de seguir este ou aquele caminho para o seu adiantamento. O livre-arbítrio constitui um dos atributos essenciais do Espírito.

17 – O objetivo final de todos os Espíritos é o de alcançar a perfeição a que toda criatura está sujeita. Desfrutar a felicidade suprema é uma consequência de se alcançar essa perfeição. Os Espíritos podem atingi-la de maneira lenta ou rápida, conforme o uso que fazem do seu livre-arbítrio.

18 – Os Espíritos são os agentes do poder de Deus. Constituem a força inteligente da Natureza e contribuem para a realização dos desígnios do Criador. Eles têm como missão manter a harmonia geral do Universo e das Leis imutáveis que regem a Criação.

19 – Para colaborarem como agentes do Poder Divino, na obra que se realiza nos mundos materiais, os Espíritos se revestem temporariamente de um corpo material. Os Espíritos encarnados constituem a Humanidade. A alma do homem é um Espírito encarnado.

20 – A vida espiritual é a vida normal dos Espíritos, pois ela é eterna. A vida em corpo físico é transitória e passageira e não passa de um instante na eternidade.

21 – A encarnação dos Espíritos está nas Leis da Natureza, e ela é necessária para o seu adiantamento e para a realização das obras de Deus. Pelo trabalho que a existência corporal impõe aos Espíritos encarnados, eles aperfeiçoam sua inteligência e adquirem, cumprindo a Lei de Deus, os méritos que os conduzirão à felicidade eterna. Disso resulta que, além de contribuírem para a obra geral da Criação, os Espíritos ainda trabalham pelo seu próprio progresso.

22 – O aperfeiçoamento do Espírito é sempre fruto do seu trabalho. Ele progride em razão da sua maior ou menor atividade ou da sua boa vontade em adquirir as qualidades que lhe faltam.

23 – O Espírito não pode adquirir numa única existência corpórea todas as qualidades intelectuais e morais que haverão de conduzi-lo ao destino para o qual foi criado (a perfeição). Ele chega a esse objetivo depois de uma série de existências, onde, em cada uma delas, ele dá alguns passos para frente no caminho do progresso e se depura de algumas imperfeições.

24 – A cada nova existência o Espírito carrega, das existências anteriores, o que adquiriu em inteligência e em moralidade, assim como as imperfeições das quais ainda não se livrou.

25 – Quando, numa existência, o Espírito não realiza nenhum progresso no caminho do bem, essa existência torna-se sem proveito e ele terá que recomeçá-la em condições mais ou menos difíceis, em razão da sua negligência ou da sua má vontade.

26 – A cada existência corpórea, o Espírito deve adquirir alguma coisa no que diz respeito ao bem e se despojar de alguma coisa que esteja vinculada ao mal. A consequência disso é que, depois de um certo número de encarnações, ele se encontrará depurado e alcançará o estado de Espírito puro.

27 – O número das existências corpóreas (reencarnações) é indeterminado, visto que depende apenas da vontade de o Espírito reduzir esse número, trabalhando ativamente pelo seu progresso moral.

28 – No intervalo entre as existências em corpo físico, o Espírito se encontra num estado a que chamamos de *errante*. É nessa condição que ele vive a vida espiritual. A erraticidade não tem duração determinada.

29 – Quando os Espíritos adquirem num mundo a soma de progresso que esse mundo pode proporcionar a eles, abandonam esse mundo e passam a encarnar num outro mais adiantado, onde adquirem novos conhecimentos. Trocam de mundo até alcançar um estágio em que a encarnação em corpos materiais não tem mais utilidade. Após isso, passam a viver exclusivamente a vida espiritual, na qual progridem em outro sentido e por outros meios. Ao atingirem o ponto máximo do progresso, eles desfrutam da felicidade suprema.

Ao serem admitidos nos conselhos de Deus, identificam-se com o pensamento do Criador e tornam-se Seus mensageiros, Seus ministros diretos para o governo dos mundos, tendo sob as suas ordens outros Espíritos ainda em diferentes graus de adiantamento.

CAPÍTULO 2

MANIFESTAÇÕES DOS ESPÍRITOS

Caráter e consequências religiosas das manifestações dos Espíritos

1. O perispírito como princípio das manifestações
2. Manifestações visuais
3. Transfiguração – invisibilidade
4. Emancipação da alma
5. Aparição de pessoas vivas – bicorporeidade
6. Os médiuns
7. Obsessão e possessão

1 – As almas ou Espíritos daqueles que viveram na Terra formam o mundo invisível que povoa o Espaço e o meio onde vivemos. Assim, desde quando existem homens, também existem Espíritos, e se os Espíritos têm o poder de se manifestar, isso deve ter ocorrido em todas as épocas. A história e as religiões de todos os povos comprovam a ocorrência dessas manifestações.

Entretanto, nesses últimos tempos, as manifestações dos Espíritos cresceram muito e adquiriram um caráter mais sério, porque é da vontade de Deus colocar um fim na chaga da incredulidade e do materialismo, por meio de provas evidentes, permitindo que aqueles que deixaram a Terra possam dar provas de que continuam existindo e nos revelar a situação feliz ou infeliz em que se encontram.

2 – O mundo invisível envolve o mundo visível. Assim, os dois mundos estão permanentemente em contato e reagem de forma incessante um sobre o outro. Esse intercâmbio contínuo é a fonte de uma multidão de fenômenos que até então foram considerados sobrenaturais, uma vez que não se conhecia a sua causa.

A ação do mundo invisível sobre o mundo visível e vice-versa é uma Lei, é uma das forças da Natureza, tão necessária à harmonia do Universo quanto a Lei de atração. Se o intercâmbio entre esses dois mundos cessasse, a harmonia estaria perturbada, assim como ocorre com um mecanismo do qual se extrai uma peça. Por ser uma Lei da Natureza, a ação de um mundo sobre o outro e os fenômenos que ela produz nada têm de sobrenaturais. Esses fenômenos pareciam extraordinários porque a causa que os produzia não era conhecida. O mesmo ocorreu com alguns efeitos da eletricidade, da luz etc.

3 – Todas as religiões têm por base a existência de Deus e por meta o destino do homem depois da morte. Esse destino tem uma importância muito grande para ele e está necessariamente ligado à existência do mundo invisível. Em todos os tempos, o conhecimento desse mundo invisível tem se constituído para o homem num objeto de suas pesquisas e preocupações, e sua atenção foi naturalmente atraída pelos fenômenos que tendem a provar a existência do mundo espiritual.

Entretanto, nenhum fenômeno foi tão conclusivo quanto o da manifestação dos Espíritos, por meio da qual os próprios habitantes do mundo invisível revelaram a sua existência. Foi por isso que esses fenômenos se tornaram a base da maior parte dos dogmas de todas as religiões.

4 – O homem sempre teve a intuição da existência de um poder superior, por isso, em todos os tempos, ele atribuiu a esse poder superior os fenômenos cuja causa lhe era desconhecida e que passavam, a seus olhos, por milagres e efeitos sobrenaturais. Os incrédulos consideram essa tendência como sendo uma consequência da predileção que o homem sempre teve pelo maravilhoso, mas não procuram saber qual a origem desse amor pelo maravilhoso. Se eles tivessem se dado a esse trabalho, reconheceriam que essa origem está, simplesmente, na intuição mal definida de que existe uma ordem de coisas extracorpóreas.

Com o progresso da Ciência e do conhecimento das Leis da Natureza, esses fenômenos passaram, pouco a pouco, do domínio do maravilhoso para o domínio dos efeitos naturais, de modo que aquilo que antes parecia sobrenatural hoje não é mais, e aquilo que hoje ainda é considerado sobrenatural amanhã não será.

Os fenômenos decorrentes da manifestação dos Espíritos forneceram, pela sua própria natureza, uma grande contribuição aos fatos tidos como maravilhosos. Com o tempo, a Lei que os rege tornou-se conhecida e eles entraram, como todos os outros, na ordem dos fatos naturais. Esse tempo chegou graças ao Espiritismo, que, ao tornar essa Lei conhecida, forneceu a chave para a interpretação da maior parte das passagens incompreendidas das Escrituras Sagradas, que a esses fenômenos fazem alusão, e dos fatos tidos como milagres.

5 – A característica do milagre é a de ser um fato raro e excepcional. É uma revogação das Leis da Natureza. Se um fenômeno se reproduz em condições idênticas, é porque ele está submetido a uma Lei, sendo assim, não pode mais ser considerado milagre. O fato de a Lei que rege o fenômeno ser desconhecida não significa que ela não exista, cabendo ao tempo torná-la conhecida.

O movimento do Sol, ou melhor, da Terra, interrompido por Josué seria um verdadeiro milagre porque implicaria numa revogação manifesta da Lei que rege o movimento dos astros. Entretanto, se esse fato pudesse se reproduzir em determinadas condições, ele estaria submetido a uma Lei e deixaria, por consequência disso, de ser um milagre.

6 – A Igreja comete um erro ao se preocupar com a restrição do círculo dos fatos considerados milagres. Deus comprova melhor a Sua grandeza e o Seu poder por meio do admirável conjunto de Suas Leis, e não por algumas infrações a essas mesmas Leis. O temor da Igreja se justifica menos ainda pelo fato de ela atribuir ao demônio o poder de fazer milagres, o que implica em dizer que Satanás, por ser capaz de interromper o curso das Leis de Deus, é tão poderoso quanto Ele. Ousar dizer que o Espírito do mal (o demônio) tem condições para suspender o curso das Leis de Deus é uma blasfêmia e um sacrilégio.

Ao admitir que os milagres estão na ordem dos fatos naturais, a religião ganha autoridade ao invés de perdê-la. Ao considerar um acontecimento como sendo milagre quando ele não é, a religião comete um erro, e esse erro fica ainda maior quanto mais ela se obstina nele. O erro persiste porque muitas pessoas ao não admitirem a existência dos milagres, ao negá-los, negam também a religião que neles se apoia. No entanto, se os fatos forem considerados como sendo uma consequência das Leis da Natureza, não haverá mais justificativa para que alguém os rejeite, nem rejeite a religião que os apoia.

7 – Os fatos que a Ciência comprova, de maneira incontestável, não podem ser revogados por nenhuma crença religiosa apenas porque essa crença é contrária a esses fatos. A religião só tem a ganhar em autoridade quando acompanha o progresso dos conhecimentos científicos, assim como só tem a perder quando teima em se conservar atrasada ou a protestar contra esses mesmos conhecimentos em nome dos seus dogmas. Nenhum dogma pode prevalecer contra as Leis da Natureza e muito menos anular essas Leis. Um dogma que tem como fundamento negar uma Lei da Natureza não pode ser a expressão da verdade.

O Espiritismo, que tem por base o conhecimento de Leis até agora incompreendidas, não tem por finalidade destruir os fatos religiosos, ao contrário, seu objetivo é confirmar esses fatos ao dar-lhes uma explicação racional. Vem destruir apenas as falsas consequências, que são os frutos da ignorância ou da interpretação equivocada das Leis da Natureza.

8 – A ignorância das Leis da Natureza, que leva o homem a procurar causas fantásticas para os fenômenos que ele não compreende, é o que gera as ideias supersticiosas, algumas das quais são devidas aos fenômenos espíritas mal compreendidos. O conhecimento das Leis que regem esses fenômenos destrói essas ideias supersticiosas, conduzindo as coisas para a realidade e demonstrando, em relação a essas Leis, qual é o limite entre aquilo que é possível e aquilo que é impossível.

1. O PERISPÍRITO COMO PRINCÍPIO DAS MANIFESTAÇÕES

9 – Conforme foi dito, os Espíritos têm um corpo fluídico ao qual chamamos de *perispírito*. Sua substância é retirada do fluido cósmico universal, que o forma e o alimenta, como o ar forma e alimenta o corpo material do homem. O perispírito é mais etéreo ou mais denso conforme os mundos e o grau de depuração que o Espírito já alcançou. Nos mundos inferiores, assim como nos Espíritos inferiores, a natureza do perispírito é mais grosseira e se aproxima muito da matéria bruta.

10 – Durante a encarnação, o Espírito conserva o perispírito que possuía antes de reencarnar. O corpo físico para ele não passa de um segundo envoltório, mais grosseiro, mais resistente e apropriado às funções que o Espírito deve executar. Por ocasião da morte, o Espírito se despoja desse segundo envoltório mais grosseiro, ou melhor, do seu corpo físico.

O perispírito serve de intermediário entre o Espírito e o corpo físico. É o órgão que transmite todas as sensações (do Espírito para o corpo físico e vice-versa). Quando essas sensações vêm do meio externo, o corpo físico recebe a impressão, e o perispírito a transmite para o Espírito, que por se tratar de um ser sensível e inteligente a recebe. Quando o ato é de iniciativa do Espírito, pode-se dizer que o Espírito quer, o perispírito transmite o desejo do Espírito, e o corpo físico executa.

11 – O perispírito não se encontra encerrado nos limites do corpo físico, como numa caixa. Devido a sua natureza fluídica, ele tem a propriedade de se expandir, de se irradiar para o exterior. Assim, comandado pelo "pensamento" e pela "força de vontade", o perispírito forma em torno do corpo uma espécie de atmosfera, que pode se expandir mais ou menos em obediência a essa vontade.

Uma das consequências dessa capacidade de expansão do perispírito é que pessoas distantes umas das outras podem manter contato por intermédio dos seus perispíritos e transmitirem, sem ter consciência disso, suas impressões e, às vezes, até mesmo a intuição de seus pensamentos.

12 – O perispírito, sendo um dos elementos que constituem o homem, desempenha um papel importante em todos os fenômenos psicológicos e, até certo ponto, nos fenômenos fisiológicos e patológicos. Quando as ciências médicas levarem em conta o elemento espiritual na atividade do indivíduo, elas vão dar um grande passo, e horizontes inteiramente novos vão se abrir para elas. No momento em que isso ocorrer, as causas de muitas moléstias serão explicadas e surgirão poderosos meios de combatê-las.

13 – É por meio do seu perispírito que os Espíritos atuam sobre a matéria inerte e produzem os diversos fenômenos mediúnicos. A natureza etérea do perispírito não constitui um empecilho para que os Espíritos produzam esses fenômenos, pois sabemos que é nos motores mais potentes que encontramos os fluidos mais rarefeitos e mais imponderáveis.

Não deve ser motivo de espanto, portanto, quando os Espíritos, com o auxílio do seu perispírito, produzem certos efeitos físicos, tais como: pancadas e ruídos de toda espécie, elevação de objetos, transporte ou lançamento desses objetos no espaço. Para explicar esses fenômenos, não há qualquer necessidade de se recorrer ao maravilhoso, nem aos efeitos sobrenaturais.

14 – Atuando sobre a matéria, os Espíritos podem se manifestar de muitas maneiras diferentes: por efeitos físicos, como acontece com os ruídos e a movimentação de objetos; pela transmissão do pensamento, pela visão, pela audição, pela palavra, pelo tato, pela escrita, pelo desenho, pela música etc. Em resumo, eles podem se manifestar por todos os meios que possam colocá-los em comunicação com os homens.

15 – As manifestações dos Espíritos podem ser espontâneas ou provocadas. As espontâneas ocorrem de modo inesperado e de improviso. Muitas vezes, elas se produzem entre pessoas que são alheias às ideias espíritas. Em alguns casos, e sob determinadas circunstâncias, as manifestações podem ser provocadas pela vontade, sob a influência de pessoas dotadas de faculdades especiais para produzir essas manifestações (são os médiuns).

As manifestações espontâneas ocorreram em todas as épocas e em todos os países. Na Antiguidade, certamente, o meio de provocar essas manifestações era conhecido, mas esse meio era privilégio de algumas castas que só o revelavam a alguns iniciados e sob condições rigorosas. Escondê-lo do povo em geral era uma forma de dominá-lo pelo prestígio de um poder oculto. Entre alguns indivíduos, esse poder oculto se perpetuou pelo tempo até os nossos dias, mas quase sempre desvirtuado pela superstição ou associado às práticas ridículas de magia, o que contribuiu para desacreditá-lo. Até então, o domínio dessas manifestações não passou de sementes lançadas aqui e ali.

A Providência reservou para a nossa época o conhecimento completo desses fenômenos, o que fez com que eles se tornassem popular. Ao separá-los de suas impurezas, esses fenômenos contribuem para o melhoramento da Humanidade, visto que hoje ela está madura para compreendê-los e tirar deles as verdadeiras consequências.

2. MANIFESTAÇÕES VISUAIS

16 – Por sua natureza e em seu estado normal, o perispírito é invisível. O mesmo ocorre com inúmeros fluidos que sabemos existir, mas que nunca vimos. O perispírito pode, assim como alguns fluidos, sofrer modificações que o tornam perceptível a nossa visão, quer por uma espécie de condensação, quer por uma mudança na sua disposição molecular.

O perispírito pode adquirir as propriedades de um corpo sólido e tangível, mas é capaz de retornar instantaneamente ao seu estado etéreo e invisível. Podemos observar esse efeito pelo que acontece com o vapor, que pode passar do estado de invisibilidade ao estado de nevoeiro, depois ao estado líquido, em seguida ao estado sólido e vice-versa. Esses diferentes estados do perispírito resultam da vontade do Espírito, e não de uma causa física exterior, como acontece com os gases. Quando um Espírito aparece, é porque ele coloca o seu perispírito num estado próprio para torná-lo visível.

Entretanto, nem sempre a vontade do Espírito é suficiente para fazer com que ele se torne visível. Para que aconteça a modificação do seu perispírito, é necessário que se cumpra uma série de circunstâncias que não dependem do Espírito. Além disso, é preciso que seja permitido ao Espírito se fazer visível a uma determinada pessoa, permissão esta que nem sempre lhe é concedida e que lhe é dada somente em algumas circunstâncias, por motivos que escapam à nossa apreciação (Ver *O Livro dos Médiuns*, segunda parte, cap. 5, item 132).

Outra propriedade do perispírito, e que tem relação com sua natureza etérea, é a da *penetrabilidade*. Nenhuma matéria lhe opõe obstáculo, pois ele atravessa todas, assim como a luz atravessa os corpos transparentes. É por essa razão que não há como impedir que os Espíritos entrem num recinto totalmente fechado. Eles visitam o prisioneiro em sua cela com a mesma facilidade com que visitam um homem que está no campo, a céu aberto.

17 – As manifestações visuais mais comuns ocorrem durante o sono, por meio dos sonhos: são as visões. As *aparições* propriamente ditas ocorrem no estado de vigília (acordado), quando as pessoas que as percebem desfrutam da plenitude e da inteira liberdade de suas faculdades.

As aparições apresentam-se geralmente sob a forma vaporosa e transparente, algumas vezes vaga e imprecisa. Frequentemente, não passam, à primeira vista, de um clarão esbranquiçado, cujos contornos vão se delineando aos poucos. Em outras oportunidades, as formas se apresentam nitidamente desenhadas, sendo possível distinguir os menores traços do rosto a ponto de descrevê-los com precisão. Os gestos e o aspecto são semelhantes ao do Espírito quando ele estava encarnado.

18 – O Espírito pode assumir todas as aparências, por isso ele se apresenta com aquela em que será mais facilmente reconhecido, caso seja esse o seu desejo. Ainda que como Espírito ele não tenha mais nenhuma das imperfeições que afetavam o seu corpo físico, vai se apresentar estropiado, manco, ferido, com cicatrizes, se isso for necessário para comprovar sua identidade.

Da mesma forma ocorre em relação ao traje. Os Espíritos, que nada conservam das misérias da Terra, apresentam-se mais comumente com amplos tecidos esvoaçantes e uma cabeleira ondulada e graciosa. Muitas vezes, eles se apresentam com os atributos característicos da sua elevação, tais como uma auréola, asas para aqueles que podem ser considerados anjos, ou um aspecto luminoso e resplandecente, enquanto outros se vestem com roupas que lembram sua última encarnação. Desse modo, um guerreiro vai se apresentar com sua armadura, um sábio com seus livros, um assassino com seu punhal etc.

A figura dos Espíritos superiores é bela, nobre e serena; a dos Espíritos inferiores tem alguma coisa de feroz e bestial e, por vezes, traz os vestígios dos crimes que cometeram e das punições que sofreram. Para eles, essa aparência é uma realidade, ou seja, acreditam estar assim como aparecem, o que para esses Espíritos não deixa de constituir um castigo terrível.

19 – O Espírito que deseja ou tem permissão para aparecer aos vivos, por vezes, se reveste com uma forma ainda mais precisa, com todas as aparências de um corpo sólido, a ponto de causar uma completa ilusão naquele que o vê, pois ele tem a certeza de que se trata de um ser encarnado.

Em alguns casos e sob certas circunstâncias, a tangibilidade pode se tornar real, ou seja, é possível tocar na aparição, apalpá-la, sentir a mesma resistência e o mesmo calor de um corpo vivo, o que não impede que ela se desfaça com a rapidez de um relâmpago. Portanto, é possível estar na presença de um Espírito, conversar com ele como se fosse uma pessoa viva, tendo a impressão de que se trata de um simples mortal e sem desconfiar que seja um Espírito.

20 – Qualquer que seja o aspecto com que o Espírito se apresente, ainda que sob a forma tangível, ele pode tornar-se visível apenas para algumas pessoas. Assim, numa reunião, ele pode se mostrar somente a um ou a vários de seus membros. Entre duas pessoas que estejam juntas, uma pode ver e tocar o Espírito, enquanto a outra não o vê e não sente a sua presença.

O fenômeno de um Espírito aparecer somente para uma pessoa, entre várias que se encontram reunidas, tem a seguinte explicação: para que se produza o fenômeno da aparição é necessário que exista uma combinação do fluido perispiritual da pessoa com o do Espírito. É preciso que exista entre esses dois fluidos uma espécie de afinidade que favoreça a combinação.

Se o Espírito não encontra a aptidão orgânica necessária numa determinada pessoa (afinidade fluídica), o fenômeno da aparição não pode se realizar. Se existe afinidade, o Espírito é livre para aproveitá-la ou não. Daí resulta que: se duas pessoas que estão juntas possuem essa afinidade, o Espírito pode operar a combinação fluídica apenas com aquela a quem ele deseja se mostrar. Se a combinação fluídica não for feita com a outra, esta não o verá. Para exemplificar, imagine que há dois indivíduos com os olhos vendados, mas, por razões diversas, queremos que apenas um nos veja, então tiraríamos a venda apenas deste. No entanto, se um deles for cego, o fato de retirar sua venda não lhe devolveria a visão.

21 – Se as aparições tangíveis são muito raras, as aparições vaporosas são muito frequentes, principalmente no momento da morte. É como se o Espírito, recém-libertado do corpo físico, tivesse pressa em ir rever os seus parentes e amigos, avisando-os de que acaba de deixar a Terra e dizer-lhes que apesar disso continua vivo. Se cada um procurar em suas lembranças verificará que muitos fatos autênticos desse tipo já se verificaram e que não foi lhes dada a devida atenção. Eles não ocorreram somente durante a noite, mas em pleno dia e em completo estado de vigília.

3. TRANSFIGURAÇÃO – INVISIBILIDADE

22 – O perispírito do homem possui as mesmas propriedades que o perispírito dos Espíritos desencarnados. Conforme dissemos, o perispírito do homem não está confinado no corpo físico, pois ele se irradia e forma, em torno do corpo, uma espécie de atmosfera fluídica.

Em certos casos e sob determinadas circunstâncias, o perispírito do homem pode sofrer modificações em que a forma real e material do seu corpo físico desaparece debaixo da camada fluídica que se irradiou. Quando isso acontece, ele pode tomar por momentos uma aparência completamente diferente, ou seja, tomar a aparência de uma outra pessoa ou mesmo a aparência do Espírito que está combinando os seus fluidos com ele. Essa combinação pode dar a um rosto feio o aspecto de um rosto bonito e radioso. Tal fenômeno é designado pelo nome de "transfiguração" e ocorre com muita frequência quando determinadas circunstâncias provocam uma expansão mais abundante do fluido perispiritual.

O fenômeno da transfiguração pode se manifestar com intensidades muito diferentes, conforme o grau de pureza do perispírito, grau este que sempre vai depender da elevação moral do Espírito. Às vezes, a transfiguração se limita a uma simples mudança no aspecto da fisionomia. Outras vezes, ela pode dar ao perispírito uma aparência luminosa e admirável.

Desse modo, a forma material pode desaparecer sob o fluido perispiritual, tornando-se invisível, sem que para isso o fluido precise assumir outro aspecto. Algumas vezes, o fluido perispiritual pode apenas ocultar um corpo inerte ou vivo, tornando-o invisível aos olhos de uma ou de muitas pessoas, como se fosse uma camada de vapor. Utilizamos o exemplo do vapor apenas para fazer uma comparação com o fluido perispiritual, mesmo sabendo que entre eles não existe nenhuma semelhança.

23 – Esses fenômenos até podem parecer estranhos, mas somente para aqueles que ainda não conhecem as propriedades do fluido perispiritual. Esse fluido é para nós um novo corpo, que deve possuir propriedades novas e que não podem ser estudadas pelos processos comuns da Ciência, mas que nem por isso deixam de ser propriedades naturais, tendo de maravilhoso apenas a novidade.

4. EMANCIPAÇÃO DA ALMA

24 – Durante o sono, apenas o corpo físico repousa, pois o Espírito não dorme. Ele se aproveita do repouso do corpo e dos momentos em que a sua presença não é necessária para atuar separadamente e ir para onde quiser, desfrutando da sua liberdade e da plenitude de suas faculdades.

Durante a encarnação, o Espírito nunca está completamente separado do corpo. Mesmo que o Espírito se transporte a uma grande distância, ele sempre se conserva preso ao corpo físico por um vínculo fluídico (laço magnético), que serve para chamá-lo de volta assim que sua presença perto do corpo se torne necessária. Somente a morte rompe esse vínculo fluídico que existe entre o Espírito e o corpo físico.

Para um melhor entendimento, citamos a Questão n. 402 de *O Livro dos Espíritos*: "*Como podemos avaliar a liberdade do Espírito durante o sono?*"

Durante o sono, o Espírito liberta-se parcialmente do seu corpo físico. Quando dorme, o homem encontra-se momentaneamente no estado em que ficará, de forma definitiva, depois da morte. Os Espíritos que, ao desencarnarem, logo se desligam do corpo, são Espíritos que quando dormem têm sonos proveitosos; procuram a companhia daqueles que lhes são superiores: viajam, conversam e se instruem com eles; trabalham até mesmo em obras que encontrarão prontas após o seu retorno ao mundo espiritual, por ocasião do desencarne. Esses fatos deveriam ensinar vocês a não terem medo da morte, uma vez que morrem todos os dias ao dormir, segundo a expressão de um santo.

Isso é o que acontece com os Espíritos elevados, porque a maioria dos homens, ao desencarnar, permanece longas horas em estado de perturbação. Enquanto eles dormem, seus Espíritos vão visitar mundos inferiores à Terra em busca de velhas afeições, ou vão atrás de prazeres ainda mais baixos do que aqueles aos quais se entregam quando estão acordados.

Vão se envolver com doutrinas ainda mais vergonhosas, mais desprezíveis e nocivas do que as que praticam por aqui. A origem da simpatia entre os habitantes da Terra está justamente no fato de o homem, ao despertar, sentir-se ligado pelo coração com aqueles Espíritos com os quais acaba de passar oito ou nove horas de felicidade ou de prazer.

O desprendimento do Espírito, quando o seu corpo está dormindo, explica também as "antipatias insuperáveis" que sentimos intimamente, porque as pessoas com as quais antipatizamos já são nossas conhecidas no mundo espiritual e sabemos que elas pensam diferente de nós. Assim, mesmo sem nunca tê-las visto antes com os olhos do corpo físico, nutrimos por essas pessoas uma antipatia sem explicação aparente.

Esse desprendimento explica também a indiferença de muitos homens, que não procuram conquistar novos amigos, porque sabem que existem outros que os amam e lhe querem bem no mundo dos Espíritos. Em resumo: o sono influi na vida do homem mais do que ele pode imaginar.

Durante o sono, os Espíritos encarnados estão sempre em contato com o mundo espiritual. É esse contato que incentiva os "Espíritos superiores" a encarnarem na Terra sem muita repulsa. Durante o período em que esses Espíritos estão na Terra, em contato com todos os vícios, Deus permite que, durante o sono, eles se fortaleçam no bem, indo visitar outros mundos superiores. Essas visitas são importantes porque lá eles recebem forças para não falharem em sua missão, já que reencarnam para instruir os demais.

Na verdade, o sono é uma porta que Deus abre aos Espíritos superiores para que eles possam reencontrar com seus amigos desencarnados; pode-se dizer que é o recreio depois do trabalho, enquanto aguardam a própria desencarnação, que irá devolvê-los ao meio que lhes é próprio.

O sonho é a lembrança daquilo que o Espírito viu durante o sono. Mas observem que nem sempre ele sonha, porque nem sempre ele se lembra do que viu, ou de tudo o que viu. Isso ocorre porque a alma de vocês ainda não possui o pleno desenvolvimento de suas faculdades.

Muitas vezes resta apenas a lembrança da perturbação que acompanha a entrada no mundo espiritual e o posterior retorno; pode-se acrescentar a essa perturbação o que se faz no mundo dos Espíritos e o que preocupa vocês quando estão acordados. Se não fosse assim, como explicariam esses sonhos absurdos a que estão sujeitos tanto os mais sábios quanto os mais humildes? Os maus Espíritos também se aproveitam dos sonhos para atormentar as almas fracas e medrosas.

A incoerência dos sonhos também pode ser explicada pelas lacunas produzidas pela lembrança incompleta daquilo que nos apareceu em sonho. É o mesmo que ocorre numa narração onde são retiradas algumas frases ou trechos ao acaso. Os fragmentos restantes do texto perdem o sentido lógico.

Além disso, brevemente vocês vão ver se desenvolver e se popularizar uma outra espécie de sonho, tão antiga quanto as que já conhecem, mas que ainda ignoram. Refiro-me ao sonho de Joana D'Arc, ao sonho de Jacó, ao sonho dos profetas judeus e alguns adivinhos indianos (aqui o Espírito que responde está se referindo à mediunidade). Esse tipo de sonho é a lembrança que a alma guarda quando está quase inteiramente desligada do corpo físico; é a lembrança dessa segunda vida da qual eu falava antes, ou melhor, da vida no mundo espiritual.

25 – A independência e a emancipação da alma se manifestam, de maneira evidente, principalmente no fenômeno do **sonambulismo natural** e **magnético**, na **catalepsia** e na **letargia**.

A lucidez sonambúlica é a faculdade que a alma possui de ver e sentir sem o auxílio dos órgãos do corpo físico. Essa faculdade é um dos seus atributos e está presente em todo o seu ser. Os órgãos do corpo não passam de canais estreitos por onde chegam certas percepções. A visão a distância, que alguns sonâmbulos possuem, é fruto do deslocamento da alma, que vê o que se passa nos lugares para onde se transporta. Em suas andanças, ela está sempre acompanhada do seu perispírito, que é o agente das suas sensações, mas, conforme dissemos anteriormente, a alma nunca se desliga completamente do corpo. Seu afastamento produz a imobilidade do corpo, que às vezes parece não ter vida.

Observações

Sonambulismo natural: Desprendimento da alma, desdobramento.

Sonambulismo magnético: Desprendimento da alma causado pela ação que o magnetizador exerce sobre outra pessoa, usando o seu fluido magnético.

Catalepsia: Perda temporária da sensibilidade e do movimento, caracterizada pela imobilidade do corpo e pela rigidez dos músculos.

Letargia: Sono profundo em que a circulação e a respiração parecem não existir.

26 – Esse afastamento da alma também pode ocorrer em diversos graus, quando a pessoa está no estado de vigília (acordada). No entanto, quando ele ocorre, o corpo não desfruta da sua atividade normal, ele sente uma espécie de entorpecimento, uma certa alienação das coisas terrenas. O corpo físico não chega a adormecer; ele caminha e se movimenta, os olhos até fixam os objetos, mas não os veem. Percebe-se claramente que a alma está em outro lugar.

Como no sonambulismo, a alma vê as coisas ausentes, tem percepções e sensações que desconhecemos. Algumas vezes, ela tem a presciência (pressentimento) de alguns acontecimentos futuros, pela ligação desses acontecimentos com as coisas presentes. Quando penetra no mundo invisível, pode ver os Espíritos, conversar com eles e transmitir os seus pensamentos.

Ao retornar ao seu estado normal, geralmente a alma esquece o que viu. Entretanto, algumas vezes, ela conserva uma lembrança mais ou menos vaga do que presenciou, como se tivesse sonhado.

27 – Às vezes, a emancipação da alma amortece as sensações físicas a ponto de produzir uma verdadeira insensibilidade que, nos momentos de excitação, lhe permite suportar com indiferença as mais intensas dores. Essa insensibilidade provém do desprendimento do perispírito, que é o agente que transmite as sensações do corpo físico. Ora, o Espírito ausente não sente os ferimentos do corpo.

28 – A faculdade que a alma possui de se emancipar, em sua manifestação mais simples, produz o que chamamos de sonho acordado. Essa emancipação também é responsável pela presciência em algumas pessoas, e ela se manifesta pelos pressentimentos. A alma, num grau mais avançado de desprendimento, produz o fenômeno conhecido como segunda vista, dupla vista ou sonambulismo em estado de vigília (acordado).

29 – O *êxtase* é o grau máximo de emancipação da alma. Para uma melhor compreensão, citamos a **Questão n. 455 de *O Livro dos Espíritos*:**

No sonho e no sonambulismo, a alma percorre as regiões terrenas. No êxtase, ela penetra num mundo desconhecido, o mundo dos Espíritos etéreos, com os quais entra em comunicação, sem, no entanto, poder ultrapassar certos limites, que não poderia transpor sem romper totalmente as ligações que a prendem ao corpo físico.

A alma é envolvida por um brilho resplandecente e inteiramente novo; harmonias desconhecidas na Terra fazem com que ela se deslumbre; sente um bem-estar que não pode ser definido. Nessa condição, a alma desfruta, por antecipação, da bem-aventurança celeste e pode-se dizer que ela põe um pé no limiar da eternidade.

No estado de êxtase, o aniquilamento do corpo físico é quase completo. O corpo só conserva, por assim dizer, a vida orgânica. Sente que a alma está ligada a ele apenas por um fio, e que um esforço a mais pode romper esse fio para sempre, impedindo que a alma retorne para o seu corpo físico.

30 – Assim como acontece com os outros graus de emancipação da alma, o êxtase não está isento de erros. É por esse motivo que as revelações daqueles que entram em êxtase estão longe de expressar sempre a verdade absoluta. A causa disso reside na imperfeição do Espírito humano. Somente quando o Espírito atinge o ápice da escala de evolução é que ele pode julgar as coisas com lucidez. Até lá, não lhe é permitido ver tudo nem tudo compreender.

Se, mesmo depois da morte, quando o desprendimento é completo, o Espírito nem sempre vê as coisas com exatidão e ainda se conserva preso aos preconceitos que tinha na vida terrena, não compreendendo as coisas do mundo invisível onde se encontra, com mais forte razão isso deve acontecer com o Espírito que ainda está preso ao seu corpo físico. Algumas vezes, há mais entusiasmo do que verdadeira lucidez naqueles que entram em êxtase, ou melhor, o entusiasmo deles prejudica a sua lucidez. Eis por que suas revelações são com frequência uma mistura de verdades e erros, de algumas coisas sublimes e outras ridículas.

Os Espíritos inferiores também se aproveitam desse entusiasmo, que é sempre uma causa de fraqueza quando não se sabe controlá-la, para dominar aquele que entra em êxtase. Esses Espíritos inferiores assumem *aparências* sob as quais o enganam com suas ideias pervertidas e seus preconceitos. Assim, suas visões e revelações não passam do reflexo da crença desses Espíritos inferiores. É um perigo que só os Espíritos de ordem elevada conseguem escapar e contra o qual o observador deve se precaver.

31 – Em algumas pessoas o perispírito está tão identificado com o corpo físico que o desprendimento da alma se realiza com extrema dificuldade, mesmo por ocasião da morte. Geralmente são pessoas que viveram muito apegadas às coisas materiais. Para elas, a morte é mais penosa, mais cheia de angústias, e o tempo para o desprendimento completo entre a alma e o corpo é mais longo, o que aumenta a agonia.

Por outro lado, existem pessoas em que a alma está presa ao corpo por vínculos tão frágeis que a separação se efetua sem choques, com a maior facilidade e, frequentemente, antes que ocorra a morte do corpo físico. Ao ver se aproximar o fim da vida, essas almas conseguem entrever o mundo no qual vão entrar e anseiam pelo momento da sua libertação completa.

5. APARIÇÃO DE PESSOAS VIVAS – BICORPOREIDADE

32 – A faculdade que a alma possui de se emancipar e de se desprender do corpo físico durante a vida pode dar origem a fenômenos semelhantes aos que os Espíritos desencarnados produzem. Enquanto o corpo dorme, o Espírito pode se transportar a diversos lugares, tornando-se visível e aparecendo sob a forma vaporosa, tanto para aqueles que estão sonhando como para aqueles que estão acordados.

Pode também se apresentar sob a forma tangível, com uma aparência idêntica à do seu corpo físico, por isso há pessoas que o veem ao mesmo tempo em dois lugares diferentes. O Espírito, de fato, estava em dois lugares diferentes, mas apenas num se achava o corpo físico verdadeiro, no outro estava apenas o Espírito. Esse fenômeno, que por sinal é muito raro, foi o que deu origem à crença dos homens duplos e que se denomina de *bicorporeidade*.

Por mais extraordinário que seja esse fenômeno, ele não deixa, assim como todos os outros, de ser incluído na ordem dos fenômenos naturais, visto que se baseia nas propriedades do perispírito e numa Lei da Natureza.

6. OS MÉDIUNS

33 – Os médiuns são pessoas aptas a sentir a influência dos Espíritos e a transmitir seus pensamentos. Portanto, toda pessoa que sente, num grau qualquer, a influência dos Espíritos é considerada médium. Essa faculdade é inseparável do homem e não é privilégio exclusivo de ninguém, razão pela qual são poucos aqueles que não possuem um rudimento dessa faculdade.

É nesse sentido que podemos dizer que todos são médiuns, em maior ou menor grau. Contudo, a qualificação de médium é dada apenas para aqueles em que a faculdade mediúnica se manifesta de modo ostensivo e com uma certa intensidade.

34 – O fluido perispiritual é o agente de todos os fenômenos espíritas. Estes só podem se realizar pela ação recíproca dos fluidos emitidos pelo médium e pelo Espírito. O desenvolvimento da faculdade mediúnica depende da maior ou menor capacidade que o médium possui de expandir os seus fluidos perispirituais e combiná-los com os do Espírito. Portanto, a faculdade mediúnica depende do organismo (do corpo físico) e pode ser desenvolvida quando o princípio existe (expansibilidade do perispírito), mas ela não pode ser adquirida quando o princípio não existe.

A predisposição para a mediunidade independe do sexo, da idade e do temperamento da pessoa. Os médiuns são encontrados em todas as classes de indivíduos, desde a mais tenra idade até a mais avançada.

35 – As relações entre os Espíritos e os médiuns se estabelecem por meio dos seus respectivos perispíritos. A facilidade dessas relações depende do grau de afinidade que existe entre os dois fluidos (perispíritos). Alguns fluidos perispirituais se combinam facilmente, enquanto outros se repelem. Assim, não basta ser médium para que uma pessoa se comunique indistintamente com todos os Espíritos.

Existem médiuns que só podem se comunicar com certos Espíritos ou com Espíritos de determinadas categorias. Outros médiuns só podem se comunicar pela transmissão do pensamento (sintonia mental), sem qualquer manifestação exterior.

36 – Pela assimilação dos fluidos perispirituais, o Espírito se identifica, por assim dizer, com a pessoa que ele deseja influenciar. Não apenas lhe transmite seu pensamento como também pode exercer sobre ela uma influência física, fazendo-a agir ou falar segundo a sua vontade; obrigá-la a dizer o que ele quer, servindo-se para isso dos órgãos do médium como se fossem os seus próprios órgãos.

Finalmente, pode neutralizar a ação do próprio Espírito da pessoa influenciada e paralisar o seu livre-arbítrio. Os Espíritos bons se utilizam dessa influência para fazer o bem, e os maus, para fazer o mal.

37 – Os Espíritos podem se manifestar de muitas maneiras, mas só podem fazê-lo quando encontram uma pessoa capaz de receber e transmitir impressões deste ou daquele tipo, de acordo com as aptidões que possua. Não existe nenhuma pessoa que possua todas as aptidões mediúnicas no mesmo grau. O resultado disso é que umas pessoas obtêm efeitos que são impossíveis para outras. Essa diversidade nas aptidões mediúnicas é que produz os diferentes tipos de médiuns.

38 – Nem sempre é necessária a intervenção da vontade do médium. O Espírito que quer se manifestar procura uma pessoa que seja apta a receber a sua impressão (que tenha afinidade com o seu fluido perispiritual). Muitas vezes, ele se utiliza dessa pessoa sem que ela saiba. Outras pessoas, ao contrário, por terem consciência da faculdade que possuem, podem provocar certas manifestações.

Assim, temos duas categorias de médiuns: os *médiuns inconscientes* e os *médiuns conscientes*. No caso dos *médiuns inconscientes*, a iniciativa parte dos Espíritos; no caso dos *médiuns conscientes*, a iniciativa parte do médium.

39 – Os *médiuns conscientes* apenas são encontrados entre as pessoas que possuem algum conhecimento de como fazer para se comunicar com os Espíritos, por isso eles podem utilizar a sua faculdade de acordo com a sua vontade. Os *médiuns inconscientes*, ao contrário, são encontrados entre aqueles que não têm o menor conhecimento do Espiritismo, nem dos Espíritos. São encontrados também entre os mais incrédulos e servem de instrumento aos Espíritos sem o saberem e sem o quererem.

Todos os tipos de fenômenos espíritas podem ser produzidos pela influência dos incrédulos, visto que eles sempre existiram, em todas as épocas e no seio de todos os povos. A ignorância e a credulidade das pessoas atribuíram aos *médiuns inconscientes* um poder sobrenatural, transformando-os, conforme os tempos e os lugares, em santos, feiticeiros, loucos ou visionários. O Espiritismo nos ensina que tudo não passa da manifestação espontânea de uma faculdade natural.

40 – Entre os diferentes tipos de médiuns, distinguem-se principalmente: *os médiuns de efeitos físicos*; *os médiuns sensitivos ou impressionáveis*; *os médiuns que ouvem, que falam, que veem, que têm intuição, os sonambúlicos (de desdobramento)*; *os médiuns curadores, os que escrevem ou psicografam*. Aqui trataremos apenas dos tipos mais relevantes de médiuns (para detalhes mais completos, recomendamos a leitura de *O Livro dos Médiuns*).

41 – *Médiuns de efeitos físicos* – são os mais aptos a produzir os fenômenos de ordem material, tais como o movimento de corpos inertes, os ruídos, a elevação e o transporte de objetos etc. Esses fenômenos podem ser espontâneos ou provocados, mas, em todos os casos, eles necessitam da presença de médiuns dotados de faculdades especiais, sejam eles voluntários ou não. Esses fenômenos normalmente são produzidos por Espíritos inferiores, uma vez que os Espíritos elevados apenas se ocupam com comunicações inteligentes e instrutivas.

42 – *Médiuns sensitivos ou impressionáveis* – são aqueles que sentem de modo vago a presença dos Espíritos, por uma espécie de ligeiro roçar em todos os seus membros, sem que saibam explicar por quê. Essa faculdade pode adquirir uma sutileza tal que aquele que a possui consegue reconhecer, pela impressão que experimenta, não somente a natureza boa ou má do Espírito que está ao seu lado, mas também de quem está se aproximando, do mesmo modo que o cego reconhece instintivamente a aproximação desta ou daquela pessoa.

A presença de um Espírito bom causa sempre uma impressão suave e agradável; a presença de um Espírito mau, ao contrário, é sempre penosa, asfixiante e desagradável. É como se houvesse uma emanação de impurezas.

43 – *Médiuns auditivos* – são aqueles que ouvem a voz dos Espíritos. Algumas vezes, é como se eles escutassem uma voz interna, que se faz ouvir em seu foro íntimo. Outras vezes, é uma voz exterior, clara e inconfundível, como se fosse a de uma pessoa viva.

Assim, os médiuns auditivos podem conversar com os Espíritos. Quando eles se habituam a comunicar-se com certos Espíritos, podem reconhecê-los pelo timbre da sua voz. Aquele que não é médium auditivo pode se comunicar com um Espírito por meio de um médium auditivo que lhe transmite as palavras.

44 – *Médiuns falantes* – os médiuns auditivos nada mais fazem do que transmitir o que ouvem dos Espíritos, eles não são propriamente *médiuns falantes*, porque, na maioria das vezes, os médiuns falantes nada ouvem. Nesses médiuns, o Espírito atua sobre os órgãos da voz, como atua sobre a mão dos médiuns psicógrafos. Quando o Espírito deseja se comunicar, ele faz uso do órgão que ele tem mais facilidade para atuar: assim, de um médium, ele se utiliza da mão; de outro, da palavra; de um terceiro, da audição.

Em geral, o médium falante se expressa sem ter consciência do que diz e, muitas vezes, ele diz coisas inteiramente fora do alcance da sua inteligência. Pessoas analfabetas e de inteligência vulgar se expressam, quando mediunizadas, com muita eloquência e tratam com incontestável superioridade de questões sobre as quais seriam incapazes de emitir uma simples opinião em seu estado normal.

Embora o médium falante esteja perfeitamente acordado quando exerce a sua faculdade, ele raramente se lembra do que disse. Entretanto, a sua passividade nem sempre é completa, visto que alguns têm a consciência do que dizem no momento em que estão falando.

No médium falante, a palavra é o instrumento do qual o Espírito se serve para se comunicar com a pessoa que ele deseja, da mesma forma como pode utilizar para essa comunicação o auxílio de um médium auditivo. A diferença entre o médium auditivo e o médium falante é que o médium auditivo fala voluntariamente, repetindo o que escuta do Espírito, ao passo que o médium falante fala involuntariamente.

45 – *Médiuns videntes* – são pessoas que, no estado normal e perfeitamente despertas, desfrutam da capacidade de ver os Espíritos. A possibilidade de ver os Espíritos em sonho é, sem dúvida, um tipo de mediunidade, mas essas pessoas não são definidas, a bem dizer, como médiuns videntes. A teoria desse fenômeno é melhor explicada no capítulo "Visões e aparições" (*Livro dos Médiuns* – segunda parte, Cap. 6).

As aparições acidentais do Espírito das pessoas a quem um dia amamos ou conhecemos são muito frequentes. Embora os que veem esses Espíritos possam ser considerados como médiuns videntes, geralmente essa denominação só é dada para aqueles que desfrutam da faculdade de ver quase todos os Espíritos, de modo mais ou menos permanente.

Entre os videntes existem aqueles que só veem os Espíritos que são evocados e que eles conseguem retratar com muita precisão. Descrevem, em seus mínimos detalhes, os gestos, os traços da sua fisionomia, o vestuário e até os sentimentos de que parecem estar animados.

Existem outros videntes em que essa faculdade é ainda mais geral, ou seja, eles conseguem ver toda a população de Espíritos que se movimenta de um lado para outro, como se estivessem cuidando dos seus afazeres. Esses médiuns nunca estão sós, pois estão sempre rodeados por Espíritos que eles podem escolher livremente, visto que têm condições de afastar, pela ação da vontade, aqueles Espíritos que lhes são desagradáveis ou atrair os que lhes são simpáticos.

46 – Médiuns sonambúlicos *(de desdobramento)* – o sonambulismo pode ser considerado como uma variedade da faculdade mediúnica, por isso é possível dizer que são duas ordens de fenômenos que com frequência se encontram ligados.

O médium sonâmbulo age sob a influência do seu próprio Espírito; é a sua alma que, nos momentos de emancipação (separação do corpo físico) vê, ouve e percebe além dos limites dos sentidos. O que ele transmite retira de si mesmo; suas ideias, em geral, possuem maior clareza do que quando ele está no estado normal; seus conhecimentos ficam ampliados, porque sua alma está livre. Podemos dizer que ele vive antecipadamente a vida dos Espíritos. O médium (que não é sonâmbulo), ao contrário, é instrumento de uma inteligência que não é a dele, ou melhor, da inteligência do Espírito que se manifesta; é passivo, e aquilo que ele diz não vem do seu próprio pensamento.

Em resumo: o sonâmbulo externa o seu próprio pensamento, e o médium exprime o pensamento de um outro Espírito. Mas o Espírito que se comunica com um médium qualquer também pode se comunicar com um sonâmbulo. Com frequência, o estado de emancipação da alma, durante o sonambulismo, torna mais fácil essa comunicação. Muitos sonâmbulos veem perfeitamente os Espíritos e os descrevem com a mesma precisão que os médiuns videntes; podem conversar com eles e transmitir-nos os seus pensamentos. O que dizem, fora dos limites de seus conhecimentos pessoais, muitas vezes, lhes é sugerido por outros Espíritos.

47 – Médiuns inspirados *(que possuem intuição)* – são aqueles em que os sinais exteriores de mediunidade são os menos aparentes. A ação que os Espíritos exercem sobre eles é toda intelectual e moral e se revela tanto nas menores circunstâncias da vida como nos grandes empreendimentos. É principalmente por esse aspecto que podemos dizer que todos são médiuns, pois não existe ninguém que não tenha os seus Espíritos protetores e familiares, que empregam todos os seus esforços para sugerir aos seus protegidos boas ideias. Para os médiuns inspirados, muitas vezes, é difícil distinguir o pensamento próprio daquele que lhe é sugerido. O que caracteriza o pensamento sugerido é, principalmente, a espontaneidade.

A inspiração se torna mais evidente nos grandes trabalhos da inteligência. Os gênios, de todas as categorias, tais como artistas, cientistas, literatos, oradores, são, sem dúvida, Espíritos adiantados porque eles são capazes de, por si mesmos, compreender e conhecer grandes coisas. Ora, é justamente pelo fato de os gênios serem considerados capazes que os Espíritos que desejam a execução de certos trabalhos lhes sugerem as ideias necessárias para que o objetivo seja alcançado. Assim, na maioria dos casos, eles são médiuns, mas nem desconfiam.

Entretanto, eles têm uma vaga intuição de que estão sendo ajudados por uma força alheia (mas não sabem defini-la), visto que todo aquele que apela para a inspiração nada mais faz do que uma evocação. Se eles não esperassem ser ouvidos, por que exclamariam com tanta frequência: "Meu bom gênio, vem me ajudar!"

48 – *Médiuns de pressentimentos* – são aqueles que, em certas circunstâncias, têm uma vaga intuição das coisas futuras de ordem comum. Essa intuição pode vir de uma espécie de dupla vista, que permite pressentir a consequência de um acontecimento no presente e sua conexão com as coisas futuras. Muitas vezes, essa intuição resulta de comunicações ocultas, que fazem dessas pessoas uma variedade dos *médiuns inspirados*.

49 – *Médiuns proféticos* – é também uma variedade dos médiuns inspirados. Eles recebem, com a permissão de Deus e com mais precisão que os médiuns de pressentimentos, a revelação de coisas que acontecerão no futuro e que são do interesse geral, com a finalidade de transmitir aos homens para instruí-los. De certo modo, o pressentimento é dado para a maioria das criaturas para seu uso pessoal. O dom da profecia, ao contrário, é excepcional e carrega consigo a ideia de uma missão na Terra.

Entretanto, se existem os verdadeiros profetas, existem também os falsos, e o número deles é muito maior. Eles tomam os devaneios da sua imaginação por revelações, quando não são impostores que, por ambição, se fazem passar por profetas.

O Livro dos Espíritos, na Questão n. 624, pergunta:

Qual é o caráter do verdadeiro profeta?
O verdadeiro profeta é *um homem de bem e inspirado por Deus*. Pode ser reconhecido por suas palavras e por suas ações. Deus não pode se servir de um mentiroso para ensinar a verdade.

50 – *Médiuns escreventes ou psicógrafos* – são aqueles que escrevem sob a influência dos Espíritos. Assim como um Espírito pode agir sobre os órgãos da voz de um médium psicofônico e fazer com que ele fale, também pode se servir da sua mão para fazê-lo escrever. A mediunidade psicográfica apresenta três variedades bem distintas: os *médiuns mecânicos*, os *intuitivos* e os *semimecânicos*.

No **médium mecânico**, o Espírito atua diretamente sobre a sua mão, dando-lhe o impulso para que ele escreva. O que caracteriza esse tipo de mediunidade é a inconsciência absoluta, por parte do médium, sobre o que a sua mão escreve. O movimento da mão independe da sua vontade, pois ela se movimenta sem interrupção, enquanto o Espírito ainda tem alguma coisa para dizer. Ele só para de atuar depois que conclui a mensagem.

No **médium intuitivo**, a transmissão do pensamento é feita por intermédio do próprio Espírito do médium. O Espírito que deseja se comunicar não atua sobre a mão do médium para guiá-la, e sim sobre a sua alma, com a qual se identifica e na qual imprime a sua vontade e os seus pensamentos. A alma do médium recebe o pensamento do Espírito comunicante e o transcreve. Nessas condições, o médium escreve voluntariamente e tem consciência do que escreve, embora os pensamentos não sejam seus.

Muitas vezes, é bem difícil para o médium distinguir o pensamento que é seu do pensamento que é do Espírito comunicante, o que leva *muitos médiuns desse tipo a duvidarem da sua faculdade*. É possível reconhecer o pensamento alheio pelo fato de ele nunca ser preconcebido. Ele surge à medida que o médium vai escrevendo e, muitas vezes, é contrário à ideia preliminar que ele havia formado; o pensamento pode inclusive estar acima dos conhecimentos e da capacidade do próprio médium.

Existe uma grande semelhança entre a mediunidade intuitiva e a de inspiração. A diferença é que a mediunidade intuitiva se restringe quase sempre a questões da atualidade e pode se referir a fatos que estejam fora da capacidade intelectual do médium. Um médium pode tratar, por intuição, de um assunto que lhe seja completamente estranho. A inspiração abrange um campo mais vasto e, geralmente, vem em auxílio da inteligência e das preocupações do Espírito encarnado. Os sinais dessa mediunidade são, normalmente, menos evidentes.

O **médium semimecânico** ou **semi-intuitivo** participa ao mesmo tempo dos dois tipos de mediunidade, ou seja, da mediunidade mecânica e da mediunidade intuitiva. No médium puramente mecânico, o movimento da mão independe da sua vontade. No médium intuitivo, o movimento da mão é voluntário e opcional.

O médium semimecânico sente na mão uma impulsão, mas, ainda assim, ele tem consciência do que escreve à medida que as palavras vão se formando. No médium mecânico, o pensamento vem depois do ato de escrever; no médium intuitivo, o pensamento vem antes de ele escrever; no médium semimecânico, o pensamento acompanha a escrita.

51 – O médium é apenas o instrumento que recebe e transmite o pensamento de um Espírito qualquer e obedece a impulsão mecânica que lhe é dada. Assim, ele pode transmitir coisas que estão adiante dos seus conhecimentos, se for dotado de flexibilidade e aptidão mediúnica para tal.

É por essa lei que existem médiuns *desenhistas, pintores, músicos, que fazem versos,* mesmo que não conheçam as artes do desenho, da pintura, da música e da poesia. Ainda por essa mesma lei que existem médiuns de pouca cultura que escrevem sem saber ler nem escrever; médiuns polígrafos, que mudam a escrita de acordo com o Espírito que se comunica e, muitas vezes, reproduzem exatamente a letra que o Espírito tinha quando estava encarnado; médiuns poliglotas, que falam ou escrevem em línguas que lhes são completamente desconhecidas etc.

52 – *Médiuns curadores* – esse tipo de mediunidade consiste na faculdade que possuem certas pessoas de curar pelo simples toque, pela imposição das mãos, pelo olhar, por um gesto, mesmo sem o uso de qualquer medicamento. Essa faculdade tem o seu princípio, incontestavelmente, na força magnética e se distingue da cura magnética, pela energia e pela instantaneidade da ação, visto que as curas magnéticas exigem um tratamento metódico, mais ou menos longo.

Todos os magnetizadores são mais ou menos aptos a curar, quando procedem convenientemente, pois eles dispõem do conhecimento que já adquiriram. Nos médiuns curadores, a faculdade é espontânea, e alguns a possuem sem nunca terem ouvido falar do Magnetismo. A faculdade de curar pela imposição das mãos tem, com certeza, seu princípio numa força excepcional de expansão dos fluidos, mas diversas causas concorrem para aumentá-la, como, por exemplo:

• A pureza dos sentimentos.
• O desinteresse.
• A benevolência.
• O desejo ardente de aliviar as dores da pessoa atendida.
• A prece fervorosa.
• A confiança em Deus.
• Em resumo, todas as qualidades morais.

O poder magnético é puramente orgânico, por isso, assim como a força muscular, ele pode ser dado a todos, mesmo ao homem perverso. Entretanto, somente o homem de bem utiliza o poder magnético exclusivamente para fazer o bem, sem pensar em interesses pessoais nem na satisfação do seu orgulho ou da sua vaidade. O fluido do homem de bem, por ser mais purificado, possui propriedades benéficas e reparadoras, que não são encontradas no homem cheio de vícios ou interesseiro.

Conforme já foi dito, todo efeito mediúnico é o resultado da combinação dos fluidos emitidos por um Espírito e por um médium. Por meio dessa essa combinação, os fluidos adquirem propriedades novas, que não teriam se estivessem separados ou, pelo menos, não teriam no mesmo grau, na mesma intensidade.

A prece, que é uma verdadeira evocação, atrai os bons Espíritos que estão sempre dispostos a ajudar o homem bem-intencionado. O fluido benéfico, emanado pelos bons Espíritos, se junta facilmente com o fluido do homem de bem, ao passo que o fluido do homem vicioso se junta ao dos maus Espíritos que o cercam.

O homem de bem, que não possui a força fluídica, não consegue fazer grande coisa por si mesmo, a não ser apelar para a assistência dos bons Espíritos, pois sua ação pessoal é quase nula. Uma grande força fluídica, aliada a inúmeras qualidades morais, pode operar, em matéria de curas, verdadeiros prodígios.

53 – A confiança do doente tem o poder de auxiliar muito a ação fluídica, e Deus quase sempre recompensa a fé que ele demonstra, concedendo-lhe o êxito esperado.

54 – Somente a superstição pode atribuir a certas palavras alguma virtude, e unicamente Espíritos ignorantes ou mentirosos podem alimentar semelhantes ideias, prescrevendo esta ou aquela fórmula.

Entretanto, apenas as pessoas pouco esclarecidas e incapazes de compreender as coisas puramente espirituais podem acreditar que o uso de uma fórmula de prece ou de uma determinada prática pode contribuir para que ela adquira confiança na sua cura. Nesse caso, não é a fórmula que é eficaz, e sim a fé que aumentou pela confiança no emprego da fórmula.

55 – Não devemos confundir os *médiuns curadores* com os *médiuns receitistas*. Estes últimos são simples médiuns escreventes cuja especialidade consiste em servirem mais facilmente de intérpretes para os Espíritos nas prescrições médicas. Eles não fazem mais do que transmitir o pensamento do Espírito, não exercendo, por si mesmos, qualquer influência no processo.

7. OBSESSÃO E POSSESSÃO

56 – A obsessão consiste no domínio que os Espíritos maus exercem sobre certas pessoas, com o objetivo de submetê-las à sua vontade pelo simples prazer de fazer o mal. Quando um Espírito, bom ou mau, quer atuar sobre um indivíduo, ele o envolve no seu perispírito, como se fosse um manto. Os fluidos de ambos se interpenetram, e os dois pensamentos e as duas vontades passam a se confundir.

Assim, o Espírito pode se servir do corpo do indivíduo como se fosse o seu, fazendo-o agir de acordo com a sua vontade, obrigando-o a falar, escrever, desenhar, tal como acontece com os médiuns. Se o Espírito é bom, a sua ação é suave, benéfica e incentiva o indivíduo a praticar bons atos. Se ele é mau, força-o a praticar ações más. Se o Espírito é perverso e malvado, aperta a sua vítima como numa teia, paralisa a sua vontade e até mesmo o seu discernimento, que ele abafa com o seu fluido, como se abafa o fogo com uma porção de água. Faz o indivíduo pensar, falar, agir por ele, obrigando-o, contra a sua vontade, a cometer atos extravagantes ou ridículos.

Em resumo: magnetiza a vítima, lançando-a num estado de catalepsia moral, fazendo dela um instrumento cego da sua vontade. Essa é a causa da obsessão, da fascinação e da subjugação, que se apresentam em diferentes graus de intensidade. No auge da crise, a subjugação é chamada de *possessão*. Muitas vezes, nesse estado, o indivíduo tem consciência de que aquilo que faz é ridículo, mas é forçado a fazê-lo, tal como se um homem mais forte do que ele o obrigasse a mover os braços, as pernas e a língua, contra a sua vontade.

57 – Uma vez que os Espíritos sempre existiram, eles também sempre desempenharam o mesmo papel, porque esse papel está na Natureza. A prova disso é o grande número de pessoas que sofreram com as obsessões e as possessões muito antes de se cogitar na existência de Espíritos e de se falar em Espiritismo e em médiuns, como falamos nos dias de hoje.

Podemos dizer que a ação dos Espíritos, bons e maus, é espontânea. A dos maus produz inúmeras perturbações de ordem moral e física que, por ignorância da verdadeira causa, essas perturbações eram atribuídas a causas errôneas. Os Espíritos maus são inimigos invisíveis, que se tornam ainda mais perigosos porque não se suspeita da ação que eles exercem. O Espiritismo, ao revelar a existência desses Espíritos, revela também uma nova causa para alguns males da Humanidade. Uma vez que a causa dos males se tornou conhecida, não será mais preciso combatê-la com procedimentos que sabemos serem inúteis; serão procurados outros meios mais eficazes.

Ora, quem descobriu a causa dos males? A mediunidade. Foi pela mediunidade que esses inimigos ocultos foram descobertos. Ela fez com eles o mesmo que o microscópio fez com os seres infinitamente pequenos, ou seja, descobriu o mundo onde eles viviam. O Espiritismo não atrai os Espíritos maus, ele apenas revela a existência deles e os meios de paralisar a sua atuação, fazendo com que eles se afastem. O Espiritismo também não trouxe o mal, visto que o mal sempre existiu. Ele, na verdade, traz o remédio para o mal, ao apontar a sua causa.

Assim que for reconhecida a ação do mundo invisível, teremos a explicação para inúmeros fenômenos incompreendidos, e a Ciência, enriquecida com o conhecimento dessa nova Lei, verá abrir-se diante de si novos horizontes. *Quando ela chegará a isso? Quando abandonar o materialismo*, pois o materialismo impede o seu crescimento, colocando-lhe uma barreira intransponível.

58 – Uma vez que existem maus Espíritos que obsidiam as pessoas e Espíritos bons que as protegem contra a obsessão, perguntamos: os maus Espíritos são mais poderosos que os bons? O mau Espírito não é mais poderoso, o problema é que o médium não tem força suficiente para se livrar do manto com o qual ele o envolve nem para se desprender dos braços que o enlaçam e nos quais, algumas vezes, ele se compraz.

Nesse caso, fica fácil compreender que o Espírito bom não pode levar vantagem, visto que o médium prefere o outro. Entretanto, vamos supor que a vítima tenha o desejo de se desembaraçar do envoltório fluídico que penetra o seu, como a umidade penetra as roupas. Esse desejo nem sempre é o bastante, e a própria vontade nem sempre é suficiente.

Trata-se de lutar contra um adversário. Ora, quando dois homens lutam corpo a corpo, vence aquele que tem mais força. Contra um Espírito temos que lutar, não corpo a corpo, mas de Espírito para Espírito, e é ainda o mais forte que vence. Aqui, a força está na *autoridade* que se tem sobre o Espírito obsessor, e essa autoridade está sempre subordinada à superioridade moral. Ela é como o Sol, que dissipa o nevoeiro pela força dos seus raios. O meio de o encarnado adquirir o poder de dominar os Espíritos inferiores e afastá-los é:

- Esforçar-se por ser bom.
- Se já é bom, procurar tornar-se melhor ainda.
- Livrar-se de suas imperfeições.

Em resumo: *elevar-se moralmente* o mais que puder; esse é o único meio que o encarnado tem para exercer o seu poder sobre os Espíritos inferiores, no sentido de afastá-los. De outro modo, eles vão zombar das suas solicitações de não o atormentar (Ver *O Livro dos Médiuns*, segunda parte, itens 252 e 279).

Entretanto, podemos perguntar: por que os Espíritos protetores não ordenam para que os maus Espíritos se retirem? Sem dúvida, eles podem fazê-lo, e às vezes até fazem. Mas, ao permitirem a luta, eles deixam para o encarnado o mérito da vitória. Se os Espíritos protetores permitem que pessoas com merecimento sejam obsidiadas, é para testar-lhes a perseverança e fazer com que elas adquiram *mais força* no campo do bem. A luta é uma espécie de *ginástica moral*.

É certo que algumas pessoas preferem uma receita mais fácil para afastar os maus Espíritos, como, por exemplo, dizer certas palavras ou fazer alguns sinais, ao invés de ter que corrigir os seus defeitos. Sentimos muito, mas infelizmente não conhecemos nenhum meio eficaz para *vencer um inimigo, a não ser tornar-se mais forte do que ele*. Quando estamos doentes, temos que nos sujeitar a tomar o remédio, por mais amargo que ele seja. No entanto, depois que adquirimos a coragem para tomá-lo, como nos sentimos bem ao ficarmos fortalecidos!

Precisamos nos convencer de que, para afastar os maus Espíritos, não adianta usar palavras sacramentais, fórmulas excêntricas, talismãs, nem sinais materiais de qualquer espécie. Os maus Espíritos se riem de tudo isso e, às vezes, até se comprazem em indicar algumas fórmulas que, segundo eles, são infalíveis, a fim de melhor conseguirem a confiança das pessoas a quem querem iludir. As vítimas, ao confiarem nas virtudes das fórmulas indicadas, se entregam sem receio.

Antes de alguém querer dominar um mau Espírito, é preciso dominar a si mesmo. O meio mais eficaz para se conseguir isso é a vontade acompanhada da prece que sai do coração, e não aquela prece que se resume em repetir palavras, em que a boca participa mais do que o pensamento. Precisamos pedir ao nosso anjo da guarda e aos bons Espíritos para que eles nos auxiliem na luta. Contudo, não basta pedir para que eles afastem o mau Espírito, convém que nos lembremos desta máxima: *ajudem-se que o Céu os ajudará*.

Precisamos pedir a força que nos falta para vencermos as nossas más inclinações, que nos prejudicam mais do que os maus Espíritos, porque são elas que os atraem, assim como a podridão atrai as aves de rapina. Orar pelo Espírito obsessor é retribuir o mal com o bem e mostrar que somos melhores do que ele, o que já é um sinal de superioridade. Com perseverança conseguimos, quase sempre, conduzi-lo à posse de melhores sentimentos, transformando-o de perseguidor em amigo agradecido.

Em resumo: a prece fervorosa e os esforços sérios que a criatura faz no sentido de se melhorar constituem os únicos meios de ela afastar os maus Espíritos, que reconhecem como seus superiores somente aqueles que praticam o bem. As fórmulas utilizadas para afastá-los os fazem rir, do mesmo modo que a cólera e a impaciência do obsidiado os estimulam ainda mais. O modo certo de agir é cansá-los, mostrando-se mais pacientes do que eles.

Às vezes acontece que a subjugação chega ao ponto de paralisar a vontade do obsidiado. Quando isso acontece não se pode esperar dele nenhuma colaboração séria. É nesse caso que a intervenção de terceiros se torna necessária, seja pelo uso da prece, seja pelo uso da ação magnética. Mas a eficácia dessa intervenção depende muito do ascendente moral que a pessoa que vai intervir tem sobre o Espírito obsessor. Se aquele que vai intervir não for melhor do que o Espírito, a sua ação será infrutífera.

Nesse caso, a ação magnética tem por finalidade introduzir no obsidiado um fluido melhor e eliminar o fluido do mau Espírito. Ao operar, o magnetizador deve ter em vista um duplo objetivo: opor a uma força moral outra força moral e produzir sobre o paciente uma espécie de reação química. Utilizando uma comparação material: expulsar um fluido (mau) com o auxílio de outro fluido (bom). Com isso, o magnetizador realiza não somente uma separação salutar como também revigora os órgãos enfraquecidos por uma longa e vigorosa atuação.

Assim, o poder da ação fluídica depende não só da força de vontade, mas, sobretudo, da qualidade do fluido introduzido. Conforme já dissemos, essa qualidade está na razão direta da instrução e das qualidades morais do magnetizador.

Disso resulta que um magnetizador comum, que agisse maquinalmente, apenas com o intuito de magnetizar, produziria pouco ou nenhum efeito. É absolutamente necessário um magnetizador *espírita*, que atue com conhecimento de causa, com a intenção de obter, não o sonambulismo (desdobramento) ou uma cura orgânica, mas, sim, os efeitos que acabamos de descrever, ou seja, substituir o fluido do obsidiado por um fluido melhor, que elimine o fluido do mau Espírito. Além disso, é evidente que uma ação magnética dirigida no sentido de afastar o Espírito obsessor só pode ser útil nos casos de obsessão comum, porque, nesse tipo de obsessão, o magnetizador é auxiliado pela vontade do obsidiado. Desse modo, o Espírito obsessor se vê combatido por dois adversários ao invés de um (o próprio obsidiado e o magnetizador).

Cumpre dizer que com frequência se atribui aos maus Espíritos maldades das quais eles são inocentes. Certos estados doentios e certas aberrações que são atribuídas aos Espíritos resultam do Espírito do próprio indivíduo. As inúmeras contrariedades que muitas vezes guardamos dentro de nós mesmos, principalmente os desgostos amorosos, levam-nos a cometer atos excêntricos, que seria um erro atribuir à obsessão. Frequentemente o homem é o seu próprio obsessor (auto-obsessão).

Acrescentamos, por fim, que algumas obsessões tenazes, sobretudo em pessoas que tenham merecimento, fazem parte das provações que essas pessoas precisam passar. Às vezes, a obsessão simples é uma tarefa imposta ao obsidiado para que ele trabalhe pela recuperação do obsessor, como um pai trabalha para a recuperação de um filho viciado (para maiores detalhes, recomendamos a leitura de *O Livro dos Médiuns*).

Em geral, a prece é um meio poderoso para auxiliar na libertação dos obsidiados; mas não pode ser aquela prece que só se resume em repetir palavras com indiferença, utilizando uma fórmula qualquer, uma vez que esse tipo de prece não será eficaz para casos como este. É preciso que a prece seja ardente, uma espécie de magnetização mental. Pelo pensamento, é possível enviar ao obsidiado uma corrente fluídica salutar, cuja força está na razão direta da intenção.

Portanto, a prece não tem apenas o efeito de evocar o auxílio de um Espírito, mas a de exercer uma ação fluídica. O que uma pessoa não é capaz de conseguir sozinha, várias pessoas, unidas pela mesma intenção, numa prece coletiva e reiterada, podem conseguir, visto que o poder da ação é aumentado pelo número de pessoas que participam da prece.

59 – A experiência comprova a ineficácia do exorcismo nos casos de possessão, estando provado que, na maior parte das vezes, aumenta o mal ao invés de atenuá-lo. A razão disso é que a influência está toda no ascendente moral exercido sobre os maus Espíritos, na virtude das palavras e dos gestos, e não num ato exterior (fórmulas sacramentais, amuletos, talismãs etc.).

O exorcismo consiste em fazer uso de cerimônias e fórmulas, das quais zombam os maus Espíritos, visto que eles apenas cedem à superioridade moral que lhes é imposta. Ao verem aqueles que querem intimidá-los utilizando práticas inúteis, comprovadamente impotentes, os maus Espíritos mostram-se mais fortes e redobram o assédio sobre a vítima.

Eles são como os cavalos rebeldes que derrubam o cavaleiro sem habilidade, mas que se submetem quando encontram alguém experiente que sabe como dominá-los. Ora, nesse caso, quem realmente tem experiência é o homem de coração mais puro, porque é a ele que os bons Espíritos preferem atender.

60 – O que um Espírito pode fazer com um indivíduo, vários Espíritos podem fazer com muitos indivíduos simultaneamente e dar à obsessão um caráter epidêmico. Uma legião de maus Espíritos pode invadir uma localidade e aí se manifestar de diversas maneiras. Foi uma epidemia desse tipo que se abateu sobre a Judeia no tempo do Cristo.

Ora, o Cristo, pela sua imensa *superioridade moral*, tinha sobre os demônios ou maus Espíritos uma enorme autoridade, que bastava ordenar para que eles se retirassem que eles lhe obedeciam. Jesus não empregava para isso nem gestos nem fórmulas.

61 – O Espiritismo se baseia na observação dos fatos que resultam das relações que existem entre o mundo visível e o mundo invisível. Esses fatos, por serem naturais, produziram-se em todas as épocas e são relatados nos livros sagrados de todas as religiões, visto que eles serviram de base para a maioria das crenças. Pelo fato de os homens não terem compreendido tais fatos, ou seja, as relações que existem entre os dois mundos, é que a *Bíblia* e os Evangelhos apresentam tantas passagens obscuras e que dão lugar a interpretações tão diferentes. O Espiritismo é a ferramenta que há de facilitar essa compreensão.

CAPÍTULO 3

HOMENS DUPLOS – APARIÇÕES DE PESSOAS VIVAS

Hoje é fato comprovado e perfeitamente explicado que o Espírito, desprendendo-se do seu corpo físico e com o auxílio do seu envoltório perispiritual, pode aparecer num lugar diferente de onde se encontra o seu corpo físico. A teoria, em conformidade com a experiência, demonstra que essa separação só acontece durante o sono ou, pelo menos, durante a inatividade dos sentidos do corpo físico. Entretanto, se os fatos a seguir forem verdadeiros, eles comprovam que o Espírito pode se separar do corpo também no estado de vigília (acordado).

Esses fatos foram extraídos da obra alemã: *Os fenômenos místicos da vida humana*, por Maximilian Petry (1804-1884), professor da universidade de Berna, publicada em 1861 (Leipzig e Heidelberg).

1 – Um proprietário rural foi visto pelo seu cocheiro na estrebaria de sua propriedade, olhando para os seus animais, no exato momento em que comungava na igreja. Mais tarde, o proprietário narrou o fato para o seu pastor, que lhe perguntou: "em que você pensava enquanto tomava a comunhão?" "Para dizer a verdade", respondeu o camponês, "eu pensava nos meus animais". "Aí está a explicação para a sua aparição na estrebaria", replicou o sacerdote.

O sacerdote estava com a razão, porque, sendo o pensamento um atributo essencial do Espírito, este tem que estar onde está o seu pensamento. A questão é saber se, no estado de vigília, o desprendimento do perispírito pode ser suficientemente grande para produzir uma aparição, o que implicaria numa espécie de desdobramento do Espírito, em que uma de suas partes animaria o corpo fluídico, e a outra parte, o corpo material.

Isso nada tem de impossível se considerarmos que, quando o pensamento se concentra num ponto distante, o corpo age maquinalmente por uma espécie de impulsão mecânica. É o que acontece, sobretudo, com as pessoas distraídas, onde o corpo está animado somente pela vida material, pois a vida espiritual acompanha o Espírito. Portanto, é bem provável que o proprietário rural tenha tido, naquele momento, uma grande distração, preocupando-se mais com seus animais do que com a própria comunhão.

Este outro fato se enquadra na mesma categoria, porém apresenta uma particularidade mais notável:

2 – O Juiz de uma comarca, J..., em Fr..., mandou certo dia o seu funcionário a uma aldeia situada nos arredores. Passado algum tempo, ele viu este funcionário retornar, pegar um livro na estante e folheá-lo. O juiz perguntou, de forma áspera, por que ele ainda não havia partido. Após essas palavras, o empregado desapareceu. O livro caiu no chão, e o juiz colocou-o aberto em cima de uma mesa, do mesmo modo como havia caído.

À noite, quando o funcionário retornou, o juiz perguntou se não havia lhe acontecido alguma coisa no caminho, e se ele, depois que partiu, tinha voltado à sala onde agora estavam conversando. "Não", respondeu o empregado, "fiz a viagem na companhia de um amigo. Enquanto atravessávamos a floresta, começamos a discutir acerca de uma planta que havíamos encontrado, e eu lhe disse que, se estivesse em casa, lhe mostraria uma página do livro de Lineu (naturalista sueco 1707-1778) sobre o assunto, provando que eu estava com a razão". Era justamente esse o livro que tinha ficado sobre a mesa, aberto na página indicada.

Por mais extraordinário que seja o fato, não podemos dizer que ele é materialmente impossível, visto que ainda estamos longe de conhecer todos os fenômenos da vida espiritual, mas, ainda assim, é necessário que se tenha uma confirmação. Num caso desses, seria essencial conhecer o estado do corpo no momento da aparição. Até prova em contrário, duvidamos da possibilidade de o fato ter ocorrido, visto que o corpo físico do funcionário estava envolvido numa atividade inteligente (estava caminhando e falando sobre uma planta específica, o que impossibilita o desdobramento do Espírito).

Os fatos seguintes são mais extraordinários ainda do que os dois primeiros, por isso nos inspiram dúvidas ainda maiores. Compreendemos facilmente que a aparição do Espírito de uma pessoa viva seja vista por uma terceira pessoa, mas não que o indivíduo possa ver a sua própria aparição, principalmente nas condições relatadas a seguir.

3 – O secretário de governo da cidade de Triptis, em Weimar (Alemanha), foi à chancelaria para buscar alguns documentos que ele precisava muito. Ao chegar, encontrou com ele mesmo sentado na sua cadeira, tendo diante de si os documentos que procurava. Assustado, voltou para casa e enviou sua empregada com a ordem de apanhar os tais documentos que estavam no lugar de costume. A empregada foi ao lugar indicado e viu o patrão sentado na sua cadeira.

4 – Becker, professor de Matemática em Rostok, na Alemanha, estava à mesa com alguns amigos quando surgiu entre eles uma discussão no terreno da Teologia. Becker foi à sua biblioteca em busca de uma obra que resolveria a questão e se viu sentado no lugar onde costumava ficar. Olhando por cima dos ombros do seu outro eu, que estava sentado na cadeira, verificou que este lhe mostra a seguinte passagem da *Bíblia*, que já estava aberta: "Arruma a sua casa, porque você vai morrer".

O professor voltou para junto de seus amigos, que em vão se esforçaram para convencê-lo de que era loucura dar a mínima importância para aquela visão. *Becker morreu no dia seguinte.*

5 – Hoppack, autor da obra: *Materiais para o estudo da Psicologia*, conta que o abade Steinmetz, com visitas em casa, quando estava no seu quarto, viu-se a si mesmo no jardim, em seu recanto favorito. Apontando para si mesmo e depois para a aparição, disse: "Aqui está o Steinmetz, o mortal; lá está o imortal".

6 – F..., da cidade de Z..., que mais tarde tornou-se juiz, encontrava-se no campo durante a mocidade quando uma das filhas do dono da casa lhe pediu para que fosse buscar uma sombrinha que ela havia esquecido no seu quarto. Ele foi e viu a jovem sentada à sua mesa de trabalho, mas notou que ela estava mais pálida e olhava para frente. Apesar do medo, F..., apanhou a sombrinha que estava ao lado dela e a levou para jovem.

Esta, ao vê-lo com o semblante transtornado, lhe disse: "Confesse que você me viu no quarto. Mas não se aflija, pois não estou para morrer, eu sou dupla [em alemão: *Doppelgaenger*, que literalmente quer dizer: alguém que caminha duplo]. Eu estava pensando no meu trabalho, e já me deparei várias vezes com a minha imagem ao meu lado. Porém, nós nada fazemos uma à outra".

7 – O conde D... e as sentinelas julgaram ter visto numa noite a imperatriz Elizabeth da Rússia sentada em seu trono, na sala onde este ficava. Ela apareceu em trajes de grande gala, mas, na realidade, estava deitada e dormindo em seu quarto. A dama de honra, que estava de serviço, também viu a imperatriz sentada em seu trono, por isso foi acordá-la. Elizabeth da Rússia, dirigindo-se à sala do trono, viu lá a sua imagem e ordenou a uma sentinela que fizesse fogo; imediatamente a imagem desapareceu. A imperatriz morreu três meses depois.

8 – Um estudante, chamado Elger, tornou-se muito melancólico depois de ver a si mesmo, várias vezes, com a roupa vermelha que habitualmente usava. Nunca via o seu rosto, mas apenas os contornos de uma forma vaporosa que se parecia muito com ele. Isso acontecia sempre ao cair da tarde ou ao luar. A imagem aparecia no lugar onde ele tinha acabado de estudar por um longo tempo.

9 – Uma professora francesa, Émilie Sagée, perdeu dezenove vezes o seu emprego porque em todos os lugares ela aparecia *em duplo*. As moças de um pensionato em Neuwelke, na Livônia, viram-na inúmeras vezes no salão ou no jardim, quando na realidade ela se encontrava em outro lugar. Em outras oportunidades elas viram, em frente ao quadro-negro, enquanto dava aula, duas senhoritas Sagée, uma ao lado da outra, exatamente iguais e fazendo os mesmos movimentos, com a única diferença de que só a verdadeira Sagée tinha na mão um pedaço de giz, com o qual escrevia no quadro.

A obra do Sr. Perty contém um grande número de fatos desse tipo. É interessante observar que, em todos os exemplos citados, o princípio inteligente (o Espírito) se mostra igualmente ativo nos dois indivíduos e até mais ativo no ser material, quando o certo seria o contrário. Mas o que nos parece absolutamente impossível é que exista incompatibilidade, divergência de ideias, de pensamentos e de sentimentos nos dois seres. Essa divergência se manifesta, de modo evidente, na narrativa do caso n. 4, em que um adverte o outro da sua morte, e no caso n. 7, em que a imperatriz manda atirar fogo sobre o seu outro eu.

Admitindo-se a divisão do perispírito e uma força fluídica suficiente para manter a atividade normal do corpo; supondo-se também a divisão do princípio inteligente (o Espírito), ou uma irradiação sua capaz de animar os dois seres e de lhes dar uma espécie de **onipresença**, esse princípio, que é uno, indivisível, visto que provém da mesma pessoa, tem que se conservar idêntico. Assim, não é possível que um lado tenha uma vontade diferente do outro, a menos que se admita a existência de Espíritos gêmeos, do mesmo modo como há corpos gêmeos, ou seja, que dois Espíritos se habilitem para encarnar no mesmo corpo, o que não é possível.

Observação

Onipresença ou Ubiquidade: Faculdade de estar em vários lugares ao mesmo tempo.

Em todas essas histórias fantásticas, há alguma coisa que se pode colher, como também muitas que se pode repudiar, e isso sem falar nas que pertencem ao domínio da lenda. O Espiritismo, longe de nos induzir a aceitá-las cegamente, nos ajuda a separar o verdadeiro do falso, o possível do impossível, com a ajuda das Leis que ele nos revela, no que diz respeito à constituição e ao papel do elemento espiritual. Entretanto, não devemos nos precipitar em rejeitar, *a princípio*, tudo o que não compreendemos, porque estamos muito distantes de conhecer todas as Leis e porque a Natureza ainda não nos revelou todos os seus segredos.

O mundo invisível é um campo ainda novo de observações, e seríamos presunçosos se pretendêssemos imaginar que exploramos tudo em profundidade, porque, todos os dias, novas maravilhas se revelam aos nossos olhos. No entanto, existem fatos cuja lógica e as Leis já conhecidas demonstram a sua impossibilidade material. Um exemplo disso é o que está relatado na *Revista Espírita* de fevereiro de 1859, sob o título de: "Meu amigo Hermann".

Trata-se de um jovem alemão da alta sociedade, gentil, atencioso, de bom caráter, que, todas as noites, ao pôr do sol, caía num estado de morte aparente. Durante esse período, o seu Espírito despertava numa região oposta a que ele se encontrava, ou melhor, na Austrália, no corpo de um bandido que acabava sendo enforcado.

O simples bom senso nos diz que, mesmo se fosse possível essa dualidade corporal, o mesmo Espírito não pode ser, alternadamente, um homem honesto durante o dia, num corpo, e, à noite, um criminoso em outro corpo. Dizer que o Espiritismo acredita em tais histórias é dar prova de que não o conhece. Ele, ao contrário, fornece os meios para tornar evidente que essas histórias são absurdas. Mas da mesma forma que ele demonstra o erro de uma crença, prova que muitas vezes essa crença repousa num princípio verdadeiro, que foi desfigurado ou exagerado pela superstição. Trata-se de retirar o fruto da casca que o envolve.

Quantos contos ridículos não foram inventados sobre os raios antes que se conhecesse a Lei da Eletricidade! Ocorre o mesmo no que diz respeito às relações entre o mundo visível e o mundo invisível. O Espiritismo, ao tornar conhecidas as Leis que regem essas relações, faz com que elas sejam reduzidas à realidade. Essa realidade, contudo, ainda é muito para aqueles que não admitem nem as almas nem o mundo invisível. Segundo esses, tudo aquilo que sai dos limites do mundo visível ou tangível é superstição. Eis por que eles denigrem o Espiritismo.

A seguir, visando uma compreensão melhor sobre esse assunto, destacamos a nota da editora francesa Pierre Gaetan Leymarie:

Observação – A questão, muito interessante, dos *homens duplos* e dos *agêneres*, que estão intimamente ligadas, foi, até agora, relegada a um segundo plano pela ciência espírita, por falta de documentos suficientes para a sua completa elucidação. Essas manifestações, por mais estranhas que sejam, por mais incríveis que pareçam à primeira vista, foram sancionadas pelas narrativas dos mais sérios historiadores da Antiguidade e da Idade Média. Foram confirmadas também por acontecimentos recentes, anteriores à chegada do Espiritismo, e mesmo por acontecimentos contemporâneos. Assim, estas manifestações não podem ser postas em dúvida.

O Livro dos Médiuns, no item intitulado: "Aparições de Espíritos de pessoas vivas" [segunda parte, item 7] e a *Revista Espírita*, em inúmeras passagens, confirmam a realidade de tais manifestações de forma absolutamente incontestável. Uma comparação e um exame aprofundado de todos esses fatos talvez resultassem numa solução, mesmo que parcial, para o problema dos homens duplos e dos agêneres, eliminando assim algumas dificuldades que parecem envolver a questão.

Agradeceríamos muito aos nossos correspondentes que se dignassem a fazer um estudo especial sobre esta questão, quer pessoalmente, quer por intermédio dos Espíritos, e de nos comunicarem o resultado de suas pesquisas, sempre no interesse de difundir a verdade.

Consultando rapidamente os anos anteriores da *Revista Espírita* e considerando os fatos assinalados e as teorias enunciadas para explicá-los, chegamos à conclusão que talvez fosse conveniente dividir os fenômenos em duas categorias bem distintas, o que permitiria dar a eles explicações diferentes e demonstrar que as impossibilidades, que se opõem à aceitação do fenômeno, são mais aparentes do que reais.

Vejam a esse respeito os seguintes artigos:

Revista Espírita de janeiro de 1859 – "O louquinho de Bayonne".

Revista Espírita de fevereiro de 1859 – "Os agêneres e meu amigo Hermann".

Revista Espírita de maio de 1859 – "O laço entre o Espírito e o corpo".

Revista Espírita de novembro de 1859 – "A alma errante".

Revista Espírita de janeiro de 1860 – "O Espírito de um lado e o corpo do outro".

Revista Espírita de março de 1860 – "Estudo sobre o Espírito das pessoas vivas"; "O Doutor V... e a Senhorita S...".

Revista Espírita de abril de 1860 – "O fabricante de São Petersburgo"; "Aparições tangíveis".

Revista Espírita de novembro de 1860 – "História de Maria de Agreda".

Revista Espírita de julho de 1861 – "Uma aparição providencial".

A faculdade de expansão dos fluidos perispirituais já está hoje totalmente demonstrada pelas mais dolorosas operações cirúrgicas realizadas em doentes adormecidos, seja pelo clorofórmio, pelo éter ou pelo magnetismo animal. Não é raro ver os pacientes conversando sobre coisas agradáveis e alegres com aqueles que estão a sua volta, ou se transportando para longe, em Espírito, enquanto o corpo se retorce com todas as aparências de estar experimentando horríveis torturas.

A máquina humana, total ou parcialmente imobilizada, quando é cortada pelo bisturi do cirurgião, contrai os músculos e os nervos transmitindo essa sensação ao cérebro. Entretanto, a alma, que no estado normal é quem sente a dor e a manifesta exteriormente, afastada momentaneamente do corpo que está sendo operado, dominada por outros pensamentos, por outras ações, mal sente o que se passa com o seu corpo físico e se conserva totalmente insensível.

Quantas vezes não se têm visto soldados gravemente feridos, absorvidos pelo ardor do combate, perdendo o seu sangue e as suas forças, combaterem por muito tempo ainda, sem se darem conta de seus ferimentos? Um homem, totalmente envolvido com uma preocupação, recebe um choque violento e nada sente; somente quando cessa o envolvimento é que ele experimentará a sensação dolorosa. A quem ainda não aconteceu, durante uma concentração profunda do Espírito, passar por uma multidão enfurecida, sem nada ver, sem nada ouvir, mesmo que o aparelho da visão e da audição tenham percebido o tumulto e transmitido fielmente à alma?

Pelos exemplos que já foram citados e por uma infinidade de fatos que seria inútil reproduzir aqui, mas que todos podem conhecer e apreciar, é fora de dúvida que o corpo pode desempenhar as suas funções orgânicas mesmo que o Espírito esteja longe, envolvido com preocupações de outra ordem. O perispírito acompanha constantemente o Espírito durante a sua prolongada viagem pelo mundo ideal (espiritual). Mas, devido a sua extrema capacidade de expansão, conserva a elasticidade e a atividade necessárias à manutenção do corpo físico.

Se considerarmos a propriedade que o perispírito possui de se condensar, propriedade que lhe permite tornar-se visível aos médiuns videntes, como se ainda estivesse encarnado e, mais raramente, a qualquer pessoa que se ache no local para onde o Espírito tenha se transportado, não se pode pôr em dúvida a possibilidade do fenômeno da onipresença. Assim, fica demonstrado que uma pessoa viva pode aparecer simultaneamente em dois lugares afastados um do outro: num, com o seu corpo real (corpo de carne); no outro, com o seu perispírito momentaneamente condensado e mantendo a aparência do seu corpo físico.

Concordamos com Allan Kardec quando ele diz que só podemos admitir a onipresença, quando reconhecemos a perfeita semelhança entre o ser aparente e o ser real, em todos os seus modos de manifestar-se, como acontece nos casos 1 e 2, citados anteriormente.

Quanto aos outros casos que se seguem e que consideramos inexplicáveis, se lhes aplicarmos a teoria da onipresença, eles nos parecem, pelo menos admissíveis, desde que sejam considerados por um outro ponto de vista.

Nenhum dos nossos leitores ignora a faculdade que possuem os Espíritos desencarnados de se mostrar, sob a aparência material, em certas circunstâncias e, em particular, aos médiuns videntes. Entretanto, nos inúmeros casos de aparições visíveis e tangíveis, para uma multidão, ou para um certo número de pessoas, a percepção da aparição não é devida à faculdade mediúnica dos assistentes, mas à condensação do perispírito do Espírito que deseja se mostrar, como acontece nos casos de onipresença.

Ora, se os Espíritos, na maioria das vezes, para se tornarem reconhecidos, se apresentam com a mesma forma que tinham quando estavam encarnados, com as roupas que habitualmente usavam, não lhes é impossível que se apresentem vestidos de modo diferente, ou mesmo com outros aspectos, como é o caso do Louquinho de Bayonne, por exemplo, que aparecia ora com a sua forma pessoal, ora com a figura de um irmão seu, que também já havia falecido, ora sob o aspecto de pessoas vivas e até presentes. O Espírito tinha o cuidado de fazer com que a sua identidade ficasse reconhecida, apesar de utilizar várias formas para se apresentar. Se ele não tivesse esse cuidado, as testemunhas da aparição poderiam convencer-se de que se tratava de um caso de onipresença.

Se considerarmos o caso do Louquinho de Bayonne, que está longe de ser único, como norma a ser seguida, e procurarmos explicar do mesmo modo os casos de 3 a 9, talvez possamos aceitá-los como sendo reais, ao passo que, admitindo a onipresença, a impossibilidade dos pensamentos e sentimentos de uma mesma pessoa serem diferentes, e o organismo estar com a mesma atividade em dois lugares distintos, não nos permitem considerá-los possíveis.

No caso n. 4, se em vez de imaginarmos o professor Becker na presença do seu outro eu, imaginássemos que ele tem diante de si um Espírito que se assemelha com o seu aspecto, deixa de haver qualquer incompatibilidade e o fenômeno entra no domínio do possível. O mesmo acontece com o caso de n. 7. Não se compreende que Elizabeth da Rússia tenha mandado atirar fogo sobre a sua própria imagem, mas é possível admitir perfeitamente que ela tenha feito isso contra um Espírito que tomou a sua aparência para mistificá-la.

Alguns Espíritos usam, às vezes, nomes que não lhes pertencem e adotam o estilo e as características de outro, para conseguirem a confiança dos médiuns e assim penetrar nos grupos. O que haveria de impossível se um Espírito orgulhoso ficasse satisfeito em tomar a forma da imperatriz Elizabeth, de sentar-se no seu trono para satisfazer os seus sonhos ambiciosos? Pode-se dizer a mesma coisa em relação aos outros casos.

Damos esta explicação apenas para aqueles a quem ela possa valer alguma coisa. Para nós, ela é uma suposição bastante plausível, mas não é a solução real do problema. Mas do jeito que nós a apresentamos, ela nos parece capaz de esclarecer a questão, ou pelo menos de atrair para ela os pontos para discussão e para refutação. É sob esse ponto de vista que a submetemos aos nossos leitores. Que as reflexões que ela provocou e que as meditações a que ela deu ensejo possam cooperar para a elucidação de um problema que apenas tocamos de leve. Deixamos para que outros, mais inteligentes e capazes, possam dissipar as sombras que ainda a envolvem.

CAPÍTULO 4

CONTROVÉRSIAS SOBRE A IDEIA DA EXISTÊNCIA DE SERES INTERMEDIÁRIOS ENTRE O HOMEM E DEUS

Carta endereçada a Allan Kardec

N., 4 de fevereiro de 1867.

Caro mestre,

Faz algum tempo que eu não dou sinal de vida. Estive muito ocupado durante a minha estada em Lyon, o que me impossibilitou de acompanhar, como eu gostaria, o estado atual da Doutrina nesta grande cidade. Assisti apenas a uma reunião espírita. Entretanto, tive a oportunidade de verificar que, nesse meio, a fé primitiva continua muito acesa nos corações verdadeiramente sinceros.

Em diferentes centros no Sul da França, ouvi a discussão sobre a opinião emitida por alguns magnetizadores: para eles, muitos fenômenos *ditos espíritas* são simples efeitos do sonambulismo e que o Espiritismo apenas substituiu o Magnetismo, ou melhor, apenas se disfarçou com o seu nome.

Como você vê, trata-se de um novo ataque dirigido contra a mediunidade. Assim, segundo essas pessoas, tudo o que os médiuns escrevem é o resultado das faculdades da alma encarnada. É esta que, desprendendo-se momentaneamente, pode ler o pensamento das pessoas presentes; é ela quem vê a distância e prevê os acontecimentos; é ela quem, por meio de um fluido magnético-espiritual, agita, levanta, derruba as mesas, ouve os sons etc. Tudo, em resumo, se apoiaria sobre a essência anímica (manifestação da alma do próprio encarnado), sem a intervenção de seres puramente espirituais (os Espíritos).

Você vai dizer que não trago nenhuma novidade. Eu mesmo tenho ouvido, de alguns anos para cá, alguns magnetizadores sustentando essa tese. Hoje, procuram implantar essas ideias que, a meu ver, são contrárias à verdade. É sempre um erro cair nos extremos, e haveria tanto exagero em atribuir tudo ao sonambulismo quanto haveria por parte dos espíritas em negarem as Leis do Magnetismo. Não se pode retirar da matéria as Leis magnéticas, assim como não se pode retirar do Espírito as Leis puramente espirituais.

Onde acaba o poder da alma sobre os corpos? Qual é a sua participação nos fenômenos do Magnetismo? Qual é a participação do organismo? Aí estão questões de grande interesse, questões importantes, tanto para a Filosofia quanto para a Medicina.

Aguardando a solução desses problemas, vou citar algumas passagens de **Charpignon**, o Doutor de Orléans, partidário da transmissão do pensamento. Você verá que ele mesmo se reconhece impotente para demonstrar que a causa *da visão propriamente dita* seja a extensão do *simpático orgânico* (sistema nervoso simpático), como pretendem muitos autores.

Observação

J. Charpignon: Louis-Joseph-Jules Charpignon, mais conhecido por J. Charpignon, era doutor em Medicina da faculdade de Paris, membro de diversas sociedades cultas e médico de Orléans. Escreveu o livro: *Medicina e Metafísica do Magnetismo.*

Ele diz, à página 289: "Acadêmicos, dupliquem o trabalho dos seus candidatos; moralistas, façam Leis para a sociedade, para o mundo, para este mundo que ri de tudo, que quer os seus prazeres sem se importar com as Leis de Deus e com os direitos do homem, que zomba dos seus esforços, porque tem a seu serviço uma força que vocês nem suspeitam e que deixaram crescer de tal maneira que não podem mais contê-la".

Na página 323: "Compreendemos muito bem, até aqui, o modo como o pensamento se transmite, mas somos incapazes de compreender, por meio dessas Leis de afinidade harmônica, o sistema pelo qual o homem forma em si mesmo este ou aquele pensamento, esta ou aquela imagem, bem como seu relacionamento com os objetos exteriores. Esse sistema está fora das propriedades do organismo, e a Psicologia – encontrando nessa faculdade de rememorar ou de *criar*, que emana do desejo do homem, alguma coisa que não é compatível com as propriedades do organismo – faz com que o sistema dependa de um ser pensante, diferente da matéria.

Começamos, desse modo, a encontrar no 'fenômeno do pensamento' algumas lacunas entre a capacidade das Leis fisiológicas do organismo e o resultado obtido. O rudimento do fenômeno de pensar, por assim dizer, é fisiológico, mas a sua extensão, que é verdadeiramente admirável, *já não o é*. E aqui é preciso admitir que o homem desfruta de uma faculdade que não pertence a nenhum dos dois elementos materiais de que, até o presente, o temos julgado composto.

Assim, o observador de boa-fé reconhecerá *uma terceira parte* que deve estar na constituição do homem, parte que começa a se revelar para ele, do ponto de vista da psicologia magnética, por meio de características novas que se referem com aquelas que os filósofos atribuem à alma.

No entanto, a existência da alma é mais bem demonstrada pelo estudo de algumas outras faculdades do sonambulismo magnético. Desse modo, a visão a distância, quando é completa e claramente desembaraçada da transmissão do pensamento, não poderia, segundo a nossa maneira de ver, ser explicada pela extensão do simpático orgânico [sistema nervoso simpático]".

Na página 330, ele continua: "Como se vê, tínhamos grandes motivos para afirmar que o *estudo* dos fenômenos magnéticos guarda estreita relações com a Filosofia e a Psicologia. Isso é um *trabalho* que precisa ser feito, para tanto, convidamos os homens dessa especialidade para fazê-lo".

Nas páginas seguintes, Charpignon trata dos seres imateriais e de suas possíveis relações com as pessoas.

Na página 349: "Não temos dúvida, principalmente em função das Leis psicológicas que relacionamos neste trabalho, que a *alma humana pode ser esclarecida* diretamente *por Deus ou por uma outra inteligência*. Acreditamos que essa comunicação sobrenatural pode ocorrer tanto no estado normal como no estado de êxtase, seja de forma espontânea, seja de forma artificial".

Na página 351: "Mas, insistimos em dizer, que a previsão que o homem pode fazer de forma natural é limitada e não poderia ser tão precisa, tão constante e tão difundida como as previsões que foram feitas pelos profetas sagrados, ou por homens que eram inspirados por uma inteligência superior à da alma humana".

À página 391: "A Ciência e a crença no mundo dos Espíritos são duas coisas incompatíveis, mas temos que dizer que isso se deve ao exagero de ambas as partes. A nosso ver, é possível que a Ciência e a Lei [referindo-se à Doutrina Espírita] façam aliança. Quando isso acontecer, a mente humana se achará no nível máximo da sua perfeição sobre a Terra".

Na página 396: "Tanto o Antigo quanto o Novo Testamento, assim como os anais da história de todos os povos, estão cheios de fatos que não podem ser explicados, a não ser pela ação de *seres superiores* ao homem. Aliás, os estudos da Antropologia [ciência que estuda as características físicas do homem], da Metafísica [ciência que estuda a relação entre a mente e a matéria] e da Ontologia [ramo da filosofia que estuda a natureza dos seres] provam a realidade da existência de *seres imateriais* entre o homem e Deus e a possibilidade de eles exercerem influência sobre a espécie humana".

Eis agora a opinião de uma das principais autoridades em Magnetismo sobre a existência de seres fora da humanidade, extraída da correspondência de Deleuze com o Dr. Billot: "O único fenômeno que parece comprovar a comunicação com os seres imateriais são as 'aparições', e sobre elas existem muitos exemplos. Como eu estou convencido da imortalidade da alma, não vejo razões para negar a possibilidade da aparição de pessoas que, tendo deixado esta vida, *se preocupam com os que na Terra lhe foram caros* e vêm se apresentar a eles para dar bons conselhos".

O Dr. Ordinaire, de Mâcon (cidade francesa), outra autoridade nessa matéria, assim se expressa: "O fogo sagrado, a influência secreta de Boileau [poeta e crítico francês] e a inspiração não provêm deste ou daquele contexto, como pretendem os frenologistas [aqueles que estudam a relação entre as faculdades intelectuais e o formato do cérebro], mas, sim, de uma alma poética, *em relação com um Gênio ainda mais poético*. A mesma coisa acontece com a música, a pintura etc.

Não seriam essas inteligências superiores, almas desprendidas da matéria e que se elevam gradualmente à medida que se depuram? Não seriam essas almas aquelas que se elevam, até a grande, à universal inteligência que abrange todas as almas, até Deus? Nossas almas, *após diversas encarnações*, não teriam um lugar entre esses seres imateriais?"

O mesmo autor enfatiza: "daquilo que foi exposto, devemos concluir que o estudo da alma ainda está na infância. Se entre o pólipo e o homem existe uma série de inteligências, e se na Natureza nada se interrompe bruscamente, é racional que exista, entre o homem e Deus, uma série de outras inteligências. O homem é o elo entre as inteligências inferiores, ainda presas à matéria, e as inteligências superiores, desprendidas da matéria. Do homem a Deus existe uma série de inteligências que se assemelham ao que existe entre o pólipo e o homem, ou seja, uma série de seres etéreos, mais ou menos perfeitos, desfrutando de qualidades diversas, com emprego e funções variadas".

E finaliza afirmando que:

• "Essas inteligências superiores se revelam de modo palpável no sonambulismo artificial [desdobramento].

• Essas inteligências têm relações íntimas com a nossa alma.

• É a essas inteligências superiores que devemos os nossos *remorsos*, quando praticamos o mal, e a nossa alegria, quando praticamos uma boa ação.

- É a essas inteligências que os homens superiores devem as suas boas inspirações.

- É a essas inteligências superiores que aqueles que atingem o estado de êxtase devem a faculdade de prever o futuro e de anunciar os acontecimentos que hão de vir.

- Para atuar sobre essas inteligências superiores e torná-las aproveitáveis, a *virtude* e a *prece* exercem uma ação poderosa".

Comentário de Kardec: *A opinião desses homens, e eles não são os únicos, certamente tem um valor que ninguém pode contestar, mas ela não passaria de uma opinião, mais ou menos racional, se a observação não viesse confirmá-la. O Espiritismo está todo inserido nas ideias que acabamos de apresentar. Ele apenas vem completar essas ideias por meio de observações especiais, coordená-las e dar-lhes a ratificação da experiência.*

Aqueles que se obstinam em negar a existência do mundo espiritual, sem conseguir, contudo, negar os fatos, se esforçam para encontrar a causa desses fatos exclusivamente no mundo corpóreo. No entanto, uma "teoria" só pode ser verdadeira quando explica todos os fatos que lhe dizem respeito, bastando apenas que um fato a contrarie para que ela seja destruída, visto que não existem exceções nas Leis da Natureza. Foi o que aconteceu com a maior parte das teorias que, no princípio, foram imaginadas para explicar os fenômenos espíritas.

Quase todas caíram, uma a uma, diante de fatos que elas não podiam explicar. Depois de terem experimentado todos os sistemas, sem nenhum resultado, estes homens viram-se forçados a recorrer às teorias espíritas, como sendo as mais convincentes, porque elas não foram formuladas de modo prematuro nem foram feitas em cima de observações superficiais. Por essa razão, elas abrangem todos os tipos de fenômenos.

O que levou as teorias espíritas a serem aceitas tão rapidamente foi o fato de inúmeras pessoas terem encontrado nelas uma solução completa e satisfatória para aquilo que inutilmente procuravam resolver de outro modo. Entretanto, existem muitas pessoas que ainda as repelem, o que é comum acontecer com todas as "grandes ideias novas" que vêm mudar os hábitos e as crenças. Todas elas esbarram, por algum tempo, em contraditores ferrenhos, mesmo entre os homens mais esclarecidos. Apesar disso, sempre chega o dia em que a verdade se sobrepõe ao que é falso. Assim, aqueles que combateram as ideias novas ficam admirados por terem agido dessa forma, visto que elas agora lhes parecem tão natural.

O mesmo acontecerá com o Espiritismo, mas é preciso notar que, de todas as ideias que revolucionaram o mundo, nenhuma conquistou em tão pouco tempo um número tão grande de adeptos em todos os países e em todas as classes da sociedade. É por isso que os espíritas, cuja fé não é cega e se baseia na observação, ao contrário do que pensam os seus adversários, não se incomodam com os seus contraditores nem com aqueles que não concordam com as suas ideias. Os espíritas dizem que a "Doutrina", por emanar das próprias Leis da Natureza, ao invés de se basear numa revogação dessas Leis, não pode deixar de prevalecer desde que essa Leis sejam reconhecidas.

Todos sabem que a ideia da existência de seres intermediários entre o homem e Deus não é nova, porém acreditava-se que esses seres formavam uma criação à parte. As religiões os chamaram de anjos ou demônios; os pagãos os denominavam deuses. O Espiritismo, ao provar que esses seres nada mais são do que a alma dos homens, em diferentes estágios dentro da escala espiritual, faz com que a Criação seja uma coisa só, ou melhor, possua uma unidade, e isso é a essência das Leis divinas.

Em vez de uma multidão de criações estacionárias (sem progresso), o que implicaria em dizer que Deus é caprichoso ou parcial, o Espiritismo mostra que existe apenas uma Criação, e que ela é essencialmente progressiva, sem privilégio para qualquer criatura, visto que cada individualidade se eleva do embrião ao estado de desenvolvimento completo, assim como o gérmen da semente se eleva ao estado de árvore.

Portanto, o Espiritismo nos revela a unidade, a harmonia e a Justiça que existem na Criação. Para a Doutrina Espírita, os demônios são almas atrasadas, ainda manchadas pelos vícios da Humanidade; os anjos são essas mesmas almas, mas agora depuradas e desmaterializadas. Entre esses dois pontos extremos, encontramos uma multidão de almas nos diferentes níveis da escala do progresso. Assim, o Espiritismo estabelece a solidariedade entre o mundo espiritual e o mundo material.

Quanto à questão proposta – "Nos fenômenos espíritas ou sonambúlicos, qual é o limite onde cessa a ação da alma do homem e começa a dos Espíritos?" –, responderemos que esse limite não existe, ou melhor, que ele nada tem de absoluto. Desde que o homem encarnado e o Espírito não são espécies distintas; desde que a alma é apenas um Espírito encarnado e que o Espírito é apenas uma alma livre do corpo físico; que tanto um quanto o outro são o mesmo ser, apenas vivendo em meios diferentes, as faculdades e aptidões têm que ser forçosamente as mesmas.

O sonambulismo (desdobramento) é um estado temporário entre a encarnação e a desencarnação, um estado de desprendimento parcial da alma, um pé colocado antecipadamente no mundo espiritual. A alma encarnada, ou se preferirem, o próprio Espírito do sonâmbulo ou do médium, pode fazer o que faz a alma desencarnada e até mais do que ela, se for mais adiantada, com a única diferença de que a alma livre tem percepções especiais que são privilégios do seu estado.

Às vezes, é muito difícil distinguir o que é produto direto da alma do médium daquilo que provém do Espírito, porque geralmente as duas ações se confundem e se completam. É por isso que, nas curas por imposição de mãos, o Espírito do médium pode atuar sozinho ou com o auxílio de um Espírito desencarnado. Ocorre da mesma forma para a inspiração poética ou artística, ou seja, o poeta ou o artista pode atuar de forma individual ou com o auxílio dos Espíritos. Mas, pelo fato de ser difícil fazer essa distinção, não significa que ela seja impossível. Muitas vezes, a dualidade é evidente e, em todos os casos, ela é o resultado de uma observação atenta.

CAPÍTULO 5

CAUSA E NATUREZA DA CLARIVIDÊNCIA SONAMBÚLICA

Explicação do fenômeno da lucidez

As percepções que ocorrem no "estado sonambúlico" são de natureza diferente das que ocorrem no estado de vigília (com a pessoa acordada), sendo assim, não podem ser transmitidas pelos mesmos órgãos. É sabido que, nesse estado, a visão não se efetua pelos olhos, que geralmente estão fechados e que podem até ficar no escuro para afastar qualquer suspeita. Além disso, a visão a distância e através dos corpos opacos exclui a possibilidade do uso dos olhos do corpo físico. É forçoso admitir que no estado sonambúlico temos o desenvolvimento de um sentido novo, que possui faculdades e percepções novas, que desconhecemos, cuja natureza não podemos apreciar senão por comparação e pelo raciocínio.

Percebe-se assim que não há nada de impossível na visão sonambúlica, contudo fica um questionamento: qual é a sede desse novo sentido? Não é fácil determiná-la com exatidão. Os próprios sonâmbulos não dão a esse respeito nenhuma indicação precisa. Uns, para verem melhor, colocam os objetos na parte superior do abdômen, outros sobre a fronte, e outros ainda na região da nuca. Assim, esse sentido parece que não está circunscrito a um lugar determinado. Sua maior atividade reside nos centros nervosos. O mais importante é que o sonambulo vê. Por onde e como? Isso nem ele mesmo consegue nos explicar.

Notemos ainda que, no estado sonambúlico, os fenômenos da visão e as sensações que o acompanham são totalmente diferentes do que se passa na visão comum. Empregamos a palavra "ver" apenas por comparação, pois nos falta um termo mais adequado para designar uma coisa desconhecida. Um povo composto de cegos de nascença não teria palavras adequadas para exprimir a *luz* e relacionaria as sensações que ela produz com algumas outras que já lhe fossem conhecidas e com as quais já estivessem acostumados.

Alguém tentou explicar a um cego a impressão viva e brilhante da luz sobre os olhos. "Compreendo", disse ele, "é como o som de uma trombeta". Outro, de caráter um pouco mais vulgar, tentou explicar a emissão dos raios em feixes ou cones luminosos, ao que o cego respondeu: "Ah! Sim, é como um pão de açúcar". Estamos nas mesmas condições, no que diz respeito à lucidez sonambúlica, ou seja, somos verdadeiros cegos. Do mesmo modo que eles em relação à luz, procuramos compará-la com o que mais se assemelha com a nossa faculdade visual. Se quisermos estabelecer uma correspondência absoluta entre essas duas faculdades (a visão sonambúlica e a visão comum) e julgar uma pela outra, certamente nos enganaremos, como os dois cegos que acabamos de citar.

Esse é o erro que cometem quase todos aqueles que procuram se convencer pela experiência, querendo comparar a clarividência sonambúlica com a visão comum. Para isso, submetem as duas às mesmas provas sem refletirem que a única relação que existe entre elas é a do nome que lhe damos. Em razão disso, como os resultados nem sempre correspondem à expectativa, acham mais simples negar.

Se quisermos estabelecer uma relação de semelhança, diremos que o fluido magnético, espalhado por toda a Natureza, cujos principais focos parecem ser os corpos animados, é o veículo da clarividência sonambúlica, assim como o fluido luminoso é o veículo das imagens percebidas pela nossa faculdade visual. Ora, assim como o fluido luminoso torna transparentes os corpos que ele atravessa livremente, o fluido magnético, penetrando em todos os corpos sem exceção, faz com que os corpos opacos possam ser vistos pelos sonâmbulos. Essa é a explicação mais simples e mais material da lucidez, falando do nosso ponto de vista.

Entendemos que essa explicação é correta, visto que o fluido magnético desempenha, incontestavelmente, um importante papel nesse fenômeno. Entretanto, ele não é capaz de elucidar todos os fatos. Existe uma outra explicação que abrange todos os fatos, mas para ser bem entendida é indispensável alguns esclarecimentos preliminares.

Na visão a distância, o sonâmbulo não distingue um objeto ao longe, como faríamos com o auxílio de um binóculo. *Não é o objeto que se aproxima dele por uma ilusão de ótica, ele é quem se aproxima do objeto.* O sonâmbulo vê o objeto exatamente como se este estivesse ao seu lado; vê a si mesmo no lugar em que observa; em resumo: ele se transporta para o lugar onde está o objeto. Seu corpo físico, nesse momento, parece não existir, e a palavra sai abafada, o som da sua voz fica alterado de um modo estranho; a vida animal parece se extinguir nele. A vida espiritual está no lugar para onde o seu pensamento o transportou, e somente o corpo físico permanece onde estava.

É possível dizer, com base no exposto, que há uma parte do nosso ser que se separa do corpo físico e se transporta instantaneamente no Espaço, conduzida pelo pensamento e pela vontade. Essa parte é, evidentemente, imaterial, porque, se não fosse assim, ela produziria alguns dos efeitos que a matéria também produz. É a essa parcela de nós mesmos que damos o nome de *alma*. Sim, é a alma que dá ao sonâmbulo as faculdades maravilhosas de que ele desfruta. A alma é quem, em determinadas circunstâncias, se manifesta, isolando-se em parte e temporariamente do seu corpo físico. Para aquele que observou atentamente os fenômenos do sonambulismo em toda a sua pureza, a existência da alma é algo evidente. Assim, a ideia de que tudo em nós se acaba com a morte do corpo é uma insensatez levada até o último grau.

Podemos dizer, com alguma razão, que o Magnetismo e o Materialismo são incompatíveis. Se alguns magnetizadores se afastam dessa regra e seguem ideias materialistas, é porque fizeram um exame muito superficial sobre os fenômenos físicos do Magnetismo e não procuram, de forma séria, a solução para o problema da visão a distância. Seja como for, nunca vimos um único *sonâmbulo* que não possuísse um profundo sentimento religioso, *fossem quais fossem as suas opiniões quando está no estado de vigília (acordado)*.

Voltemos à teoria da lucidez. Sendo a alma o princípio básico das faculdades do sonâmbulo, é nela que necessariamente reside a clarividência, e não em qualquer outra parte do corpo. Isso explica por que o sonâmbulo não consegue indicar o órgão responsável por essa faculdade com a mesma segurança que indica os olhos como sendo o responsável pela visão exterior. O sonâmbulo vê por todo o seu ser espiritual, ou melhor, por toda a sua alma, visto que a clarividência é um dos atributos de todas as partes da alma, como a luz é um dos atributos de todas as partes do fósforo. Por essa razão, onde quer que a alma penetre, existe clarividência, e esta é a causa da lucidez dos sonâmbulos. Eles conseguem ver através de todos os corpos, sob os mais espessos envoltórios e em todas as distâncias.

Uma objeção apresenta-se naturalmente a esse sistema e vamos nos apressar em respondê-la. Se as faculdades do sonâmbulo são as mesmas da alma desprendida da matéria, por que essas faculdades não são constantes? Por que alguns sonâmbulos são mais lúcidos do que outros? Por que a lucidez é variável num mesmo indivíduo? É possível compreender a imperfeição física de um órgão, mas não é possível compreender a imperfeição da alma.

A alma se prende ao corpo físico por vínculos misteriosos que não conhecíamos antes que o Espiritismo viesse nos demonstrar a existência e o papel do perispírito. Como essa questão foi tratada com profundidade na *Revista Espírita* e nas obras fundamentais da Doutrina, não vamos analisá-la aqui. Diremos apenas que é por intermédio dos órgãos do corpo físico que a alma se manifesta no mundo material.

Em nosso estado normal, as manifestações da alma ficam naturalmente subordinadas às imperfeições do nosso corpo físico; com o melhor artesão ocorre o mesmo, ou seja, ele não consegue fazer uma obra perfeita com instrumentos ruins. É preciso, portanto, considerar a delicadeza da nossa alma, porque, enquanto ela se conservar presa ao corpo físico, sofrerá com os entraves e os problemas que o corpo lhe impõe. Por mais perfeita que seja a estrutura do nosso organismo, por mais que a Natureza tenha sido generosa para que ele possa desempenhar as suas funções vitais, ainda assim é preciso considerar que os órgãos estão sujeitos a todas as perturbações da matéria.

O fluido magnético não é a alma, e sim um vínculo, um intermediário entre a alma e o corpo físico. Se a ação do fluido magnético sobre o corpo for pequena, a alma se torna mais livre, se for grande, a alma fica mais presa ao corpo. É isso que explica a diferença entre as faculdades sonambúlicas. O sonâmbulo é um homem que se despojou apenas de uma parte de suas roupas, e seus movimentos ainda estão tolhidos pelas vestes que lhe restam.

A alma só desfrutará da plenitude de si mesma e só terá a completa liberdade de suas faculdades quando se livrar dos últimos vínculos que a prendem ao corpo físico (quando desencarnar e se tornar livre), exatamente como a borboleta que abandona a sua crisálida. Se um magnetizador fosse bastante poderoso para dar à alma uma liberdade absoluta, os vínculos terrenos que a prendem ao corpo se romperiam, e a morte seria a consequência imediata desse rompimento.

O sonambulismo, por conseguinte, nos leva a colocar um pé na vida futura; ele ergue uma ponta do véu sob a qual se ocultam as verdades que, graças ao Espiritismo, podemos hoje entrever. A alma só vai conhecer essas verdades na sua essência quando estiver desembaraçada por completo do véu material que ainda a encobre neste mundo (o corpo físico).

CAPÍTULO 6

SEGUNDA VISTA

Conhecimento do futuro – previsões

Se, no estado sonambúlico, as manifestações da alma se tornam ostensivas, seria um absurdo pensar que no estado normal ela ficaria completamente confinada em seu corpo físico, como o caramujo fica preso a sua concha. Não é a "influência magnética" que faz com que a alma se manifeste, pois essa influência magnética apenas se torna efetiva pela ação que exerce sobre os órgãos do corpo físico.

Nem sempre o estado sonambúlico é uma condição indispensável para que a alma se manifeste. As faculdades que se revelam nesse estado se desenvolvem de forma espontânea em certos indivíduos, mesmo estando eles em sua condição normal. Assim, essas pessoas adquirem a faculdade de ver além dos limites dos nossos sentidos, podendo perceber as coisas ausentes ou distantes por onde quer que a alma estenda o seu raio de ação e por meio da visão comum. Os quadros que descrevem e os fatos que narram apresentam-se a elas como se fossem efeitos de uma miragem. A esse fenômeno damos o nome de *segunda vista*.

No sonambulismo, a clarividência resulta da mesma causa, ou seja, do desprendimento da alma. A diferença é que, no estado sonambúlico, a alma está separada do corpo físico, e a visão independe dele; já naqueles que possuem a faculdade da *segunda vista* no estado de vigília, a visão ocorre de forma simultânea, ou melhor, eles enxergam com os olhos do corpo e com os olhos da alma.

A *segunda vista* quase nunca é permanente. De modo geral, o fenômeno se produz espontaneamente, em determinados momentos, sem que seja por efeito da vontade, e provoca uma espécie de crise que, algumas vezes, modifica sensivelmente o estado físico daquele que a possui; o olhar fica com uma expressão vaga, e a pessoa parece olhar sem ver; toda a sua fisionomia reflete uma espécie de exaltação.

É importante observar que as pessoas que desfrutam dessa faculdade nem de longe suspeitam possuí-la. Para elas, a faculdade de ver também com os olhos da alma é tão natural como a de ver com os olhos do corpo físico. Consideram-na como sendo um atributo do seu ser, e nunca como uma coisa excepcional. Essa lucidez passageira quase sempre é seguida pelo esquecimento, e a lembrança, cada vez mais vaga daquilo que foi visto, acaba por apagar-se, como ocorre no sonho.

Existem infinitos graus na intensidade da *segunda vista*, e eles vão desde uma sensação confusa até uma percepção nítida e precisa como no sonambulismo. Falta-nos uma palavra para dar um nome a esse "estado especial" e ao indivíduo que a ele fica sujeito. Temos empregado a palavra "vidente", que, embora não represente com exatidão a ideia, vamos adotá-la até nova ordem, na falta de outra melhor.

Se compararmos os fenômenos da *clarividência sonambúlica* com os da *segunda vista*, é possível compreender que o vidente pode ter a percepção das coisas que estão fora do alcance da visão comum. Do mesmo modo que o sonâmbulo, ele vê a distância, acompanha o curso dos acontecimentos e, pela tendência deles, pode prever o seu desfecho. É a faculdade da *segunda vista* que, em estado rudimentar, dá a certas pessoas o tato, a perspicácia, uma espécie de segurança em todos os atos e que podemos com toda razão denominar de "A visão rápida, o lampejo do que é justo, do que é moral".

A *segunda vista*, num estágio mais desenvolvido, desperta nas pessoas os pressentimentos; num estágio ainda mais ampliado, faz com que seja possível ver acontecimentos que se realizaram num outro lugar ou que estão prestes a se realizar; finalmente, atinge o seu apogeu quando a pessoa entra em êxtase no estado desperto. O fenômeno da *segunda vista*, conforme explicamos anteriormente, é quase sempre natural e espontâneo, entretanto parece que se produz com mais frequência durante determinadas circunstâncias. Nos tempos de crise, de calamidades, de grandes emoções, enfim, todas as causas que superexcitam o moral, provocam o seu desenvolvimento. Podemos dizer que a Providência, na eminência de grandes perigos, multiplica em torno das criaturas a faculdade de prevê-los.

Em todos os tempos e em todas as nações sempre houve videntes, mas parece que certos povos são mais predispostos a tê-los. Dizem que na Escócia é muito comum o dom da *segunda vista*, sendo encontrado tanto entre a gente do campo quanto entre os que habitam nas montanhas. Os videntes têm sido encarados de modo diverso, conforme os tempos, os costumes e o grau de civilização. Para os céticos, eles não passam de pessoas perturbadas, alucinadas. As seitas religiosas os transformaram em profetas, sibilas e oráculos. Nos séculos de superstição e de ignorância, eles eram considerados feiticeiros e acabavam nas fogueiras.

Para o homem sensato, que acredita no poder infinito da Natureza e na bondade inesgotável do Criador, a *segunda vista* é uma faculdade inseparável da espécie humana, por meio da qual Deus nos revela a existência da nossa essência espiritual. Quem não reconheceria um dom dessa natureza em Joana D'Arc e em muitas outras personagens que a história qualifica de inspiradas?

Muito se tem falado das cartomantes que dizem verdades surpreendentes. Longe estamos de ser apologistas daqueles que leem a sorte e que exploram a credulidade das mentes fracas utilizando uma linguagem ambígua que se presta a todas as combinações de uma imaginação atormentada. No entanto, não é de todo impossível que certas pessoas, fazendo disso uma profissão, tenham o dom da *segunda vista*, mesmo sem o saberem. Nesse caso, as cartas não passam de um meio, de um pretexto, de uma base para estabelecer a conversação. Elas falam conforme o que veem, e não de acordo com o que indicam as cartas, para as quais apenas se limitam a olhar.

O mesmo acontece com outros meios de adivinhação, tais como as linhas da mão, a borra do café, a clara do ovo e outros símbolos místicos. As linhas da mão talvez tenham mais valor do que todos os outros meios, não pelas linhas propriamente ditas, mas porque o pretenso adivinho tomando e apalpando as mãos do consulente, se for dotado da faculdade da *segunda vista*, estabelece uma relação mais direta com o seu cliente, assim como se verifica com as consultas sonambúlicas.

Os médiuns videntes podem ser incluídos na categoria das pessoas que desfrutam da *segunda vista*. Com efeito, os médiuns videntes, assim como as pessoas dotadas da *segunda vista*, acreditam ver com os olhos, porém, na realidade, é a alma que vê. É por essa razão que eles veem tão bem, tanto com os olhos abertos como com os olhos fechados. Disso resulta que um cego poderia ser um médium vidente da mesma forma que uma pessoa que tenha a visão perfeita.

Um estudo interessante a ser feito seria o de averiguar se a faculdade da *segunda vista* é mais frequente nos cegos. Somos levados a acreditar nessa possibilidade, visto que, conforme se pode concluir pela experiência, a privação de se comunicar com o mundo exterior, devido à falta de certos sentidos, dá, em geral, um maior poder à faculdade de abstração da alma. A consequência disso é um maior desenvolvimento do sentido íntimo, por meio do qual a alma se relaciona com o mundo espiritual.

Os médiuns videntes podem ser comparados com as pessoas que desfrutam da visão espiritual, mas talvez seja um exagero considerar essas pessoas como médiuns, visto que a característica principal da mediunidade está na intervenção dos Espíritos. Assim, não se pode considerar como sendo uma ação mediúnica o que alguém faz por si mesmo. Aquele que possui a visão espiritual vê pelo seu próprio Espírito, não havendo a necessidade da intervenção de um Espírito estranho para que a sua faculdade tenha êxito. Isso posto, vamos examinar até que ponto a faculdade da *segunda vista* pode permitir que se descubram coisas ocultas e se penetre no futuro.

Em todas as épocas, o homem sempre desejou conhecer o futuro. Muita coisa poderia ser escrita sobre os meios inventados pela superstição para erguer o véu que encobre o nosso destino. A Natureza foi muito sábia ao ocultar isso dos homens. Cada um de nós tem a sua missão providencial na grande colmeia humana e contribui para a obra comum na sua esfera de atividade. Se soubéssemos antecipadamente o fim de cada coisa, certamente a harmonia geral ficaria perturbada.

A certeza de um futuro feliz dispensaria o homem de qualquer atividade, visto que ele não precisaria empregar qualquer esforço para alcançar o seu objetivo, ou seja, o seu bem-estar. Todas as forças físicas e morais seriam paralisadas, e a marcha progressiva da Humanidade seria detida. A certeza da infelicidade teria as mesmas consequências, em função do desânimo que tomaria conta de todos, uma vez que ninguém iria lutar contra um destino definido.

Diante disso, compreendemos que o conhecimento pleno do futuro seria um presente mortal que nos conduziria ao "dogma da fatalidade", ou seja, a um destino inevitável, que é o mais perigoso de todos porque se opõe ao desenvolvimento das ideias. A incerteza quanto ao momento do nosso fim neste mundo é que nos faz trabalhar até o último minuto, até que o nosso coração deixe de bater. O viajante levado por um veículo se sujeita ao movimento que o deixará no destino sem pensar em lhe opor qualquer desvio por estar certo da sua impotência para consegui-lo. O mesmo aconteceria com o homem que conhecesse o seu destino irrevogável. Se os videntes pudessem infringir essa Lei da Providência (conhecer o futuro), eles seriam iguais à Divindade, e essa não é a missão que lhes cabe.

No fenômeno da *segunda vista*, a alma, parcialmente liberta do corpo físico, que limita as suas faculdades, não fica mais sujeita ao Tempo nem ao Espaço, tudo para ela se reduz ao presente. Livre dos entraves da carne, ela julga os efeitos e as causas melhor do que nós, vê as consequências das coisas que estão acontecendo no presente e pode levar-nos a pressenti-las. É nesse sentido que se deve entender o dom da presciência (conhecimento antecipado das coisas) atribuído aos videntes.

As suas previsões são apenas o resultado de uma consciência mais nítida daquilo que existe, por estar a sua alma parcialmente separada do corpo, e não a previsão de coisas fortuitas, sem ligação com o presente. É por uma dedução lógica daquilo que é conhecido que o vidente chega ao desconhecido, o que muitas vezes depende da nossa maneira de proceder.

Segunda Vista

Quando somos avisados de um perigo que nos ameaça, ficamos em condições de fazer tudo para evitá-lo, cabendo somente a nós tomar a decisão de fazer ou não. Em tais casos, o vidente tem conhecimento do perigo, que para nós é oculto. Ele nos avisa e indica o meio de afastá-lo. Se nada for feito, o acontecimento segue o seu curso.

Suponhamos que um carro entre por uma estrada que vai dar num precipício e que o condutor não saiba. É evidente que, se ninguém o avisar para que mude de rumo, o carro vai cair no abismo. Suponhamos também que um homem está colocado num lugar onde é possível enxergar todo o percurso da estrada e, vendo o perigo que corre o condutor, consegue avisá-lo a tempo para que ele mude de rumo: o perigo, assim, estará afastado. Da posição em que está, enxergando toda a estrada, o observador vê aquilo que o condutor não pode ver devido à sua visão ser limitada pelos acidentes do terreno. Ele pode ver se algum fato vai impedir a queda do carro, portanto, tem acesso antecipado ao que vai acontecer e faz a sua previsão.

Vamos imaginar agora que esse mesmo homem fosse colocado no alto de uma montanha e de lá aviste ao longe, pela estrada, uma tropa inimiga dirigindo-se para uma aldeia a qual pretendem incendiar. Será fácil para esse homem, levando em conta a distância e a velocidade com que a tropa se desloca, prever o momento da chegada do inimigo. Se ele descer até a aldeia e disser apenas que "a tal hora a aldeia será incendiada" e o fato ocorrer, ele passará, aos olhos da multidão ignorante, por adivinho ou feiticeiro. Entretanto, ele apenas viu o que os outros não podiam ver e deduziu as respectivas consequências.

Ora, o vidente, como o homem que está em cima da montanha, pode abranger e seguir o curso dos acontecimentos. Ele prevê os resultados, não por possuir o dom da adivinhação, mas porque os vê! Assim, ele tem condições de dizer a vocês se estão no bom caminho, indicar um outro melhor e anunciar o que vão encontrar no fim da estrada. Ele é para vocês o fio de **Ariadne**, mostrando a saída do labirinto.

Observação

Ariadne: Na mitologia grega, é a princesa de Creta. Quando Teseu foi a Creta para matar o Minotauro, que morava no labirinto, Ariadne apaixonou-se por ele e lhe deu um novelo de fio para que pudesse entrar no labirinto e depois encontrar o caminho de volta.

Como se vê, a visão do vidente está longe da predição propriamente dita, conforme a entendemos no sentido vulgar da palavra. O livre-arbítrio do homem mantém-se intacto; ele continua senhor das suas ações, para agir ou deixar de agir, para evitar ou deixar que os acontecimentos se realizem, por sua vontade ou por sua inércia. A vidência indica a ele o meio de chegar ao fim, ficando a seu critério utilizá-lo ou não.

Imaginar o vidente submetido a uma fatalidade implacável, com relação aos mínimos acontecimentos da vida, é privá-lo do seu mais belo atributo: a inteligência. É compará-lo a um bruto (animal irracional). O vidente não é um adivinho, ele é um ser que percebe o que não conseguimos ver. É para nós o cão do cego. Nisso não há nada que se contraponha aos desígnios da Providência quanto ao segredo do nosso destino; é o próprio Criador quem nos dá um guia.

É sob esse ponto de vista que se deve considerar o conhecimento do futuro por parte das pessoas que possuem a segunda vista. Se esse futuro dependesse das incertezas do acaso, se não tivesse alguma ligação com as circunstâncias do presente, nenhuma clarividência poderia ter acesso a ele e, nesse caso, qualquer previsão que fosse feita não ofereceria nenhuma certeza.

O verdadeiro vidente é uma pessoa séria e não pode ser comparado com os charlatães, que apenas simulam possuir a faculdade de ver. Ele não se sujeita a revelar o que o povo chama de *buena-dicha* (previsão da sorte por um meio qualquer, como a linha das mãos, por exemplo). Ele apenas prevê as consequências que irão decorrer dos acontecimentos presentes, o que já é muito.

Quantos erros, quantos passos em falso, quantas tentativas inúteis não poderíamos ter evitado se tivéssemos sempre um guia seguro a nos esclarecer? Quantos homens se acham deslocados na vida por não haverem trilhado o caminho que a Natureza lhes traçou de acordo com as suas faculdades? Quantos fracassam por terem seguido os conselhos de uma obstinação irrefletida! Alguém poderia lhes dizer: "Não tentem isso, porque as suas faculdades intelectuais são insuficientes; porque isso não convém nem ao seu caráter, nem a sua constituição física ou, ainda, porque vocês não receberão a ajuda que é necessária e irão se iludir quanto ao valor do que pretendem e também por que encontrarão dificuldades que não estão prevendo". Noutras circunstâncias, alguém poderia lhes dizer o contrário: "Vocês terão sucesso se agirem desta ou daquela maneira; se evitarem tal procedimento que poderá lhes ser prejudicial".

Finalmente, analisando as circunstâncias e todas as características, alguém poderia lhes dizer: "Desconfiem da armadilha que querem lhes preparar". E acrescentando lhes diria: "Vocês estão prevenidos, fiz o que me cumpria, mostrei-lhes o perigo, se sucumbirem, não acusem a má sorte, nem a fatalidade nem a Providência, acusem apenas a vocês mesmos!" O que o médico pode fazer quando o doente não dá a menor importância aos seus conselhos?

CAPÍTULO 7

INTRODUÇÃO AO ESTUDO DA FOTOGRAFIA E DA TELEGRAFIA DO PENSAMENTO

A ação do organismo de um indivíduo sobre outro, com ou sem contato, é um fato incontestável. Essa ação só pode ser exercida por um agente intermediário, e o nosso corpo físico é o lugar onde ele se deposita. Esse agente invisível é necessariamente um fluido. Os nossos "olhos" e os nossos "dedos" são os principais pontos do nosso organismo que emitem e direcionam esse fluido.

Qual é a natureza desse fluido, qual é a sua essência? Quais são as suas propriedades íntimas? Será um fluido especial, ou, antes, uma modificação da eletricidade ou de algum outro fluido conhecido? Não será aquilo a que chamávamos, até pouco tempo, de fluido nervoso? Não será o agente a que hoje damos o nome de fluido cósmico universal, quando se acha esparso na atmosfera, e fluido perispiritual, quando está individualizado? Esta questão, aliás, é totalmente secundária.

O fluido perispiritual é imponderável (não pode ser medido nem pesado), como a luz, a eletricidade e o calor. No estado normal, ele é invisível para nós, revelando-se apenas por meio dos seus efeitos. Entretanto, ele se torna visível para aqueles que se encontram no estado de sonambulismo lúcido (desdobramento com lucidez) e, mesmo no estado de vigília (acordado), para as pessoas dotadas da *segunda vista*.

No estado de emissão, o fluido perispiritual se apresenta sob a forma de feixes luminosos, muito semelhantes à luz elétrica difusa no Espaço. Aliás, a forma de feixes luminosos é a única semelhança que existe entre o fluido perispiritual e a luz elétrica, visto que ele não produz, pelo menos de forma evidente, nenhum dos fenômenos físicos que conhecemos. No estado comum, ele reflete diversas cores, segundo os indivíduos de onde ele emana; às vezes, é um tom de vermelho fraco, outras vezes, é um tom azulado ou acinzentado, como uma bruma ligeira. Com maior frequência, ele espalha sobre os corpos ao seu redor uma coloração amarelada, mais ou menos intensa.

Os relatos dos sonâmbulos e dos videntes são idênticos quanto aos diversos tons sob os quais o fluido perispiritual se apresenta. Teremos ainda a oportunidade de tratar desse assunto quando falarmos das qualidades que se pode imprimir a esse fluido, de acordo com o motivo que o coloca em movimento e conforme o grau de adiantamento do indivíduo que o emite.

Nenhum corpo lhe opõe obstáculo; ele penetra e atravessa todos os corpos. Até agora não se conhece nenhum obstáculo que seja capaz de isolá-lo. Somente a vontade pode ampliar ou restringir a sua ação. Com certeza, a vontade é o seu princípio mais poderoso. A vontade dirige a emanação do fluido perispiritual no Espaço e o acumula num determinado ponto, faz com que certos objetos fiquem saturados desse fluido, assim como os retira dos lugares onde ele existe em abundância. Podemos dizer que é nesse princípio (emanação do fluido perispiritual por intermédio da vontade) que está o fundamento da força magnética. Parece, enfim, que o fluido perispiritual é o veículo da visão psíquica, assim como o fluido luminoso é o veículo da visão comum.

O fluido cósmico, embora emane de uma fonte universal, se individualiza, por assim dizer, em cada ser e adquire propriedades características que permitem distingui-lo de todos os outros. Nem mesmo a morte apaga essas características de individualização, que persistem por longos anos após a vida ter cessado, conforme já tivemos a oportunidade de verificar. Assim, cada um de nós tem o seu próprio fluido, que nos envolve e nos acompanha em todos os movimentos, da mesma forma que a atmosfera envolve e acompanha cada planeta. A extensão da irradiação dessas atmosferas individuais é muito variável. Quando o Espírito está em estado de repouso absoluto, essa irradiação pode ficar circunscrita a alguns passos, mas, sob o domínio da vontade, ela pode atingir distâncias infinitas. É como se a vontade dilatasse o fluido perispiritual, como o calor dilata os gases.

As diferentes atmosferas individuais se entrecruzam e se misturam, sem jamais se confundirem, exatamente como as ondas sonoras que se conservam independentes, apesar da infinidade de sons que agitam o ar ao mesmo tempo. Podemos dizer, portanto, que cada indivíduo é o centro de uma onda fluídica cuja intensidade guarda relação com a força de vontade, assim como cada ponto vibrante é o centro de uma onda sonora cuja intensidade está na razão direta da força de vibração. A vontade é a causa propulsora do fluido perispiritual, do mesmo modo que o choque é a causa da vibração do ar e o responsável por impulsionar as ondas sonoras.

As "qualidades particulares de cada fluido perispiritual" são as responsáveis pela harmonia ou pela desarmonia que existe entre eles; pela tendência que possuem de se unirem ou de se evitarem; pela atração ou pela repulsão. Essa é a causa das simpatias ou das antipatias que as pessoas experimentam e para as quais não existe nenhum motivo conhecido que possa justificá-las.

Quando nos aproximamos de um indivíduo, a sua presença algumas vezes nos é revelada pela impressão agradável ou desagradável que o seu fluido emana. Se nos encontramos entre pessoas cujos sentimentos não partilhamos e seus fluidos não se harmonizam com os nossos, uma reação ruim nos oprime e nos sentimos ali como uma nota dissonante num concerto! Se, ao contrário, vários indivíduos estão reunidos com os mesmos objetivos e intenções, os sentimentos de cada um se engrandecem na mesma proporção da vontade das forças atuantes. Quem não conhece a força de atração que domina as aglomerações em que há semelhança de pensamentos e de vontades? Ninguém pode imaginar o número de influências a que estamos submetidos, mesmo sem o nosso conhecimento.

Será que as influências ocultas (os Espíritos) não serão a causa principal de certos pensamentos, que às vezes são comuns a nós e a outras pessoas? Não seriam elas a causa desses vagos pressentimentos que nos levam a dizer "há alguma coisa no ar", prenúncio deste ou daquele acontecimento? Enfim, não seriam essas influências ocultas as responsáveis pelas sensações indefiníveis de bem-estar ou de mal-estar moral, de alegria ou de tristeza? Não serão efeitos da reação do meio fluídico em que nos encontramos, das emanações simpáticas ou antipáticas que recebemos e que nos envolvem como as emanações de um corpo perfumado? Não podemos nos pronunciar afirmativamente, de modo absoluto, sobre essas questões, mas é preciso admitir que a teoria do fluido cósmico universal, individualizado em cada ser sob o nome de fluido perispiritual, abre um campo inteiramente novo à solução de inúmeros problemas até agora insolúveis.

Quando nos movimentamos, cada um de nós carrega consigo a sua atmosfera fluídica, como o caramujo carrega a sua concha. Entretanto, esse fluido deixa vestígios da sua passagem, deixa uma espécie de rastro luminoso, inacessível aos nossos sentidos, no estado de vigília, mas que serve para que os sonâmbulos, os videntes e os Espíritos desencarnados reconstituam os fatos ocorridos e analisem a causa que os determinou.

Toda ação, física ou moral, explícita ou oculta, de um ser sobre si mesmo ou sobre outro, pressupõe, de um lado, uma força atuante e, de outro, uma sensibilidade passiva. Duas forças iguais sempre se neutralizam, mas, quando elas são desiguais, a mais forte sobrepuja a mais fraca. Ora, os homens não são dotados da mesma energia fluídica, ou seja, o fluido perispiritual não tem a mesma força ativa, o que explica por que em alguns essa força é quase irresistível enquanto em outros ela é nula, assim como por que certas pessoas são muito acessíveis à ação desse fluido perispiritual e outras são refratárias a ele.

Essa superioridade e essa inferioridade relativas dependem evidentemente do organismo, mas seria um erro acreditar que elas guardam relação direta com a força ou com a fraqueza física. A experiência prova que os homens mais robustos, às vezes, sofrem as influências fluídicas mais facilmente que outros de constituição física muito mais delicada, e é com frequência que encontramos entre estes últimos uma força que a sua aparência frágil não permitiria que suspeitássemos. Essa diferença no modo de agir pode ser explicada de várias maneiras.

A força fluídica aplicada à ação que um indivíduo exerce sobre outro, ou melhor, ao magnetismo, pode depender:

1º Da quantidade do fluido que cada um possui.

2º Da natureza intrínseca do fluido de cada um, sem levar em conta a quantidade.

3º Da intensidade da força que impulsiona o fluido; talvez, até mesmo, dessas três causas reunidas.

Na primeira hipótese, aquele que tem mais fluido daria ao que tem menos e receberia deste uma quantidade menor. Haveria, nesse caso, uma semelhança perfeita com a troca de calor que existe entre dois corpos que equilibram as suas temperaturas. Seja qual for a causa da diferença que existe entre os fluidos perispirituais, podemos nos dar conta do efeito que ela produz, imaginando três pessoas cuja força fluídica representaremos pelos números 10, 5 e 1. O número 10 agirá sobre o 5 e sobre o 1, porém com mais energia sobre o 1 do que sobre o 5. O número 5 atuará sobre o 1, mas será impotente para atuar sobre o 10. Finalmente, o número 1 não atuará nem sobre o 5 nem sobre o 10. Talvez seja essa a razão pela qual certas pessoas são sensíveis à ação de um magnetizador e insensíveis à ação de outros.

Até certo ponto, podemos explicar o fenômeno de algumas pessoas serem mais sensíveis a certos magnetizadores, referindo-nos a considerações que já foram feitas. Dissemos, com efeito, que os fluidos individuais são simpáticos ou antipáticos, uns em relação aos outros. Ora, não poderia acontecer que a ação recíproca entre dois indivíduos estivesse na razão direta da afinidade dos seus fluidos, ou seja, da tendência que existe para que eles se confundam numa espécie de harmonia, como acontece com as ondas sonoras produzidas pelos corpos vibrantes?

É fora de questão que essa harmonia ou afinidade entre os fluidos perispirituais seja uma condição, se não indispensável em absoluto, pelo menos muito preponderante para que haja simpatia entre os indivíduos. Do mesmo modo, é correto dizer que quando há desacordo ou antipatia, a ação entre os fluidos não pode ser fraca ou mesmo nula. O sistema da afinidade entre os fluidos perispirituais explica bem as condições prévias que são necessárias para que a ação ocorra, mas não diz de que lado está a força. Admitindo esse sistema, somos forçados a recorrer à nossa primeira suposição, ou seja, a quantidade de fluido que cada um possui.

Em resumo, independentemente da causa pela qual o fenômeno se produza, isso não leva a nenhuma consequência. O fato existe, e isso é o essencial. Os fenômenos da luz se explicam pela teoria da emissão e das ondulações; os da eletricidade, pelos fluidos positivos e negativos, **vítreo e resinoso**.

Observação

Fluidos vítreo e resinoso: Eletricidade vítrea é aquela que aparece no vidro depois de ser atritado com seda; eletricidade resinosa é aquela que aparece no âmbar (resina fóssil de cor amarelada) depois de ser atritado com a pele.

No próximo estudo, apoiando-nos em considerações feitas anteriormente, procuraremos estabelecer o que entendemos por fotografia do pensamento e telegrafia do pensamento.

FOTOGRAFIA E TELEGRAFIA DO PENSAMENTO

A fotografia e a telegrafia do pensamento são questões que até agora foram pouco abordadas. Elas foram relegadas a um segundo plano e tratadas superficialmente, como todas as questões que não apresentam ligação com as Leis que, pela sua essência, devem ser universalmente difundidas. Apesar disso, elas são de capital importância, e os elementos que elas contêm podem concorrer para elucidar muitos problemas que ainda se encontram sem solução.

Quando um artista de talento pinta um quadro magistral e coloca nele toda a sua arte, adquirida de maneira progressiva, ele estabelece, em primeiro lugar, os traços gerais que lhe permitem compreender, desde o esboço, tudo o que pretende tirar do quadro que vai pintar. Só depois de haver elaborado minuciosamente o seu plano geral é que ele começa a executar os detalhes. Embora os detalhes exijam maiores cuidados que o esboço, sem este não seria possível realizar o quadro. O mesmo acontece com o Espiritismo. As Leis fundamentais, os princípios gerais cujas raízes existem na mente de toda criatura, foram elaborados desde a origem. As demais questões, sejam elas quais forem, dependem dessas Leis fundamentais. Foi por essa razão que, durante algum tempo, tivemos que deixar de lado o estudo da fotografia e da telegrafia do pensamento.

É lógico que não podemos falar em fotografia e telegrafia do pensamento sem que esteja demonstrada a existência da alma, que é a responsável por colocar em ação os elementos fluídicos que permitem que se estabeleça a relação entre duas almas distintas. Ainda hoje, não nos sentimos suficientemente esclarecidos para dar a esses imensos problemas soluções definitivas! Entretanto, não será descabido colocar aqui algumas considerações que certamente vão preparar as bases para um estudo mais completo sobre o assunto.

O homem é limitado em suas ideias e em suas aspirações, além de possuir seus horizontes circunscritos. Dessa forma, ele é obrigado a catalogar tudo o que realiza, para conservar uma lembrança apreciável e basear os seus estudos futuros nos dados já adquiridos. As primeiras noções do conhecimento surgiram pelo sentido da visão. Foi a imagem de um objeto que lhe ensinou que esse objeto existia. Depois que ele conheceu muitos objetos e tirou deduções das impressões diferentes que eles produziam no seu íntimo, foi possível fixar na sua inteligência a essência imaterial desses objetos, graças ao fenômeno da memória.

Ora, o que é a memória senão uma espécie de álbum, mais ou menos volumoso, que se folheia para reencontrar as ideias apagadas e reconstituir os acontecimentos vividos? Esse álbum tem as folhas marcadas nos pontos mais importantes. De alguns fatos, a pessoa se recorda imediatamente, mas de outros, ela precisa folhear o álbum por um longo tempo.

A memória é como um livro! As páginas mais manuseadas e lidas se apresentam facilmente aos nossos olhos. As folhas virgens, ou raramente manuseadas, devem ser folheadas uma a uma para que possamos reconstituir um fato para o qual não demos muita atenção. Quando o Espírito encarnado recorda de algo, a sua memória apresenta, de certo modo, a fotografia do fato que ele procura. Em geral, os encarnados que o cercam nada veem, porque o álbum está em um lugar inacessível à visão deles, mas os Espíritos desencarnados veem e folheiam o álbum conosco. Em algumas circunstâncias, eles podem nos ajudar de forma intencional na pesquisa, ou nos perturbar.

O que se produz de um encarnado para um Espírito também pode se produzir de um Espírito para um vidente. Quando se busca a lembrança de certos fatos da existência de um Espírito, a lembrança desses fatos logo se apresenta a ele. O vidente, cuja situação espiritual é semelhante a do Espírito livre, vê como ele, chegando mesmo a ver, em certas circunstâncias, o que o próprio Espírito não vê por si mesmo, exatamente como um desencarnado pode folhear a memória de um encarnado, sem que este tenha consciência disso, e induzi-lo a lembrar de fatos esquecidos há muito tempo.

Quanto aos pensamentos abstratos, pelo simples fato de eles existirem, tomam uma forma para impressionar o cérebro e nele ficarem gravados. Tanto para esses pensamentos abstratos quanto para aqueles que estão na memória, a semelhança que há entre os fatos existentes na Terra e no Espaço parece ser total.

Como o fenômeno da fotografia do pensamento foi objeto de algumas reflexões na *Revista Espírita* de junho de 1868, reproduziremos, para maior clareza, alguns trechos do artigo em que o assunto foi tratado e vamos complementar com novas observações.

Sendo os fluidos o veículo do pensamento, este atua sobre os fluidos, como o som atua sobre o ar. Os fluidos transportam o pensamento como o ar transporta o som. Assim, podemos dizer com segurança que nos fluidos há ondas e radiações de pensamento que se cruzam sem se confundirem, como há no ar ondas e radiações sonoras.

Mais ainda: ao criar *imagens fluídicas*, o pensamento se reflete no envoltório perispiritual como num espelho, assim como as imagens de objetos terrestres se refletem nos vapores do ar, tomando aí uma forma e, de certo modo, *fotografando-se*. Quando um homem, por exemplo, tem a ideia de matar alguém, ainda que seu corpo material permaneça imóvel, seu corpo fluídico é colocado em ação por esse pensamento criminoso, que é produzido com todos os detalhes. Ele executa fluidicamente o gesto, o ato que deseja praticar. Seu pensamento cria a imagem da vítima, e a cena inteira se desenrola como se estivesse plasmada num quadro, tal qual está na sua mente.

É assim que os mais secretos movimentos da alma repercutem no seu envoltório fluídico (perispírito). É dessa forma que uma alma pode ler em outra alma como num livro e ver o que não é perceptível aos olhos do corpo físico. Os nossos olhos podem ver numa outra pessoa as impressões interiores que se refletem nos traços da fisionomia, tais como: a cólera, a alegria, a tristeza etc. A alma, no entanto, vê nos traços de uma outra alma os pensamentos que não se exteriorizam.

Se, por um lado, é dado à alma ver a intenção e pressentir a realização do ato que será a sua consequência, por outro lado, ela não pode determinar o momento em que esse ato se realizará, nem precisar os seus detalhes, nem mesmo afirmar que ele vai se realizar, visto que circunstâncias posteriores podem modificar os planos traçados e mudar os acontecimentos. A alma não pode ver o que ainda não está no pensamento; ela somente vê a preocupação momentânea ou habitual do indivíduo, seus desejos, seus projetos, suas intenções, sejam elas boas ou más. É assim que se explica o erro nas previsões de alguns videntes.

Quando um acontecimento está subordinado ao livre-arbítrio de um homem, os videntes apenas podem pressentir a probabilidade de acordo com o pensamento que estão vendo, mas não podem afirmar que ele se realizará desta ou daquela maneira, neste ou naquele momento. A maior ou menor exatidão nas previsões depende também do alcance e da clareza da visão psíquica.

Em alguns indivíduos, encarnados ou desencarnados, essa visão é difusa ou limita-se a um ponto, ao passo que em outros ela é nítida e abrange o conjunto dos pensamentos e das vontades que vão concorrer para a realização de um fato. Acima de tudo, ressaltamos, existe sempre a vontade superior que pode, em sua sabedoria, permitir uma revelação ou impedi-la. Quando for o caso de impedir que a revelação aconteça, um véu impenetrável é lançado sobre a mais perspicaz visão psíquica (recomendamos a leitura de *A Gênese, os milagres e as predições segundo o Espiritismo*, especificamente o capítulo sobre a "Teoria da presciência").

A teoria das criações fluídicas e, por consequência, da fotografia do pensamento é uma conquista do Espiritismo moderno. De agora em diante, podemos considerá-la como sendo um princípio, salvo os pormenores que serão o resultado da observação. Esse fenômeno é, sem dúvida, a origem das visões fantásticas e desempenha um grande papel em certos sonhos.

Quem na Terra sabe de que maneira se produziram os primeiros meios de comunicação do pensamento? Como foram inventados, ou melhor, descobertos? Visto que nada se inventa e que tudo o que existe está em estado latente, cabe aos homens apenas os meios de pôr em ação as forças que a Natureza oferece. Quem sabe quanto tempo foi necessário para que o homem pudesse se utilizar da palavra de um modo perfeitamente inteligível?

Aquele que soltou o primeiro grito inarticulado tinha, sem dúvida, uma consciência do que desejava expressar, mas as pessoas a quem ele se dirigiu, a princípio, nada compreenderam. Somente depois de um longo período é que surgiram as palavras consagradas pelo uso, depois as frases abreviadas e, por fim, os discursos inteiros. Quantos milhares de anos não foram necessários para que a Humanidade chegasse ao ponto em que se encontra hoje? Cada progresso no modo de comunicação, de relação entre os homens, foi sempre assinalado por algum tipo de progresso no estado social dos seres.

À medida que as relações entre os indivíduos se tornam mais estreitas, mais regulares, sentiu-se a necessidade de uma nova forma de linguagem, mais rápida, mais apropriada a colocar os homens em uma comunicação instantânea e universal. Por que aquilo que ocorre no mundo físico, por meio da telegrafia elétrica, não poderia ocorrer no mundo moral, de encarnado para encarnado, por meio da telegrafia humana? Por que as relações ocultas que ligam, de maneira mais ou menos consciente, os pensamentos dos homens e dos Espíritos, por meio da telegrafia espiritual, não se generalizam entre os homens de modo consciente?

A telegrafia humana! Eis aí um assunto capaz de provocar o riso daqueles que se recusam a admitir o que não esteja no âmbito dos seus sentidos materiais. Mas o que importa a zombaria dos presunçosos? Por mais que eles neguem, não impedirão que as Leis da Natureza sigam o seu curso, nem que se encontrem novas aplicações para essas Leis, à medida que a inteligência humana esteja em condição de experimentar os seus efeitos.

O homem exerce uma ação direta sobre as coisas, assim como sobre as pessoas que o cercam. Muitas vezes, uma pessoa de quem se faz pouco caso exerce uma influência decisiva sobre outras de reputação muito superior. Isso se deve ao fato de que na Terra se vê muito mais máscaras do que fisionomias verdadeiras, máscaras de olhar obscurecido pela vaidade, pelo interesse pessoal e por toda sorte de más paixões. A experiência mostra que é possível atuar sobre a mente dos homens sem que eles percebam. Um pensamento superior, *firmemente direcionado*, se me permitem usar essa expressão, pode, portanto, conforme a sua força e sua elevação, atingir com maior ou menor intensidade homens que não fazem a menor ideia da maneira pela qual estão sendo influenciados.

Aquele que emite um pensamento também não faz a mínima ideia do efeito produzido por essa emissão. Esse é um jogo constante das inteligências humanas e da ação recíproca de umas sobre as outras. Juntem a isso a ação das inteligências desencarnadas (os Espíritos) e imaginem, se conseguirem, o poder incalculável dessa força composta por tantas forças reunidas.

Se pudéssemos ter uma ideia do imenso mecanismo que o pensamento coloca em atividade e dos efeitos que ele produz de um indivíduo para outro, de um grupo de pessoas para outro, enfim, da ação universal dos pensamentos das criaturas umas sobre as outras, ficaríamos assombrados! O homem iria se sentir aniquilado diante dessa infinidade de detalhes, diante dessas inumeráveis redes ligadas entre si por uma poderosa vontade e atuando harmonicamente para alcançar um único objetivo: o progresso universal.

Pela telegrafia do pensamento, podemos apreciar em todo o seu valor a Lei da solidariedade, ao observar que não existe um único pensamento, seja ele criminoso, virtuoso, ou de qualquer outra espécie, que não tenha ação real sobre o conjunto dos pensamentos humanos e sobre cada um deles em separado. Se antes o egoísmo nos levava a ignorar as consequências que podem ter para as outras pessoas um pensamento perverso da nossa parte, por esse mesmo egoísmo seremos conduzidos a ter bons pensamentos, uma vez que um mau pensamento de outra pessoa também pode nos atingir. Com isso, é possível elevar o nível moral das criaturas em geral.

Que outra explicação poderia ser dada para esses choques misteriosos que nos avisam da alegria ou do sofrimento de um ente querido que se encontra longe de nós senão pela telegrafia do pensamento? Não é a um fenômeno desse tipo que devemos os sentimentos de simpatia ou de repulsão que nos atraem para perto de certos Espíritos e nos afastam de outros?

Temos diante de nós um campo imenso para estudar e observar, mas do qual só podemos ver os contornos. O estudo dos detalhes vai resultar num conhecimento mais completo das Leis que regem a ação dos fluidos uns sobre os outros.

CAPÍTULO 8

ESTUDO SOBRE A NATUREZA DO CRISTO

1. Origem das provas sobre a natureza do Cristo
2. Os milagres provam a divindade do Cristo?
3. As palavras de Jesus provam a sua divindade?
4. As palavras de Jesus depois da sua morte
5. A dupla natureza de Jesus
6. A opinião dos Apóstolos
7. A predição dos profetas em relação a Jesus
8. O Verbo se fez carne
9. Filho de Deus e Filho do Homem

1. ORIGEM DAS PROVAS SOBRE A NATUREZA DO CRISTO

A questão a respeito da "natureza do Cristo" tem sido debatida desde os primeiros séculos do Cristianismo e podemos dizer que ela ainda não se acha resolvida, visto que continua a ser discutida até hoje. Foi a divergência das opiniões sobre esse ponto que deu origem à maioria das seitas que dividiram a Igreja há dezoito séculos. Chama a atenção que todos os chefes dessas seitas foram bispos ou membros do clero e possuidores de diversos títulos. Eram, portanto, homens esclarecidos, muitos deles escritores de talento, conhecedores da ciência teológica, que não achavam convincentes as razões evocadas a favor do dogma da divindade do Cristo.

No entanto, tanto naquela época quanto hoje, as opiniões se basearam mais em abstrações (teorias vagas, devaneios) do que em fatos. Procurou-se saber, principalmente, o que o dogma tinha de plausível ou de contrário à razão, desprezando-se, de um lado e de outro, os fatos capazes de lançar uma luz decisiva sobre a questão.

Assim, nos perguntamos: onde encontrar esses fatos, senão nas ações e nas palavras de Jesus?

É relevante considerar que o Cristo nada escreveu, seus únicos historiadores foram os Apóstolos, que também não escreveram nada enquanto Jesus viveu. Nenhum historiador profano (avesso às coisas religiosas), contemporâneo do Mestre, falou a seu respeito. Isso significa que não existe nenhum documento, além dos Evangelhos, sobre a sua vida e a sua doutrina. Assim, é somente nos Evangelhos que devemos procurar a solução do problema. Todos os escritos posteriores, sem excluir os de Paulo, não passam, nem poderiam passar, de simples comentários ou apreciações que refletiam opiniões pessoais, muitas vezes contraditórias, que não poderiam, em nenhum caso, ter a autoridade da narrativa daqueles que receberam as instruções diretamente do Mestre.

Sobre esta questão e aquelas que envolvem os dogmas em geral, o acordo entre os Pais da Igreja (padres de grande relevância) e outros escritores sacros não poderia ser utilizado como argumento preponderante nem como prova incontestável a favor da opinião que eles tinham. Isso em razão de que nenhum deles foi capaz de citar um único fato relativo a Jesus que estivesse fora do Evangelho, e também porque nenhum deles descobriu documentos novos que seus antecessores ignorassem.

Os autores sacros conseguiram tão somente girar dentro do mesmo círculo, fazer a sua análise pessoal, tirar conclusões de acordo com os seus pontos de vista, comentar sob novas formas e com maior ou menor desenvolvimento as opiniões contraditórias. Como todos pertenciam ao mesmo partido, viram-se obrigados a escrever no mesmo sentido, quando não nos mesmos termos, sob pena de serem declarados heréticos (aqueles que são contrários aos dogmas da Igreja), como aconteceu com Orígenes (teólogo do século 3) e tantos outros.

Como era de se esperar, a Igreja somente incluiu entre os seus "Pais" os escritores ortodoxos que concordavam com o seu ponto de vista. A Igreja só enalteceu, santificou e colocou sob sua guarda aqueles que a defenderam. Quanto aos outros, ela os rejeitou e destruiu os seus escritos, tanto quanto lhe foi possível. Assim, o acordo entre os Pais da Igreja nada tem de convincente, visto que formam uma unanimidade selecionada a dedo, mediante a eliminação dos que lhe eram contrários. Se fizéssemos um confronto de tudo o que foi escrito, a favor e contra, seria muito difícil dizer para que lado a balança se inclinaria.

Isso em nada diminui o mérito pessoal dos defensores da **ortodoxia** nem a sua importância como escritores e homens escrupulosos. Os Pais da Igreja, sendo advogados de uma mesma causa e defendendo-a com incontestável talento, tinham que forçosamente chegar às mesmas conclusões.

Estamos longe de querer desmerecê-los no que quer que seja; queremos apenas demonstrar que o fato de eles concordarem entre si não significa que as suas opiniões estejam do lado da verdade.

No exame que vamos fazer da questão da divindade do Cristo, colocando de lado as sutilezas da **escolástica**, que só serviram para confundir em vez de esclarecer, nos apoiaremos exclusivamente nos fatos que estão nos textos do Evangelho e que, examinados de maneira fria e consciente, sem preconceitos, fornecem todos os meios de convicção necessários.

Observações

Ortodoxia: Doutrina declarada verdadeira porque está em concordância com os credos e os princípios religiosos da Igreja.

Escolástica: Ideologia cristã ensinada nos seminários católicos e que, durante a Idade Média, buscava associar a razão com a fé, com o objetivo de fazer contato direto com a verdade.

Ora, entre esses fatos não há nenhum mais preponderante, nem mais conclusivo, do que as próprias palavras do Cristo, palavras estas que ninguém poderá contestar sem invalidar a veracidade do que foi dito pelos Apóstolos. Uma parábola, uma alegoria, pode ser interpretada de diferentes maneiras, mas afirmações precisas, sem ambiguidade, repetidas cem vezes, não poderiam ter duplo sentido.

Ninguém pode pretender saber melhor do que Jesus o que ele quis dizer, assim como ninguém pode pretender conhecer melhor do que ele a sua própria natureza. Uma vez que Jesus comenta as suas palavras e as explica para evitar qualquer interpretação errônea, é a ele que devemos recorrer, a menos que se negue a Jesus a superioridade que lhe é atribuída e nos coloquemos acima da sua própria inteligência.

Por utilizar uma linguagem figurada, Jesus não foi claro em certos pontos, mas, naquilo que se refere à sua pessoa, não há equívoco possível. Antes de examinar as suas palavras, vejamos os seus atos.

2. OS MILAGRES PROVAM A DIVINDADE DO CRISTO?

Segundo a Igreja, a divindade do Cristo se baseia, principalmente, nos milagres, que dão a ele o testemunho de um poder sobrenatural. Essa afirmação pode ter tido um certo peso na época em que o maravilhoso era aceito sem exame, mas hoje, época em que a Ciência levou as suas investigações até as Leis da Natureza, o número daqueles que não acreditam em milagres é muito maior do que o número daqueles que ainda acreditam. O abuso das imitações fraudulentas e a exploração que se tem feito dos milagres contribuem em muito para o seu descrédito. A fé nos milagres foi destruída pelo próprio uso que fizeram deles, o que tem levado muitas pessoas a considerar, atualmente, os milagres do Evangelho como sendo puramente lendários.

Aliás, a própria Igreja tira dos milagres todo o seu valor como prova da divindade do Cristo quando declara que o demônio pode fazer os mesmos prodígios que Jesus. Ora, se o demônio também tem o poder de fazer milagre, torna-se evidente que os fatos desse gênero não possuem caráter exclusivamente divino. Se o demônio pode fazer coisas espantosas, capazes de iludir até mesmo os eleitos, como é que os homens simples vão poder distinguir os bons milagres dos maus? Não é de se temer que, observando fatos similares, as pessoas confundam Deus e Satanás?

Dar a Jesus semelhante rival em habilidade é um absurdo, mas nessa época, em que os fiéis eram incapazes de pensar por si mesmos e muito menos capazes de discutir qualquer artigo de fé que fosse imposto à sua crença, não se dava muita atenção a contradições e inconsequências. O progresso não era cogitado e ninguém pensava que pudesse ter fim o reinado da fé cega e ingênua, reinado este tão cômodo como o dos prazeres.

O papel de destaque que a Igreja se obstinou em atribuir aos demônios teve consequências desastrosas para a fé, à medida que os homens começaram a se sentir capazes de ver com os seus próprios olhos. O demônio, depois de ter sido explorado com sucesso por algum tempo, tornou-se ferramenta de demolição do velho edifício das crenças e uma das principais causas da incredulidade. Pode-se dizer que a Igreja, fazendo do demônio um auxiliar indispensável, alimentou em seu seio aquele que iria se voltar contra ela e destruir os seus fundamentos.

Outra consideração, não menos importante, é a de que os fatos milagrosos não são privilégio exclusivo da religião cristã. Na verdade, não existe religião alguma, **idólatra** ou **pagã**, que não tenha tido os seus milagres, tão maravilhosos e autênticos, para os seus adeptos, como o Cristianismo teve para os seus. A Igreja perdeu o direito de contestá-los a partir do momento que atribuiu às forças infernais o poder de realizá-los.

Observações

Idólatras: Aqueles que prestam cultos a imagens que representam divindades; os que adoram ídolos.

Pagão: Aquele que acredita em vários deuses.

No sentido teológico, ou seja, ligado à religião, o caráter essencial do milagre é o de ser uma exceção das Leis da Natureza, sendo assim, não pode ser explicado por meio dessas mesmas Leis. Desde o instante em que um fato pode ser explicado e está ligado a uma causa conhecida, ele deixa de ser um milagre. Foi assim que as descobertas da Ciência fizeram com que muitos milagres, cuja causa não era conhecida, entrassem no domínio das coisas naturais.

Mais tarde, o conhecimento do princípio espiritual, da ação que os fluidos exercem sobre as coisas de um modo geral, do mundo invisível no meio do qual vivemos, das faculdades da alma, da existência e das propriedades do *perispírito* proporcionou a explicação para os "fenômenos de ordem psíquica", provando que esses fenômenos, assim como todos os outros, não constituem uma revogação das Leis da Natureza, mas, ao contrário, decorrem quase sempre da aplicação dessas Leis. Todos os efeitos do magnetismo, do sonambulismo, do êxtase, da segunda vista, do hipnotismo, da catalepsia, da anestesia, da transmissão do pensamento, da presciência, das curas instantâneas, das possessões, das obsessões, das aparições, das transfigurações etc., que constituem a quase totalidade dos milagres do Evangelho, pertencem à categoria dos fenômenos de ordem psíquica.

Hoje sabemos que "esses efeitos" resultam de aptidões e disposições fisiológicas especiais (que estão no nosso organismo físico) e que aconteceram em todos os tempos, entre todos os povos, tendo sido considerados sobrenaturais, como tantos outros, em consequência de sua causa desconhecida. Isso explica por que todas as religiões tiveram os seus milagres, que não passaram de causas naturais, ampliadas até o absurdo pela credulidade, pela ignorância e pela superstição. Esses milagres foram reduzidos hoje ao seu devido valor em função dos conhecimentos modernos, que permitiram colocá-los no domínio da lenda.

A possibilidade de a maioria dos fatos que o Evangelho cita terem sido realizados por Jesus está plenamente demonstrada pelo Magnetismo e pelo Espiritismo como sendo fenômenos naturais. Isso porque se produzem aos nossos olhos, seja de forma espontânea, seja quando são provocados, não havendo nada de anormal no fato de Jesus ter possuído faculdades idênticas às dos nossos magnetizadores, curadores, sonâmbulos, videntes, médiuns etc. Ora, desde que essas faculdades são encontradas, em diversos graus, em inúmeros indivíduos que nada possuem de divino, inclusive entre os **hereges** e os idólatras, elas não podem, de maneira alguma, serem responsáveis por uma natureza sobre-humana.

Observação

Hereges: Aqueles que são contrários aos dogmas da Igreja.

O próprio Jesus qualificava os seus atos de *milagres* porque, como em muitas outras coisas, ele precisava apropriar a sua linguagem ao conhecimento dos seus contemporâneos. Como eles poderiam compreender o sentido de uma palavra que ainda hoje nem todos compreendem? Para o povo, as coisas extraordinárias que Jesus fazia e que pareciam ser sobrenaturais naquela época, e durante muito tempo depois, eram consideradas milagres, e ele não poderia dar a elas um outro nome. Um fato digno de nota é que Jesus se serviu dos milagres para confirmar a missão que recebeu de Deus, segundo suas próprias palavras, embora nunca tenha se aproveitado dos milagres para se atribuir um poder divino.

Nota do original francês: *Para um completo desenvolvimento da questão dos milagres, ver A Gênese, os milagres e as predições segundo o Espiritismo, Cap. 13 e seguintes, nos quais se acham explicados, por meio de Leis naturais, todos os milagres do Evangelho.*

É preciso, portanto, riscar os milagres do rol das provas sobre as quais se pretende basear a divindade da pessoa do Cristo. Vejamos agora se as encontraremos em suas palavras.

3. AS PALAVRAS DE JESUS PROVAM A SUA DIVINDADE?

Dirigindo-se a alguns de seus discípulos, que discutiam para saber qual deles era o maior, Jesus, chamando para junto de si uma criança, disse-lhes:

Todo aquele que me receber, *recebe Aquele que me enviou*, porque aquele que for o menor entre todos vocês, esse será o maior (Lucas, 9:48).

Todo aquele que receber uma criancinha como esta em meu nome, é a mim que estará recebendo; e aquele que me receber, não estará recebendo somente a mim, mas também *Aquele que me enviou* (Marcos, 9:37).

Jesus lhes disse ainda: "Se Deus fosse o Pai de vocês, vocês me amariam, porque foi de Deus que eu saí e *foi de Sua parte que eu vim*; *porque não vim de mim mesmo*, pois foi Ele quem me enviou" (João, 8:42).

Continuando, Jesus lhes disse mais: "Eu ainda ficarei com vocês por pouco tempo, e depois volto para Aquele que me enviou" (João, 7:33).

Todo aquele que ouve vocês, é a mim que ouve; todo aquele que despreza vocês, é a mim que despreza; e *todo aquele que me despreza, despreza também Aquele que me enviou* (Lucas, 10:16).

O **dogma** da "divindade de Jesus" se baseia na absoluta igualdade da sua pessoa com a de Deus, visto que ele próprio é Deus. Temos aqui um **artigo de fé**. Ora, estas palavras que Jesus repetiu várias vezes: "*Aquele que me enviou*", não somente comprovam que se tratava de duas pessoas distintas (Jesus e Deus) como também excluem, conforme já dissemos, a igualdade absoluta entre elas, visto que aquele que é enviado necessariamente está *subordinado* ao que envia e pratica um ato de submissão ao obedecê-lo.

Observações

Dogma: Verdade que não pode ser contestada e precisa ser aceita, independentemente de estar ou não de acordo com a razão.

Artigo de fé: Convicção intensa em algo abstrato que, para a pessoa que acredita, torna-se verdade; ponto inquestionável de uma doutrina.

Um embaixador, falando em nome do seu soberano, dirá: "Meu senhor, aquele que me enviou", mas se quem vem é o próprio soberano, ele falará em seu nome e não dirá: "Aquele que me enviou", visto que ninguém pode enviar-se a si mesmo. Jesus afirma em termos categóricos usando estas palavras: "*Não vim de mim mesmo; foi Ele quem me enviou*".

Estas palavras: "*Aquele que me despreza, despreza Aquele que me enviou*", não implicam em igualdade (Jesus e Deus com os mesmos poderes) e, muito menos, em identidade (Jesus também sendo Deus). Em todos os tempos, o insulto feito a um embaixador foi considerado como sendo feito ao próprio soberano. Os Apóstolos tinham a palavra de Jesus, assim como Jesus tinha a palavra de Deus. Quando Jesus lhes diz: "*Todo aquele que ouve vocês, é a mim que ouve*", certamente não queria dizer que os seus Apóstolos e ele fossem uma só e a mesma pessoa, igual em todas as coisas.

A dualidade das pessoas (Jesus e Deus), assim como a posição secundária e subalterna de Jesus em relação a Deus, ressaltam, sem equívoco possível, das seguintes passagens:

Foi o Senhor que permaneceu sempre firme comigo, nas minhas tentações. É por isso que eu preparo o reino para vocês, assim *como meu*

Pai preparou para mim, a fim de que comam e bebam à minha mesa, no meu reino, e que estejam sentados em tronos, para julgar as doze tribos de Israel (Lucas, 22:28-30).

Eu falo a vocês daquilo que vi junto ao meu Pai; e vocês, vocês falam daquilo que ouviram de seus pais (João, 8:38).

Ao mesmo tempo, surgiu uma nuvem que os cobriu e dessa nuvem saiu uma voz que pronunciou estas palavras: *Este é o meu filho bem-amado; escutem-no* (*Transfiguração* – Marcos, 9:7).

Ora, quando o filho do Homem vier em sua majestade, acompanhado de todos os anjos, vai se sentar no trono de sua glória e, com todas as nações reunidas, vai separar umas das outras, como o pastor separa as ovelhas dos bodes e colocará as ovelhas a sua direita e os bodes a sua esquerda. – Então o Rei dirá aos que estiverem à sua direita: *Venham, vocês que foram abençoados por meu Pai*, possuir o reino que foi preparado para vocês desde o começo do mundo (Mateus, 25:31-34).

Todo aquele que me confessar (aceitar a minha autoridade) e me reconhecer perante os homens, eu também o reconhecerei e confessarei diante do meu Pai que está nos Céus. E todo aquele que me negar diante dos homens, *eu também o negarei diante do meu Pai que está nos Céus*; e todo aquele que me renegar diante dos homens, *eu também o renegarei diante do meu Pai que está nos Céus* (Mateus, 10:32-33).

Ora, eu declaro a vocês que todo aquele que me confessar e me reconhecer diante dos homens, *o Filho do Homem também o reconhecerá diante dos anjos de Deus*; mas se alguém me renunciar diante dos homens, *eu também o renunciarei diante dos anjos de Deus* (Lucas, 12:8-9).

Porque, aquele que se envergonhar de mim e das minhas palavras, o Filho do Homem também se envergonhará dele, quando vier na sua glória e *na de seu Pai e dos santos anjos* (Lucas, 9:26).

Nestas duas últimas passagens, Jesus parece colocar acima de si mesmo os santos anjos que compõem o tribunal celeste, perante o qual ele seria o defensor dos bons e o acusador dos maus.

Mas, assentar-se à minha direita ou à minha esquerda, *não compete a mim concedê-lo*; isso será *para aqueles a quem meu Pai preparou* (Mateus, 20:23).

Ora, estando os fariseus reunidos, Jesus lhes fez esta pergunta: "Qual a opinião de vocês sobre o Cristo? De quem ele é filho?" E os fariseus lhe responderam: "Ele é filho de Davi". Jesus lhes contestou dizendo: "Como então explicar que Davi em espírito lhe chama de seu Senhor dizendo nestes termos: 'O Senhor disse a meu Senhor: – Sente-se à minha direita até que eu coloque os seus inimigos a lhe servirem de **escabelo** para os pés? – Ora, *se Davi chama o Cristo de seu senhor, como ele pode ser seu filho?*'" (Mateus, 22:41-44).

Observação
Escabelo: Pequeno banco para descansar os pés.

Jesus, ensinando no Templo, lhes disse: "Como é que os escribas dizem que o Cristo é o filho de Davi, uma vez que o próprio Davi diz a seu Senhor: 'Sente-se à minha direita, até que eu ponha os seus inimigos a lhe servirem de escabelo para os seus pés?' *Se o próprio Davi chama lhe chama de seu Senhor, como pode o Cristo ser o seu filho?*" (Marcos, 12:35-37; Lucas, 20:41-45).

Com essas palavras, Jesus consagra o princípio da diferença hierárquica que existe entre o Pai e o Filho. Jesus poderia ser o filho de Davi por filiação corporal, como descendente da sua raça, e é por isso que ele tem o cuidado de perguntar: "como lhe chama ele *em espírito*, seu Senhor?" Se existe uma diferença hierárquica entre o pai e o filho, Jesus, como filho de Deus, não pode ser igual a Deus.

Jesus confirma essa interpretação e reconhece a sua inferioridade perante Deus, em termos que não permitem nenhuma dúvida:

Ouviram o que eu disse a vocês: "Eu me vou, mas volto para ter com vocês. Se me amam, alegrem-se, por eu ter dito que vou para o meu Pai, *porque o meu Pai é* MAIOR DO QUE EU" (João, 14:28).

Aproxima-se então um jovem e diz a Jesus: "Bom Mestre, qual o bem que eu tenho que fazer para alcançar a vida eterna?" E Jesus lhe respondeu: "Por que você me chama de bom? Só Deus é bom. Se você quer entrar na vida, guarda os mandamentos" (Mateus, 19:16-17; Marcos, 10:17-18; Lucas, 18:18-19).

Jesus, em nenhuma circunstância, se colocou igual a Deus. Nessa passagem, ele afirma positivamente o contrário ao se considerar inferior a Deus em bondade. Ora, declarar que Deus está acima dele pelo poder e pelas qualidades morais é dizer que ele, Jesus, não é Deus. As passagens seguintes apoiam as que já citamos e são também bastante explícitas:

Eu não tenho falado por mim mesmo; meu Pai, que me enviou, foi quem me prescreveu pelo Seu mandamento, o que eu devo dizer e como devo falar; Eu sei que o Seu mandamento é a vida eterna; Portanto, aquilo que eu digo é segundo o que o meu Pai me ordenou que eu dissesse (João, 12:49-50).

Jesus lhes respondeu: "A minha doutrina não é minha, mas Daquele que me enviou. – Aquele que quiser fazer a vontade de Deus reconhecerá se a minha doutrina vem Dele, ou se eu falo por mim mesmo. – Aquele que fala de si mesmo, busca a própria glória, mas aquele que busca a glória Daquele que o enviou, esse é o verdadeiro, e não há nele injustiça" (João 7:16-18).

Aquele que não me ama, não guarda as minhas palavras, e a palavra que vocês têm ouvido não é a minha, mas a do meu Pai que me enviou (João, 14:24).

Vocês não acreditam que eu estou em meu Pai e que o meu Pai está em mim? As palavras que eu digo, não as digo de mim mesmo; meu Pai que mora em mim, Ele próprio é quem faz as obras que eu faço (João 14:10).

Passará o Céu e a Terra, mas as minhas palavras não passarão. Porém, no que diz respeito ao dia e à hora, ninguém sabe, nem os anjos que estão no Céu, *nem mesmo o Filho*, mas somente *o Pai* (Marco, 13:31-32; Mateus, 24:35-36).

Jesus então lhes disse: "Quando vocês tiverem elevado ao alto o Filho do Homem, conhecerão quem eu sou, visto que *nada faço por mim mesmo*; *falo apenas o que o meu Pai me ensinou*; E Aquele que me enviou está comigo e não me deixou só, *porque eu faço sempre o que Lhe é agradável*" (João, 8:28 e 29).

Desci do céu, não para fazer a minha vontade, mas para fazer *a vontade Daquele que me enviou* (João, 6:38).

Nada posso realizar por mim mesmo. Julgo conforme eu ouço, e o meu julgamento é justo, *porque não busco a minha vontade, mas a vontade Daquele que me enviou* (João, 5:30).

Mas, a meu respeito, tenho um testemunho maior do que o testemunho de João, *porque as obras que o meu Pai me deu o poder de fazer, dão o testemunho de que foi o meu Pai quem me enviou* (João, 5:36).

Mas agora você procura me matar, a mim, que tenho lhe falado a verdade que *aprendi de Deus*; coisa que o Abraão não fez (João, 8:40).

Desde que o Cristo *nada diz de si mesmo*; que a doutrina que ele ensina *não é a sua*, mas aquela que lhe veio de Deus, o qual lhe *ordenou* que a tornasse conhecida; que ele só fez o que Deus lhe deu *o poder de fazer*; que a verdade que ele ensina *lhe foi revelada por Deus*, cuja vontade se submete, é porque ele não é o próprio Deus, mas apenas o seu enviado, o seu messias, o seu subordinado.

Teria sido impossível a Jesus rejeitar de maneira mais concreta a influência que Deus exerceu sobre ele, pois sem ela poderia ter dificuldade de determinar o seu papel principal neste mundo em termos mais precisos. Não há nos trechos acima nenhum pensamento oculto que possa se esconder sob o véu da alegoria e que precise ser descoberto à custa de interpretações. São pensamentos que expressam a própria ideia que eles contêm, sem duplo sentido.

Se alguém contestar que Deus, não querendo ser reconhecido, utilizou a pessoa de Jesus para disfarçar a Sua identidade, perguntamos: em que se baseia semelhante opinião? Quem tem autoridade para sondar o fundo do pensamento de Deus e dar às Suas palavras um sentido contrário ao que elas expressam? Enquanto Jesus viveu, ninguém o considerava como Deus, ao contrário, tinham-no na conta de um Messias. Se Deus quisesse ocultar quem Ele realmente era, bastaria que se calasse. Daquilo que Jesus espontaneamente afirmou, conclui-se que ele não era Deus, e que, se o fosse, estava voluntária e desnecessariamente fazendo uma afirmação falsa.

É de se notar que João, o Evangelista, sob cuja autoridade mais se apoia para sustentar o dogma da divindade do Cristo, seja precisamente o apóstolo que apresenta os argumentos mais numerosos e mais contundentes contra esse dogma. Podemos ter a prova disso com a leitura das passagens que se seguem, as quais nada acrescentam, é verdade, às provas anteriormente citadas, mas que, antes, vêm confirmá-las. Estas passagens demonstram claramente tratar-se de duas entidades distintas, ou seja, Deus e o Cristo:

> Por causa disso, os judeus perseguiam a Jesus e queriam matá-lo, porque ele fazia estas coisas no dia de sábado. Mas Jesus lhes disse: "*Meu Pai trabalha até hoje e eu trabalho também*" (João, 5:16-17).
>
> Porque o Pai não julga a ninguém; mas *deu ao Filho todo o poder de julgar*, a fim de que todos honrem ao Filho, como honram ao Pai. Aquele que não honra o Filho não honra ao Pai *que o enviou*.
>
> Em verdade, em verdade eu digo a vocês que aquele que ouve a minha palavra e acredita *Naquele que me enviou tem a vida eterna*, e não será condenado, pois que já passou da morte para a vida.

1ª PARTE / CAPÍTULO 8

Em verdade, em verdade eu digo a vocês que chegará a hora, e ela já chegou, em que os mortos ouvirão a voz do Filho de Deus, e aqueles que a escutarem viverão. Porque, assim como o Pai tem a vida em si mesmo, também deu ao Filho ter a vida em si mesmo e *lhe deu o poder de julgar*, porque ele é o Filho do Homem (João, 5:22-27).

E o Pai que me enviou deu, Ele mesmo, o testemunho de mim. *Vocês jamais ouviram a Sua voz*, nem viram a Sua face. E a Sua palavra não permanecerá em vocês porque não acreditaram *naquele que Ele enviou* (João, 5:37-38).

Quando eu julgo, o meu julgamento é digno de fé, porque *não estou só*; meu Pai que me enviou está comigo (João, 8:16).

Jesus, após dizer estas coisas, ergueu os olhos ao Céu e disse: "Meu Pai, a hora chegou; glorifica o Seu filho, a fim de que o Seu filho também lhe glorifique. *Como lhe deste poder* sobre todos os homens, a fim de que ele dê a vida eterna a todos aqueles que o Senhor lhe confiou. Ora, a vida eterna consiste em Lhe reconhecer, a Você que é o ÚNICO DEUS VERDADEIRO e a Jesus Cristo que Você enviou.

Eu tenho Lhe glorificado na Terra; terminei *a obra que Você me encarregou*. Agora, glorifica-me, ó Pai, junto de Você mesmo, com aquela glória que eu tinha Consigo antes que o mundo existisse.

Em breve, eu não estarei mais no mundo; mas, eles ainda estarão, e *eu regresso para Você*. Pai Santo, guarda consigo aqueles que me deste, a fim de que eles também sejam como nós.

Eu dei a eles a *Sua palavra*, e o mundo os odiou, porque eles não são do mundo, como eu também não sou do mundo.

Santifica-os na verdade. A Sua palavra é a verdade. Assim como Você me enviou ao mundo, eu também os enviei ao mundo e me santifico a mim mesmo por eles, a fim de que eles também sejam santificados na verdade.

Eu não rezo apenas por eles, mas também por aqueles que haverão de acreditar em mim pela palavra deles; a fim de que estejam todos unidos, como Você, meu Pai, está em mim e eu em Você; para que também eles sejam um em nós, *a fim de que o mundo acredite que foi Você quem me enviou*.

Pai, desejo que aqueles que Você me deu possam estar comigo onde eu estiver, a fim de que contemplem a minha glória; glória *que Você me deu*, porque me ama desde a criação do mundo.

Pai justo, o mundo não Lhe conheceu; mas eu Lhe conheci; e eles sabiam que Você *me enviou*; fiz com que eles conhecessem o Seu nome, e ainda farei com que Lhe conheçam, *a fim de que com o mesmo amor que Você tem me amado,* também ame a eles, e que eu possa estar junto" (*Prece de Jesus* – João, 17:1-5; 11; 14; 17; 21; 24-26).

É por isso que o meu Pai me ama, porque eu deixo a minha vida para tornar retomá-la. Ninguém a tira de mim, sou eu mesmo quem a deixo; tenho o poder de deixá-la e de retomá-la. *Este é o mandamento que recebi de meu Pai* (João, 10:17-18).

Tiraram a pedra da sepultura, e Jesus, erguendo os olhos para o Alto, disse estas palavras: "*Meu Pai, eu Lhe rendo graças por haver me ouvido.* Eu sempre soube que Você me ouviria, mas digo isto para que este povo, que me cerca, saiba que *foi Você quem me enviou*" (Morte de Lázaro – João, 11:41-42).

Eu não falarei mais com vocês, porque o príncipe deste mundo vai vir, embora *não exista nada em mim que lhe pertença*, mas para que o mundo saiba que eu amo a meu Pai e que *faço o que o meu Pai me ordenou* (João, 14:30-31).

Se você guardar os meus mandamentos, permanecerá no meu amor, como eu, que *tenho guardado os mandamentos do meu Pai*, permanecendo no Seu amor (João, 15:10).

Então, Jesus soltou um grito alto e disse: "Meu Pai, *eu coloco a minha alma em suas mãos*". E tendo pronunciado estas palavras, expirou (Lucas, 23:46).

Se Jesus, ao morrer, entrega a sua alma nas mãos de Deus, é porque a sua alma não era a mesma que a de Deus, e sim uma alma subordinada a Ele. *Sendo assim, Jesus não era Deus.*

As palavras que virão a seguir denotam, da parte de Jesus, uma certa fraqueza humana, uma certa apreensão quanto aos sofrimentos e quanto à morte que ele sofrerá, o que não combina com a natureza essencialmente divina que lhe é atribuída. Ao mesmo tempo, dão testemunho daquela submissão que existe do inferior para com o superior:

Então, Jesus chegou a um lugar chamado Getsêmani e disse a seus discípulos: "Sentem-se aqui enquanto eu vou ali para orar". E levando consigo Pedro e os dois filhos de Zebedeu, *começou a entristecer-se e a demonstrar uma grande aflição.* Foi quando Jesus lhes disse: "*A minha alma está profundamente triste até à morte*; fiquem aqui e vigiem comigo".

Jesus caminhou um pouco mais para longe, voltou o rosto para a terra e orando disse: "Meu Pai, se for possível, afasta de mim esse cálice, mas que seja feita a Sua vontade e não a minha". Em seguida veio para perto dos seus discípulos e, encontrando-os adormecidos, disse a Pedro:" O que! Então você não pode vigiar uma hora comigo? Ora e vigia, a fim de não cair em tentação. O Espírito está pronto, mas a carne é fraca". E foi orar pela segunda vez, dizendo: *"Meu Pai, este cálice não pode passar sem que eu o beba, que seja feita a Sua vontade"* (*Jesus no Jardim das Oliveiras* – Mateus, 26:36-42).

Então Jesus disse aos seus discípulos: "A minha alma está profundamente triste até a morte. Fiquem aqui e vigiem". Depois, afastando-se um pouco, voltou o rosto para terra e rogou para que, se fosse possível, *àquela hora se afastasse dele*. Jesus dizia: "***Abba***, *meu Pai, tudo Lhe é possível, transporta para longe de mim este cálice; mas que se faça a Sua vontade e não a minha*" (Marcos, 14:34-36).

Observação

Abba: Expressão aramaica que é utilizada pelo filho quando quer se referir de modo carinhoso ao pai. Expressa a familiaridade do Filho para com o Pai.

Quando Jesus chegou àquele lugar, disse aos discípulos: "Orem, para não caírem em tentação". E, tendo se afastado deles cerca de um arremesso de pedra, ajoelhou-se dizendo: "Meu Pai, *se o Senhor quiser, afasta de mim este cálice*; entretanto, que não seja feita a minha vontade, e sim a Sua". Então, apareceu um anjo do Céu para fortalecê-lo. E, ao entrar em agonia, Jesus redobrava as suas preces. Depois, veio-lhe um suor de gotas de sangue que corria até o chão (Lucas, 22:40-44).

E pela nona hora [três horas da tarde], Jesus soltou um grande grito, dizendo: "*Eli! Eli! Lama sabachthani?*" Que quer dizer: "Meu Deus! Meu Deus! Por que Você me abandonou?" (Mateus, 27:46).

E pela nona hora, Jesus deu um grande grito, dizendo: "Meu Deus! Meu Deus! Por que Você me abandonou?" (Marcos, 15:34).

As passagens seguintes até podem ensejar alguma dúvida e levar a crer numa identificação de Deus com a pessoa de Jesus, mas elas não poderiam prevalecer sobre os termos precisos utilizados por Jesus nas passagens anteriores. Ademais, essas passagens trazem em si mesmas a sua própria retificação.

Perguntaram-lhe: "Quem é você?" E Jesus lhes respondeu: "*Eu sou o princípio de todas as coisas*, eu mesmo que falo a vocês. Tenho muitas coisas a dizer, *mas Aquele que me enviou* é verdadeiro e eu só digo o que aprendi com Ele" (João, 8:25-26).

O que o meu Pai me deu é maior do que todas as coisas, e ninguém as pode tirar das mãos de meu Pai. *Meu Pai e eu somos um* (João, 10:29-30).

Isso significa que o Pai e Jesus são *um pelo pensamento*, porque Jesus exprime *o pensamento* de Deus, visto que tem *a palavra* de Deus.

Então os judeus pegaram pedras para apedrejá-lo. E Jesus lhes disse: "Eu tenho feito muitas obras boas diante de vocês, utilizando o poder de meu Pai. Por qual obra vocês querem me apedrejar?" E os judeus lhe responderam: "não é por nenhuma boa obra que queremos apedrejá-lo, mas é por causa da sua blasfêmia, porque, sendo homem, você se faz Deus". Jesus então lhes replicou: "Não está escrito na Lei de vocês: *'tenho dito que vocês são deuses?'* Ora, se a Lei chama de deuses àqueles a quem a palavra de Deus for dirigida e não podendo a Escritura ser destruída, como vocês podem dizer que eu blasfemo? Eu, a quem meu Pai santificou e enviou ao mundo, só porque disse que eu sou Filho de Deus? Se eu não faço as obras de meu Pai, não acreditem em mim; porém, se eu as faço, e vocês não acreditam em mim, acreditem nas obras, a fim de conhecer e acreditar que o Pai está em mim e eu Nele" (João, 13:31-38).

Em outro capítulo, Jesus dirigindo-se aos seus discípulos, diz:

Nesse dia, vocês reconhecerão que eu estou em meu Pai e vocês estão em mim e eu em vocês (João, 14:20).

Dessas palavras não se deve concluir que Deus e Jesus são uma *única* pessoa, uma vez que seria preciso concluir também, das mesmas palavras, que os apóstolos e Deus também eram *um*.

4. AS PALAVRAS DE JESUS DEPOIS DA SUA MORTE

Jesus lhe respondeu: "Não me toques, porque eu ainda não subi para o meu Pai, mas vá encontrar com os meus irmãos e diz a eles por mim: '*Eu subo a meu Pai e ao Pai de vocês*, a MEU DEUS *e ao Deus de vocês*'" (*Aparição a Maria Madalena* – João, 20:17).

E, aproximando-se, Jesus falou assim aos seus Apóstolos: "Todo o poder *me foi dado* no Céu e na Terra" (*Aparição aos Apóstolos* – Mateus, 28:18).

Ora, vocês são testemunhas destas coisas. Vou enviar-lhes *o dom de meu Pai*, que lhes foi prometido (*Aparição aos Apóstolos* – Lucas, 24:48-49).

Tudo nas palavras de Jesus, quer as que ele disse em vida, quer as que ele proferiu depois da sua morte, confirma a existência de duas pessoas perfeitamente distintas, assim como o profundo sentimento da sua inferioridade e da sua subordinação em relação ao Ser supremo. A insistência de Jesus em afirmar isso espontaneamente, sem que fosse forçado ou provocado por quem quer que seja, dá a impressão de que ele quis protestar antecipadamente contra o papel que, segundo a sua previsão, lhe atribuiriam um dia [o de ser Deus]. Se ele tivesse silenciado sobre o caráter da sua personalidade, teria dado margem a todas as suposições, mas a precisão da sua linguagem afasta todas as incertezas e anula qualquer dúvida.

Que autoridade maior poderia haver do que as próprias palavras de Jesus? Quando ele diz categoricamente: "Eu sou, ou eu não sou tal coisa", quem ousaria possuir o direito de desmenti-lo, ainda que fosse para colocá-lo mais alto do que o próprio Jesus se coloca? Quem pode, de maneira racional, pretender estar mais esclarecido do que Jesus acerca da sua própria natureza? Que interpretações podem prevalecer contra afirmações tão formais e tão repetidas como estas:

> Eu não vim de mim mesmo, mas Aquele que me enviou é o único Deus verdadeiro. Foi da Sua parte que eu vim.
>
> Digo o que vi junto a meu Pai.
>
> Não cabe a mim conceder a vocês; isso será dado para aqueles a quem meu Pai preparou.
>
> Vou para o meu Pai, porque o meu Pai é maior do que eu.
>
> Por que você me chama de bom? Só Deus é bom.
>
> Eu não falo por mim mesmo; meu Pai, que me enviou, foi quem me prescreveu, pelo seu mandamento, o que eu devo dizer. A doutrina que ensino não é minha, mas Daquele que me enviou.

A palavra que vocês ouvem não é minha, mas do meu Pai que me enviou. Não faço nada por mim mesmo, mas só digo o que o meu Pai me ensinou.

Nada posso fazer por mim mesmo.

Não procuro fazer a minha vontade, mas a vontade Daquele que me enviou. Eu tenho dito a vocês a verdade que aprendi de Deus.

Meu alimento é fazer a vontade Daquele que me enviou.

Você que é o único Deus verdadeiro, e Jesus Cristo é aquele que Você enviou.

Meu Pai, em suas mãos eu entrego a minha alma.

Meu Pai, se for possível, afasta de mim esse cálice.

Meu Deus, meu Deus, por que me abandonaste?

Eu subo a meu Pai e ao Pai de vocês, a meu Deus e ao Deus de vocês.

Quando lemos essas palavras, não se compreende como alguém pode ter a ideia de atribuir a elas um sentido diametralmente oposto ao que elas tão claramente exprimem. Como alguém pode conceber uma completa identificação, tanto de *natureza* quanto de *poder*, entre Deus e aquele que se declara Seu servidor?

Nesse longo processo, que dura quase quinze séculos, quais são os elementos de convicção? Os Evangelhos – visto que não existem outros – eles não deixam dúvidas quanto ao ponto em discussão [Jesus e Deus serem a mesma pessoa]. O que pode se opor contra documentos autênticos, que se apoiam em testemunhos oculares e que não podem ser contestados, sem que com isso coloquemos em dúvida a veracidade do que disseram os Evangelistas e o próprio Jesus?

Uma doutrina teórica e puramente especulativa surgiu três séculos mais tarde como resultado de uma polêmica estabelecida sobre a "natureza abstrata" do Verbo (Jesus). Essa doutrina foi rigorosamente combatida durante muitos séculos e só prevaleceu pela pressão de um poder civil de caráter absolutista.

5. A DUPLA NATUREZA DE JESUS

Poderíamos dizer que, em virtude da dupla natureza de Jesus, suas palavras eram a expressão dos seus sentimentos como homem, e não como Deus. Sem examinar agora as inúmeras circunstâncias que levaram à hipótese dessa dupla natureza, vamos admitir, por um instante, que ela seja verdadeira e vejamos se a dupla natureza em lugar de elucidar a questão não a complica ainda mais, a ponto de torná-la insolúvel.

O que Jesus tinha de humano era o seu corpo físico, a parte material. Desse ponto de vista, compreende-se que ele tenha sofrido como homem. O que ele tinha de divino era a alma, o Espírito, a mente, a parte espiritual do ser. Se ele sentia e sofria como homem, como Deus é que ele pensaria e falaria. Assim, questionamos: ele falava como homem ou como Deus? Eis aí uma questão importante em função da autoridade excepcional de seus ensinamentos. Se ele falava como homem, suas palavras estavam sujeitas a controvérsia; se ele falava como Deus, suas palavras são indiscutíveis e temos que aceitá-las e com elas nos conformarmos, sob pena de incorrermos em **heresia**. O mais ortodoxo (conservador, rígido) será aquele que mais se aproximar da ideia de que Jesus era Deus.

Observação

Heresia: Doutrina contrária ao que foi estabelecido pela Igreja Católica como matéria de fé; contrassenso, disparate; aquilo que é contrário à razão, à sensatez, ao bom senso.

Será que Jesus, em seu envoltório corporal, não tinha consciência da sua natureza divina? Mas se fosse assim, ele não teria, sequer, *pensado como Deus*; sua natureza divina teria permanecido em estado latente e somente a sua natureza humana estaria presente em sua missão, em seus atos, tanto morais como materiais. Se ignorássemos a natureza divina de Jesus durante a sua vida, estaríamos enfraquecendo a sua autoridade.

Entretanto, se ele *falou como Deus*, por que seu incessante protesto contra a sua natureza divina que, nesse caso, ele não poderia ignorar? Jesus teria se enganado, o que seria pouco divino, ou teria conscientemente enganado o mundo, o que seria ainda menos divino. Parece-nos difícil encontrar uma saída para esse dilema. Se admitirmos que ele falava, ora como homem, ora como Deus, a questão se complica pela impossibilidade de se distinguir o que vinha do homem e o que vinha de Deus.

Caso Jesus tivesse motivos para dissimular a sua verdadeira natureza durante a missão que desempenhava, o meio mais simples teria sido não falar dela ou falar, como fez em outras circunstâncias, de maneira vaga e por meio de parábolas, sobre assuntos cujo conhecimento estava reservado para o futuro. Ora, isso não aconteceu, uma vez que as suas palavras nada tinham de ambíguas.

Se, finalmente, apesar de todas essas considerações, ainda pudéssemos supor que Jesus durante a sua vida ignorasse a sua verdadeira natureza, essa opinião já não seria admissível depois da sua ressureição. Isso porque, quando ele apareceu aos seus discípulos, não era mais o homem quem falava, mas, sim, o Espírito desligado da matéria, de posse da plenitude das suas faculdades espirituais e com a consciência do seu verdadeiro estado e da sua identificação com a divindade. E nessas condições, ele disse: *"Subo para o meu Pai e para o Pai de vocês, para o meu Deus e para o Deus de vocês!"*

A subordinação de Jesus fica evidente pela sua qualidade de mediador, que implica na existência de uma pessoa distinta. É Jesus quem intercedeu a seu Pai; é ele quem se ofereceu em sacrifício para resgatar os pecadores. Ora, se o Cristo fosse o próprio Deus, ou se fosse *em tudo igual* a Ele, não haveria necessidade de interceder, pois ninguém intercede a favor de si mesmo.

6. A OPINIÃO DOS APÓSTOLOS

Até agora, nos apoiamos exclusivamente nas próprias palavras do Cristo como sendo o único elemento essencial de convicção, porque, fora delas, existem somente opiniões pessoais. De todas estas, as que possuem maior valor são, incontestavelmente, a dos Apóstolos, por terem sido seus companheiros de missão. Se ele lhes houvesse feito alguma revelação secreta, acerca da sua natureza, alguns indícios sobre esse assunto teriam aparecido em seus escritos. Por terem vivido na sua intimidade, melhor do que ninguém, eles deveriam conhecê-lo. Nessa perspectiva, vejamos como eles o consideravam:

> Israelitas, escutem as palavras que eu vou dizer: vocês sabem que *Jesus de Nazaré foi um homem que Deus tornou célebre entre vocês*, pelas maravilhas, prodígios e milagres que o mesmo Deus fez por seu intermédio no meio de vocês. Entretanto, vocês o crucificaram e deixaram que os maus o matassem. Ele, que lhes foi entregue *por ordem expressa da vontade de Deus* e por decreto da Sua presciência. Mas Deus o ressuscitou, livrando-o das dores do inferno, uma vez que não era possível que ele lá permanecesse.
>
> Porque Davi disse referindo-se a Deus: "Eu sempre via o Senhor diante de mim, porque está à minha direita, para que eu permaneça sempre firme". Foi por isso que o meu coração se rejubilou, que a minha língua cantou cânticos de alegria e que a minha carne repousará em esperança; porque o Senhor não deixará a minha alma no inferno,

nem permitirá que o Seu santo experimente a corrupção. Você me fez conhecer o caminho da vida, e a visão da Sua face me encherá de alegria (*Pregação de Pedro* – Ato dos Apóstolos, 2:22-28).

Depois que Jesus foi elevado pelo poder de Deus e que recebeu o cumprimento da promessa que o Pai lhe fez de enviar o Espírito Santo, ele espalhou esse Espírito Santo que agora vocês veem e ouvem; porque Davi não subiu ao Céu, mas foi ele mesmo quem disse: "O Senhor disse a meu Senhor: 'Sente-se à minha direita até que eu ponha os seus inimigos a lhe servirem de escabelo (banco baixo) para os seus pés". Que toda a casa de Israel saiba, com absoluta certeza, que Deus o fez não somente Senhor, mas também Cristo, a este Jesus ao qual vocês crucificaram (*Pregação de Pedro* – Atos dos Apóstolos, 2:33-36).

Moisés disse aos nossos pais: "O Senhor, Deus de vocês, fará nascer entre os seus irmãos um profeta como eu. Escutem-no em tudo o que ele disser. Quem não escutar esse profeta será exterminado do meio do povo. Foi por vocês primeiramente que Deus fez nascer o Seu Filho e enviou para abençoá-los, para que cada um se convertesse da sua má vida (*Pregação de Pedro* – Atos dos Apóstolos, 3:22. 23 e 26).

Declaramos a todos vocês e a todo o povo de Israel que é em nome do nosso Senhor *Jesus Cristo de Nazaré*, a quem vocês crucificaram, e a quem *Deus ressuscitou dentre os mortos*; é por ele que este homem está agora curado, como veem, diante de vocês. (*Pregação de Pedro* – Ato dos Apóstolos, 4:10).

Os reis da Terra se levantaram, e os príncipes se uniram contra Deus e contra o *Seu Cristo*. Herodes, Pôncio Pilatos, os gentios [estrangeiros] e o povo de Israel se uniram contra o seu santo *Filho Jesus*, a quem o Senhor consagrou por Sua unção, para fazer tudo o que o Seu poder e o Seu conselho haviam ordenado que fosse feito (*Pregação de Pedro* – Atos dos Apóstolos, 4:26-28).

Pedro e os outros apóstolos responderam: "É preciso obedecer antes a Deus do que aos homens. O Deus de nossos pais *ressuscitou a Jesus, aquele que vocês mataram pendurando-o no madeiro. Foi a ele que Deus elevou, pela Sua mão direita*, a Príncipe e Salvador, para dar a Israel a graça do arrependimento e do perdão dos pecados" (*Resposta dos Apóstolos ao sumo sacerdote* – Atos dos Apóstolos, 5:29-31).

Foi esse Moisés que disse aos filhos de Israel: "Deus fará nascer entre os seus irmãos um profeta como eu; escutem-no".

Mas o Altíssimo não habita em templos feitos pelas mãos dos homens, segundo esta palavra do profeta: "O Céu é o meu trono e a Terra meu escabelo". O Senhor pergunta: "Que casa vocês vão edificar para Mim? E qual poderia ser o lugar do Meu repouso?" (*Discurso de Estevão* – Ato dos Apóstolos, 7:37; 48-49).

Mas estando Estevão cheio do Espírito Santo e elevando os olhos ao Céu, viu a glória de Deus e a *Jesus que estava de pé à direita de Deus* e disse: "Vejo abertos os Céus e o *Filho do Homem* que está de pé *à direita de Deus*".

Então, gritando alto e tapando os ouvidos, jogaram-se todos juntos contra Estevão; e, arrastando-o para fora dos muros da cidade, o apedrejaram. E as testemunhas, tirando-lhe as vestes, as colocaram aos pés de um jovem chamado Saulo (mais tarde Paulo). Enquanto era apedrejado, Estevão invocava a Jesus, dizendo: "Senhor Jesus, *recebe o meu Espírito*" (*Martírio de Estevão* – Atos dos Apóstolos, 7:55-59).

Estas citações comprovam claramente o caráter que os Apóstolos atribuíam a Jesus. A ideia essencial que ressalta desses textos é a da subordinação de Jesus a Deus, da constante supremacia de Deus, sem que coisa alguma aí revele *qualquer pensamento de semelhança quanto à natureza e ao poder de ambos*.

Para eles, Jesus era um *homem profeta*, escolhido e abençoado por Deus. Portanto, não foi entre os Apóstolos que nasceu a crença na divindade de Jesus. Paulo, que não conheceu Jesus, mas que, de perseguidor implacável, se tornou o mais zeloso e o mais eloquente discípulo da nova crença, cujos escritos prepararam os primeiros formulários da religião cristã, é muito explícito quanto ao fato de Jesus e Deus serem pessoas diferentes. Ele sempre deixa transparecer o pensamento de dois seres distintos, bem como a supremacia do Pai sobre o Filho.

Paulo, servidor de Jesus Cristo, apóstolo da vocação divina, foi escolhido e destinado para anunciar o Evangelho de Deus – a divulgação do Evangelho havia sido prometida pelo próprio Deus a Seus profetas nas Sagradas Escrituras – *No que diz respeito a Seu filho, Jesus Cristo, que nasceu da descendência de David, segundo a carne*; que foi predestinado a ser Filho de Deus com soberano poder, segundo o Espírito de santidade, pela ressureição dentre os mortos; no tocante a Jesus Cristo Nosso Senhor; por quem recebemos a graça do apostolado, para fazer com que todas as nações obedeçam à fé pela virtude do seu nome; entre os quais vocês também estão, como tendo sido chamados por Jesus Cristo; a vocês que estão em Roma, que são queridos de Deus e chamados a ser santos; *que Deus, nosso Pai, e Jesus Cristo, nosso Senhor*, deem a vocês a graça e a paz (Epístola aos Romanos, 1:1-7).

Estando assim justificados [inocentados] pela fé, tenhamos a paz *com Deus por Jesus Cristo*, nosso Senhor.

Porque, quando ainda estávamos envolvidos pelo pecado, Jesus Cristo morreu pelos ímpios [pessoas que não têm fé], como nós, no tempo *destinado por Deus*.

Jesus Cristo não deixou de morrer por nós no tempo *destinado por Deus*. Assim, estamos agora justificados [inocentados] pelo seu sangue, seremos, com mais forte razão, *por ele salvos da cólera de Deus*.

E não somente fomos reconciliados com Deus, como também nos glorificamos *em Deus por Jesus Cristo*, nosso Senhor, por quem obtivemos essa reconciliação.

Se muitos morreram pelo pecado de um só, a misericórdia e a graça de Deus se derramaram, com mais forte razão, de forma abundante sobre muitas pessoas pela graça *de um só homem, que é Jesus Cristo* (Epístola aos Romanos, 5:1; 6; 9; 11; 15; 17).

Se nós somos filhos, somos também herdeiros; HERDEIROS *de Deus* e CO-HERDEIROS de *Jesus Cristo*, desde que, no entanto, soframos com ele (Epístola aos Romanos, 8:17).

Se você confessar pela sua boca que Jesus Cristo é o Senhor e se você acreditar de coração que Deus *o ressuscitou* dos mortos, você será salvo (Epístola aos Romanos, 10:9).

Depois virá o fim de todas as coisas, *quando Jesus entregar o seu reino a Deus, seu Pai*, e quando houver destruído todo o império, toda dominação, todo poder, porque Jesus Cristo há de reinar até que o seu Pai tenha posto sob seus pés todos os seus inimigos. Ora, a morte será o último inimigo a ser destruído, pois a Escritura diz que Deus colocou tudo sob os seus pés. Porém, quando diz que todas as coisas ficaram sujeitas a Jesus, é preciso excluir *Aquele que lhe submeteu todas as coisas*. Quando, porém, todas as coisas estiverem submetidas ao Filho, *então o Filho também se submeterá Àquele que lhe submeteu todas as coisas*, a fim de que Deus seja tudo em todos (I Epístola aos Coríntios, 15:24-28).

Mas vemos que Jesus, que tinha se tornado, por pouco tempo, inferior aos anjos, foi coroado de glória e de honras, devido à morte que sofreu. Deus, em Sua bondade, querendo que Jesus morresse por todos, por ser ele bem digno de Deus, que é o responsável por todas as coisas, querendo conduzir muitos filhos à glória, consagrou e *aperfeiçoou pelo sofrimento* aquele que haveria de ser o líder e o autor da salvação desses filhos.

Assim, aquele que santifica e aqueles que são santificados *procedem todos do mesmo princípio*; é por isso que Jesus não se envergonha de lhes chamar irmãos, dizendo: "Anunciarei o seu nome aos meus irmãos; vou louvá-lo no meio *da assembleia do seu povo*". E, mais tarde: "Depositarei Nele a minha confiança". E, noutro lugar: "Eis me aqui *com os filhos que Deus me deu*".

Foi por isso que se tornou necessário que Jesus fosse, em todas as coisas, semelhante a seus irmãos, para ser, *diante de Deus*, um sumo sacerdote compassivo e fiel em seu ministério, a fim de expiar os pecados do povo. Porque é das penas e dos sofrimentos, pelos quais Jesus foi tentado e experimentado, que ele tira a virtude e a força para socorrer os que também são tentados (Epístola aos Hebreus, 2:9-13; 17-18).

Portanto, meus santos irmãos, vocês que tomam parte na vocação celeste, considerem Jesus como sendo o *apóstolo e o sumo sacerdote* da religião que professam. Ele é fiel *Àquele que o colocou nesse cargo*, como também Moisés Lhe foi fiel em toda a sua casa. Porque *Jesus foi julgado digno* de uma glória maior do que a de Moisés, quanto aquele que edificou a casa é mais estimável do que a própria casa; porque toda a casa é construída por alguém. Mas o arquiteto e o *criador de todas as coisas é Deus* (Epístola aos Hebreus, 3:1-4).

7. A PREDIÇÃO DOS PROFETAS EM RELAÇÃO A JESUS

Além das afirmações de Jesus e da opinião dos Apóstolos, existe um testemunho cujo valor os crentes mais ortodoxos não podem contestar, visto que o apontam constantemente como artigo de fé: é o do próprio Deus, isto é, o dos profetas que falaram por Sua inspiração, anunciando a vinda do Messias. Eis abaixo as passagens da *Bíblia* consideradas como profecia desse grande acontecimento.

Eu o vejo, mas não agora; eu o contemplo, mas não de perto; uma estrela proveio de Jacó e um **cetro** se elevou de Israel e vai ferir os chefes de **Moabe** e destruirá os filhos de **Sete** (Números, 24:17).

Observações
Cetro: Bastão que representa autoridade de um soberano.
Moabe: Povo que estava constantemente em conflito com os israelitas.

Sete: Segundo a Bíblia, o terceiro filho de Adão e Eva e irmão de Caim e Abel. Sete nasceu após a morte de Abel, e acreditava-se que ele foi designado por Deus para estabelecer uma nova descendência, em substituição a Abel, morto por Caim.

Eu farei nascer um profeta como você, dentre *seus irmãos*, e colocarei as minhas palavras na sua boca e ele falará tudo *o que Eu lhe ordenar*. E aquele que não escutar as palavras que *ele disser em Meu nome*, terá que prestar contas por isso (Deuteronômio, 18:18-19).

Acontecerá que, quando chegar o dia de você ir com os seus pais, Eu farei nascer da sua descendência, aquele será *um dos seus filhos*, e estabelecerei o seu reino. Ele Me construirá uma casa e Eu firmarei o seu trono para sempre. *Eu serei seu pai, e ele será Meu filho,* e não retirarei dele a Minha misericórdia, como a tirei daquele que foi antes de você. Eu o *estabelecerei* na Minha casa e no Meu reino para sempre, e o seu trono vai se afirmar para sempre (I Paralipômenos, 17:11-14).

Eis porque o Senhor mesmo dará um sinal a vocês: uma virgem ficará grávida e vai parir um Filho e ele se chamará Emanuel (Isaías, 7:14).

Porque um menino já se acha nascido entre nós, um Filho nos foi dado e o império foi posto em seus ombros e o seu nome será, o Admirável, o Conselheiro, o Deus forte, o Poderoso, o Pai da Eternidade, o Príncipe da paz (Isaías, 9:6).

Eis aqui o *Meu servidor*, Eu o sustentarei; ele é *o Meu eleito, a Minha alma colocou nele a Sua afeição*; *nele coloquei o Meu Espírito*; ele exercerá a justiça entre as nações.

Ele não se retirará nem se precipitará, até que Eu tenha estabelecido a Justiça na Terra e todos vão se submeter à sua Lei (Isaías, 42:1-4).

Ele desfrutará do trabalho de sua alma e ficará satisfeito; e *Meu servo*, que é justo, a muitos inocentará, pelo conhecimento que terão dele e ele mesmo levará seus pecados (Isaías, 53:11).

Alegre-se ao extremo, filha de Sião; solte gritos de júbilo, filha de Jerusalém! Eis que o seu rei virá até você, justo e salvador, humilde e montado num filhote de jumento. Eu destruirei os carros de guerra de Efrain e os cavalos de Jerusalém, e o arco do combate também será destruído, e o rei falará de paz às nações. E a sua dominação se estenderá de um mar a outro mar e do rio aos confins da Terra (Zacarias, 9:9-10).

E ele [o Cristo] se manterá e governará pela força do Eterno e com o esplendor do nome do *Senhor seu Deus*. E eles se converterão, e ele será glorificado até as extremidades da Terra, e será ele quem trará a paz (Miqueias, 5:4).

A distinção entre Deus e seu futuro enviado se encontra aí caracterizada de modo categórico. Deus chama Jesus de *Seu servidor*, portanto, Seu subordinado. Não há uma só palavra que dê a ideia de igualdade e muito menos de eles possuírem a mesma natureza. Teria Deus se enganado, e os homens que viveram três séculos depois de Jesus Cristo teriam visto com mais exatidão do que o próprio Deus? Essa parece ser a pretensão daqueles que defendem a ideia de que Jesus e Deus são a mesma pessoa.

8. O VERBO SE FEZ CARNE

No princípio era **o Verbo**, e o Verbo estava com Deus. Ele estava no princípio com Deus. Todas as coisas foram feitas por Ele, e nada do que foi feito o foi sem Ele. Nele estava a vida, e a vida era a luz dos homens. E a luz brilhou nas trevas, e as trevas não a compreenderam.

Observação

O Verbo: O Verbo é Deus agindo no mundo. O Verbo é a Palavra de Deus, que criou o mundo – Jesus era o Verbo porque ele foi a expressão do poder e da ação de Deus entre os homens.

Houve um homem enviado por Deus e que se chamava João. Ele veio para servir de testemunho, para dar testemunho da luz, a fim de que todos acreditassem por ele. Ele não era a luz, mas veio para dar testemunho Daquele que era a luz.

Ele era a verdadeira luz que ilumina todo o homem que vem a este mundo. Ele estava no mundo, e o mundo foi feito por Ele, mas o mundo não o conheceu. Ele veio à sua casa e os seus não o receberam. Mas Ele deu a todos que o receberam, que acreditaram em seu nome, o poder de se tornarem filhos de Deus – os quais não nasceram do sangue nem da vontade da carne, nem da vontade do homem, mas, sim, da vontade de Deus.

E o Verbo foi feito carne e habitou entre nós e vimos a sua glória, tal qual o Filho único devia recebê-la do Pai; e ele habitou entre nós, cheio de graça e de verdade (João, 1:1-14).

Essa passagem dos Evangelhos é a única que, à primeira vista, parece conter implicitamente uma ideia de identificação entre Deus e a pessoa de Jesus; é também aquela sobre a qual se estabeleceu, mais tarde, a controvérsia a respeito desse assunto. A questão da divindade de Jesus surgiu gradativamente, nas discussões levantadas a respeito das interpretações que alguns deram sobre as palavras "Verbo" e "Filho". Foi somente no quarto século que ela foi adotada, em princípio, por uma parte da Igreja. Portanto, esse dogma resultou de uma decisão dos homens, e não de uma revelação divina.

Em primeiro lugar, é preciso notar que as palavras citadas acima são de João, e não de Jesus. Mesmo que se admita que elas não tenham sido alteradas, elas exprimem, na realidade, apenas uma opinião pessoal, que deixa transparecer o misticismo habitual da sua linguagem. Assim, as palavras de João não poderiam prevalecer contra as reiteradas afirmações do próprio Jesus. No entanto, mesmo se aceitarmos as palavras de João tais como são, elas não resolvem, de modo algum, a questão da divindade de Jesus, uma vez que podem ser aplicadas também a Jesus como sendo uma criatura de Deus.

De fato, o *Verbo* é Deus, porque representa a palavra de Deus. Jesus, tendo recebido a palavra diretamente de Deus, com a missão de a revelar aos homens, ele a assimilou. A palavra divina, da qual Jesus se impregnou, encarnou-se nele. Ele a trouxe consigo ao nascer, e é assim que João pode dizer com razão: *O Verbo se fez carne e habitou entre nós.*

Sendo assim, Jesus podia ser encarregado de transmitir a palavra de Deus sem ser o próprio Deus, como um embaixador transmite as palavras do seu soberano sem ser o próprio soberano. Segundo o dogma da divindade, Deus é quem fala; na outra hipótese, Ele fala por intermédio do Seu enviado, o que nada tira a autoridade de Suas palavras.

Portanto, questionamos: quem autoriza a suposição de que Deus fala pelo Seu enviado e não por Si mesmo? A única autoridade competente para decidir a questão são as próprias palavras de Jesus, quando diz:

Eu não falo por mim mesmo; Aquele que me enviou é quem prescreve, por Seu mandamento, o que eu devo dizer (João, 12:49).

A doutrina que eu ensino não é minha, mas, sim, Daquele que me enviou (João, 7:16).

A palavra que vocês têm ouvido não é minha, mas do meu Pai que me enviou (João, 14:24).

Seria impossível alguém se exprimir com mais clareza e precisão.

A qualidade de *Messias* ou *enviado*, que é atribuída a Jesus em todo curso dos Evangelhos, implica numa posição subordinada em relação Àquele que ordena. Quem obedece não pode ser igual a quem manda. João deixa bem claro essa posição secundária de Jesus e, por consequência, estabelece a diferença entre as duas pessoas quando diz: "*Nós vimos a sua glória, tal como um Filho único devia recebê-la do Pai*", visto que aquele que recebe não pode ser igual àquele que dá, e aquele que dá a glória não pode ser igual àquele que a recebe.

Se Jesus é Deus, possui a glória por si mesmo e não espera que ninguém lhe dê a glória. Se Deus e Jesus são uma única pessoa com dois nomes diferentes, não poderia existir entre eles nem supremacia nem subordinação. Ora, o fato de não haver igualdade absoluta de posições é porque eles são dois seres distintos.

A qualificação de *Messias divino* não significa que exista igualdade entre o mandatário e o mandante, do mesmo modo que não existe igualdade entre o rei e o enviado que lhe representa. Jesus era um messias divino pela dupla razão de que Deus é que comandava a sua missão e de que as suas perfeições o colocavam em relação direta com o Pai.

9. FILHO DE DEUS E FILHO DO HOMEM

O título de *Filho de Deus*, longe de significar igualdade, é antes um indicativo de submissão. Ora, ninguém é submetido a si mesmo, mas a alguém.

Para que Jesus fosse absolutamente igual a Deus, seria preciso que ele existisse desde toda a eternidade, ou seja, que ele fosse *incriado*. Ora, o dogma diz que Deus *gerou* Jesus desde toda a eternidade, e *gerado* significa *criado*. Quer seja de toda a eternidade ou não, ele não deixa por isso de ser uma criatura e de estar, como tal, subordinada ao seu Criador. Essa é a ideia que a palavra "Filho" implicitamente contém.

Quando Jesus nasceu? Ou, em outras palavras: houve algum tempo, na eternidade, em que ele não existiu? Ou será que ele é coeterno com o Pai? Essas são as sutilezas sobre as quais os teólogos têm discutido durante séculos. Em que autoridade se apoia a doutrina da coeternidade, que passou a categoria de dogma? Ela se apoia na opinião dos homens que a estabeleceram. Em qual autoridade, portanto, se basearam esses homens para fundar semelhante opinião? Não foi na de Jesus, porque este se declarava subordinado; também não foi na dos profetas, porque estes o anunciaram como enviado e servo de Deus. Em que documentos desconhecidos, porém mais autênticos do que aqueles que formam os Evangelhos, eles encontraram essa doutrina? Parece que foi na consciência e na superioridade das suas próprias luzes, dos seus próprios conhecimentos.

Assim, deixemos de lado essas discussões fúteis que não têm fim e que não conduzem a nada, até porque, se encontrássemos uma solução, ela não tornaria os homens melhores. Digamos que Jesus é *Filho de Deus*, como todas as criaturas, que Jesus o chama de Pai como nos ensinou a chamá-Lo de *nosso Pai*. Ele é o *Filho bem-amado de Deus* porque chegou à perfeição que se aproxima de Deus e, com isso, conquistou toda a Sua confiança e toda a Sua afeição. Ele se diz *Filho único*, não porque seja o único a ter chegado a essa perfeição, mas porque era o único predestinado a desempenhar essa missão na Terra.

Se a qualificação de *Filho de Deus* parece apoiar a doutrina da divindade, o mesmo não acontece com a qualificação de *Filho do Homem*, que Jesus também dava a si mesmo, em sua missão, e que deu motivo a muitos comentários.

Para compreendermos melhor o seu verdadeiro sentido, vamos recorrer à *Bíblia*, onde essa qualificação foi dada pelo próprio Deus ao profeta Ezequiel:

> Esta é a imagem da glória do Senhor, que me foi apresentada. Ao vê-la, caí com meu rosto na terra e ouvi uma voz que me falou assim: *Filho do Homem*, levante-se que Eu falarei com você. Depois de falar isso, o Espírito entrou em mim e fez com que eu ficasse com os pés firmes e me falou desse modo: *Filho do Homem*, Eu lhe envio aos filhos de Israel, a um povo rebelde que se afastou de Mim. Eles e seus pais violaram até hoje a aliança que Eu havia estabelecido com eles (Ezequiel, 1:28; 2:1-3).

> Filho do Homem, eis que eles preparam amarras para você. Eles vão lhe acorrentar e de lá você não sairá (Ezequiel, 3:25).

> E o Senhor me dirigiu então a palavra, dizendo: "E você, Filho do Homem, ouve o que diz o Senhor Deus sobre a terra de Israel: 'O fim vem; ele vem sobre os quatro cantos da Terra'" (Ezequiel, 7:1-2).

> No décimo dia do décimo mês do nono ano, o Senhor me dirigiu a palavra dizendo: "Filho do Homem, marca bem este dia em que o rei da Babilônia reuniu as suas tropas diante de Jerusalém" (Ezequiel, 24:1-2).

O Senhor ainda me disse estas palavras: "Filho do Homem, eu vou ferir você com uma chaga e vou tirar o que há de mais agradável aos seus olhos, mas você não vai lamentar nem chorar, e lágrimas não vão correr pelo seu rosto. Você gemerá em segredo e não vou cobri-lo de luto, como se faz com os mortos; a sua coroa permanecerá presa a sua cabeça e você terá nos pés as suas sandálias; você não vai cobrir o seu rosto e não vai comer os alimentos que são dados aos que estão de luto". Falei então pela manhã com o povo e à tarde minha esposa morreu. No dia seguinte, fiz o que Deus me ordenou (Ezequiel, 24:15-18).

O Senhor ainda me disse: "Filho do Homem, profetiza sobre os pastores de Israel; profetiza e diz aos pastores: 'Eis o que diz o Senhor Deus: Ai dos pastores de Israel que apascentam a si mesmos [que cuidam apenas do seu próprio interesse]: por acaso os pastores não **apascentam** os seus rebanhos?'" (Ezequiel, 34:1-2).

Observação
Apascentar: Levar o rebanho ao pasto e vigiá-los.

Então, eu ouvi ele falando dentro da casa, e o homem que estava próximo de mim disse: "Filho do Homem, este é o lugar do meu trono, o lugar onde pousarei meus pés e onde ficarei para sempre no meio dos filhos de Israel; a nação de Israel não vai mais profanar o meu santo nome no futuro, nem eles nem os seus reis devassos, nem os ídolos sem vida de seus reis em seus santuários no alto dos montes" (Ezequiel, 43:6-7).

Porque Deus não faz ameaça como os homens e não se enfurece como o Filho do Homem (Judite, 8:15).

É evidente que a qualificação de *Filho do Homem* significa: *que nasceu do homem*, por oposição ao que está fora da Humanidade. A última citação, extraída do livro de Judite, não deixa dúvida quanto ao significado da expressão "Filho do Homem" usada em sentido estritamente literal, sem rodeios. Deus somente designa Ezequiel com a qualificação de Filho do Homem para lembrá-lo que, apesar do dom da profecia que lhe foi concedido, ele não deixava de pertencer à Humanidade, assim como para que ele não se considerasse de uma natureza excepcional.

Jesus dá a si mesmo essa qualificação (Filho do Homem) com uma persistência notável, pois somente em circunstâncias muito raras ele se *diz Filho de Deus*. Dita por ele, essa expressão não pode ter outra significação que não seja a de lembrar que também ele pertence à Humanidade. Desse modo, ele se identifica com os profetas que o precederam e aos quais se comparou, fazendo alusão a sua morte quando disse: *"Jerusalém que mata os profetas!"* A insistência com que ele se designa *Filho do Homem* parece ser um protesto antecipado contra a denominação que, segundo previa, lhe seria dada mais tarde, a fim de ficar bem comprovado que essa qualidade [Filho de Deus] não saiu da sua boca.

É preciso notar que, durante essa interminável polêmica que apaixonou os homens por muitos séculos e que ainda continua, que acendeu fogueiras e fez correr rios de sangue, o que se discutia era uma abstração, ou seja, uma ideia que só a mente pode conceber: a natureza de Jesus, da qual fizeram a pedra angular do edifício (a coisa mais importante), apesar de ele próprio nada ter dito a esse respeito. Também é preciso notar que esqueceram aquilo que o Cristo disse ser *toda* **Lei e os profetas**: o amor a Deus e ao próximo, bem como a caridade, que ele estabeleceu como condição expressa para a salvação. Apegaram-se à questão da afinidade de Jesus com Deus e se esqueceram das virtudes que ele recomendou e exemplificou.

Observação

A lei e os profetas : "A Lei" se refere aos primeiros cinco livros da *Bíblia*, os livros de Moisés onde foram escritas as Leis de Deus. "Os profetas" se referem não apenas aos escritos dos profetas bíblicos, mas também aos livros históricos que se tornaram conhecidos com o nome de "O Antigo Testamento".

O próprio Deus ficou apagado diante da exaltação da personalidade do Cristo. No Concílio de Niceia foi dito simplesmente: *"Cremos em um só Deus etc."* Mas como é esse Deus? Não houve alusão alguma aos Seus atributos essenciais: a Sua soberana bondade e a Sua soberana Justiça. Isso porque ressaltar esses atributos teria sido a condenação dos dogmas que consagram a Sua parcialidade para com certas criaturas, a Sua inexorabilidade (aquele que não tem piedade, insensível), a Sua cólera, o Seu espírito vingativo, com o qual justificaram as crueldades praticadas em Seu nome.

Se o Concílio de Niceia, que se tornou a base da fé católica, estava de acordo com o espírito do Cristo, por que o **anátema** com que ele termina? Não está aí uma prova de que a decisão do Concílio de considerar Jesus uma divindade é obra da paixão dos homens? Aliás, a quem se deve a sua adoção? À pressão do imperador Constantino, que fez do Concílio uma questão mais política do que religiosa. Sem a sua ordem, o Concílio de Niceia não teria se realizado, e sem a intimidação que ele exerceu, é mais provável que o **arianismo** tivesse triunfado.

Observações

Anátema: Excomunhão com execração, maldição. Nesse caso, contra os arianos, que eram os seguidores de Ário, um padre que desde o ano 318 negava a divindade de Jesus Cristo e, por isso, foi excomungado.

Arianismo: Não considerava Jesus Cristo e Deus como sendo a mesma pessoa. Afirmava que só poderia existir um único Deus e que Jesus era apenas o seu filho.

Desse modo, percebemos que tudo dependeu da autoridade soberana de um homem [o imperador Constantino], que não pertencia à Igreja e que reconheceu mais tarde o erro político que cometeu e procurou inutilmente voltar atrás, conciliando os partidos. Assim, dependeu apenas da autoridade de um imperador não haver "arianos" hoje, em vez de "católicos", assim como de o arianismo não ser a doutrina declarada verdadeira, e o Catolicismo, a heresia!

Depois de dezoito séculos de lutas e disputas sem proveito, durante as quais foi colocada inteiramente de lado a parte mais importante dos ensinamentos do Cristo, a única que poderia assegurar a paz para a Humanidade, as criaturas se acham cansadas dessas discussões estéreis, que só conseguiram trazer perturbações e gerar a incredulidade, cujo objetivo não satisfaz mais a razão.

Hoje, há uma tendência acentuada da opinião geral para retomar as ideias fundamentais da "Igreja primitiva", bem como a parte moral dos ensinamentos do Cristo, porque é a única que pode tornar os homens melhores. Ela é clara, positiva e não dá lugar a nenhuma controvérsia. Se, desde o início, a Igreja tivesse tomado esse caminho, seria hoje todo-poderosa e não se encontraria em decadência. Teria congregado a imensa maioria dos homens, em lugar de ter sido esfacelada pelas facções.

Quando os homens marcharem sob essa bandeira, eles vão se dar as mãos fraternalmente, em vez de se amaldiçoarem por questões que a maioria não compreende. Essa tendência da opinião geral é um sinal de que chegou o momento de levar a questão para o seu verdadeiro terreno.

CAPÍTULO 9

INFLUÊNCIA PERNICIOSA DAS IDEIAS MATERIALISTAS

Sobre as artes em geral e sua regeneração pelo Espiritismo

Lê-se no *Courrier de Paris*, suplemento do jornal *Le Monde Illustré*, de 19 de dezembro de 1868, o seguinte artigo:

> Carmouche escreveu mais de duzentas comédias e musicais; entretanto, poucos nos dias de hoje conhecem o seu nome. É porque a glória dramática, que desperta tantas cobiças, é extremamente fugaz. A menos que se trate de um autor que tenha produzido obras-primas excepcionais, seu nome acha-se condenado a cair no esquecimento, logo que ele saia de cena. Mesmo durante o período em que ele está em atividade, a maioria ignora a sua existência. Na verdade, quando o público lê o cartaz, ele só se preocupa com o "título da peça", pouco se importando com o nome de quem a escreveu.
>
> Procurem se lembrar do nome de quem escreveu esta ou aquela obra encantadora, da qual vocês ainda se lembram, e vão ver que, na maioria das vezes, não conseguem lembrar o seu nome. E quanto mais vivermos, mais isso nos acontecerá, visto que *as preocupações de ordem material cada vez mais se sobrepõem às preocupações de ordem artísticas*.
>
> Justamente a esse respeito, Carmouche contava uma anedota típica. O meu livreiro, dizia ele, com quem um dia eu conversava sobre negócios, declarou o seguinte: "O meu comércio não vai mal, mas está mudado; os artigos que têm saída não são mais os mesmos de outrora. Antigamente, quando eu via entrar na livraria um rapaz de dezoito anos, de cada dez, nove estavam à procura de um dicionário de rimas; hoje, é para pedir um manual de operações da Bolsa de Valores".

As preocupações materiais estão acima dos interesses artísticos, e não poderia ser diferente numa época em que todos os esforços contribuem para que o pensamento se volte exclusivamente para a matéria, destruindo no homem qualquer esperança que ultrapasse a existência atual. Essa consequência é lógica e inevitável para aquele que não consegue ver nada fora do pequeno círculo efêmero da vida presente. Quando a pessoa não percebe nada atrás de si, nem adiante, e nada acima, no que ela poderá concentrar os seus pensamentos senão no ponto em que se encontra?

O que existe de sublime na arte é a poesia, pela qual podemos idealizar e nos transportar para fora da estreita esfera de nossas atividades. O ideal, porém, paira exatamente nessa região extramaterial onde só é possível penetrar pelo pensamento; região esta que a visão dos olhos físicos não alcança, mas que a imaginação abrange. Ora, que inspiração a mente pode trazer da ideia do nada?

O pintor que só tivesse visto o céu nublado, as estepes áridas e monótonas da Sibéria e que acreditasse estar ali todo o Universo poderia conceber e descrever o brilho e a riqueza dos tons que existem na Natureza tropical? Como querem que os seus artistas e poetas transportem vocês para regiões que eles não conseguem ver com os olhos da alma, que não compreendem e nas quais nem mesmo acreditam?

A mente de uma pessoa só pode se identificar com aquilo que sabe ou que acredita ser a verdade, e essa verdade, mesmo sendo de ordem moral, torna-se para ela uma realidade que, quanto mais sentir, melhor conseguirá expressá-la. Se ela juntar a inteligência com a flexibilidade do talento, suas próprias impressões poderão ser transmitidas para a alma das outras pessoas. Assim, que impressões alguém pode transmitir aos outros se não as tem?

Para o materialista, a realidade é a Terra; o corpo para ele é tudo, visto que fora dele nada existe. O pensamento se extingue com a decomposição da matéria, assim como o fogo quando acaba o combustível. Por isso, ele só pode traduzir pela linguagem da arte aquilo que vê e sente. Ora, se ele somente vê e sente a matéria tangível, não lhe será possível exprimir outra coisa. O materialista nada pode tirar de onde ele apenas vê o vazio. Ao se aventurar por um mundo desconhecido, ele entra nesse mundo como um cego e, apesar dos seus esforços para se elevar a um nível melhor, fica preso à Terra como um pássaro sem asas.

A decadência das artes no século atual é o resultado inevitável da concentração dos pensamentos sobre as coisas materiais. Concentração esta que, por sua vez, é o resultado da ausência de toda fé e de qualquer crença na espiritualidade do ser. O século apenas colhe o que semeou. *Quem semeia pedras não pode colher frutos*. As artes só sairão do torpor em que se encontram quando houver uma reação no sentido das ideias espiritualistas.

Como o pintor, o poeta, o literato e o músico poderiam associar os seus nomes a obras duradouras quando a maioria deles não acredita no futuro dos seus trabalhos? Como é que não percebem que a Lei do progresso, essa força irresistível que arrasta os universos pela estrada do infinito, lhes pede mais do que simples cópias desbotadas das criações magistrais dos artistas do passado?

Todos se lembram de Fídias [célebre escultor da Grécia Antiga], de Apelle [renomado pintor da Grécia Antiga], de Rafael [mestre da pintura e da arquitetura em Florença durante o Renascimento italiano] e de Miguel Ângelo [um dos maiores pintores e escultores de Florença]. Estes são luminosos faróis que brilham na obscuridade dos séculos transcorridos, como estrelas fulgurantes que se destacam em meio às trevas profundas. E quem prestará atenção à claridade de uma lâmpada que luta contra o brilho do Sol num belo dia de verão?

O mundo tem caminhado a passos de gigante desde os tempos históricos, e os filósofos dos tempos primitivos gradualmente se transformaram. As Artes que se apoiam nas Filosofias, que nelas encontram a consagração ideal, também tiveram que se modificar e se transformar. É rigorosamente exato dizer que, sem a crença, as Artes não têm vitalidade, assim como que toda transformação filosófica acarreta necessariamente uma transformação artística paralela.

Em todas as épocas de transformação, as Artes correram perigo, porque a crença em que elas se apoiam não é mais suficiente para as crescentes aspirações da Humanidade, e porque os princípios novos, não tendo ainda sido adotados definitivamente pela maioria dos homens, não permitem aos artistas explorar, a não ser de modo hesitante, o manancial desconhecido que para eles se abre.

Durante as épocas primitivas, em que os homens só conheciam a vida material, em que a Filosofia divinizava a Natureza, a Arte procurou, antes de tudo, a perfeição da forma. Assim, a beleza corporal era a primeira das qualidades, e a Arte se aplicou em reproduzi-la e em idealizá-la. Mais tarde, a Filosofia entrou num novo caminho. Ao progredirem, os homens reconheceram acima da matéria uma força criadora e organizadora, que recompensava os bons, punia os maus e fazia da caridade uma Lei. Um mundo moral, totalmente novo, se edificou sob as ruínas do velho mundo. Dessa transformação nasceu uma Arte nova, onde a alma despertou para a forma do corpo, reproduzindo-o com uma perfeição plástica e com "expressões de sentimento" que os antigos desconheciam.

O pensamento, ainda sujeito à matéria, revestiu as formas severas da Filosofia em que a Arte se inspirava. Depois das tragédias de *Ésquilo* [poeta e dramaturgo da Grécia Antiga] e dos mármores de *Milo* [ilha grega onde foi encontrada em 1825 a estátua Vênus de Milo], vieram as descrições e as pinturas das torturas físicas e morais dos condenados ao inferno. Assim, a Arte se elevou. Adquiriu um caráter grandioso e sublime, ainda que sombrio. Essa fase pode ser apreciada nas pinturas da Idade Média, representando o Céu e o Inferno, as penas eternas, ou uma beatitude tão distante de nós, colocada num lugar tão alto que nos parece quase inacessível. Talvez seja por isso que esse tipo de Arte, reproduzida na tela ou no mármore, nos toca tão pouco.

Ninguém ousaria contestar que o mundo passa hoje por um período de transição, influenciado por hábitos obsoletos, crenças que não satisfazem a razão, além de novas verdades que vão sendo progressivamente desvendadas. Assim como a Arte cristã ocupou o lugar da Arte pagã, transformando-a, a Arte espírita irá complementar e transformar a Arte cristã. Com efeito, o Espiritismo nos mostra o futuro sob uma nova ótica e muito mais perto do nosso alcance. Com ele, a felicidade está mais próxima de nós, ela está ao nosso lado, nos Espíritos que nos cercam e que nunca deixam de nos influenciar. As moradas dos eleitos e dos condenados não estão mais separadas. Existe uma solidariedade constante entre o Céu e a Terra, e entre todos os mundos de todos os Universos.

A felicidade consiste no amor recíproco de todas as criaturas que atingiram a perfeição e que estão em constante atividade, procurando instruir e conduzir a essa mesma perfeição aqueles que ficaram para trás. O inferno está no próprio coração do culpado, que encontra no remorso o seu castigo. Mas esse castigo não é eterno, e o mau, ao entrar no caminho do arrependimento, encontra novamente a esperança, esta sublime consolação para aqueles que sofrem.

Quantas fontes inesgotáveis de inspiração para a Arte! Quantas obras-primas de todos os gêneros essas novas ideias não poderão criar, pela reprodução das múltiplas e tão variadas cenas da vida espiritual! Em vez de representar despojos frios e inanimados, vamos ver a mãe tendo ao seu lado a filha querida em sua forma radiosa e etérea; a vítima perdoando o algoz; o criminoso fugindo em vão do espetáculo contínuo e sempre repetido de suas ações culposas; o isolamento do egoísta e do orgulhoso, no meio da multidão; a perturbação do Espírito que renasce para a vida espiritual etc.

Se o artista quiser se elevar acima da esfera terrestre e penetrar nos mundos superiores, verdadeiros Édens onde os Espíritos adiantados desfrutam da felicidade que conquistaram, ou se desejar reproduzir alguns aspectos dos mundos inferiores, verdadeiros infernos onde as paixões reinam soberanas, que cenas emocionantes, que quadros repletos de interesse ele terá para reproduzir.

Sem dúvida, o Espiritismo abre para a Arte um caminho inteiramente novo, imenso e ainda inexplorado. Quando o artista quiser reproduzir o mundo espiritual com convicção, colherá nessa fonte as mais sublimes inspirações, e o seu nome viverá nos séculos futuros, *porque a vida futura e eterna da alma substituirá as preocupações materiais e efêmeras da vida presente.*

CAPÍTULO 10

A TEORIA DA BELEZA

Será a beleza uma coisa convencional e relativa a cada tipo de povo? O que é belo para alguns povos não é para outros uma feiura horrível? Os negros julgam-se mais belos do que os brancos e vice-versa. Nesse conflito de gostos, haverá uma beleza absoluta? Em que consiste essa beleza? Somos realmente mais belos do que os **hotentotes** e os **cafres**? Por quê?

Observação
Hotentotes e cafres: Povos nômades da África do Sul.

À primeira vista, a questão da beleza parece ser estranha ao objeto dos nossos estudos, mas ela se prende a eles de modo direto e interessa ao próprio futuro da Humanidade. Ela nos foi sugerida, bem como a sua solução, pela seguinte passagem de um livro muito interessante e muito instrutivo intitulado: *As revoluções inevitáveis no Globo e na Humanidade*, de Charles Richard.

O autor se dedica a combater a opinião dos que sustentam a degeneração física do homem desde os tempos primitivos até os atuais. Ele refuta vitoriosamente a crença numa raça primitiva de gigantes e se empenha em provar que, do ponto de vista da força física e da estatura, os homens de hoje se equivalem aos antigos, se é que não são superiores.

Tratando da beleza das formas, ele se exprime assim nas páginas 41 e seguintes:

> No que diz respeito à beleza do rosto, passando pela graça da fisionomia, indo até o conjunto que constitui a estética do corpo, a melhoria é ainda mais fácil de ser constatada. Para isso, basta olhar os tipos que estão gravados, de modo intacto, nas medalhas e nas estátuas antigas através dos séculos.
> A **iconografia** de **Visconti** e o museu do Conde de Clarol [museu de imagens] são, entre muitas outras, duas fontes onde é fácil encontrar diversos elementos para esse interessante estudo. O que mais chama a

atenção nesse conjunto de figuras é a rudeza dos traços, *a animalidade da expressão, a crueldade do olhar*. Aqueles que olham sentem uma espécie de calafrio involuntário, como se estivessem diante de pessoas que os cortariam em pedaços, para dar de comer às suas moreias [peixe com formato cilíndrico], como fazia Polião, rico apreciador de boas iguarias e amigo de Augusto, em Roma.

Observações
Iconografia: Estudo descritivo das imagens que representam todas as civilizações (fotos, desenhos, pinturas, escultura etc.).
Visconti (1751-1818): Foi o principal especialista da sua época no campo da escultura romana antiga e um colecionador de antiguidades da arte italiana.

O primeiro Brutus (Lucio Junior), o que mandou cortar a cabeça de seus dois filhos e assistiu a sangue frio o suplício de ambos, assemelha-se a uma fera. Seu perfil sinistro faz lembrar a águia e a coruja, esses dois carniceiros do ar, naquilo que eles têm de mais feroz. Ao vê-lo, ninguém pode duvidar de que ele mereceu o destino que a História lhe reservou. Assim como matou os seus dois filhos, certamente teria degolado a sua própria mãe, pelo mesmo motivo.

O segundo Brutus (Marius), que apunhalou César, seu pai adotivo, justamente quando ele mais contava com a sua gratidão e o seu amor, lembra em seus traços um tolo fanático. Ele não tem, sequer, a beleza sinistra que o artista frequentemente descobre nessa energia descontrolada que impele ao crime.

Cícero, o brilhante orador, o escritor profundo e genial, que deixou tão grande lembrança da sua passagem por este mundo, tinha um rosto achatado e vulgar e era mais agradável ouvi-lo do que vê-lo.

Júlio Cesar, o grande, o incomparável vencedor, o herói dos massacres, que entrou no reino das sombras com um cortejo de dois milhões de almas que ele vitimou em vida, era tão feio quanto o seu antecessor, mas a sua feiura era diferente. Seu rosto magro e ossudo, colocado sobre um pescoço comprido, que um gogó saliente tornava ainda mais feio, fazia com que ele se parecesse mais com um grande pierrô do que com um grande guerreiro.

Galba, Vespasiano, Nerva, Caracala, Alexandre Severo e Balbino não eram apenas feios, eram horrendos. É difícil encontrar nessa galeria de antigos tipos da nossa espécie algum de aspecto mais simpático. Cipião, o africano, Pompeu, de Cômodo, de Heliogábalo, de Antinous,

A TEORIA DA BELEZA

o favorito de Adriano, estão entre aqueles que podem ser considerados simpáticos. Sem serem belos, no sentido moderno da palavra, essas figuras tinham feições regulares e aspecto agradável.

As mulheres não eram mais bem dotadas do que os homens e merecem as mesmas observações. Lívia, filha de Augusto, tinha o perfil pontudo de uma fuinha. Agripina dava medo de olhar, e Messalina, como que para derrotar Cabanis e Lavater, tinha o aspecto de uma criada corpulenta, mais amante de um bom prato do que de qualquer outra coisa.

Os gregos, é preciso dizer, eram superiores aos romanos. As figuras de Temístocles e de Milcíades, entre outros, podem ser comparadas aos mais belos tipos modernos. Mas Alcebíades, o antepassado longínquo de nossos Richelieu e Lauzun, cujas proezas por si só enchiam a crônica de Atenas, tinha, como Messalina, um físico bem pouco condizente com o que fazia. Olhando para os seus traços solenes e a testa pensativa, as pessoas o tomariam mais por um jurista dedicado ao estudo das leis do que pelo audacioso conquistador de mulheres, que foi para Esparta apenas para *enganar* o pobre rei Agis e depois vangloriar-se de ter sido amante de uma rainha.

Tirando a pequena vantagem que devemos reconhecer nos gregos, em relação aos romanos, aquele que se der ao trabalho de comparar esses velhos tipos com os que vivem hoje vai reconhecer, sem esforço, que houve um progresso nesse terreno, como em todos os outros. Convém não esquecer que, nessa comparação, estamos tratando de classes privilegiadas, sempre mais belas do que as outras e que, por conseguinte, os tipos modernos que serão comparados com os antigos deverão ser escolhidos nos salões, e não nas espeluncas. O motivo dessa escolha é porque a pobreza, em todos os tempos e sob todos os aspectos, nunca foi bela. Isso acontece justamente para nos causar vergonha e nos forçar a um dia nos libertarmos dela.

Não quero dizer com isso que a feiura tenha desaparecido completamente de nossas vistas e que o selo divino esteja colocado em todas as faces que carregam uma alma. Longe de mim uma afirmação que poderia facilmente ser contestada por todos. A minha pretensão se limita a constatar que, *num período de dois mil anos, tão curto para uma Humanidade que ainda tem tanto para viver*, a fisionomia do gênero humano já melhorou sensivelmente.

Acredito, além disso, que as mais belas figuras da Antiguidade são inferiores às que podemos admirar diariamente em nossas reuniões públicas, em nossas festas e até numa simples caminhada pelas ruas. Se não fosse pelo receio de ofender algumas pessoas e de provocar certos ciúmes, eu poderia confirmar o que digo com centenas de exemplos conhecidos por todos no mundo contemporâneo.

Os adoradores do passado falam sempre com grande orgulho de sua Vênus de Médici [escultura grega que representa a deusa do amor, Afrodite], que lhes parece o ideal da beleza feminina, sem se darem conta de que essa mesma Vênus caminha todos os domingos pelas avenidas de Arles [cidade no Sul da França], em mais de cinquenta exemplares, e que são poucas as cidades, principalmente as do Sul, que não possuam algumas delas...

De tudo o que acabamos de dizer, limitamo-nos a comparar o nosso tipo atual com o dos povos que nos precederam de apenas alguns milhares de anos. Entretanto, se retornarmos a eras mais distantes, penetrando nas camadas terrestres onde dormem os despojos das primeiras raças que habitaram o nosso globo, a vantagem a nosso favor seria tão grande que afastaria qualquer contestação a esse respeito.

Sob a influência teológica que deteve Copérnico [astrônomo polonês] e Tycho Brahe [astrônomo dinamarquês], que perseguiu Galileu e que, nestes últimos tempos, obscureceu por momentos o gênio de Cuvier [naturalista francês], a Ciência hesitava em sondar os mistérios das épocas antediluvianas. A narrativa bíblica, aceita ao pé da letra no seu mais restrito sentido, parecia ter dito a última palavra sobre a nossa origem e sobre os séculos que nos separam dela. Mas a verdade, impiedosa no seu desenvolvimento, acabou por romper a cadeia de ferro em que queriam aprisioná-la para sempre, revelando formas até então ocultas.

O homem que viveu antes do dilúvio, juntamente com os mastodontes, o urso das cavernas e outros grandes mamíferos desaparecidos, ou seja, o "homem fóssil", cuja existência foi negada por tanto tempo, foi finalmente encontrado, colocando um fim a qualquer dúvida sobre a sua existência. Os recentes trabalhos dos geólogos, em particular os de Boucher de Perthes [autor de: *O homem antediluviano e suas obras e utensílios de pedra*], de Fillipi e de Lyell, nos permitem apreciar hoje as características físicas desse respeitável antepassado do gênero humano. Ora, apesar dos contos imaginados pelos poetas sobre a beleza original [o homem fóssil] e não obstante o respeito que lhe é devido, como chefe antigo da nossa raça, a Ciência é obrigada a atestar que ele era de uma feiura muito grande.

Seu ângulo facial não passava de 70°; suas mandíbulas, de volume considerável, eram guarnecidas por dentes longos e salientes; a sua testa era muito baixa, e ele possuía as têmporas achatadas, assim como o nariz, que tinha narinas largas. Em resumo, esse venerável pai dos primeiros tempos se assemelhava muito mais a um orangotango do que aos seus afastados filhos dos dias de hoje. O seu aspecto horrendo era tão grande que, se os pesquisadores não tivessem encontrado ao seu lado os machados de pedra que ele fabricou e os animais que ele feriu com essas armas primitivas, poderíamos duvidar do papel que ele desempenhou na nossa filiação terrestre. Além dos machados de pedra, ele sabia fabricar também clavas [pau curto terminado em formato de pera] e pontas de dardos de pedra.

Os antediluvianos chegavam mesmo a confeccionar braceletes e colares de pedrinhas arredondadas para enfeitar, naqueles tempos longínquos, os braços e o pescoço das mulheres, que depois se tornaram muito mais exigentes, como todos sabem.

Não sei o que pensarão a respeito disso as mulheres elegantes dos nossos dias, em cujos ombros os diamantes brilham. Quanto a mim, confesso, não posso me furtar a uma profunda emoção ao pensar nesse primeiro esforço que o homem, *mal diferenciado do animal*, fez para agradar à sua companheira, pobre e nua como ele, no seio de uma natureza inóspita, sobre a qual a sua raça deveria reinar um dia. Ó distantes antepassados! Se vocês já sabiam amar sob aquele aspecto primitivo, como poderíamos duvidar da paternidade de vocês, ante esse sinal divino da nossa espécie?

Portanto, é evidente que aqueles seres humanos de formas grosseiras são nossos pais, visto que nos deixaram traços da sua inteligência e do seu amor, atributos importantes que nos distinguem dos animais. Podemos, então, examinando-os cuidadosamente, libertos das camadas geológicas que os cobrem, medir, como se fosse a compasso, o progresso físico realizado pela nossa espécie desde a sua aparição na Terra. Ora, esse progresso, que há poucos anos podia ser contestado pelo espírito de grupo e pelos preconceitos da educação, apresenta hoje uma tal evidência que não podemos mais deixar de reconhecê-lo e proclamá-lo.

Durante alguns milhares de anos, tudo estava imerso na dúvida; em algumas centenas de séculos, as dúvidas se dissiparam para sempre...

Como somos jovens e principiantes em todas as coisas! Ignoramos ainda a nossa posição e o caminho a seguir na imensidade do Universo e ousamos negar progressos que, por falta de tempo, ainda não puderam ser suficientemente examinados. Ainda somos crianças e precisamos ter um pouco de paciência, pois os séculos, aproximando-se do nosso objetivo, vão nos revelar esplendores que, por estarem distantes, escapam aos nossos olhos que mal se abriram.

Mas, desde já, podemos proclamar em altas vozes o progresso do nosso tipo físico, pois a Ciência assim nos permite. Progresso este que nos consola porque, apesar de ser lento, se deu de uma maneira segura. Estamos rumando para o ideal que os grandes artistas entreviram, graças às inspirações que o Céu lhes envia para nos revelar os seus segredos. Esse ideal não é um produto ilusório da imaginação, um sonho fugaz destinado a compensar, de tempos em tempos, as nossas misérias. É uma meta firmada por Deus para o nosso aperfeiçoamento, e que não tem limites, porque somente o infinito pode satisfazer ao nosso espírito e oferecer a ele um caminho digno.

Destas prudentes observações, concluímos que:
1. A forma dos corpos se modificou *em determinado sentido* e segundo uma Lei, à medida que o ser moral foi se desenvolvendo.
2. A forma exterior possui uma relação constante com o instinto e os apetites do ser moral.
3. Quanto mais os seus instintos se aproximam da animalidade, tanto mais a forma se aproxima dela.
4. À medida que os instintos materiais se depuram e dão lugar a sentimentos morais, o envoltório externo, ou seja, o corpo físico, que já não se destina mais à satisfação das necessidades grosseiras, se reveste de formas cada vez mais leves, mais delicadas, em harmonia com a elevação e a delicadeza dos pensamentos.

A perfeição da forma, portanto, é consequência da perfeição do Espírito, podendo-se concluir que a forma ideal é aquela que reveste os Espíritos em estado de pureza – aquela com que sonham os poetas e os verdadeiros artistas, porque penetram, pelo pensamento, nos mundos superiores.

Há muito tempo se diz que o rosto é o espelho da alma. Essa verdade, que se tornou um **axioma**, explica um fato comum: certas feiuras desaparecem sob o reflexo das qualidades morais do Espírito e, com muita frequência, preferimos uma pessoa feia, dotada de qualidades nobres, a outra que possui somente a beleza plástica. Isso ocorre porque esta feiura consiste apenas nas irregularidades da forma, e não exclui a finura dos traços, necessária à expressão dos sentimentos delicados.

Observação
Axioma: É uma sentença cuja verdade é tão evidente que não precisa ser demonstrada.

De tudo o que foi dito, podemos concluir que a verdadeira beleza consiste na forma que mais se afasta da animalidade e que reflete melhor a superioridade intelectual e moral do Espírito, que é o ser principal. O moral influencia a fisionomia da pessoa, e o corpo físico se adapta às suas necessidades físicas e morais. Disso resulta que:

1. O tipo de beleza consiste na forma que melhor expressa as mais elevadas qualidades morais e intelectuais.

2. À medida que o homem se eleva moralmente, seu corpo físico se aproxima da beleza ideal, que é a beleza angélica.

O negro pode ser belo para o negro, como um gato é belo para outro gato, mas o negro não é belo em sentido absoluto, porque seus traços grosseiros, seus lábios espessos acusam a materialidade dos instintos. Podem perfeitamente exprimir as paixões violentas, mas não se prestariam às nuances delicadas do sentimento nem à suavidade de um Espírito evoluído.

Observação
É preciso salientar que, no século 19, as teorias raciais estavam em voga, dando *status* científico às desigualdades entre os seres humanos; *Kardec, porém, codificou toda uma doutrina – o Espiritismo – que tem como base a igualdade entre os homens, visto que todos somos Espíritos em busca de evolução, assim as raças seriam apenas "roupagens" que vestimos durante determinada encarnação.*

Eis por que podemos, sem presunção, julgarmo-nos mais belos que negros e os hotentotes, mas também pode ser que, para as gerações futuras, mais adiantadas, nós sejamos para eles o que são hoje os nossos hotentotes para nós. Quem nos garante que, quando encontrarem os nossos fósseis, não seremos tomados por alguma espécie de animais?

O artigo a seguir foi lido na Sociedade Espírita de Paris e se tornou objeto de um grande número de comunicações, que apresentaram as mesmas conclusões. Transcrevemos apenas as duas seguintes por serem elas as mais desenvolvidas:

Paris, 4 de fevereiro de 1869
Médium: Sra. Malet

Você pensou bem; a fonte principal de toda a bondade e de toda inteligência é também a fonte de toda beleza. O amor gera a perfeição de todas as coisas, sendo, ele próprio, a perfeição. O Espírito é chamado a adquirir essa perfeição, que é a sua essência e o seu destino. Ele tem que se aproximar, pelo seu trabalho, da Inteligência Suprema e da bondade infinita. Portanto, ele deve ir assumindo progressivamente a forma perfeita, que é o que caracteriza os seres perfeitos.

Se, nas suas sociedades infelizes, no mundo desequilibrado em que vocês vivem, a espécie humana está longe dessa beleza física, é porque a beleza moral ainda está no começo do desenvolvimento. A relação entre as belezas moral e física é um fato certo, lógico, e a alma, aqui na Terra, tem a intuição disso. Certamente, todos vocês sabem o quanto é doloroso ver o aspecto de uma bela fisionomia ser desmentida pelo caráter. Se vocês ouvem falar de uma pessoa que tem um grande mérito, logo imaginam que ela possui feições simpáticas e agradáveis, mas certamente irão se decepcionar se o seu aspecto contrariar as suas previsões.

Que conclusão se pode tirar disso? Que, como tudo aquilo que o futuro procura ocultar, a alma tem o pressentimento da beleza à medida que a Humanidade progride e se aproxima do seu tipo divino. Não procurem tirar, da aparente decadência em que se encontra a raça mais adiantada desse Globo, argumentos contrários a essa afirmação [de que alma tem o pressentimento da beleza].

Sim, é verdade que a espécie humana parece estar se arruinando, se degenerando; as enfermidades se abatem sobre vocês antes da velhice; a própria infância padece de moléstias que habitualmente surgem em outra fase da vida. No entanto, isso é uma simples transição. A época de vocês é má, pois ela termina e se inicia ao mesmo tempo. Ela termina um período doloroso e dá início a uma época de regeneração física, de adiantamento moral e intelectual.

A nova raça, da qual já falei, terá mais faculdades, mais recursos a serviço da mente, por isso será maior, mais forte e mais bela. Desde o princípio ela vai se colocar em harmonia com as riquezas da Criação que a raça de vocês, indiferente e cansada, despreza ou ignora. As grandes coisas que vocês fizeram, ela aproveitará e vai avançar pelo caminho das descobertas e dos aperfeiçoamentos, com uma energia fervorosa, cuja força vocês desconhecem.

Mais adiantados também em bondade, os descendentes de vocês farão desta Terra infeliz o que vocês não souberam fazer, ou seja, um mundo mais feliz, onde o pobre não será repelido nem desprezado, mas amparado por instituições fortes e liberais. O alvorecer dessas ideias já desponta e, por momentos, podemos perceber a sua claridade.

Amigos, aproxima-se o dia em que a luz brilhará nesta Terra escura e miserável; em que a raça que vai habitá-la será boa e bela, de acordo com o grau de adiantamento que já tiver alcançado; em que o sinal colocado na testa do homem não será mais o da reprovação, e sim um sinal de alegria e esperança. Então, uma multidão de Espíritos adiantados virá tomar lugar entre os colonos dessa Terra. Eles se encontrarão em maioria e dominarão em tudo. A renovação será feita e vai mudar a face do globo, visto que essa raça será grande e poderosa, e o momento em que ela vier marcará o início da era da felicidade.

Pamphile

Paris, 4 de fevereiro de 1869

A beleza, do ponto de vista puramente humano, é uma questão muito discutível e bastante questionada. Para julgá-la devidamente, precisamos estudá-la como amador desinteressado, pois aquele que está apaixonado não pode ter voz no assunto. Também é preciso levar em consideração o gosto de cada um nas apreciações que são feitas.

Belo, realmente belo, só é aquilo que sempre foi e que teve a unanimidade. Essa beleza eterna, infinita, é a manifestação divina em todos os seus aspectos. É Deus em Suas obras e em Suas Leis! Eis aí a única beleza absoluta. É a harmonia das harmonias e tem o direito ao título de absoluta, porque nada de mais belo é possível conceber.

Tudo aquilo que se convencionou chamar de belo e que realmente faz jus a esse título deve ser considerado como uma coisa essencialmente relativa, visto que sempre é possível conceber alguma coisa mais bela, mais perfeita. Existe apenas uma beleza, uma única perfeição: Deus. Fora Dele, toda beleza será apenas um pálido reflexo do belo único, um aspecto harmonioso das mil e uma harmonias da Criação.

Existem tantas harmonias quanto forem os objetos criados, que são, por consequência, outros tantos tipos de beleza que determinam o ponto culminante que qualquer das subdivisões do elemento animado pode alcançar. A pedra é bela e de diversos modos. Cada espécie mineral tem as suas harmonias, e o elemento que reúne todas as harmonias da espécie possui a maior soma de beleza que a espécie pode alcançar.

A flor tem as suas harmonias; ela pode possuí-las todas ou apenas algumas e ser bela de diferentes formas. Mas ela somente será bela quando as harmonias que concorrem para a sua criação estiverem harmonicamente ligadas.

Dois tipos de beleza podem produzir, pela sua fusão, um ser híbrido, sem forma, e de aspecto repulsivo. Há então cacofonia! [união de sons que geram desarmonia]. Todas as vibrações, isoladamente, eram harmônicas, mas a diferença de tonalidade entre elas produziu um descompasso quando as ondas vibratórias se encontraram: daí o monstro!

Descendo a escala criada, cada tipo de animal dá lugar às mesmas observações, e a ferocidade, a astúcia, e até a inveja poderão dar origem a belezas especiais, se o princípio que determina a forma estiver sem mistura.

A harmonia, mesmo no mal, produz o belo. Existe o belo satânico e o belo angélico; a beleza enérgica e a beleza resignada. Cada sentimento, cada conjunto de sentimentos, desde que seja harmônico, produz um tipo particular de beleza, dos quais todos os tipos humanos são esboços, e não degenerações. Portanto, é correto dizer que não somos os mais belos, mas que nos aproximamos cada vez mais da verdadeira beleza à medida que nos encaminhamos para a perfeição.

Todos os tipos se unem harmonicamente na perfeição. Eis porque Ele é o belo absoluto. Nós, que estamos em evolução, possuímos apenas a beleza relativa, enfraquecida e combatida pelos elementos desarmônicos da nossa natureza.

Lavater

CAPÍTULO 11

A MÚSICA CELESTE

Certo dia, numa reunião de família, um pai leu uma passagem de *O Livro dos Espíritos* relativa à música celeste. Uma de suas filhas, que era música, pensava consigo: "no mundo invisível não há música!" Isso lhe parecia impossível. Entretanto, não externou seu pensamento. Na noite do mesmo dia, ela recebeu espontaneamente a seguinte comunicação:

"Esta manhã, minha filha, seu pai leu para você uma passagem de *O Livro dos Espíritos*. Tratava-se de música, e você ficou sabendo que a música do Céu é muito mais bela do que a música da Terra. Os Espíritos acham que ela é muito superior em os aspectos. Tudo isso é verdade, no entanto, você pensou: 'como Bellini poderia vir me dar conselhos e ouvir a minha música? Provavelmente foi algum Espírito leviano e enganador'. (Alusão aos conselhos que o Espírito de Bellini às vezes lhe dava sobre música). Você se engana, minha filha, quando os Espíritos tomam um encarnado sob sua proteção, têm a finalidade de fazê-lo progredir.

Bellini não considera bela a música que você faz, porque ela não pode ser comparada com a música do Espaço, mas vendo a sua aplicação e o seu amor por essa arte, ele lhe dá conselhos com sincera satisfação. Ele deseja que o seu professor seja recompensado por todo esforço que você vem fazendo. Apesar de achar as suas composições muito infantis, se comparadas com as sublimes harmonias do mundo invisível, ele aprecia o seu talento, que pode ser qualificado de grande aí na Terra. Acredite, minha filha, os sons dos instrumentos que vocês utilizam e as mais belas vozes terrenas não podem dar a menor ideia da música celeste e da sua suave harmonia."

Momentos depois, a moça disse: "Papai, papai, vou adormecer, vou cair". E logo se jogou numa poltrona exclamando: "Oh! Papai, papai, que música deliciosa! Acorda-me, senão eu vou junto, vou sair daqui". Os assistentes, atordoados, não sabiam como acordá-la, quando ela exclamou: "Água, água". De fato, algumas gotas de água salpicadas em seu rosto produziram o efeito desejado.

Ainda na mesma noite, quando o pai da moça estava só, recebeu do Espírito São Luís a seguinte explicação:

"Quando você lia para a sua filha a passagem de O Livro dos Espíritos, referente à música celeste, ela estava em dúvida, pois não conseguia compreender a existência de música no mundo espiritual. Eis por que esta noite eu lhe disse que era verdade, mas como ela ainda não tinha conseguido se convencer, Deus permitiu que sua filha entrasse num sono sonambúlico. Assim, seu Espírito, desprendendo-se do corpo adormecido, se lançou no Espaço e foi admitido nas regiões etéreas, onde entrou em êxtase produzido pela impressão que as harmonias celestes lhe causaram. Foi por isso que exclamou: 'Que música! Que música!' Sentindo-se transportada para regiões cada vez mais elevadas do mundo espiritual, pediu para ser despertada, indicando o meio para isso: a água.

Tudo se faz pela vontade de Deus. O Espírito da sua filha não duvidará mais. Embora não conserve nenhuma lembrança do que se passou, ela sabe agora onde está a verdade. Assim, agradece a Deus os favores que Ele dispensa a essa menina. Agradece-Lhe também por se dignar a fazer com que você conheça cada vez mais a Sua onipotência e a Sua bondade. Que as bênçãos de Deus se derramem sobre você e sobre essa médium, feliz entre mil!"

Comentário de Kardec: *Podemos perguntar que convicção pode ter resultado para aquela moça, se ela não se lembra do que ouviu? Entretanto, se no estado de vigília [acordada] os detalhes se apagaram da sua lembrança, o Espírito se lembra. Ficou para ela uma vaga intuição, que é o suficiente para lhe modificar as ideias. Em vez de se opor, ela aceitará sem dificuldade as explicações que lhe serão dadas, porque as compreenderá e, intuitivamente, vai reconhecê-las como sendo de acordo com o seu pensamento.*

O que se passou nesse fato isolado, no período de alguns minutos, durante a breve excursão que o Espírito daquela jovem realizou pelo mundo espiritual, é semelhante ao que ocorre no intervalo de uma existência para outra, quando o Espírito que reencarna já possui conhecimento sobre um determinado assunto. Ele assimila com facilidade todas as ideias referentes ao assunto, embora não se lembre, como encarnado, a maneira pela qual as adquiriu. Ao contrário, as ideias para as quais ele ainda não está maduro dificilmente entram no seu cérebro.

Assim se explica a facilidade com que certas pessoas assimilam as ideias espíritas. Essas pessoas nada mais fazem do que recordar o que já sabiam. Já nascem espíritas, do mesmo modo que outros nascem poetas, músicos ou matemáticos. Elas compreendem o assunto logo que entram em contato com ele e não necessitam de fatos materiais para se convencerem. É incontestavelmente um sinal de adiantamento moral e do desenvolvimento do seu Espírito.

Na comunicação acima foi dito: "agradece a Deus os favores com que Ele dispensa a essa menina; que as bênçãos de Deus se derramem sobre essa médium, feliz entre mil". Poderíamos supor que essas palavras pudessem indicar a concessão de um favor, de uma preferência, ou de um privilégio. Entretanto, o Espiritismo nos ensina que, sendo Deus soberanamente justo, não existem criaturas privilegiadas; que Ele não facilita o caminho de uns em detrimento de outros. Não pode haver dúvida de que o mesmo caminho está aberto para todos, embora nem todos o percorram com a mesma rapidez e com o mesmo resultado, nem aproveitam igualmente as instruções que recebem. O Espírito da moça em questão, apesar de jovem como encarnado, certamente já viveu muito e progrediu bastante.

Os bons Espíritos, encontrando na jovem receptividade para os seus ensinamentos, ficam satisfeitos em instruí-la, assim como faz o professor com o aluno que possui boas disposições para o estudo. É nesse sentido que ela é uma médium feliz em relação a tantos outros que, para o seu adiantamento moral, não colhem nenhum fruto da mediunidade de que são dotados. Nesse caso, não há nenhum favor e muito menos privilégio; o que existe é recompensa. Se o médium deixasse de ser digno da sua mediunidade, logo os bons Espíritos o abandonariam e ele ficaria cercado por uma multidão de maus Espíritos.

CAPÍTULO 12

A MÚSICA ESPÍRITA

Recentemente, na sede da Sociedade Espírita de Paris, o presidente me deu a honra de solicitar a minha opinião sobre o estado atual da música e as modificações que a influência das crenças espíritas poderia lhe trazer. Por favor, acreditem senhores, se eu não atendi imediatamente a esse amável e simpático convite foi por motivos de ordem superior.

Os músicos, ai de mim! São homens como os outros, mas mais sensíveis e, talvez por isso, mais sujeitos a falir e a pecar. Não fui isento de fraquezas, e se Deus me deu uma vida longa, foi para que eu tivesse mais tempo para me arrepender. Infelizmente, a embriaguez do sucesso, a complacência dos amigos e a bajulação dos cortejadores, muitas vezes, me desviaram do caminho desse arrependimento.

Um maestro é alguém que possui um grande poder neste mundo, onde o prazer desempenha um papel muito importante. Aquele, cuja Arte consiste em seduzir o ouvido, enternecer o coração, depara-se com muitas ciladas em seu caminho, nas quais o infeliz acaba tombando! Embriaga-se com a embriaguez dos outros; os aplausos tapam seus ouvidos, e ele vai direto para o abismo, sem procurar ao menos um ponto de apoio para resistir ao arrastamento.

Entretanto, apesar dos meus erros, eu tinha fé em Deus e acreditava na alma que vibrava dentro de mim. Assim que ela se libertou da sua prisão sonora, rapidamente se reconheceu em meio às harmonias da Criação e confundiu sua prece com as que se elevam da Natureza ao Infinito, da criatura ao Ser incriado!...

Sinto-me feliz pelo sentimento que provocou a minha vinda entre vocês, espíritas, porque ela foi direcionada pela simpatia e, se a princípio fui atraído pela curiosidade, é com gratidão que aprecio a pergunta que me foi feita.

Lá estava eu, pronto para falar, acreditando que sabia tudo, mas quando o meu orgulho foi abatido, pude reconhecer a minha ignorância. Permaneci em silêncio e fiquei atento ao que diziam. Voltei, instruí-me e, quando às palavras de verdade, ditadas pelos mentores da Sociedade Espírita de Paris, se juntaram a reflexão e a meditação, disse a mim mesmo:

"O grande maestro Rossini, o criador de tantas obras-primas, segundo os homens, infelizmente nada mais fez do que colher algumas pérolas, as menos perfeitas, do cenário musical criado pelo Mestre dos maestros [Deus]. Rossini juntou notas, compôs melodias, bebeu da taça que contém todas as harmonias; buscou algumas faíscas do fogo sagrado [inspirações sublimes], mas esse fogo sagrado não foi ele nem outros que o criaram! Nós não criamos nada: copiamos do grande livro da Natureza, e a multidão aplaude, quando não deformamos demais a partitura.

Querem uma dissertação sobre a música celeste? Quem poderia encarregar-se disso? Que Espírito sobre-humano poderia fazer vibrar a matéria em uníssono [conjunto de sons com a mesma entonação] com essa arte encantadora [a música]? Que cérebro humano, que Espírito encarnado poderia captar as diferenças sutis que variam ao Infinito? Quem possui em tal grau o sentimento necessário para captar essa harmonia? Não! O homem não possui semelhantes condições!... Só mais tarde!... Muito mais tarde!...

Se esperarem eu virei, talvez em breve, satisfazer o desejo de vocês e trazer a minha apreciação sobre o estado atual da música e falar das transformações, dos progressos que o Espiritismo poderá fazer com que ela experimente. Hoje, é ainda muito cedo. O assunto é vasto, eu já o estudei, mas ele ainda excede a minha compreensão. Quando eu tiver dominado o tema, se é que vou conseguir, ou melhor, quando eu sentir que o compreendi, tanto quanto gostaria, eu voltarei para satisfazer o pedido de vocês. Peço apenas um pouco mais de tempo. Se apenas um músico pode falar sobre a música do futuro, ele deve fazê-lo como mestre, e Rossini não quer falar dela como um aprendiz".

Rossini (médium: Sr. Desliens)

O silêncio que guardei sobre a questão que o Mestre da Doutrina Espírita me dirigiu [referindo-se a Kardec] já foi explicado. Era conveniente, antes de abordar esse tema tão difícil, reunir os elementos que eu tinha à disposição, memorizá-los e condensá-los. Eu não precisei estudar música, tive apenas que classificar os argumentos com método, a fim de apresentar um resumo capaz de dar uma ideia do que eu entendo sobre a harmonia. Esse trabalho, que eu fiz com muita dificuldade, está concluído, e eu estou pronto a submetê-lo à apreciação dos espíritas.

A harmonia é difícil de definir. Muitas vezes, confundem-na com a música, com os sons que resultam de um arranjo de notas e das vibrações dos instrumentos que executam esse arranjo. A harmonia, porém, não é isso, assim como a chama não é a luz. A chama resulta da combinação de dois gases, por isso ela é tangível. A luz que ela projeta é um efeito dessa combinação, mas não é a própria chama: ela não é tangível. Aqui, o efeito [a luz] é superior à causa [a chama]. Da mesma forma acontece com a harmonia, que é o resultado de um arranjo musical, é um efeito igualmente superior à causa. A causa é material e tangível [os instrumentos musicais]; o efeito é sutil, e não é tangível [a música].

É possível conceber a luz sem a chama, assim como a harmonia sem a música. A alma é apta para perceber a harmonia, mesmo sem a presença de qualquer instrumento, assim como é apta para perceber a luz, independentemente de combinações materiais. A luz é um sentido íntimo que possui a alma; quanto mais desenvolvido for esse sentido, melhor ela percebe a luz.

A harmonia é igualmente um sentido íntimo da alma, e ela percebe a harmonia de acordo com o desenvolvimento desse sentido. Fora do mundo material, ou seja, fora das causas tangíveis, tanto a luz quanto a harmonia são de essência divina. Nós as possuímos em razão dos esforços feitos para adquiri-las. A comparação entre a luz e a harmonia é para que vocês possam me compreender melhor e para explicar que essas duas sublimes satisfações da alma são filhas de Deus e, por consequência, irmãs.

A harmonia do Espaço é tão complexa! Existem muitos graus que eu já conheço e muitos mais ainda que permanecem ocultos para mim no éter infinito. Aquele que estiver colocado num certo nível de percepções sente-se tomado de admiração ao contemplar essas harmonias diversas que, se fossem reunidas, constituiriam a mais insuportável cacofonia [união de sons que geram desarmonia]. Ao passo que, percebidas separadamente, constituem a harmonia particular de cada grau.

Essas harmonias são elementares e grosseiras nos graus inferiores, mas levam ao êxtase nos graus superiores. A mesma harmonia, que desagrada e choca um Espírito que possui percepções sutis, deslumbra um Espírito de percepções grosseiras. Quando é concedido a um Espírito inferior deleitar-se nas maravilhas das harmonias superiores, ele é tomado pelo êxtase, e a prece entra em sua alma. O encantamento arrebata-o para as esferas elevadas do mundo moral, onde ele vive uma vida superior à sua, desejando continuar vivendo sempre assim. Entretanto, quando a harmonia deixa de penetrá-lo, ele desperta, ou melhor, adormece. Em todo o caso, ele retorna à realidade da sua situação e, cheio de pesar por ter voltado, eleva uma prece ao Eterno pedindo forças para tornar a subir. É um meio de estimulá-lo a se melhorar.

Não tentarei explicar os efeitos musicais que o Espírito produz quando atua sobre o éter, mas posso dizer que o Espírito produz os sons que quer, mas ele não pode querer o que não sabe. Ora, aquele que compreende muito, que possui a harmonia em si, e dela está saturado, desfruta ele próprio do seu sentido íntimo, que para ele não é impalpável. Essa ideia abstrata, que é a compreensão da harmonia, age quando quer sobre o fluido cósmico universal, que, por ser um instrumento fiel, reproduz o que o Espírito concebe e deseja.

O éter vibra sob a ação da vontade do Espírito. A harmonia que o Espírito traz dentro de si concretiza-se, por assim dizer, e se exala doce e suave como o perfume da violeta, ou ruge como a tempestade, produz o estampido do raio, ou os queixumes da brisa. Essa harmonia é rápida como o relâmpago, ou lenta como a nuvem; é entrecortada como o soluço, ou uniforme como a grama; é desordenada como a cascata, ou calma como um lago; ela murmura como um riacho, ou ronca como uma torrente.

Ora ela tem a aspereza agreste das montanhas, ora o frescor de um oásis; ela é alternadamente triste e melancólica como a noite, jovial e alegre como o dia; é inconstante como a criança, consoladora como a mãe e protetora como o pai. É desordenada como a paixão, límpida como o amor e "grandiosa como a Natureza". Quando a harmonia chega a ser grandiosa como a Natureza, ela se confunde com a prece, glorifica a Deus e leva ao deslumbramento aquele que a produz ou a concebe.

Oh! Comparação! Comparação! Por que somos obrigados a usá-la? Por que temos que nos curvar as suas necessidades degradantes e tomar emprestado, da Natureza tangível, imagens grosseiras para que possamos compreender a sublime harmonia na qual se deleita o Espírito? Mesmo assim, apesar das comparações, não se consegue dar uma ideia do que seja esse estado do qual o Espírito desfruta. Pode-se dizer que ele é um "sentimento" quando é "causa" e é uma "sensação" quando se torna "efeito".

O Espírito que tem o sentimento da harmonia se assemelha com aquele que adquiriu grande quantidade de saber. Ambos desfrutam constantemente da propriedade inalienável que conquistaram. O Espírito inteligente, que ensina o que aprendeu para aqueles que ignoram, experimenta a felicidade de ensinar porque sabe que torna felizes aqueles a quem instrui. O Espírito que faz ressoar no éter os acordes da harmonia que traz em si experimenta a felicidade de ver satisfeitos aqueles que o escutam.

A harmonia, a ciência [o saber] e a virtude são as três grandes criações do Espírito. A harmonia, o deslumbra; a ciência, o esclarece; a virtude, o eleva. Quando possuídas em toda a sua plenitude, as três se confundem e constituem a pureza. Espíritos puros, vocês que as possuem, desçam até as nossas trevas e iluminem o nosso caminho. Mostrem-nos a trilha que tomaram, para que possamos seguir os seus passos!

Quando penso que esses Espíritos, cuja existência eu consigo compreender, são seres finitos, átomos, se comparados ao eterno Senhor do Universo, a minha razão se confunde ao pensar na grandeza de Deus e na felicidade infinita que Ele desfruta em si mesmo, pelo fato de a Sua pureza ser infinita, visto que tudo o que a criatura adquire é uma parcelas que emana do Criador. Ora, se essa parcela chega a fascinar pela vontade, a cativar e a encantar pela suavidade e a deslumbrar pela virtude, o que não produzirá na fonte eterna e infinita de onde ela emana? Se o Espírito, que é um ser criado, pode extrair da sua pureza tanta felicidade, o que pensar da felicidade que o Criador pode extrair da Sua pureza absoluta? Esse é um problema eterno!

O compositor que conhece a harmonia pode traduzi-la na linguagem grosseira que se chama música. Ele concretiza a sua ideia e a escreve. O artista aprende a forma e serve-se do instrumento que lhe permite transmitir a ideia. O ar, posto em movimento pelo instrumento, transporta a música até o ouvido do ouvinte que, por sua vez, a transmite à alma. O compositor, no entanto, é impotente para exprimir plenamente a harmonia que concebeu, por falta de uma linguagem adequada.

Aquele que executa, por sua vez, não pode compreender toda a ideia que foi escrita, e o instrumento indócil do qual ele se serve não lhe permite transmitir tudo o que compreendeu. O ouvido é afetado pelo ar grosseiro que o cerca, e a alma acaba recebendo por esse órgão limitado da audição uma péssima tradução da ideia que nasceu na alma do compositor. A ideia era um sentimento íntimo do compositor, que, mesmo deturpada pelos instrumentos e pela percepção, ainda produz sensações naqueles que a ouvem traduzida. Essas sensações são a harmonia.

A música as produziu, e as harmonias são os seus efeitos. A música é posta a serviço do sentimento para produzir a sensação. No compositor, o sentimento é a harmonia; no ouvinte, a sensação também é harmonia, com a diferença de que a música é concebida por um [compositor] e recebida pelo outro [o ouvinte]. A música é o *médium* da harmonia; ela recebe a harmonia e a transmite, assim como o refletor é o *médium* da luz, e como você é o *médium* dos Espíritos.

A música é transmitida mais ou menos deformada, conforme é bem ou mal executada, do mesmo modo que o refletor transmite a luz com maior ou menor intensidade, conforme esteja mais ou menos brilhante e polido; assim também ocorre com o *médium* que transmite com maior ou menor fidelidade os pensamentos do Espírito, conforme seja mais ou menos flexível.

Agora que está bem compreendido o significado da harmonia, que já se sabe que ela é concebida pela alma e transmitida para a alma, será mais fácil compreender a diferença que existe entre a harmonia da Terra e a do Espaço.

No mundo de vocês, tudo é grosseiro: tanto o instrumento de tradução quanto o de percepção. Entre nós, tudo é sutil: vocês têm o ar, nós temos o éter; vocês têm os órgãos que obstruem e encobrem a percepção; em nós, a percepção é direta e nada pode obstruí-la. Entre vocês, o autor é interpretado; entre nós, ele se expressa sem intermediário e numa linguagem que exprime todas as concepções. Apesar disso, essas harmonias têm a mesma origem, como a luz da Lua tem a mesma origem que a do Sol. A harmonia da Terra é um reflexo da harmonia do Espaço.

A harmonia é tão indefinível quanto a felicidade, o medo, a cólera: ela é um sentimento. Somente aquele que a possui pode compreendê-la, e só a possui aquele que a tiver adquirido. O homem que é alegre não sabe explicar a sua alegria, assim como o medroso não sabe explicar por que tem medo. Eles podem dizer o que lhes causou esses sentimentos, mas não conseguem explicá-los. O mesmo acontecimento que causa alegria para uma pessoa nada produzirá em outra; aquilo que é objeto de medo para uns pode despertar a coragem em outros.

Assim, as mesmas causas podem produzir efeitos desiguais, coisa que não acontece com a Física, mas acontece com a Metafísica. Isso ocorre porque o sentimento é propriedade da alma, e as almas diferem de sensibilidade entre si, de impressionabilidade [umas se impressionam com mais facilidade] e de liberdade.

A música, que é a causa secundária da harmonia percebida, sensibiliza uns e deixa outros frios e indiferentes. É porque os primeiros estão em condição de receber a impressão produzida pela harmonia, ao passo que os segundos estão em estado oposto. Eles escutam o ar que vibra, mas não compreendem a ideia que ele lhes proporciona. Portanto, para uns a música causa tédio e faz dormir, enquanto para outros ela entusiasma e faz chorar de emoção.

É evidente que o homem que desfruta das delícias da harmonia é mais elevado e purificado do que aquele em que a harmonia não consegue penetrar; sua alma está mais apta a sentir, pois ela se desprende com mais facilidade. A própria harmonia ajuda a alma a se desprender, transportando-a às alturas, de onde ela pode ver melhor o mundo moral. Podemos concluir daí que a música é essencialmente moralizadora porque carrega a harmonia, que eleva e engrandece as almas.

A influência da música sobre a alma e sobre o seu progresso moral é reconhecida por todo o mundo, mas a razão dessa influência geralmente é ignorada. A explicação está, principalmente, no fato de que a harmonia coloca a alma sob o domínio de um sentimento que a desmaterializa. Esse sentimento existe num determinado grau, mas desenvolve-se sob a ação de um sentimento similar mais elevado. Aquele que não possui esse sentimento, a ele será conduzido gradativamente e acabará por se deixar dominar, ou melhor, será arrastado para o mundo ideal. Lá, ele esquecerá, por um instante, a sua preferência pelos prazeres grosseiros em detrimento da harmonia divina.

Se considerarmos que a harmonia é dependente da condição do Espírito, deduziremos que a música exerce uma influência benéfica sobre a alma, e a alma que a concebe também exerce a sua influência sobre a música. A alma virtuosa, que tem paixão pelo bem, pelo belo, pelas coisas superiores e que adquiriu harmonia, produzirá obras-primas capazes de penetrar as almas mais obstinadas e comovê-las.

Se o compositor não tem a alma elevada, como vai exprimir a virtude que ele despreza, o belo que ele ignora ou o sublime que ele não compreende? Suas composições serão o reflexo dos seus gostos sensuais, da sua leviandade e da sua indiferença. Ora serão indecentes, ora obscenas, ora cômicas, e até burlescas [provocam o riso pelo ridículo]. Esses compositores só podem passar aos seus ouvintes os sentimentos dos quais são portadores. Assim, eles vão perverter, em vez de aperfeiçoar, as pessoas que os escutam.

Ao moralizar os homens, o Espiritismo pode exercer uma grande influência sobre a música, pois ele vai produzir um número maior de compositores virtuosos, que irão compartilhar suas virtudes por meio de suas composições. A consequência disso é que vamos rir menos e chorar mais. O riso será substituído pela emoção, a feiura pela beleza, e o cômico pelo grandioso. Por outro lado, os ouvintes que o Espiritismo vai preparar para receber mais facilmente a harmonia sentirão um verdadeiro encantamento ao ouvir uma música séria. Desprezarão a música leviana que hoje ofende o pudor e atrai as massas. Quando o grotesco e o obsceno forem substituídos pelo belo e pelo bem, os compositores dessa espécie desaparecerão, porque, sem ouvintes, eles nada ganharão, e é para ganhar que eles se corrompem.

Sim, o Espiritismo terá grande influência sobre a música, e não poderia ser diferente. Sua chegada mudará a arte, depurando-a. Tendo em vista que a sua fonte é divina, a sua força vai levar a música por toda parte onde houver homens para amar, para elevar-se e para compreender. O Espiritismo se tornará o ideal e o objetivo dos artistas. Pintores, escultores, compositores e poetas irão buscar nele as suas aspirações, e ele os atenderá, porque é rico e inesgotável.

O Espírito do maestro Rossini virá, em nova existência, continuar a arte que ele considera a primeira de todas. O Espiritismo será o seu símbolo e o inspirador de suas composições.

Rossini (médium: Sr. Nivart)

CAPÍTULO 13

A ESTRADA DA VIDA

Há muito tempo, os filósofos se preocupam com a questão da pluralidade das existências [reencarnação]. Mais de um reconheceu, na preexistência da alma, a única solução possível para os mais importantes problemas da Psicologia. Sem esse princípio, eles se viram presos num impasse do qual só puderam sair admitindo a pluralidade das existências. A maior objeção que se pode fazer a essa teoria [a da reencarnação] é o esquecimento das vidas anteriores. Senão vejamos:

1. Trata-se de uma sucessão de existências onde uma não tem consciência das outras.

2. Deixar um corpo para tomar outro sem a lembrança do passado equivaleria ao nada, visto que não teríamos nada no pensamento referente ao que vivemos.

3. Seria uma série de novos pontos de partida, sem ligação com os anteriores.

4. Seria uma "ruptura" incessante de todas as afeições que constituem o encanto da vida presente, que é a mais doce e a mais consoladora esperança do futuro.

5. Seria, enfim, a negação de toda responsabilidade moral.

Semelhante doutrina seria tão inadmissível e tão incompatível com a Justiça de Deus quanto a teoria da existência única, em que a alma sofre penas eternas em virtude de algumas faltas temporárias. É fácil compreender por que aqueles que fazem uma ideia tão distorcida, como a que foi descrita acima, não aceitem a reencarnação. O Espiritismo, no entanto, nos apresenta a ideia da encarnação de outra forma.

A Doutrina Espírita nos ensina que a existência espiritual da alma é a sua existência normal, verdadeira, onde ela pode se lembrar das existências anteriores, mas de forma indefinida. As existências em corpo físico são meros intervalos que correspondem a períodos curtos da existência espiritual. A soma de todos esses períodos representa apenas uma parcela mínima da existência normal, exatamente como se, numa viagem de muitos anos, parássemos de tempos em tempos durante algumas horas. Mesmo que pareça haver uma interrupção durante as existências em corpo físico, a ligação se reestabelece no curso da vida espiritual, que não sofre interrupção. Na realidade, a interrupção da continuidade só existe durante o período em que estamos encarnados, nos relacionando com os outros encarnados.

A ausência da lembrança das vidas passadas prova a sabedoria da Providência, que, desse modo, evita que o homem seja demasiadamente desviado da vida real, onde tem deveres a cumprir. Quando o corpo se acha em repouso, durante o sono, a alma readquire em parte a sua liberdade e restabelece a cadeia, interrompida apenas durante o período em que estamos acordados.

A tudo isso ainda se pode fazer uma objeção: que proveito podemos tirar das existências anteriores, para o nosso aperfeiçoamento, se não nos lembramos das faltas cometidas? O Espiritismo nos elucida ao responder que a lembrança de existências infelizes, somadas às misérias da vida presente, tornaria a vida atual ainda mais penosa. Deus, portanto, quis poupar às Suas criaturas de um acréscimo de sofrimento. Se não fosse assim, qual não seria a nossa humilhação ao pensar no que já fomos! Para o nosso aperfeiçoamento, essa recordação seria inútil.

Durante cada existência, sempre damos alguns passos à frente: adquirimos algumas qualidades e nos despojamos de algumas imperfeições. Assim, cada nova existência representa um novo ponto de partida, em que somos o fruto daquilo que fizemos em encarnações anteriores, não importando o papel que desempenhamos. Se, numa existência anterior, fomos antropófagos [aqueles que se alimentam de carne humana], o que isso pode importar se hoje não somos mais? Se tivemos algum defeito e dele não possuímos nenhum vestígio, é porque a conta já foi paga, por isso ele não deve ser motivo de nossa preocupação.

Vamos supor, ao contrário, que se trata de uma imperfeição que foi corrigida apenas parcialmente. Ela se manifestará na existência seguinte, e teremos que fazer tudo o que estiver ao nosso alcance para nos livrarmos dela por completo. Vamos tomar um exemplo: um homem foi assassino e ladrão e foi punido tanto na vida corpórea quanto na vida espiritual. Ele se arrependeu e se corrigiu da tendência de ser um assassino, mas não se arrependeu de ter sido um ladrão. Na existência seguinte, ele será apenas ladrão, talvez um grande ladrão, mas não será mais assassino. Um passo mais para frente e, em outra existência, ele continuará ainda a ser ladrão, mas num grau menor e, um pouco mais adiante, não roubará mais, mesmo que sinta vontade de fazê-lo, pois a sua consciência o impedirá.

A ESTRADA DA VIDA

Depois de um último esforço, todo vestígio da enfermidade moral terá desaparecido, e esse homem será um modelo de honestidade e honradez. O que lhe importa agora saber o que foi? A lembrança de ter morrido na cadeia não seria para ele uma tortura, uma humilhação constante?

Apliquem esse raciocínio a todos os vícios, a todas as faltas, e vocês verão como a alma evolui a cada encarnação [abandonando gradativamente todas as suas imperfeições]. Deus não terá sido mais justo permitindo que o homem seja o responsável por sua própria sorte? Não terá Ele sido mais digno permitindo que o homem tivesse a oportunidade de se melhorar pelo seu próprio esforço? Será que haveria justiça por parte de Deus em fazer com que a alma do homem nascesse ao mesmo tempo em que o corpo, condenando-o a tormentos eternos, por erros passageiros, sem dar a ele os meios para que se depurasse das suas imperfeições?

Pela pluralidade das existências [reencarnação], o futuro do homem está em suas próprias mãos. Se ele leva muito tempo para se melhorar, ele mesmo sofre as consequências desse proceder. É a suprema Justiça se manifestando, mas a esperança jamais lhe será negada.

A comparação que segue nos ajudará a compreender melhor as aventuras da alma. Suponhamos uma estrada longa, em cujo percurso encontramos florestas que surgem, em intervalos desiguais, e que precisam ser atravessadas. No início de cada uma, a estrada, que era bela e larga, é interrompida para só continuar bela e larga novamente na saída. Um viajante segue por essa estrada e entra na primeira floresta. Lá, não encontra nenhum caminho, a não ser um labirinto que o deixa desorientado e ele se perde. A claridade do Sol desaparece sob a espessa camada de folhas formada pelas árvores. Ele caminha sem rumo e, depois de muita fadiga, chega aos confins da floresta, exausto, todo arranhado pelos espinhos e com os pés machucados pelas pedras. Nesse lugar, ele reencontra a estrada bela e larga e prossegue o seu caminho, tratando de curar suas feridas.

Mais adiante, ele se depara com uma nova floresta, onde o esperam as mesmas dificuldades. Como ele possui alguma experiência, consegue atravessá-la sem se ferir muito. Em outra, encontra um lenhador que lhe indica o caminho, e ele atravessa sem se perder. A cada nova travessia, aumenta a sua habilidade, e ele consegue transpor os obstáculos com mais facilidade. Certo de que vai encontrar novamente a estrada bela e larga, ele segue com mais confiança. Finalmente, ele consegue se orientar e achar a saída mais depressa. A estrada termina no cume de uma montanha muito alta, de onde ele pode ver todo o trajeto percorrido. Vê também as diferentes florestas que atravessou e recorda-se das dificuldades pelas quais passou. Essa lembrança, porém, não lhe é penosa, porque chegou ao seu destino. É como o velho soldado que, na calma do lar, recorda as batalhas pelas quais passou.

As florestas espalhadas ao longo da estrada são para ele como pontos negros sobre uma fita branca, e ele diz para si mesmo: "quando eu estava naquelas florestas, principalmente nas primeiras, como me pareciam longas as travessias! Eu achava que nunca chegaria ao fim; tudo ao meu redor parecia gigantesco e intransponível. Às vezes, penso que, se eu não tivesse encontrado aquele bom lenhador, que me ensinou o caminho, talvez eu ainda estivesse lá! Mas agora, que as contemplo daqui onde estou, como elas me parecem pequenas! É como se eu pudesse atravessá-las com um simples passo; a minha visão as penetra, e eu consigo distinguir todos os seus detalhes e até ver os caminhos errados que tomei".

Então um velho lhe diz:

— Meu filho, você chegou ao fim da sua viagem; entretanto, um repouso eterno lhe causaria um tédio mortal e logo você teria saudades dos problemas que enfrentou e que davam atividade a seus membros e a sua mente. Daqui, é possível ver um grande número de viajantes na mesma estrada que você percorreu e que, como você, correm o risco de se perder; você tem experiência e nada mais deve temer; vai ao encontro deles e procura guiá-los com os seus conselhos, a fim de que cheguem mais depressa.

— Irei com alegria — responde o homem. — Mas por que não existe uma estrada direta do ponto de partida até aqui? Isso pouparia aos viajantes o incômodo de atravessar aquelas abomináveis florestas.

— Meu filho — explica o velho — presta atenção e você vai ver que muitos evitam atravessar algumas delas; são aqueles que, tendo adquirido mais cedo a experiência necessária, sabem escolher um caminho mais direto e mais curto para chegarem até aqui. Essa experiência é fruto do trabalho que tiveram nas primeiras travessias, de sorte que eles chegam aqui em virtude do próprio mérito. O que você saberia se não tivesse passado por aqueles caminhos? A atividade que você teve que desenvolver e os recursos de imaginação que teve que empregar para descobrir um caminho serviram para aumentar os seus conhecimentos e desenvolver a sua inteligência. Sem isso, você seria hoje tão inexperiente como no dia da partida. Além disso, procurando vencer os trechos difíceis, você contribuiu para o melhoramento das florestas que precisou atravessar.

O que você fez foi pouca coisa, quase imperceptível, mas pensa nos milhares de viajantes que fazem o mesmo e que, trabalhando para si próprios, trabalham, sem perceberem, para o bem comum. Não lhe parece justo que eles recebam o salário pelos seus esforços no repouso que desfrutam aqui? Que direito teriam de repousar se nada tivessem feito?

— Meu pai — responde o viajante — numa daquelas florestas *eu encontrei um homem que me disse:* "nos confins da floresta há um imenso abismo que é preciso transpor com um salto apenas, mas, dentre mil viajantes, somente um consegue pular. Todos os outros caem no precipício, numa fornalha ardente, e se perdem para sempre, sem conseguirem mais sair". Eu, porém, não vi esse abismo.

— Meu filho, é porque ele não existe. Se ele existisse, seria uma armadilha abominável preparada para todos os viajantes que vêm para cá. Sei perfeitamente que eles terão que vencer muitas dificuldades, mas sei também que, cedo ou tarde, eles vencerão. Se eu tivesse criado dificuldades para um só homem que fosse, sabendo que ele iria sucumbir, eu teria praticado uma crueldade, que seria muito mais terrível ainda se ela fosse aplicada a um grande número de viajantes. Esse abismo é uma alegoria, cuja explicação eu vou lhe dar: olha para a estrada e observa os intervalos entre uma floresta e outra. Entre os viajantes, é possível perceber que alguns caminham lentamente, com um ar de satisfação. Observa também aqueles amigos que tinham se perdido, uns dos outros, no labirinto da floresta: vê como eles estão felizes por terem se reencontrado ao sair dela.

Ao lado deles, existem outros que se arrastam penosamente, estão estropiados e imploram a compaixão dos que passam, visto que sofrem terrivelmente com os ferimentos que adquiriram, por culpa própria, ao passar pelos espinhos. No entanto, eles vão se curar, e isso lhes será uma lição da qual vão tirar proveito quando atravessarem a floresta seguinte, de onde sairão menos machucados. O abismo é uma figura que simboliza os males que eles experimentam, e, ao dizer que de mil apenas um consegue transpô-lo, aquele homem que você encontrou tinha razão, porque o número dos imprudentes é muito grande. Apesar disso, aquele homem errou quando disse que aquele que cai no abismo de lá não consegue mais sair. Para chegar a mim, aquele que cai sempre encontra uma saída. Vai, meu filho, vai mostrar a saída para aqueles que estão no fundo do abismo; vai amparar os que estão feridos na estrada e mostrar o caminho para aqueles que estão perdidos na floresta.

A estrada é a imagem da vida espiritual da alma, em cujo percurso ela é mais ou menos feliz. As florestas são as existências em corpo físico, em que ela trabalha pelo seu adiantamento e, ao mesmo tempo, para a obra geral. O viajante que chega ao destino e volta para ajudar os retardatários simboliza os anjos da guarda, que são os missionários de Deus. Eles sentem-se felizes em contemplá-Lo e com a atividade que desenvolvem para fazer o bem em obediência ao supremo Senhor.

CAPÍTULO 14

AS CINCO ALTERNATIVAS DA HUMANIDADE

1. A DOUTRINA MATERIALISTA
2. A DOUTRINA PANTEÍSTA
3. A DOUTRINA DEÍSTA
4. A DOUTRINA DOGMÁTICA
5. A DOUTRINA ESPÍRITA

Poucos são aqueles que vivem sem a preocupação do dia de amanhã. Ora, se nos preocupamos com o que pode acontecer depois de um dia de vinte e quatro horas, com muito mais forte razão devemos nos preocupar com o que nos acontecerá depois do último dia da nossa vida, pois que não se trata mais de alguns minutos, mas, sim, da eternidade. Continuaremos vivendo ou não depois da morte? Não há meio-termo, é uma questão de vida ou de morte; temos apenas uma alternativa, por isso ela é muito importante.

Se interrogarmos o sentimento íntimo das pessoas quanto a isso, todas responderão: "viveremos!" Essa esperança é para elas um consolo. Entretanto, uma pequena minoria se esforça, sobretudo de uns tempos para cá, para lhes provar que elas não viverão. É preciso reconhecer que essa escola fez seguidores, principalmente entre aqueles que, temendo a responsabilidade pelo futuro, acham mais cômodo desfrutar o presente, sem restrições e sem se preocuparem com a perspectiva das consequências. Essa, porém, é a opinião de uma minoria.

Se vamos viver, como será essa vida? Em que condições ela se dará? Sobre esse ponto, os sistemas variam de acordo com as crenças religiosas e filosóficas. No entanto, todas as opiniões sobre o futuro dos homens podem ser reduzidas a cinco alternativas principais, que vamos analisar sumariamente, para que a compreensão se torne mais fácil e para que cada um possa escolher a alternativa que lhe pareça mais racional e que melhor corresponda às suas aspirações pessoais e às necessidades da sociedade.

165

AS CINCO ALTERNATIVAS DA HUMANIDADE

As cinco alternativas são as que resultam das doutrinas do *materialismo*, do *panteísmo*, do *deísmo*, do *dogmatismo* e do *Espiritismo*.

1. A DOUTRINA MATERIALISTA

Segundo a doutrina materialista, a inteligência do homem é uma propriedade da matéria, portanto, nasce e morre com o corpo físico. O homem *não existia antes nem existirá depois* da vida corpórea.

Consequências: sendo o homem apenas matéria, a única coisa que ele realmente deseja é desfrutar dos prazeres materiais. As afeições morais são transitórias; os laços morais são rompidos para sempre com a morte; as misérias da vida não têm compensação; o suicídio acaba sendo o fim racional e lógico da existência, quando não há perspectiva de melhora para os sofrimentos. Torna-se inútil combater as más tendências. Cada um deve viver pensando somente em si e do melhor modo possível enquanto estiver encarnado. É estupidez se incomodar e sacrificar seu repouso e bem-estar por causa dos outros, ou seja, por criaturas que também serão destruídas e que ninguém tornará a ver. Os deveres sociais não têm razão de ser, visto que o bem e o mal são meras convenções. O único freio social é a autoridade material da Lei civil.

Comentário de Kardec: *Talvez seja útil lembrar, aos nossos leitores, algumas passagens de um artigo que publicamos sobre o materialismo na Revista Espírita de agosto de 1868: "O materialismo e o direito".*

"O materialismo, exibindo-se como nunca havia feito em época alguma e colocando-se como regulador supremo dos destinos morais da Humanidade, não fez mais do que assustar as massas pelas consequências inevitáveis de suas doutrinas com relação à ordem social. Por esse motivo provocou, em favor das ideias espiritualistas, uma reação enérgica, que serviu para provar que ele está longe de possuir as simpatias que supõe e que se ilude esperando poder um dia impor as suas Leis ao mundo.

Seguramente as 'crenças espiritualistas dos tempos passados' [as que a Igreja sustenta até hoje] são insuficientes para este século. Elas já não estão mais no nível intelectual da nossa geração. Em muitos pontos, elas entram em contradição com os dados que a Ciência já comprovou estarem certos. Elas transmitem à mente ideias incompatíveis com a exigência do positivo, ou seja, de compreender as coisas que predominam na sociedade moderna. Além disso, cometem o erro imenso de se imporem pela 'fé cega' e de condenarem o livre-exame. Este é, sem a menor sombra de dúvida, o responsável pelo aumento da incredulidade no maior número de pessoas.

É evidente que se os homens fossem alimentados desde a infância com ideias que mais tarde pudessem ser confirmadas pela razão, não haveria incrédulos. As pessoas que voltaram a ter fé, graças ao Espiritismo, nos disseram: 'Se tivessem nos apresentado, desde o início, Deus, a alma e a vida futura de uma maneira racional, jamais teríamos duvidado!'

O fato de um princípio receber uma aplicação má ou falsa é motivo para que ele seja rejeitado? As coisas espirituais são como a legislação de todas as instituições sociais, ou seja, precisam ser adaptadas aos tempos, sob pena de sucumbir. Mas em vez de apresentar algo melhor que o velho espiritualismo clássico, o materialismo preferiu suprimir tudo, o que o dispensava de qualquer busca. Era mais cômodo deixar isso para aqueles a quem a ideia de Deus e da vida futura incomodavam. O que se pensaria de um médico que, achando que o regime alimentar de um convalescente não é bastante substancial para o seu temperamento, lhe prescrevesse não comer absolutamente nada?

O que mais nos causa admiração é o fato de encontrar, na maioria dos materialistas da escola moderna, um espírito de intolerância sem limites, logo eles que reivindicam sem cessar o direito de liberdade de consciência [...].

Há, neste momento, da parte de um certo partido, um clamor contra as ideias espiritualistas em geral e que abrange naturalmente o Espiritismo. O que os materialistas buscam não é um Deus melhor e mais Justo, e sim o Deus-matéria, que não os incomoda porque não precisam prestar-lhe contas de coisa alguma. Ninguém contesta aos que seguem o materialismo o direito de ter a sua opinião e de discutir as opiniões contrárias. O que não se pode admitir, no entanto, é que eles tenham a pretensão, no mínimo singular para homens que se apresentam como apóstolos da liberdade, de impedir que outros acreditem da forma que lhes aprouver e de impedir que discutam sobre as doutrinas das quais eles não compartilham.

Intolerância por intolerância, tanto vale a das velhas crenças como a do moderno materialismo, ou seja, uma não vale mais do que a outra."

2. A DOUTRINA PANTEÍSTA

O princípio inteligente, ou alma, independe da matéria, tem a sua origem no Todo Universal. Ele se individualiza em cada ser durante a vida e volta, por ocasião da morte, à massa comum, como as gotas de chuva voltam ao oceano.

Consequências: sem individualidade e sem a consciência de si mesmo, é como se a criatura não existisse. As consequências morais dessa doutrina são exatamente as mesmas que a da doutrina materialista.

Comentário de Kardec: *Alguns panteístas admitem que a alma, tendo a sua origem no Todo Universal, conserva sua individualidade por tempo indefinido e que somente volta à massa comum depois de ter atingido os últimos degraus da perfeição. As consequências dessa variante da doutrina panteísta são absolutamente as mesmas que as da doutrina panteísta propriamente dita. É totalmente inútil que alguém se dê ao trabalho de adquirir conhecimentos cuja consciência terá que perder, quando a alma desaparecer, dentro de um tempo relativamente curto, ao retornar para o Todo Universal de onde saiu.*

Se, de uma forma geral, a alma se recusa a aceitar a ideia da doutrina panteísta, quanto mais difícil não será para ela aceitar que, depois de ter atingido o conhecimento e a perfeição suprema, está condenada a perder o fruto de todos os seus esforços com a perda da sua individualidade.

3. A DOUTRINA DEÍSTA

O **deísmo** compreende duas categorias bem distintas de crentes: os *deístas independentes* e os *deístas providenciais*.

Observação
Deísmo: Doutrina filosófica e religiosa que admite a existência de Deus, mas rejeita qualquer espécie de dogma ou de religião organizada.

Os deístas independentes acreditam em Deus e admitem todos os Seus atributos como Criador. Deus, dizem eles, estabeleceu as Leis gerais que regem o Universo, mas essas Leis, uma vez estabelecidas, funcionam por si mesmas, e seu Autor não se ocupa mais com elas. As criaturas fazem o que querem ou o que podem, sem que Ele se importe com isso. Não existe providência e, como Deus não se interessa por nós, nada temos a Lhe pedir nem a Lhe agradecer.

Aqueles que negam a intervenção providencial na vida do homem agem como as crianças que se julgam muito ajuizadas para se libertarem da tutela, dos conselhos e da proteção dos pais. Esses negadores pensam que os pais não deveriam mais se ocupar com eles depois que os colocam no mundo. Sob o pretexto de glorificarem a Deus, grande demais, dizem eles, para se abaixar até as Suas criaturas, fazem Dele um grande egoísta e O rebaixam até o nível dos animais, que abandonam as suas crias à natureza.

Essa crença é fruto do orgulho e traz consigo o pensamento de que estamos submetidos a um poder superior que fere o nosso amor-próprio e do qual é preciso se libertar. Enquanto uns negam veementemente esse poder superior, outros reconhecem a sua existência, mas entendem que ele é nulo.

Há uma diferença essencial entre o *deísta independente*, do qual acabamos de falar, e o *deísta providencial*. Este último acredita na existência e no poder criador de Deus, na origem das coisas, e que Deus intervém incessantemente na Criação, por isso a Ele dirige as suas preces. Entretanto, não admite o culto exterior (crença em estátuas, rituais etc.) nem o **dogmatismo** atual.

Observação

Dogmatismo: Sistema daqueles que não aceitam discutir aquilo que alegam ou afirmam. Seus princípios são inquestionáveis.

4. A DOUTRINA DOGMÁTICA

A alma é independente da matéria e é criada por ocasião do nascimento de cada criatura. Ela sobrevive à morte do corpo físico e conserva a sua individualidade, mas, após a morte, o seu destino é irrevogavelmente fixado. Os seus progressos anteriores são nulos, ou seja, ela será por toda a eternidade, intelectual e moralmente, da mesma forma como era durante a vida.

Os maus serão condenados a irem para o Inferno, onde sofrerão castigos perpétuos e não receberão o perdão. O arrependimento para eles se torna completamente inútil. Assim, parece que Deus se recusa a reparar o mal que eles fizeram. Já os bons são recompensados com a visão de Deus e com a contemplação perpétua do Céu. Os casos que podem merecer o Céu ou o Inferno, por toda a eternidade, são deixados à decisão de homens falíveis, aos quais é dado o poder de absolver ou condenar.

Comentário de Kardec: *Se, contra a proposição de que homens falíveis podem condenar ou absorver, alegassem que é Deus quem julga em última instância, poderíamos perguntar: que valor tem a decisão proferida pelos homens, uma vez que ela pode ser anulada?*

A doutrina dogmática ensina que, depois da morte, ocorre a separação definitiva e absoluta entre os condenados e os eleitos, sendo que os condenados não recebem socorros morais nem consolações. Ensina também que os anjos são almas privilegiadas, que não precisam trabalhar para chegar à perfeição, e assim por diante.

Consequências: essa doutrina deixa sem solução os seguintes problemas:

1. De onde vêm as aptidões de nascença, tanto intelectuais quanto morais, que fazem com que os indivíduos nasçam bons ou maus, inteligentes ou débeis mentais?

2. Qual o destino das crianças que morrem em tenra idade? Por que elas vão para uma vida bem-aventurada sem ter precisado trabalhar durante longos anos como os outros? Por que são recompensadas, se não tiveram a oportunidade de fazer o bem? Por que são privadas da felicidade completa, se não fizeram o mal?

3. Qual o destino dos deficientes mentais que não têm consciência de seus atos?

4. Onde está a Justiça na miséria e nas doenças de nascença, se não são consequências de nenhum ato da vida presente?

5. Qual o destino dos selvagens e de todos aqueles que morrem no estado de inferioridade moral, em que a sua própria natureza os colocou, se eles não têm a oportunidade de progredirem mais tarde?

6. Por que Deus cria almas mais favorecidas do que outras?

7. Por que Deus chama para Si, de forma prematura, aqueles que poderiam ter se aperfeiçoado se tivessem vivido mais tempo, visto que não lhes é permitido progredirem depois da morte?

8. Por que Deus criou anjos que conseguiram atingir o estado de perfeição sem trabalhar, ao passo que outras criaturas precisam passar pelas mais rudes provações, onde a possibilidade de sucumbir é muito maior do que a de saírem vitoriosas?

E assim por diante...

5. A DOUTRINA ESPÍRITA

O princípio inteligente [o Espírito] é independente da matéria. A alma, que é um ser individual, preexiste e sobrevive à morte do corpo físico. O ponto de partida é o mesmo para todas as almas, sem exceção. Todas são criadas simples e ignorantes e estão sujeitas ao progresso ilimitado. Não existem criaturas privilegiadas ou mais favorecidas do que outras. Os anjos são seres que chegaram à perfeição depois de terem passado, como todas as outras, por todos os graus da inferioridade. As almas ou Espíritos progridem mais ou menos rapidamente em virtude do seu livre-arbítrio e à custa do seu próprio esforço e boa vontade.

A vida espiritual é a vida normal, verdadeira (Espírito desencarnado). A vida em corpo físico (Espírito encarnado) é uma fase temporária da vida do Espírito, durante a qual ele se reveste temporariamente de um envoltório material (corpo físico), do qual se despoja por ocasião da morte.

O Espírito progride tanto no mundo material (encarnado) quanto no mundo espiritual (desencarnado). O estágio no corpo físico é necessário ao Espírito até que ele atinja um determinado grau de perfeição. Seu progresso é conseguido por meio do trabalho a que se vê obrigado a executar para suprir as suas próprias necessidades, adquirindo assim conhecimentos práticos especiais.

Como numa única existência não é possível ao Espírito adquirir todas as perfeições, ele reencarna tantas vezes quantas lhe forem necessárias. Assim, a cada reencarnação, ele traz consigo o progresso que realizou nas existências anteriores e na vida espiritual. Quando o Espírito adquire, num determinado mundo, tudo o que lhe é possível obter, deixa-o e vai para outro mundo mais adiantado intelectual e moralmente e, por consequência, menos material. Isso ocorre de maneira sucessiva até que ele consiga atingir a perfeição, que é possível para toda a criatura.

O estado de felicidade ou de infelicidade dos Espíritos é inseparável do seu adiantamento moral. A punição que sofrem é consequência da sua obstinação em fazer o mal, de maneira que, perseverando no mal, eles mesmos se castigam. Entretanto, a porta do arrependimento nunca lhes é fechada; desde que desejem, eles podem voltar ao caminho do bem e realizar, com o tempo, todos os progressos.

As crianças que morrem em tenra idade podem ser Espíritos mais ou menos adiantados, pois tiveram outras existências onde praticaram o bem ou seguiram o caminho do mal. A morte não livra os Espíritos das provas que eles precisam passar porque, no devido tempo, terão que recomeçar uma nova existência na Terra, ou em mundos superiores, conforme o grau de elevação que já tenham atingido.

A alma dos deficientes mentais é da mesma natureza que a de qualquer outro encarnado; muitas vezes, eles possuem uma inteligência muito grande. Sofrem pela deficiência dos meios de que dispõem para se relacionarem com seus companheiros de existência, como acontece com os mudos que sofrem por não conseguirem falar. Os deficientes mentais abusaram da sua inteligência em existências anteriores, por isso aceitam voluntariamente a situação de impotência a que ficam reduzidos, para que possam expiar o mal que praticaram.

CAPÍTULO 15

A MORTE ESPIRITUAL

A questão da *morte espiritual* é um dos novos princípios que assinalam o progresso da Ciência Espírita. Ela foi apresentada como uma teoria individual, o que determinou, num primeiro momento, a sua rejeição. Tinha-se a impressão de que essa teoria queria aniquilar, num período, o *eu* individual e fazer com que as transformações da alma fossem similares às transformações da matéria, cujos elementos se desagregam para formar novos corpos. As criaturas felizes e que atingiram a perfeição (os anjos) seriam, na realidade, novas criaturas, o que é inadmissível. A justiça das penas e dos prazeres futuros só pode se realizar se as criaturas forem sempre as mesmas. Elas progridem e depuram-se pelo trabalho e pelos esforços da sua própria vontade.

Eram essas as consequências que podiam ser tiradas, a princípio, da teoria da morte espiritual. Entretanto, devemos convir que ela não foi apresentada com a arrogância de um orgulhoso que pretende impor o seu sistema. O autor disse modestamente que apenas desejava lançar uma ideia no terreno da discussão e que, dessa ideia, poderia surgir uma verdade nova. Na opinião dos nossos guias espirituais, o autor pecou menos pelo fundamento do que pela forma como a questão foi apresentada, visto que ela se prestou a uma falsa interpretação. Foi justamente isso que nos levou a estudar seriamente a questão, e é o que tentaremos fazer, baseando-nos na observação dos fatos que resultam da situação do Espírito nos dois momentos capitais da sua existência: o retorno à vida em corpo físico (reencarnação) e o seu regresso à vida espiritual (desencarnação).

Por ocasião da morte do corpo físico, o Espírito entra em perturbação e perde a consciência de si mesmo, de modo que ele jamais testemunha o último suspiro do seu corpo. Aos poucos, a perturbação se dissipa, e o Espírito recobra a sua consciência, como alguém que acorda de um sono profundo. A sua primeira sensação é a de estar livre do fardo carnal e, depois, fica surpreso ao perceber que se encontra em um novo ambiente.

O Espírito fica na mesma situação de uma pessoa que inala **clorofórmio** para fazer uma amputação e que, ainda adormecida, é transportada para outro lugar. Ao acordar, sente-se livre do membro que fazia com que ela sofresse. Muitas vezes, ela o procura e fica surpresa por não encontrá-lo mais. Com o Espírito que desencarna acontece o mesmo, ou seja, num primeiro momento, ele procura o corpo que tinha, enxerga esse corpo ao seu lado, reconhece que é o seu, se admira por estar separado dele e, aos poucos, vai percebendo sua nova situação.

Observação
Clorofórmio: No passado, era empregado como anestésico.

No fenômeno do desencarne, apenas se opera uma mudança de situação material. Moralmente, o Espírito é exatamente o que era algumas horas antes. Ele não sofre nenhuma modificação sensível: suas aptidões, suas ideias, seus gostos, suas inclinações, seu caráter são os mesmos. As mudanças que irá sofrer por influência do novo meio, onde ele agora se encontra, irão se operar gradativamente. Em resumo: só houve morte para o corpo físico; para o Espírito houve apenas sono.

Na reencarnação, as coisas se passam de modo completamente diferente.

No momento da concepção do corpo, o Espírito reencarnante é apanhado por uma corrente fluídica que, semelhante a um laço, o atrai e o aproxima da sua nova morada. Desde então, o Espírito pertence ao corpo, como o corpo lhe pertencerá até que ele morra. Entretanto, a união completa entre o corpo e o Espírito, a posse real, só se realiza por ocasião do nascimento.

Desde o instante da concepção, a perturbação se apodera do Espírito; suas ideias se tornam confusas; ele perde a posse de suas faculdades, e a perturbação cresce à medida que os vínculos entre ele e o novo corpo aumentam. A perturbação torna-se completa no período final da gestação. Assim, o Espírito nunca assiste ao nascimento do seu corpo físico, como também não assiste à morte do corpo que ocupou durante o período em que esteve encarnado. Ele não tem a mínima consciência nem de um estado nem de outro.

A partir do momento em que a criança respira, a perturbação começa a se dissipar, e as ideias voltam pouco a pouco, mas em condições diferentes das que se verificam por ocasião da morte do corpo.

No ato da reencarnação, as faculdades do Espírito não ficam apenas entorpecidas por uma espécie de sono momentâneo, como acontece quando o Espírito retorna à vida espiritual; todas as suas faculdades, sem exceção, ficam em estado *latente*. A finalidade da vida em corpo físico é desenvolvê-las por intermédio do exercício. Não é possível, no entanto, desenvolver todas as faculdades simultaneamente, porque o exercício de uma pode prejudicar o desenvolvimento de outra, ao passo que, por meio do desenvolvimento sucessivo, cada faculdade se desenvolve a seu tempo. É conveniente, portanto, que algumas faculdades fiquem em repouso, enquanto outras são utilizadas e desenvolvidas. É por essa razão que, numa nova existência, o Espírito pode se apresentar com um aspecto completamente diferente do que tinha na existência anterior, principalmente se for pouco adiantado.

Num Espírito, a faculdade musical, por exemplo, será mais ativa e ele fará tudo o que for necessário para desenvolvê-la. Em outra existência, será a vez da pintura, depois das ciências exatas, da poesia, e assim por diante. Enquanto o Espírito exercita essas novas faculdades, a da música ficará em estado latente, conservando, contudo, o progresso realizado. Disso resulta que aquele que foi artista numa existência poderá ser um cientista, um político ou um estrategista em outra encarnação e ser nulo do ponto de vista artístico e vice-versa.

O fato de as faculdades ficarem em estado latente durante uma encarnação explica o esquecimento das existências anteriores, mas, por ocasião da morte do corpo, as faculdades que o Espírito utilizou encontram-se apenas temporariamente adormecidas e, ao despertar na vida espiritual, ele tem a lembrança perfeita da vida terrena que acabou de deixar.

As faculdades que se manifestam de modo natural são aquelas que guardam relação com a posição que o Espírito vai ocupar no mundo dos encarnados e com as provas que ele escolheu. Entretanto acontece que, muitas vezes, numa determinada reencarnação, certas pessoas são deslocadas pelos preconceitos sociais e ficam, intelectual e moralmente, numa posição acima ou abaixo da posição social que normalmente estão acostumadas a ocupar. Esse deslocamento de classe acarreta dificuldades que fazem parte das provas pelas quais o Espírito tem que passar, mas tende a cessar à medida que ele progride. Numa comunidade socialmente mais avançada, tudo se regula pelas regras das Leis da Natureza, e aquele que somente tiver aptidão para fabricar sapatos não será, por direito de nascimento, chamado a governar uma nação.

Voltemos à criança. Até o nascimento, todas as suas faculdades se encontram em estado latente, e o Espírito não tem a menor consciência de si mesmo. As faculdades que devem se desenvolver não se manifestam de súbito, após o nascimento. O desenvolvimento delas é gradativo e acompanha o desenvolvimento dos órgãos que irão servir para que elas se manifestem.

Por meio de uma atividade íntima, as faculdades impulsionam o desenvolvimento dos órgãos que lhes são correspondentes, do mesmo modo que o broto, ao nascer, força a casca da árvore. Disso resulta que, na primeira infância, o Espírito não desfruta da plenitude de nenhuma de suas faculdades, nem como encarnado nem como Espírito livre. Ele é verdadeiramente criança, como o corpo ao qual se encontra ligado. Não se acha comprimido penosamente dentro de um corpo imperfeito, porque, se assim fosse, Deus teria feito da encarnação um suplício para todos os Espíritos, bons ou maus.

Com os deficientes mentais a coisa se passa de modo diferente, pois os órgãos não se desenvolvem em paralelo com as faculdades. No caso deles, o Espírito se acha na posição de um homem preso por laços que tiram a liberdade de seus movimentos. Essa é a razão pela qual o Espírito de um deficiente mental, quando evocado, dá respostas sensatas, ao passo que o Espírito de uma criança em tenra idade, ou que ainda não nasceu, é incapaz de responder.

O Espírito possui todas as faculdades e todas as aptidões em estado embrionário, desde a sua criação. Elas se encontram em estado rudimentar, assim como todos os órgãos se encontram no feto que ainda não possui forma, do mesmo modo que todas as partes da árvore estão dentro da semente. O selvagem, que mais tarde se tornará um homem civilizado, possui em si os germens que um dia vão fazer dele um sábio, um grande artista ou um grande filósofo.

À medida que esses germens chegam à maturidade, a Providência lhes dá um corpo apropriado às suas novas aptidões, para que eles possam *encarnar na Terra*. É assim que o cérebro de um europeu é mais organizado, com mais concavidades e saliências, do que o cérebro de um selvagem. *Para viver no mundo espiritual*, a Providência lhes dá um corpo fluídico, ou perispírito, mais sutil, mais impressionável a novas sensações. À medida que o Espírito progride, a Natureza disponibiliza os instrumentos que lhe são necessários.

No sentido de desorganização, de desagregação das partes, de dispersão dos elementos, existe morte somente para o corpo físico e para o envoltório fluídico. A alma ou Espírito não pode morrer para que possa continuar progredindo. Se a alma morresse, ela perderia a sua individualidade, o que seria equivalente ao nada. No sentido de transformação, de regeneração, pode-se dizer que o Espírito morre a cada encarnação, para ressuscitar depois com novos atributos, sem deixar de ser ele mesmo.

Podemos citar, por exemplo, um camponês que enriquece e se torna um grande senhor. Troca a choupana onde morava por um palácio, as vestes simples por vestes luxuosas. Tudo muda: seus hábitos, seus gostos, sua linguagem, até mesmo o seu caráter. Em resumo, o camponês morreu, livrou-se das vestes grosseiras, para renascer como um homem de sociedade. Entretanto, ele continua sendo a mesma pessoa, apenas transformado. Assim, cada existência em corpo físico é para o Espírito uma oportunidade de progresso maior ou menor. Quando retorna ao mundo espiritual, ele carrega as novas ideias; seu horizonte moral se alarga, e suas percepções são mais sutis, mais delicadas.

Ele vê e compreende o que antes não via nem compreendia; sua visão, que antes não ia além da última existência que teve, passa a abranger sucessivamente as existências anteriores, exatamente como o homem que se eleva a uma grande altura e para o qual o nevoeiro se dissipa, permitindo que ele enxergue um horizonte cada vez mais vasto.

A cada novo retorno ao mundo espiritual, novas maravilhas do mundo invisível se desdobram aos seus olhos, porque, a cada retorno, um véu se rasga para ele. Ao mesmo tempo, o seu envoltório fluídico (perispírito) se depura, fica mais leve, mais brilhante, até tornar-se resplandecente. Pode-se dizer que ele é quase um novo Espírito; é o camponês esclarecido e transformado. Morreu o Espírito velho e, no entanto, é sempre a mesma individualidade. Acreditamos que é assim que a morte espiritual deva ser entendida.

CAPÍTULO 16

A VIDA FUTURA

A vida futura deixou de ser um problema. É uma realidade comprovada pela razão e pelo testemunho da quase totalidade dos homens, visto que aqueles que negam a continuação da vida constituem uma ínfima minoria, apesar do barulho que tentam fazer a respeito. Aqui, portanto, não temos o propósito de demonstrar a realidade da vida futura, pois isso seria uma repetição do que já dissemos, sem proveito algum para a convicção geral. Admitindo-a como um princípio correto, o que nos propomos a examinar é a sua influência sobre a ordem social e a moralização que dela resulta, conforme a maneira pela qual é encarada.

As consequências do princípio contrário, ou seja, do niilismo (o nada após a morte), são também bastante conhecidas, não sendo necessário abordar novamente o assunto. Diremos apenas que, se ficasse demonstrada que a vida futura não existe, a vida presente teria por único objetivo a manutenção de um corpo que, amanhã, ou dentro de uma hora, poderia deixar de existir, ficando tudo acabado definitivamente.

O resultado lógico de semelhante condição para a Humanidade seria a concentração de todos os pensamentos num meio de aumentar os prazeres materiais, sem preocupação com o prejuízo alheio. Para que se privar de prazeres ou se impor sacrifícios? Que necessidade alguém teria de se controlar, visando ao seu melhoramento? De corrigir os seus defeitos? Se nada temos a esperar, que utilidade teria o remorso e o arrependimento? Enfim, seria a consagração do egoísmo e da máxima: *o mundo foi feito para os mais fortes e para os mais espertos*. Sem a vida futura, a moral não passa de um freio, de uma convenção que é imposta de cima para baixo, sem nenhum vínculo com o coração. Uma sociedade baseada em tais ideias só poderia manter-se pela força e não tardaria a se dissolver.

E pensar que, entre os que negam a vida futura, existem pessoas honestas, incapazes de, conscientemente, prejudicar a quem quer que seja, e disponíveis aos maiores devotamentos. Antes de tudo, é preciso dizer que, para a maioria dos incrédulos, a negação da vida futura é mais uma bravata, uma arrogância, um orgulho de se fazerem passar por criaturas fortes do que uma convicção absoluta. No foro íntimo de suas consciências, há uma dúvida que os importuna e que eles procuram abafar. É com um certo constrangimento que pronunciam o terrível *nada*, que os priva do fruto de todos os trabalhos da inteligência e que destrói para sempre as suas mais caras afeições.

Muitos daqueles que se julgam os mais fortes são os primeiros a tremer ante a ideia do desconhecido. Quando se aproxima o momento fatal de enfrentá-lo, bem poucos são os que dormem o último sono com a certeza de que não vão despertar em algum lugar, visto que a Natureza jamais renuncia às suas Leis.

Assim, podemos dizer que, para a maioria dos incrédulos, a incredulidade não é absoluta, e sim relativa. Como a sua razão não se satisfaz com os dogmas nem com as crenças religiosas, e como eles não encontraram, em parte alguma, algo que possa preencher o vazio que sentem dentro de si, tais pessoas chegam à conclusão de que nada existe e elaboram sistemas para justificar que a ideia da vida futura é falsa. Na verdade, essas pessoas são incrédulas por falta de uma opção melhor. Os incrédulos realmente convictos de que a vida futura não existe são muito raros, se é que eles existem.

Desse modo, uma intuição latente e inconsciente da vida futura pode impedir um grande número de pessoas de se entregarem ao mal. Poderíamos citar inúmeras ações, mesmo por parte dos mais obstinados, que dão testemunho desse sentimento secreto que os domina, ainda que não o percebam.

Convém observar também que, seja qual for o grau da incredulidade, é o respeito humano que coloca um freio em pessoas com uma certa condição social. A posição que elas ocupam as obriga a manter uma linha de conduta muito reservada. Acima de tudo, o que elas mais temem é a frieza e o desprezo que, fazendo-as perder a posição que ocupam, por decaírem da categoria em que se encontram, as privariam dos prazeres de que desfrutam e pelos quais lutaram. Se essas pessoas nem sempre possuem certas virtudes, procuram pelo menos parecer que as possuem.

Para aqueles que não apresentam razão alguma para se preocuparem com a opinião alheia, para os que zombam do que dirão os outros – e esses constituem a maioria –, que freio se pode opor aos excessos de suas paixões brutais e de seus apetites grosseiros? Em que base podemos apoiar a teoria do bem e do mal, a necessidade de reformar os seus maus instintos, o dever de respeitar o que pertence aos outros, quando eles mesmos nada possuem? Qual pode ser o estímulo para essas criaturas cultivarem a honradez quando todos dizem que elas não passam de verdadeiros animais? Quem irá contê-los? A Lei, vocês dirão, mas a Lei não é um código de moral que afete o coração, e sim uma força a que eles se sujeitam e da qual escapam sempre que podem. Se algum deles cai em suas malhas, considera o fato uma falta de sorte ou uma inabilidade e tenta reparar na primeira oportunidade.

Aqueles que acham que os incrédulos têm mais mérito porque fazem o bem sem esperarem nenhuma recompensa na vida futura, na qual não acreditam, se apoiam num **sofisma** sem fundamento.

Observação
Sofisma: Argumento falso com aparência de verdade.

Os crentes dizem que é pouco meritório o bem que se pratica visando receber vantagens futuras. Vão ainda mais longe ao dizerem que o mérito pode ser completamente anulado de acordo com a intenção daquele que o pratica. O interesse em praticar boas obras não deve estar ligado à perspectiva da vida futura, pois a felicidade que isso proporciona está, antes de tudo, ligada ao grau de adiantamento moral do indivíduo. Ora, nesse ponto, os orgulhosos e os ambiciosos estão entre os menos favorecidos.

É possível que os incrédulos que praticam o bem sejam tão desinteressados quanto dizem? Se nada esperam do outro mundo, será que nada esperam deste também? O amor-próprio não é levado em conta? Serão eles insensíveis aos aplausos dos homens? Se assim fosse, estariam num grau de perfeição muito raro, e não acreditamos que existam muitos que possam atingir esse grau, tão somente pelo culto à matéria.

Uma contestação mais séria é a seguinte: se a crença na vida futura é um elemento moralizador, por que os homens a quem ela foi ensinada desde que nasceram também podem ser maus? Em primeiro lugar, quem nos garante que eles não seriam piores sem a crença na vida futura? Certamente que seriam, sobretudo se levarmos em conta as consequências inevitáveis que a doutrina do nada (niilismo) espalha entre o povo.

Não se vê, ao contrário, observando-se os diferentes graus de evolução da Humanidade, desde o selvagem até o homem civilizado, que o progresso moral e intelectual anda na frente, produzindo o abrandamento dos costumes e um entendimento mais racional sobre a vida futura? A ideia sobre a vida futura ainda é muito imperfeita, por isso ela ainda não pôde exercer a influência que certamente exercerá à medida que for melhor compreendida, quando forem adquiridas noções mais exatas sobre o futuro que nos está reservado.

Por mais firme que seja a crença na imortalidade, o homem só se preocupa com a sua alma de um ponto de vista místico. A vida futura ainda não está claramente definida para ele, por isso só muito vagamente o impressiona. Ela é um objetivo a ser alcançado, mas tem-se a impressão de que esse objetivo está muito distante.

O destino do homem está irrevogavelmente fixado e, em parte alguma, ele é apresentado como estando sujeito ao progresso, donde se conclui que o homem será, por toda eternidade, o que era quando daqui partiu. Aliás, o quadro que traçam da vida futura e as condições que determinam a felicidade ou a infelicidade que lá se irá desfrutar estão longe de satisfazer plenamente a razão, sobretudo num século de exame como é o nosso. A vida futura não apresenta relações diretas com a vida terrena, e, entre elas, não existe nenhuma reciprocidade, nenhum vínculo, e sim um abismo. Assim, aquele que se preocupa com uma, quase sempre perde a outra de vista.

Sob o domínio da "fé cega", essa crença abstrata (a vida futura) bastava para as aspirações dos homens que por ela se deixavam conduzir. Entretanto, hoje, sob o reinado do livre-exame, os homens querem conduzir-se por si mesmos, querem ver com os seus próprios olhos e compreender. As vagas noções que se tinha da vida futura não estão mais à altura das novas ideias e não correspondem mais às necessidades que o progresso criou.

Com o desenvolvimento das ideias, tudo tem que progredir em torno do homem, porque tudo se liga, tudo é solidário na Natureza: ciências, crenças, cultos, legislações, meios de ação e assim por diante. O movimento para frente é irresistível, porque ele é a Lei que rege a existência dos seres. Tudo o que ficar para trás, abaixo do nível social, será posto de lado, como roupas que se tornaram imprestáveis, e, finalmente, acabará sendo levado pela onda que se agiganta.

Foi o que aconteceu com as ideias pueris a respeito da vida futura, que satisfaziam aos nossos antepassados. Persistir em impor essas ideias hoje em dia seria aumentar a incredulidade. Para que a vida futura seja aceita pela opinião geral e para que exerça a sua ação moralizadora, ela tem que ser apresentada como uma coisa positiva, de alguma forma tangível, capaz de suportar qualquer exame, satisfazer à razão e não deixar nenhum tipo de dúvida. No momento em que a "falta de informações sobre o futuro" abre as portas para a dúvida e para a incredulidade, novos meios de investigação foram disponibilizados ao homem, para que ele possa acessar esse mistério e compreender a vida futura na sua realidade, pelo seu lado prático, em suas relações íntimas com a vida corpórea.

Por que nos interessamos tão pouco pela *vida futura* se ela é uma realidade? Não vemos todos os dias milhares de homens partirem para esse destino desconhecido? Como cada um de nós terá que partir fatalmente um dia, e a hora da partida pode soar a qualquer momento, parece natural que nos preocupemos com o que nos acontecerá depois disso. Por que então temos pouco interesse sobre esse assunto? Justamente porque o destino é desconhecido e porque, até hoje, não tínhamos um meio de conhecê-lo.

A Ciência, rigorosa em suas investigações, veio desalojar "esse destino" do lugar onde o haviam colocado. Ele está perto ou está longe de onde estamos? Ele se perde no infinito? As filosofias do passado nada respondem porque nada sabem a esse respeito. Assim dizemos: "o que tem que ser será", e com isso caímos na indiferença.

Ensinam-nos que seremos felizes ou infelizes de acordo com o bem ou o mal que praticarmos. Mas isso é tão vago! Em que consiste, na verdade, essa felicidade ou essa infelicidade? O quadro que nos apresentam de uma e de outra está tão cheio de contradições, de incoerências, de coisas que são radicalmente contra a ideia que fazemos da Justiça de Deus que, involuntariamente, sentimo-nos tomados pela dúvida, isso quando não caímos na incredulidade absoluta.

Além disso, pondera-se que aqueles que se enganaram quanto ao local da futura morada das almas podem também ter se enganado quanto às condições que estabelecem para a felicidade ou para o sofrimento futuros. Afinal, como seremos nesse outro mundo? Seremos seres concretos ou abstratos? Teremos uma forma, uma aparência? Se não possuímos mais um corpo físico, como poderemos experimentar sofrimentos de ordem material? Se aqueles que são felizes nada tiverem para fazer, a "ociosidade perpétua", em vez de ser uma recompensa, será um suplício, a menos que se admita o nirvana do budismo (estado de graça eterno), o que também não é mais atraente do que uma ociosidade perpétua.

O homem só levará a "vida futura" em consideração quando encontrar nela um objetivo claramente definido, uma situação lógica que corresponda a todas as suas aspirações e que resolva todas as dificuldades do presente, ou seja, quando ela não apresentar nada que a razão não possa aceitar. Se o homem se preocupa com o dia de amanhã é porque a vida de amanhã está intimamente ligada à vida de hoje. Uma coisa está relacionada com a outra. Ele sabe que daquilo que faz hoje depende a sua posição amanhã, assim como do que fizer amanhã dependerá a sua posição no depois de amanhã, e assim por diante.

A vida futura para o homem deverá se tornar uma realidade palpável e não se achar mais perdida nas nuvens da abstração; deverá ser o complemento necessário da vida presente, *uma das fases* da vida geral, assim como os dias são fases da vida corpórea. Ele poderá ver o presente reagir sobre o futuro, pela força dos fatos e, sobretudo, compreender a *reação do futuro sobre o presente*. Em resumo: quando o homem compreender que o passado, o presente e o futuro estão obrigatoriamente interligados por uma rigorosa necessidade, assim como os dias de ontem, de hoje e de amanhã se interligam na vida atual, suas ideias mudarão completamente, pois ele verá na "vida futura" não somente um objetivo, mas um meio de atingir esse objetivo; não um efeito distante, e sim atual. É desse modo que a crença na vida futura, por uma consequência natural, exercerá uma ação preponderante sobre o estado social e sobre a moralização da Humanidade.

É sob esse ponto de vista que o Espiritismo nos faz considerar a vida futura.

CAPÍTULO 17

PERGUNTAS E PROBLEMAS

Expiações coletivas

Pergunta – O Espiritismo nos explica perfeitamente a causa dos sofrimentos individuais, como sendo uma consequência imediata das faltas cometidas na presente existência ou como sendo uma expiação das faltas cometidas em existências anteriores. Entretanto, como cada um só é responsável pelas suas próprias faltas, como explicar os infortúnios coletivos que atingem as aglomerações de indivíduos, às vezes uma família inteira, toda uma cidade, toda uma nação, toda uma raça, e que se abatem tanto sobre os bons quanto sobre os maus, tanto sobre os inocentes quanto sobre os culpados?

Resposta mediúnica – Todas as leis que regem o Universo, sejam elas físicas ou morais, materiais ou intelectuais, foram descobertas, estudadas e compreendidas, partindo-se do estudo do indivíduo e da família para atingir todo o conjunto. Depois, esse estudo foi se generalizando de forma gradual até comprovar a universalidade dos seus resultados.

A mesma coisa acontece com as Leis que o estudo do Espiritismo vem revelar. Estas podem ser aplicadas, sem medo de errar, ao indivíduo, à família, à nação, às raças, ao conjunto dos habitantes do mundo, que nada mais são do que individualidades coletivas. As faltas cometidas pelos indivíduos, pela família, pela nação, e todas elas, independentemente do seu caráter, serão expiadas de acordo com a mesma Lei (a Lei de causa e efeito).

O algoz expia o mal que fez à sua vítima, seja no Espaço, onde a vê constantemente diante de si, seja vivendo em contato com ela em inúmeras existências sucessivas até a reparação total do mal praticado. O mesmo acontece quando se trata de crimes cometidos de forma solidária, de comum acordo por um certo número de pessoas. Nesse caso, as expiações também são solidárias, o que não impede que as faltas individuais sejam expiadas simultaneamente.

O caráter de todo homem pode ser dividido em três faces: o do indivíduo, aquilo que pertence a ele mesmo; o de membro da família e, finalmente, o de cidadão. Sob cada uma dessas três faces, ele pode ser criminoso ou virtuoso, ou seja, ele pode ser virtuoso como pai de família e criminoso como cidadão e vice-versa. Disso resultam as situações especiais que o homem cria para si mesmo e que terá que expiar nas suas sucessivas existências. Salvo alguma exceção, pode-se admitir como regra geral que todos aqueles que estão reunidos numa existência, para executar uma tarefa em comum, viveram juntos anteriormente trabalhando pelo mesmo objetivo e vão estar reunidos ainda numa existência futura, até que tenham atingido a meta, isto é, até que tenham expiado o passado ou cumprido a missão que aceitaram.

Graças ao Espiritismo, hoje vocês podem compreender a Justiça das provações e saber que elas não decorrem dos atos da vida presente, pois reconhecem que elas são o resgate das dívidas do passado. Por que não haveria de ser assim em relação às provas coletivas? Vocês dizem que os infortúnios coletivos atingem tanto o inocente quanto o culpado. Mas vocês não sabem que o inocente de hoje pode ter sido o culpado de ontem? Se alguém é atingido individual ou coletivamente, isso só acontece porque ele mereceu. Depois, conforme já dissemos, existem as faltas que pertencem ao indivíduo e as faltas que pertencem ao cidadão, e a expiação de umas não isenta a expiação das outras, uma vez que toda dívida tem que ser paga até o último centavo.

As virtudes da vida privada não são as mesmas da vida pública. Um indivíduo que é um excelente cidadão pode ser um péssimo pai de família; outro que é um bom pai de família, trabalhador e honesto em seus negócios, pode ser um mau cidadão, pode ter estimulado a discórdia, oprimido o fraco, manchado as mãos em crime de lesa-sociedade e assim por diante. São essas faltas coletivas que são expiadas coletivamente pelos indivíduos que para elas contribuíram. Eles se reencontram em outras existências para sofrerem juntos a pena de talião (olho por olho, dente por dente) ou para terem a oportunidade de repararem o mal que fizeram, socorrendo e assistindo aqueles a quem outrora haviam maltratado. Assim, aquilo que era incompreensível, que era inconciliável com a justiça de Deus, se torna claro e lógico mediante o conhecimento dessa Lei (a Lei de causa e efeito, que se cumpre através das reencarnações sucessivas).

A "solidariedade", portanto, que é o verdadeiro laço social, não é apenas para o presente, pois ela se estende ao passado e ao futuro, uma vez que são os mesmos indivíduos que se encontram e se reencontram várias vezes para progredirem juntos, auxiliando-se mutuamente. Eis o que nos esclarece o Espiritismo, por meio da justa Lei da reencarnação e da continuidade das relações entre as mesmas criaturas.

Clélie Duplantier

Comentário de Kardec: *Embora essa comunicação esteja dentro dos princípios conhecidos sobre a responsabilidade que cada um tem pelo seu passado e da continuidade da relação entre os Espíritos, ela contém uma ideia até certo ponto nova e de grande importância. A distinção que estabelece entre a responsabilidade resultante das faltas individuais ou coletivas e a das que decorrem da vida privada e da vida pública, explica certos fatos ainda mal compreendidos, além de mostrar de maneira mais precisa a solidariedade (o vínculo) existente entre os seres e entre as gerações.*

Assim, muitas vezes, renascemos na mesma família da encarnação anterior, ou, pelo menos, membros da mesma família renascem juntos para constituir uma nova família com posição social diferente, com a finalidade de fortificarem seus laços de afeição ou repararem os erros que cometeram uns contra os outros. De um modo geral, o indivíduo renasce inúmeras vezes no mesmo ambiente, na mesma nação, na mesma raça, quer por simpatia, quer para continuar com o seu aperfeiçoamento, por meio dos elementos que adquiriu e dos estudos que começou em encarnações anteriores. Outras vezes, ele renasce no mesmo meio para prosseguir com trabalhos que havia iniciado e que a brevidade da existência ou das circunstâncias não lhe permitiram concluir.

A reencarnação no mesmo meio é a causa determinante do caráter que distingue os povos e as raças. Enquanto se aperfeiçoam, os indivíduos conservam o seu caráter primitivo até que o progresso, de modo gradual, os transforme completamente.

Os franceses de hoje são os do século passado, os da Idade Média, os dos tempos dos druidas; são os algozes e as vítimas do feudalismo; são os que escravizaram e os que trabalharam pela emancipação dos escravos; são eles que se reencontram novamente na França transformada, onde uns expiam em condições humilde o seu orgulho de raça e outros colhem os frutos de seus trabalhos anteriores.

Quando pensamos em todos os crimes daqueles tempos, em que a vida dos homens e a honra das famílias não eram levadas em conta; em que o fanatismo ascendia fogueiras para honrar a divindade; quando pensamos em todos os abusos que o poder exerce, em todas as injustiças que se cometiam com desprezo dos mais sagrados direitos, quem pode ter a certeza de que não participou de todas essas atrocidades? Perante isso, por que se admirar diante das grandes e terríveis expiações coletivas?

As convulsões sociais resultam sempre em algum benefício. Os Espíritos se esclarecem pela experiência; o infortúnio os estimula a procurar remédio para os seus males; entre uma encarnação e outra, eles refletem e tomam novas resoluções e, quando voltam à Terra, procedem melhor. É desse modo que, de geração em geração, o progresso se realiza.

Perguntas e problemas

Não há dúvida que existam famílias, cidades, nações e raças que são culpadas. Dominadas pelo orgulho, pelo egoísmo, pela ambição, pela cobiça, elas enveredam pelo mau caminho e fazem coletivamente o que um indivíduo faz de forma isolada. Uma família se enriquece à custa de outra; um povo domina outro povo, levando-lhe a ruína e a desolação; uma raça procura destruir a outra. É por isso que há famílias, povos e raças sobre os quais a pena de talião [olho por olho, dente por dente] se cumpre com maior rigor.

Jesus Cristo disse: "Quem matou pela espada, pela espada morrerá". Essas palavras podem ser traduzidas assim: aquele que derramar sangue verá o seu sangue derramado também; aquele que colocou fogo no que era do outro verá o que lhe pertence ser queimado também; aquele que roubou será roubado; aquele que escravizar e maltratar o fraco será, por sua vez, escravizado e maltratado. Isso com relação a um indivíduo, a uma nação, ou a uma raça, porque os membros de uma coletividade são solidários, estão ligados, tanto no bem quanto no mal que praticam em conjunto.

Enquanto o Espiritismo amplia o campo da solidariedade, o materialismo reduz a solidariedade às mesquinhas proporções da existência efêmera do homem. Faz dela um dever social sem raízes (pois não acredita na reencarnação), sem outra confirmação além da boa vontade e do interesse pessoal do momento. A solidariedade, para o materialismo, é uma simples teoria, um conceito filosófico cuja prática não é imposta a ninguém. Para o Espiritismo, a solidariedade é um fato que se baseia numa Lei da Natureza, que liga todos os seres do passado, do presente e do futuro e que ninguém pode se furtar de suas consequências. Isso é o que todo homem pode compreender, por menos instruído que seja.

Quando todos os homens compreenderem o Espiritismo, compreenderão também a verdadeira solidariedade e, por consequência, a verdadeira fraternidade. A solidariedade e a fraternidade não serão mais simples deveres de ocasião, que cada um recomenda visando mais ao seu próprio interesse do que ao interesse alheio. O reino da solidariedade e da fraternidade será certamente o da justiça para com todos, e o reino da justiça será o da paz e da harmonia entre os indivíduos, as famílias, os povos e as raças. Esse reinado se implantará algum dia? Claro que sim, pois duvidar da sua chegada seria negar o progresso. Se compararmos a sociedade atual, que vive nas nações civilizadas, com a sociedade que vivia na Idade Média, por certo existe uma grande diferença. Ora, se os homens progrediram até aqui, por que haveriam de parar? Observando o caminho que eles percorreram no último século, pode-se avaliar o que farão no próximo.

As convulsões sociais representam a revolta dos Espíritos encarnados contra o mal que os oprime. É um indício de que anseiam por esse reino de justiça sem, contudo, saberem exatamente o que querem ou os meios de consegui-lo. Para isso criam sistemas, propõem soluções mais ou menos utópicas e cometem mil e uma injustiças em nome da justiça, esperando obter algo de todas essas mudanças. Mais tarde, conseguirão definir melhor as suas aspirações, e o caminho a ser seguido se tornará mais claro.

Aquele que se aprofundar nos princípios do Espiritismo filosófico e que considerar os horizontes que ele descortina, as ideias a que ele dá origem e os sentimentos que ele desenvolve não pode duvidar do seu papel preponderante para a regeneração da Humanidade. Pela força dos acontecimentos, ele conduz com precisão ao objetivo que todos desejam, ou seja, o reino da justiça. Isso será conseguido com a extinção dos abusos que retardam seu progresso e pela moralização das massas.

Se aqueles que sonham com a manutenção do passado não julgassem o Espiritismo capaz de realizar a regeneração da Humanidade, não perderiam tanto tempo em combatê-lo e deixariam que ele morresse sossegadamente, como tem ocorrido com tantas utopias. Isso, por si só, deveria fazer com que certos zombadores refletissem e chegassem à conclusão de que no Espiritismo existe alguma coisa mais séria do que eles imaginam. Mas há gente que ri de tudo, que iria rir do próprio Deus se Ele aparecesse na Terra. Há também aqueles que têm medo de ver diante de si a própria alma que teimam em negar.

Qualquer que seja a influência que o Espiritismo venha a exercer sobre o futuro das sociedades, isso não significa que ele venha para substituir um regime autoritário por outro, nem que ele venha para impor suas Leis. Em primeiro lugar porque, ao proclamar o direito absoluto da liberdade de consciência e do livre-exame em matéria de fé, ele quer que aqueles que acreditam nele façam isso livremente, por convicção, e não por qualquer tipo de imposição.

Pela sua natureza, o Espiritismo não pode nem deve exercer qualquer pressão. Ao abolir a fé cega, ele quer ser compreendido e, para isso, ele nos ensina que mistérios e milagres não existem, o que existe na realidade é uma fé que se baseia na razão, que se apoia em fatos e que deseja o esclarecimento de todos aqueles que nela acreditam. O Espiritismo não é contra nenhuma descoberta da Ciência, visto que a Ciência é a coletânea das Leis da Natureza. Como essas Leis são provenientes de Deus, rejeitar a Ciência seria rejeitar a obra de Deus. Além disso, a ação do Espiritismo está no seu poder moralizador, sendo assim, ele não pode assumir uma forma autoritária porque, se o fizesse, estaria praticando o que condena. A sua influência se dará, principalmente, pela modificação das ideias, das opiniões, do caráter, dos costumes dos homens e das relações sociais. Essa influência será maior ainda em virtude de não ser imposta por ninguém.

Forte como filosofia, o Espiritismo só teria a perder caso se transformasse em autoridade civil, visto que neste século as pessoas raciocinam melhor. Não será ele, portanto, que irá organizar as instituições sociais do mundo regenerado, e sim os próprios homens, levados por suas ideias de justiça, de caridade, de fraternidade e de solidariedade, mais bem compreendidas graças ao Espiritismo.

O Espiritismo, essencialmente positivo em suas crenças, repele o misticismo. Aqueles que não acreditam em nada utilizam a denominação "misticismo" para designar todo tipo de ideia espiritualista, tais como: a crença em Deus, na alma e na vida futura. Sem dúvida que o Espiritismo induz os homens a pensarem seriamente na vida espiritual porque essa é a vida normal, é a vida verdadeira do Espírito, e é nela que vamos cumprir os nossos destinos, uma vez que a vida terrestre é transitória e passageira. Pelas provas que fornece da vida espiritual, a Doutrina Espírita ensina que os homens devem atribuir às coisas deste mundo apenas uma importância relativa, dando-lhes assim a força e a coragem para suportar com paciência as dificuldades da vida terrena.

O Espiritismo nos ensina que, ao morrer, os homens não deixam este mundo para sempre e que a ele podem voltar, a fim de aperfeiçoarem sua educação intelectual e moral, a menos que estejam muito evoluídos para merecerem viver num mundo melhor. Ensina também que os trabalhos e os progressos que eles ajudam a realizar reverterão em proveito próprio, melhorando a posição que virão a ocupar no futuro. Por essa razão, os homens não devem desprezar a vida terrena.

A possibilidade de voltar à Terra para alguns é repugnante, mas é importante que saibam que, por possuírem o livre-arbítrio, vai depender somente deles fazer o que for necessário para merecer um mundo melhor. Entretanto, não devem se iludir quanto às condições que terão que aceitar para mudar de residência! Não será por meio de algumas fórmulas, expressas em palavras ou atos, que eles vão conseguir, e sim por intermédio de uma reforma profunda e radical de suas imperfeições. Terão que se modificar, que se despojar de suas más paixões e ainda adquirir diariamente novas qualidades. Terão que ensinar a todos, pelo exemplo, o caminho que deve conduzir os homens à felicidade, por meio da fraternidade, da tolerância e do amor.

A Humanidade se compõe de pessoas que constituem as existências individuais e de gerações que constituem as existências coletivas. Ambas avançam no caminho do progresso, passando por inúmeros períodos de provações, que são individuais para as pessoas e coletivas para as gerações. Do mesmo modo que para o encarnado cada existência é um passo à frente, cada geração marca uma etapa de progresso para a sua coletividade. Esse progresso coletivo não pode ser detido e arrasta consigo as massas, ao mesmo tempo em que modifica e transforma em instrumento de regeneração os erros e preconceitos de um passado destinado a desaparecer. Ora, como as gerações se compõem dos indivíduos que viveram nas gerações anteriores, conclui-se que o progresso das gerações é o resultado do progresso dos indivíduos.

Vocês perguntarão: quem vai me demonstrar a solidariedade que existe entre a geração atual e as gerações anteriores, ou entre a geração atual e as que virão depois? Como provar que eu já vivi na Idade Média, por exemplo, e que voltarei a tomar parte em acontecimentos que se realizarão no futuro? O princípio da pluralidade das existências (reencarnação) foi exaustivamente demonstrado na Revista Espírita e nas obras fundamentais da Doutrina, por isso não é necessário reprisá-lo aqui. A experiência e a observação dos fatos da vida cotidiana nos apresentam inúmeras provas físicas de precisão quase matemática. Aos pensadores pedimos apenas que se dediquem a observar as provas morais que resultam do raciocínio e da consequência tirada dos fatos que examinam.

Será mesmo necessário vermos determinada coisa para nela acreditarmos? Observando os efeitos, será que não podemos ter a certeza material da causa? Além da experimentação, o único caminho legítimo que temos para essa investigação consiste em partirmos do efeito para chegarmos à causa que o gerou.

A justiça nos oferece um exemplo notável desse princípio quando se empenha em descobrir os indícios dos meios utilizados para a consumação de um crime, assim como as intenções que aumentam a culpa do criminoso. Mesmo que o criminoso não tenha sido apanhado em flagrante, ele é condenado por esses indícios.

A Ciência, que só se baseia na experimentação, encontra todos os dias princípios que são consequências dos efeitos que examina, unicamente, pela observação desses efeitos. Por exemplo: em Geologia, determina-se a idade das montanhas. Os geólogos por acaso assistiram à sua formação? Viram a formação das camadas de sedimento que determinam sua idade?

Os conhecimentos astronômicos, físicos e químicos permitem avaliar o peso dos planetas, suas densidades, seus volumes, a velocidade com a qual se deslocam e a natureza dos elementos que os compõem. No entanto, os cientistas não fizeram experiências diretas, foi utilizando às funções matemáticas e os métodos científicos de observação que eles realizaram essas importantes e preciosas descobertas.

Os primeiros homens, baseados em seus sentidos, afirmavam que era o Sol que girava em torno da Terra, entretanto, esse sentido os enganou e prevaleceu o raciocínio. Da mesma forma acontecerá com os princípios propostos pelo Espiritismo, desde que sejam estudados sem ideias preconcebidas. Assim a humanidade entrará realmente e de forma rápida numa era de progresso e de regeneração. Os indivíduos, ao não se sentirem mais perdidos entre dois abismos, ou seja, o desconhecimento do passado e a incerteza do futuro, vão trabalhar com ardor pelo próprio aperfeiçoamento e para multiplicar os elementos que estão ao seu alcance para que atinjam a felicidade. Eles reconhecerão que não devem ao acaso a posição que ocupam no mundo e que desfrutarão, no futuro e em melhores condições, do fruto de seus trabalhos e de seus esforços.

Enfim, o Espiritismo vai lhes ensinar que as faltas cometidas coletivamente são expiadas em conjunto e que os progressos conseguidos em grupo são igualmente colhidos em conjunto. Cada um vai usufruir individualmente do progresso obtido por todos. Em virtude desse princípio, desaparecerão as divergências de raça, de família e de indivíduos, de modo que a Humanidade, livre das faixas da infância, avançará rapidamente para a conquista do seu verdadeiro destino.

CAPÍTULO 18

O EGOÍSMO E O ORGULHO

Suas causas, seus efeitos e os meios de destruí-los

É sabido que a maior parte das misérias humanas tem origem no egoísmo dos homens. Cada um pensa em si antes de pensar no próximo e procura, antes de tudo, satisfazer aos seus próprios desejos. Ao proporcionar a si mesmo essa satisfação, não se importa com o preço que terá que pagar. Para isso, sacrifica sem escrúpulos os interesses alheios, tanto nas pequenas quanto nas grandes coisas, independentemente de elas serem de ordem moral ou de ordem material. Desse comportamento resultam todas as incompatibilidades sociais, todas as lutas, todos os conflitos e todas as misérias, visto que cada um só quer despojar o seu próximo.

O egoísmo se origina no orgulho. A exaltação da personalidade leva o homem a se considerar superior aos demais. Ao julgar-se com mais direitos do que os outros, ele se ofende com qualquer coisa que, a seu ver, constitua ofensa a seus direitos. A importância que, por orgulho, ele atribui à sua pessoa, o torna naturalmente egoísta.

O egoísmo e o orgulho têm origem num sentimento natural: "O instinto de conservação". Todos os instintos têm a sua utilidade e a sua razão de ser, visto que Deus nada faz que seja inútil. Deus não criou o mal. É o homem quem o produz em virtude do seu livre-arbítrio, ao abusar dos dons que Deus lhe concedeu. O livre-arbítrio é um sentimento bom desde que seja exercido dentro de certos limites. É o exagero que o torna mau e pernicioso. Do mesmo modo acontece com todas as paixões que o homem frequentemente desvia do seu objetivo providencial. Deus não criou o homem simples e ignorante, não o criou nem egoísta nem orgulhoso. Foi o próprio homem que, ao utilizar mal o instinto que Deus lhe deu para a sua própria conservação, se tornou egoísta e orgulhoso.

Os homens não poderão ser felizes enquanto não viverem em paz, enquanto não forem animados por um sentimento de benevolência, de indulgência e de tolerância recíprocas, ou seja, enquanto procurarem se destruir mutuamente. A caridade e a fraternidade resumem todas as condições para a prática do bem e de todos os deveres sociais, contudo essas duas qualidades requerem abnegação. Ora, a abnegação é incompatível com o egoísmo e com o orgulho. Logo, com esses vícios não pode haver a verdadeira fraternidade e, por consequência, nem igualdade e muito menos liberdade, pois o egoísta e o orgulhoso querem tudo para si. Eles serão sempre os vermes a corroer todas as instituições progressistas. Enquanto estiverem no domínio, os mais generosos sistemas sociais e os mais sabiamente organizados ruirão aos seus golpes.

É belo, sem dúvida, proclamar o reino da fraternidade, mas de que adiantará se a causa destruidora persistir? É o mesmo que construir em terreno arenoso ou decretar a saúde numa região insalubre. Num local assim, para que os homens desfrutem da saúde, não basta enviar médicos, pois eles morrerão como os outros; é preciso destruir a causa da insalubridade.

Prescrever lições de moral aos homens para que eles vivam como irmãos na Terra não é suficiente, pois é preciso destruir as causas da intolerância entre eles e combater o que dá origem ao mal: o orgulho e o egoísmo. Essa é a chaga que deve merecer toda a atenção daqueles que desejam seriamente o bem da Humanidade. Enquanto esses dois obstáculos persistirem, todos os esforços serão inúteis, não só pela resistência da inércia, que tende a deixar as coisas como estão, mas também por uma força ativa que trabalhará incessantemente no sentido de destruir o que se deseja fazer, uma vez que toda ideia grande, generosa e que traz a emancipação das pessoas é inimiga dos interesses pessoais.

Vocês dirão que destruir o orgulho e o egoísmo é uma coisa impossível porque são dois vícios que fazem parte da espécie humana. Se fosse assim, teríamos que desistir de todo progresso moral. Entretanto, se observarmos o homem nas diversas épocas da Humanidade, não há como negar que houve um imenso progresso. Logo, se ele progrediu até aqui, por que não continuará progredindo? Além disso, será que não existe ninguém desprovido de orgulho e de egoísmo? Não encontramos pessoas generosas nas quais os sentimentos de amor ao próximo, de humildade, de devotamento e abnegação parecem ser inatos? É verdade que o número delas é menor do que o dos egoístas, visto que, se não fosse assim, não seriam estes últimos os autores das Leis. Contudo, há muito mais criaturas generosas do que se pensa, e se elas parecem estar em número reduzido é porque o orgulho se coloca em evidência, enquanto a virtude, sempre modesta, se oculta na obscuridade,

Se o orgulho e o egoísmo fossem condições necessárias para a sobrevivência da Humanidade, como é a nutrição, por exemplo, não haveria exceções. O mais importante é fazer com que a exceção vire regra, só que, para isso, é preciso destruir as causas que produzem o mal e o alimentam. A principal dessas causas está evidentemente na falsa ideia que o homem tem em relação à sua natureza, ao seu passado e ao seu futuro. Por não saber de onde vem, ele se julga mais do que realmente é. Por não saber para onde vai, ele concentra todo o seu pensamento na vida terrena, desejando que ela seja a mais agradável possível. Quer para si todas as satisfações e todos os prazeres. É por essas razões que ele não tem escrúpulos em pisar no seu semelhante caso este esteja lhe opondo alguma dificuldade.

Para conseguir todas as satisfações, o homem precisa exercer o domínio, pois a "igualdade" daria aos outros os direitos que ele deseja só para si. A fraternidade lhe imporia sacrifícios que viriam em detrimento do seu bem-estar. Quanto à liberdade, ele a deseja apenas para si e só concede aos outros quando ela não põe em risco os seus privilégios. Como todos têm as mesmas pretensões, os homens estão sempre em conflito, o que faz com que eles paguem bem caro pelas poucas alegrias que conseguem obter.

Se o homem se identificasse com "a vida futura", a sua maneira de ver as coisas mudaria completamente. Seria comparável ao indivíduo que precisa permanecer algumas horas numa habitação ruim e sabe que, ao sair, terá outra, magnífica, pelo resto de seus dias. A importância da vida presente, tão triste, tão curta e tão efêmera, desaparece diante do esplendor da vida futura, que é infinita e que se abre a sua frente. A consequência natural e lógica dessa certeza é sacrificar um presente fugaz por um futuro duradouro, ao passo que antes ele sacrificava tudo somente pela vida atual. Se a vida futura for a meta do homem, pouco lhe importa ter um pouco mais ou um pouco menos neste mundo. Os interesses humanos passam a ser secundários em vez de serem fundamentais. Ele vai trabalhar no presente para assegurar uma boa posição no futuro, sobretudo porque sabe em que condições poderá ser feliz.

Algumas criaturas poderão opor obstáculos aos seus interesses mundanos, obrigando o homem a afastá-los, e isso o torna egoísta pela força das circunstâncias. No entanto, se lançar os olhos para o alto, para uma felicidade que nenhuma criatura pode impedir, ele não terá qualquer interesse em oprimir ninguém, e o egoísmo não terá mais razão de ser. Resta-lhe, porém, aquilo que estimula o orgulho. A causa do orgulho está no fato de o homem acreditar que possui uma superioridade individual. Isso ocorre porque ele concentra os seus pensamentos nas coisas terrenas. Naquele que nada vê à sua frente, atrás ou acima de si mesmo, o sentimento de personalidade predomina, e o orgulho reina absoluto, sem obstáculos.

A incredulidade é impotente para combater o orgulho, pois, além de estimulá-lo, ainda lhe dá razão quando nega a existência de um poder superior à Humanidade. O incrédulo acredita apenas em si mesmo, por isso é natural que ele tenha orgulho. Nos golpes que o atingem, ele vê apenas uma obra do acaso e se ergue para enfrentá-la, mas aquele que tem fé percebe a mão de Deus e se submete. Acreditar em Deus e na vida futura é, portanto, a primeira condição para moderar o orgulho, porém não é a única. Além de pensar no futuro, é necessário ver o passado para fazer uma ideia exata do presente.

Para que o orgulhoso deixe de acreditar na sua superioridade, é preciso provar que ele não é mais do que os outros e que todos são iguais. É preciso dizer-lhe que a igualdade é um fato, e não apenas uma bela teoria filosófica. São verdades que provêm da preexistência da alma e da reencarnação. Sem a preexistência da alma, o homem é levado a acreditar que Deus lhe concedeu vantagens especiais – isso na hipótese de acreditar em Deus. Quando não crê num ser superior, atribui os seus dotes ao acaso ou ao seu próprio mérito. O conhecimento da preexistência da alma ajuda-o a distinguir a vida espiritual, que é infinita, da vida em corpo físico, que é temporária. Por meio desse conhecimento, ele fica sabendo que:

1. As almas saem todas iguais das mãos do Criador.

2. Todas têm o mesmo ponto de partida e o mesmo objetivo que um dia será alcançado, demorando mais ou menos conforme os esforços empregados.

3. O próprio homem só chegou a ser o que é depois de ter passado, longa e penosamente, como os outros, nos degraus inferiores da evolução.

4. Entre os mais atrasados e os mais adiantados, existe apenas uma questão de tempo.

5. As vantagens do nascimento são puramente corporais e independem do Espírito.

6. Uma pessoa simples do povo pode, em outra existência, nascer num trono, e aquele que foi rei pode nascer como um simples trabalhador.

Se o homem levar em conta somente a vida em corpo físico, verá apenas as desigualdades sociais do momento e, por não conseguir explicá-las, ficará chocado. Mas se lançar um olhar sobre o conjunto das existências do Espírito, sobre o passado e o futuro, desde o ponto de partida até o de chegada, as desigualdades desaparecem, e ele reconhece que:

1. Deus não concedeu vantagem a nenhum de Seus filhos em prejuízo dos outros.

2. Ele deu a todos uma parcela igual e não facilitou o caminho de uns em detrimento de outros.

3. Aquele que hoje é menos adiantado na Terra pode, trabalhando pelo seu aperfeiçoamento, tomar a dianteira de outros menos esforçados.

4. Só é possível progredir pelo esforço próprio. O princípio da *igualdade* é um princípio de justiça e uma Lei da Natureza, diante da qual o orgulho do privilégio se extingue.

A reencarnação, provando que os Espíritos podem renascer em diferentes condições sociais, seja como expiação, seja como prova, nos ensina que aquele a quem tratamos com desprezo pode ter sido, em outra existência, nosso superior ou alguém igual a nós, um amigo ou um parente. Se soubéssemos disso, trataríamos as pessoas ao nosso redor com mais consideração, mas, nesse caso, não haveria nenhum mérito. Por outro lado, se soubéssemos que o amigo de hoje foi o nosso inimigo de ontem, foi o nosso empregado ou o nosso *escravo*, por certo teríamos dificuldade em manter relações com ele. Ora, Deus não quis que fosse assim, razão pela qual colocou um véu sobre o nosso passado. Desse modo, somos levados a ver todos como nossos irmãos e como pessoas iguais a nós, de onde resulta uma base natural para a *fraternidade*. Ao saber que poderemos ser tratados conforme tratarmos os outros, a *caridade*, que é uma Lei da Natureza, se torna um dever e uma necessidade.

Jesus estabeleceu o princípio da caridade, da igualdade e da fraternidade, fazendo dele uma condição indispensável para a salvação. Entretanto, estava reservada à terceira manifestação da vontade de Deus, ou seja, o Espiritismo, sancionar o princípio da caridade, devido ao conhecimento que ele nos proporciona da vida espiritual, aos novos horizontes que ele nos abre e às Leis que ele revela. Prova-se assim que ele não é uma simples doutrina moral, mas, sim, uma Lei da Natureza, que o homem tem o máximo interesse em praticar.

Ora, o homem vai praticá-la quando deixar de ver o presente como sendo o princípio e o fim, bem como quando compreender a interligação que existe entre o presente, o passado e o futuro. No campo infinito que o Espiritismo coloca a sua frente, a importância pessoal se anula. O homem compreende que, por si só, nada é e nada vale, que todos necessitam um dos outros e que ninguém é mais do que ninguém. Esse é um duplo golpe para seu orgulho e seu egoísmo.

Para isso o homem precisa da fé, sem a qual permanecerá preso ao presente; mas não da fé cega, que foge da luz, que restringe as ideias e dá lugar ao egoísmo, e sim da fé inteligente, raciocinada, que procura a claridade, e não as trevas; a fé que rasga corajosamente o véu dos mistérios e alarga os horizontes. É justamente essa a fé que o Espiritismo traz aos homens. Fé sólida, que se baseia na experiência e nos fatos, que lhe fornece provas palpáveis da imortalidade da sua alma e lhe mostra de onde ele vem, para onde ele vai e por que está na Terra. Essa fé desfaz suas incertezas quanto ao seu passado e ao seu futuro.

Uma vez que o homem entra por esse caminho, o egoísmo e o orgulho, não tendo mais as causas que o produzem, tendem a desaparecer aos poucos, por falta de objetivo e por falta de quem os alimente. Assim, as relações sociais se modificarão graças à boa compreensão do que significa a verdadeira caridade e a verdadeira fraternidade. Essa transformação pode ocorrer de forma brusca? Não! Isso seria impossível, porque a Natureza não dá saltos! A saúde de um enfermo jamais volta de súbito; entre a enfermidade e a saúde, há sempre a convalescença. O homem não pode mudar instantaneamente o seu ponto de vista e dirigir o seu olhar da Terra para o Céu, porque o infinito, além de confundi-lo, ainda lhe traz o deslumbramento. Ele precisa de tempo para assimilar as novas ideias.

É incontestável que o Espiritismo é o mais poderoso elemento de moralização, visto que ele destrói o egoísmo e o orgulho pela base, dando à moral um sólido ponto de apoio. Ele já fez milagres em matéria de conversão. É verdade que são apenas curas individuais e, quase sempre, parciais, mas o que ele tem conseguido nos indivíduos é um sinal do que poderá conseguir um dia sobre as massas. O Espiritismo não pode arrancar de uma só vez todas as ervas daninhas. Ele fornece a fé, e a fé é a boa semente, mas ela precisa de tempo para germinar e dar frutos. Eis por que os espíritas não são ainda perfeitos.

O Espiritismo encontrou o homem em plena vida, no ardor das paixões, em meio aos seus grandes preconceitos e, mesmo nessas circunstâncias, conseguiu operar prodígios, imaginem o que ele não fará quando encontrar o homem ao nascer, livre de todas as influências nocivas? O que ele não fará quando a criatura for nutrida com a caridade e acalentada pela fraternidade desde a mais tenra idade? Quando, enfim, uma geração inteira for educada e alimentada com ideias que a razão, ao se desenvolver, fortifica em vez de destruir?

Sob a influência dessas ideias, que serão aceitas por todos, e com o progresso não mais encontrando obstáculos no egoísmo e no orgulho, as instituições irão se transformar por si mesmas, e a Humanidade avançará rapidamente rumo aos destinos que lhe estão prometidos na Terra, enquanto aguarda os do Céu.

CAPÍTULO 19

LIBERDADE, IGUALDADE E FRATERNIDADE

Liberdade, igualdade e *fraternidade* são três palavras que trazem, em si mesmas, o programa de toda uma ordem social que realizaria o mais absoluto progresso da Humanidade, se os princípios que elas representam pudessem receber uma aplicação integral. Vejamos quais são os obstáculos que, no atual estágio da sociedade, podem se opor a isso e, ao lado do mal, vamos procurar o remédio.

A fraternidade, no rigoroso sentido da palavra, engloba todos os deveres do homem para com o próximo e significa: devotamento, abnegação, tolerância, benevolência e indulgencia. A fraternidade é a caridade evangélica por excelência e ainda é a aplicação da máxima: "Fazer aos outros o que gostaríamos que os outros nos fizessem". O "oposto" a essa máxima é o "egoísmo".

A fraternidade diz: "Um por todos e todos por um". O egoísmo diz: "Cada um por si". Essas duas qualidades são a negação uma da outra, por isso é tão impossível a um egoísta agir fraternamente para com os seus semelhantes quanto um avarento ser generoso, ou um homem de baixa estatura atingir o porte de um homem alto. Ora, sendo o egoísmo a chaga dominante da sociedade, enquanto ele reinar absoluto será impossível implantar a fraternidade. Cada um vai desejá-la em proveito próprio, e não em proveito dos outros. Se for fraterno, só o será depois de ter certeza de que não perderá nada com isso.

Do ponto de vista de sua importância para o bem-estar social, a fraternidade está na primeira linha. Ela é a base; sem ela não poderá existir nem a igualdade nem a liberdade verdadeiras. A igualdade decorre da fraternidade, e a liberdade é uma consequência das duas.

Com efeito, vamos supor uma sociedade de homens bastante desinteressados, benevolentes e prestativos, para viverem num convívio fraternal; sem privilégios nem direitos excepcionais para ninguém, pois de outro modo não haveria fraternidade. Tratar alguém como irmão significa tratá-lo de igual para igual; é desejar para ele o que desejaríamos para nós; num povo onde todos vivem como irmãos, a igualdade será a consequência dos seus sentimentos, da sua maneira de proceder e se implantará naturalmente. Quem é, portanto, o inimigo da igualdade? O orgulho, que leva o homem a querer sempre ser o primeiro, a dominar, a viver de privilégios e regalias. O orgulho até pode suportar a igualdade social, mas nunca vai promovê-la e, na primeira oportunidade que tiver, vai destruí-la. Ora, sendo o orgulho uma das chagas da sociedade, enquanto ele não for destruído haverá sempre uma barreira para que a verdadeira igualdade se instale.

Conforme já dissemos, a liberdade é filha da fraternidade e da igualdade. Aqui estamos falando da liberdade legal, aquela que é definida pelas Leis, e não da liberdade natural, que é um direito assegurado para toda criatura humana, desde o selvagem até o homem civilizado. Se os homens vivessem como irmãos, com direitos iguais e guiados pelo sentimento de benevolência recíproca, praticariam entre si a justiça sem causar danos uns aos outros, e, como consequência, o temor entre eles seria desnecessário. A liberdade não ofereceria qualquer perigo porque ninguém pensaria em abusar dela em prejuízo do seu semelhante.

Assim, reflitamos: como conseguir que o egoísmo, que quer tudo para si, e o orgulho, que quer sempre dominar, deem as mãos à liberdade que os destronaria? O egoísmo e o orgulho são, portanto, os inimigos da liberdade, como são também os inimigos da igualdade e da fraternidade.

A liberdade pressupõe confiança mútua. Ora, não pode haver confiança entre pessoas que só dão importância para a sua personalidade, que só conseguem satisfazer a sua ambição à custa de outras, o que faz com que todas estejam sempre prevenidas umas contra as outras. Por estarem sempre temendo perder aquilo que chamam de seus direitos, adotam como condição de existência dominar as demais. É por isso que elas colocam obstáculos à liberdade, sufocando-a enquanto puderem.

Esses três princípios são, conforme dissemos, solidários entre si e se apoiam mutuamente. Se eles não estiverem juntos, o edifício social não estará completo. A fraternidade não pode ser praticada em toda a sua pureza de forma isolada, pois, sem a igualdade e a liberdade, a verdadeira fraternidade não existe. A liberdade sem a fraternidade é um convite às más paixões, que assim não podem ser controladas. Com a fraternidade, o homem fará um bom uso da sua liberdade sem prejudicar a ordem social. Sem a fraternidade, ele usará a liberdade para dar curso a todas as suas más condutas, causando anarquia e devassidão.

LIBERDADE, IGUALDADE E FRATERNIDADE

É por essa razão que as nações mais livres são forçadas a impor restrições à liberdade. A igualdade sem a fraternidade conduz aos mesmos resultados, visto que a igualdade para se manifestar precisa da liberdade. Sob o pretexto de promover a igualdade, o pequeno rebaixa o grande, para tomar seu lugar, e se torna ele o tirano. O que temos, portanto, é tão somente o despotismo passando de uma mão para outra!

Será que é correto concluir que os homens devam permanecer na escravidão até que adquiram o sentimento da verdadeira fraternidade? Porventura serão impróprias as instituições fundadas sobre os princípios da igualdade e da liberdade? Semelhante opinião seria mais do que um erro, seria um absurdo. Ninguém espera que uma criança complete o seu crescimento para ensiná-la a caminhar. Quem são, aliás, os homens que geralmente dominam? Serão os homens de ideias elevadas e generosas, guiados pelo amor ao progresso? Serão os homens que se aproveitam da submissão dos seus inferiores para desenvolver neles o senso moral e elevá-los pouco a pouco à condição de homens livres? Não! Quase sempre os homens que têm consciência do seu poder são aqueles que utilizam outros homens, mais inteligentes do que os animais, para servirem de instrumento aos seus objetivos. Assim, em vez de lhes concederem a liberdade, conservam essas criaturas, pelo maior tempo possível, sob o seu jugo e na ignorância.

Essa ordem de coisas, porém, muda por si mesma graças à força irresistível do progresso. Algumas vezes, a reação é violenta e ainda mais terrível porque o sentimento de fraternidade, que foi imprudentemente sufocado, não consegue exercer o seu poder moderador. A luta se estabelece entre aqueles que querem arrebatar o poder e aqueles que querem conservá-lo. Resulta daí um conflito que, muitas vezes, se prolonga por vários séculos. Finalmente, um equilíbrio artificial se estabelece. Há qualquer coisa de melhor. Entretanto, sente-se que as bases sociais não estão sólidas; o solo treme a cada passo porque ainda não reinam a liberdade e a igualdade sob a proteção da fraternidade e porque o orgulho e o egoísmo continuam empenhados em derrotar os esforços dos homens de bem.

Se vocês sonham com essa idade de ouro para a Humanidade, trabalhem, acima de tudo, na construção da base do edifício antes de pensar em colocar o telhado. Deem a ele como alicerce a "fraternidade" na sua mais pura expressão, lembrando que para isso não basta decretar e inscrever a palavra "fraternidade" numa bandeira. É preciso que ela esteja inserida no coração, e não se transforma o coração dos homens simplesmente com decretos.

Para fazer com que um campo frutifique, é necessário remover as pedras e arrancar as ervas daninhas. Do mesmo modo, para alcançar o verdadeiro "reinado do bem", é preciso trabalhar sem descanso para extirpar o vírus do orgulho e do egoísmo, pois são eles a causa de todo o mal, o obstáculo real para que se alcance esse reinado. Eliminem o orgulho e o egoísmo das Leis, das instituições, das religiões e da educação, visto que eles são os últimos vestígios dos tempos da barbárie e dos privilégios. Excluam todas as causas que alimentam e desenvolvem esses eternos obstáculos ao verdadeiro progresso, que são defeitos que se criam em nós, desde a mais tenra idade, e com os quais convivemos por estarem entranhados em todos os poros da atmosfera social. Só então os homens compreenderão os deveres e os benefícios da fraternidade. Só então os princípios complementares da liberdade e da igualdade se estabelecerão por si mesmos, sem abalos nem perigos.

Será possível a destruição do orgulho e do egoísmo? Respondemos sem sombra de dúvida: SIM. Caso contrário, estaríamos colocando um ponto final no progresso da Humanidade. O homem cresce em inteligência, e isso é um fato incontestável. Será que ele atingiu um ponto culminante além do qual não pode ultrapassar? Quem ousaria sustentar essa tese absurda? Será que ele ainda pode progredir em moralidade? Para responder a essa pergunta, basta comparar as várias épocas de um mesmo país. Por que ele atingiria o limite do progresso moral antes do progresso intelectual? A sua aspiração por uma ordem de coisas melhor é um indício de que ele quer alcançar esse objetivo. Cabe aos homens progressistas acelerar esse movimento por intermédio do estudo e da utilização de meios mais eficazes.

CAPÍTULO 20

AS ARISTOCRACIAS

Aristocracia vem do grego *aristos*, o melhor, e *kratos*, poder. Em seu significado literal, portanto, a palavra "aristocracia" quer dizer: *o poder dos melhores*. Não há como negar que o sentido primitivo dessa palavra tem sido inúmeras vezes deturpado, mas vejamos a influência que o Espiritismo pode exercer sobre a sua aplicação. Para isso, vamos tomar as coisas em seu ponto de partida e segui-las através dos tempos, para que possamos deduzir o que acontecerá mais tarde.

Em todos os tempos, os povos que viveram em sociedade sempre precisaram de chefes, mesmo entre as tribos mais selvagens. Isso se dá em função da existência de homens incapazes, que precisam ser dirigidos, de homens fracos que necessitam de proteção, de paixões que precisam ser reprimidas, pois a diversidade das aptidões e as características próprias da espécie humana são muito grandes. Daí a necessidade imperiosa de uma autoridade. É sabido que, nas sociedades primitivas, essa autoridade foi conferida aos chefes de família, aos antigos, aos anciões, em suma, "aos patriarcas". Essa foi a primeira de todas as aristocracias.

Como as sociedades se tornaram mais numerosas, a autoridade patriarcal tornou-se impotente em certas circunstâncias. As desavenças entre povos vizinhos deram lugar aos combates. Para dirigir esses povos, eram necessários homens fortes, vigorosos e inteligentes, pois os velhos não serviam mais para essas missões. Surgiram assim os chefes militares. Ao obter vitórias, esses chefes passaram a ter autoridade sobre os seus comandados, que entendiam que a sua valentia era uma garantia contra os ataques dos inimigos. Muitos deles abusaram da posição que ocupavam e se apossaram do poder, valendo-se do prestígio adquirido nas disputas. Mais tarde, os vencedores se impunham aos vencidos reduzindo-os à escravidão. Desse modo, surgiu "a autoridade da força bruta", que foi a segunda aristocracia.

Os fortes, com os bens que possuíam, transmitiram naturalmente a seus filhos a autoridade de que desfrutavam. Os fracos, oprimidos, não ousando se rebelar, se habituaram pouco a pouco a considerar esses filhos como herdeiros dos direitos conquistados por seus pais e a considerá-los como seus superiores. A sociedade se dividiu em duas classes: a dos superiores e a dos inferiores; a dos que mandavam e a dos que obedeciam. Foi assim que surgiu a "aristocracia de nascimento". Esse tipo de aristocracia se tornou tão poderosa e preponderante quanto a da força bruta porque, se ela não tinha a força por si mesma como nos primeiros tempos, em que cada um devia fazer o sacrifício da sua própria pessoa, dispunha de uma força mercenária (aquela que trabalha só pelo dinheiro). Dispondo de todo o poder, a aristocracia criou para si todos os privilégios.

Para conservar tais privilégios, era preciso que eles tivessem o prestígio da legalidade. A aristocracia então fez Leis em proveito próprio, o que lhe era fácil, visto que só ela as fazia. Entretanto, como isso nem sempre bastava, recorreu ao prestígio do direito divino para tornar essas Leis respeitáveis e invioláveis. Para assegurar o respeito das classes que a essas Leis se submetiam, e que se tornavam cada vez mais numerosas e mais difíceis de serem controladas, mesmo pela força, só havia um meio: impedir que elas pudessem ver com clareza, ou seja, conservá-las na ignorância.

Se a classe superior tivesse conseguido manter a classe inferior na ociosidade, ou seja, sem que ela precisasse trabalhar, teria dominado ainda por longo tempo. No entanto, a classe inferior era obrigada a trabalhar para viver, e quanto mais ela era extorquida, mais precisava trabalhar. Essa necessidade de encontrar incessantemente novos recursos, de ter que lutar contra uma concorrência externa cada vez mais forte e de procurar novos mercados para os seus produtos desenvolveu a inteligência da classe inferior, fazendo com que ela tomasse conhecimento das causas que as classes superiores se serviram para subjugá-la. Não se vê aí o dedo da Providência?

A classe submissa viu as coisas com mais clareza. Percebeu que o prestígio da classe superior não era consistente e, sentindo-se forte, visto que era mais numerosa, aboliu os privilégios e proclamou a sua igualdade perante a Lei. Esse princípio marcou, para alguns povos, o fim do reinado da aristocracia de nascimento, que passou a manter a honra apenas pelo nome que possuía, sem ter mais o direito de legislar.

Ergueu-se assim um novo poder, o do dinheiro, visto que com o dinheiro pode-se dispor dos homens e das coisas. Era um sol nascente diante do qual todos se inclinaram, como outrora se curvavam mais baixo ainda diante de um brasão. Aquilo que não se concedia mais aos títulos de nobreza se concedia à riqueza, e a riqueza teve igualmente os seus privilégios.

Começaram a perceber que, para fazer fortuna, era preciso uma certa dose de inteligência, mas que, para herdar fortuna, essa inteligência não era necessária. Assim, os herdeiros eram quase sempre mais hábeis em gastar do que em ganhar dinheiro. Depois, descobriram que os meios de enriquecer nem sempre eram os mais lícitos. Dessa forma, o dinheiro foi perdendo pouco a pouco o seu prestígio moral, tendo que ser substituído por uma outra força, por uma aristocracia mais justa: a da inteligência, diante da qual todos podem se curvar sem precisar se humilhar, pois ela pertence tanto ao pobre quanto ao rico.

Essa aristocracia será a última? Será ela a mais alta expressão da Humanidade civilizada? Não! A inteligência nem sempre é garantia de moralidade, e o homem mais inteligente pode fazer péssimo uso de suas faculdades. Por outro lado, a moralidade, sozinha, pode ser incapaz de realizar obras. A união da inteligência e da moralidade é necessária para criar uma supremacia que seja legítima, à qual as massas se submeterão cegamente, uma vez que elas vão inspirar uma total confiança devido aos seus conhecimentos e à sua justiça. Essa será a última aristocracia. Será o sinal da chegada do reino do bem na Terra, e ela virá naturalmente pela força dos acontecimentos. Quando os homens dessa categoria forem bastante numerosos para formarem uma maioria que se impõe por sua conduta, as massas vão lhes confiar os seus interesses!

Como vimos, todas as aristocracias tiveram a sua razão de ser. Nasceram do próprio estado evolutivo da Humanidade. Assim vai acontecer com aquilo que se tornará uma necessidade. Todas tiveram ou terão a sua época, em seus respectivos países, porque nenhuma teve por base o princípio moral. Somente esse princípio pode constituir uma supremacia durável porque será animado por sentimentos de justiça e de caridade. Supremacia esta que chamaremos de *aristocracia intelecto-moral*.

Diante disso, é importante questionar: semelhante estado de coisas será possível com o egoísmo, o orgulho e a cobiça reinando soberanos sobre a Terra? A isso respondermos com firmeza: sim! Não só é possível como se implantará, por ser inevitável.

Hoje, a inteligência domina; ela é soberana e ninguém pode contestar. Isso é tão verdadeiro que é possível ver um homem do povo chegar aos cargos mais elevados. Esse tipo de aristocracia não será mais justo, mais lógico e mais racional do que a da força bruta, a do nascimento ou a do dinheiro? Por que não será possível acrescentar a ela a moralidade? Porque, dizem os pessimistas, o mal domina sobre a Terra. Quem ousará dizer que o bem um dia não suplantará o mal? Os costumes e as instituições sociais não valem hoje cem vezes mais do que valiam na Idade Média? Cada século não se caracteriza por um tipo de progresso? Por que a Humanidade vai estacionar se ela ainda tem muito a conquistar?

Os homens, por um instinto natural, procuram o seu bem-estar; se eles não o encontrarem no campo da inteligência, irão procurá-lo em outro lugar. Onde eles poderão encontrá-lo se não for no reino da moralidade? Para isso, porém, é preciso que a moralidade esteja em maior número. É incontestável que muita coisa ainda precisa ser feita, e seria uma tolice dizer que a Humanidade alcançou o seu apogeu quando a vemos avançar continuamente pela senda do progresso.

Digamos, em primeiro lugar, que os bons na Terra não são tão raros quanto parece. Os maus são numerosos, é verdade, entretanto, o que faz com que eles pareçam ser ainda mais numerosos é a audácia que possuem, e eles sabem que ela é indispensável para que possam alcançar os seus objetivos. Contudo, compreendem de tal modo a preponderância do bem que, não podendo praticá-lo, usam a sua máscara.

Os bons, ao contrário, não fazem alarde das suas boas qualidades; como não se colocam em evidência, parecem estar sempre em menor número. Pesquisem, no entanto, os atos íntimos praticados sem ostentação e, em todas as classes da sociedade, vocês encontrarão pessoas de natureza boa e leal em número grande o suficiente para tranquilizar os seus corações e para evitar que percam as esperanças na Humanidade. Convém acrescentar que muitos são maus apenas pela influência do meio, ou seja, se tornarão bons desde que sejam submetidos a uma influência boa. Vamos admitir que, entre 100 indivíduos, existam 25 bons e 75 maus; dos maus, 50 o são por fraqueza e seriam bons se tivessem tido bons exemplos e, principalmente, se tivessem sido bem encaminhados desde a infância; dos 25 espontaneamente maus, nem todos são incorrigíveis.

No estado atual das coisas, os maus estão em maioria e ditam as Leis aos bons. Suponhamos que, por uma circunstância qualquer, os 50 que não eram nem bons nem maus se convertam. Nesse caso, os bons ficarão em maioria e serão eles a ditar as Leis. Dos 25 espontaneamente maus, muitos sofrerão a influência dos bons, restando apenas alguns incorrigíveis que não teriam força alguma.

Vamos tomar um exemplo para ilustrar o que acabamos de dizer: existem povos em que o homicídio e o roubo são coisas normais. O bem para eles é a exceção. Entre os povos mais adiantados e mais bem governados da Europa, o crime é a exceção; perseguido pelas Leis, o mal não exerce qualquer influência sobre a sociedade. O que nesses povos ainda predomina é o vício de caráter, isto é, o orgulho, o egoísmo, a ambição e todo o seu cortejo de misérias.

Por que, com o progresso, os vícios desses povos não se tornariam exceções, como são hoje os crimes? Por que os povos inferiores não poderiam alcançar esse nível? Negar a possibilidade dessa marcha ascendente seria negar o progresso.

Certamente a transformação não pode ser obra de um dia, mas se existe alguma causa que possa apressar a sua realização é, sem sombra de dúvida, o Espiritismo. Ele é o fator, por excelência, da solidariedade humana. Ao mostrar que as provas da vida atual são a consequência lógica e racional dos atos praticados nas existências anteriores, ele faz com que cada criatura seja o autor voluntário da sua própria felicidade. A popularização universal do Espiritismo vai trazer necessariamente uma sensível elevação do nível moral da atualidade.

Os princípios gerais da filosofia espírita mal foram elaborados e coordenados e já conseguiram reunir, em uma grandiosa comunhão de pensamentos, milhões de adeptos espalhados por toda a Terra. Os progressos realizados pela sua influência e as transformações individuais e locais que esses princípios têm provocado em menos de quinze anos nos permitem ter uma ideia das modificações imensas e radicais que eles estão destinados a realizar no futuro.

Graças ao desenvolvimento e à aceitação geral dos ensinamentos dos Espíritos, o nível moral da Humanidade tende constantemente a se elevar, mas enganam-se redondamente aqueles que supõem que a moralidade vai preponderar sobre a inteligência. O Espiritismo não quer, em hipótese alguma, ser aceito cegamente. Ele exige o debate e o esclarecimento.

> Em vez da fé cega, que aniquila a liberdade de pensar, ele diz: [...] *fé inabalável é somente aquela que pode encarar a razão face a face, em todas as épocas da Humanidade.* [...] A fé necessita de uma base, e essa base é a perfeita compreensão daquilo em que se deve crer. Para crer, não basta ver, é preciso, acima de tudo compreender [...] (*O Evangelho Segundo o Espiritismo*, cap. 19, item 7).

Portanto, é com razão que podemos considerar o Espiritismo como um dos mais poderosos precursores da aristocracia do futuro, ou seja, da *aristocracia intelecto-moral*.

CAPÍTULO 21

OS DESERTORES

Todas as grandes ideias tiveram seguidores fervorosos e dedicados, assim como desertores. O Espiritismo não poderia escapar às consequências da fraqueza humana. Ele também teve os seus desertores, por isso, a esse respeito, algumas observações não serão inúteis.

Nos primeiros tempos, muitos se enganaram quanto à natureza e ao objetivo do Espiritismo, cujo alcance não puderam perceber. Logo de início, ele despertou a curiosidade, e muitas pessoas viam nas manifestações espíritas apenas uma distração. Divertiam-se com os Espíritos, enquanto estes se prestavam a isso. Era um passatempo, um acessório das reuniões familiares. Essa maneira inicial de apresentar os fenômenos foi uma tática hábil usada pelos Espíritos. Sob a forma de divertimento, a ideia penetrou por toda parte e lançou as suas sementes, sem apavorar as consciências medrosas. Brincaram com a criança, mas a criança precisava crescer.

Quando os Espíritos sérios e moralizadores tomaram o lugar dos Espíritos brincalhões; quando o Espiritismo se tornou uma ciência, uma filosofia, as pessoas levianas deixaram de achá-lo divertido. Para aquelas que preferem a vida material, ele se tornou um censor inoportuno e desagradável, que logo foi colocado de lado. Não devemos lamentar esses desertores porque as criaturas fúteis não passam de maus auxiliares. Entretanto, essa primeira fase não pode ser considerada, de modo algum, como uma perda de tempo. Longe disso. Graças àquele disfarce, a ideia se popularizou cem vezes mais do que se tivesse se apresentado com austeridade desde o início. Daquelas reuniões levianas e despreocupadas saíram pensadores sérios.

Os fenômenos espíritas, ao atrair a curiosidade, acabaram entrando na moda e despertando a ambição daqueles que estão sempre à procura de algo novo, na esperança de encontrar algum negócio vantajoso. As manifestações pareceram ser uma coisa maravilhosa para ser explorada, e muitos pensaram em utilizá-las como um meio de ganhar dinheiro. Outros viram nas manifestações uma variante da arte da adivinhação, um meio talvez mais seguro do que a cartomancia, a borra de café e outras técnicas usadas para conhecer o futuro e descobrir as coisas ocultas, visto que, segundo a opinião daquele tempo, os Espíritos tinham que saber tudo.

Quando essas pessoas perceberam que a especulação escapava por entre seus dedos e acabava em mistificação; que os Espíritos não as ajudavam a enriquecer nem lhes indicavam os números que seriam sorteados na loteria; que não lhes revelavam a boa sorte; que não as ajudavam a conseguir tesouros, ou a receber heranças; que não lhes sugeriam nenhuma boa invenção que pudessem patentear para obter uma renda fácil; finalmente, que não vinham suprir sua ignorância, dispensando-as do trabalho intelectual e material, concluíram que os Espíritos não serviam para nada e que as suas manifestações não passavam de ilusões.

As mesmas pessoas que engrandeceram o Espiritismo, enquanto esperavam tirar dele algum proveito, não hesitaram em difamá-lo tão logo se sentiram decepcionadas. Inúmeros críticos que hoje o ridicularizam teriam elevado o Espiritismo às nuvens se ele os tivesse ajudado a descobrir um tio rico na América ou a ganhar na Bolsa. Essa constitui a categoria mais numerosa de desertores, mas eles não podem ser qualificados como verdadeiros espíritas.

Observemos que essa fase também teve a sua utilidade, uma vez que mostrou aquilo que não se deve esperar dos Espíritos. Dessa forma, foi possível conhecer o objetivo sério do Espiritismo e depurar a Doutrina. Os Espíritos sabem que as lições obtidas pela experiência são as mais proveitosas. Se desde o começo eles tivessem dito: não peçam isto ou aquilo porque vocês não vão conseguir, ninguém mais lhes daria crédito. Essa foi a razão de os Espíritos deixarem que as coisas tomassem o rumo que tomaram, pois eles queriam que a verdade surgisse da observação. As decepções desencorajaram os exploradores e contribuíram para que o número deles diminuísse. Essas decepções tiveram o mérito de livrar o Espiritismo desses parasitas, visto que eles não eram adeptos sinceros.

Algumas pessoas, mais observadoras do que outras, pressentiram o homem na criança que acabava de nascer e tiveram medo, do mesmo modo que Herodes teve medo do Menino Jesus. Não ousando atacar o Espiritismo de frente, elas infiltraram agentes em suas fileiras com a tarefa de asfixiá-lo. Esses agentes se disfarçavam para se intrometerem em tudo. Insuflavam habilmente a desunião nos centros espíritas, espalhando sorrateiramente o veneno da calúnia e provocando a discórdia. Inspiravam atos que comprometessem os seus membros, com o objetivo de desencaminhar a Doutrina, a fim de torná-la ridícula ou odiosa e, em seguida, simular deserções.

Outros são mais habilidosos ainda: pregam a união para semear a divisão. São mestres em levantar questões irritantes e ofensivas. Despertam a ideia de que existem centros mais importantes do que outros. Ficariam felizes em ver os centros brigando entre si por algumas divergências de opiniões sobre como apresentar determinadas questões de conteúdo fútil, na maioria das vezes provocadas intencionalmente.

Todas as doutrinas tiveram os seus Judas, e o Espiritismo não poderia deixar de ter os seus, e eles não lhe faltaram. Esses são os espíritas de contrabando, que também tiveram a sua utilidade, visto que ensinaram ao verdadeiro espírita a ser prudente, reservado e a não acreditar nas aparências.

Em princípio, convém desconfiar daqueles que possuem um entusiasmo muito exagerado, que quase sempre não passa de um fogo de palha, que aparentam ser o que não são deixando-se levar pelo calor do momento e que suprem com a abundância de palavras a falta de ações.

Aqueles que têm a verdadeira convicção são calmos, refletem e são pessoas motivadas. Revelam a sua coragem por meio das obras que realizam, pela firmeza com que agem, pela perseverança e, sobretudo, pela abnegação. O desinteresse moral e material é o verdadeiro critério para se avaliar a sinceridade, que tem um caráter original, visto que se manifesta de forma sutil e, muitas vezes, é mais fácil compreendê-la do que defini-la. A sinceridade é sentida por efeito da transmissão do pensamento, cuja Lei o Espiritismo veio nos revelar. Ninguém consegue simular perfeitamente a sinceridade quando ela é falsa, pois não é possível mudar a natureza das correntes fluídicas que ela projeta. Errava grosseiramente aquele que acredita poder substituir a sinceridade pela bajulação baixa e servil, que seduz somente as almas orgulhosas. É por meio dessa mesma bajulação que as almas elevadas reconhecem quando a sinceridade é falsa.

O gelo jamais pode imitar o calor. Nos espíritas propriamente ditos, também encontraremos certas fraquezas humanas, sobre as quais a Doutrina nem sempre triunfa imediatamente. As mais difíceis de vencer são o egoísmo e o orgulho, os dois vícios originais do homem. Entre os adeptos convictos não há deserções, pois aquele que desertasse, por motivo de interesse próprio ou outro qualquer, nunca teria sido um verdadeiro espírita, entretanto pode haver diminuição de interesse.

A coragem e a perseverança podem fraquejar diante de uma decepção, de uma ambição frustrada, de uma superioridade que não foi possível obter, de uma ofensa ao amor-próprio, de uma prova difícil. Existem ainda aqueles que recuam perante a necessidade de sacrificar o seu bem-estar, o medo que tem de comprometer os seus interesses materiais, aquilo que os outros vão dizer, o receio de sofrerem uma mistificação, tendo como consequência não o afastamento, e sim o esfriamento. Vivem para si e não para os outros.

Querem apenas se beneficiar com a crença, mas com a condição de que isso nada lhes custe. Sem dúvida, os que assim procedem podem ser crentes, porém, seguramente, são crentes egoístas, nos quais a fé não acendeu ainda o fogo sagrado do devotamento e da abnegação; a alma deles custa a se desprender da matéria. Nominalmente são numerosos, mas não podemos contar com eles.

Todos os outros são espíritas que realmente fazem jus a esse nome. Aceitam todas as consequências da Doutrina e são reconhecidos pelos esforços que fazem para se melhorar. Os verdadeiros espíritas apenas dão para as coisas materiais um valor no limite do razoável, visto que elas constituem para eles o acessório, e não o essencial. Consideram a vida terrena como uma travessia mais ou menos penosa. Eles têm a convicção de que o futuro depende das coisas úteis ou inúteis que fizerem na vida atual. Julgam insignificantes as alegrias da vida terrena se comparadas com a esplêndida perspectiva que vislumbram no Além. Assim, não se intimidam com os obstáculos que encontram no caminho. Os problemas e as decepções são provas que não os desencorajam, pois sabem que o repouso é o prêmio do trabalho. Essa é a razão pela qual entre os verdadeiros espíritas não existem deserções nem fraqueza.

É por isso que os bons Espíritos protegem de modo ostensivo aqueles que lutam com coragem e perseverança; aqueles cujo devotamento é sincero e sem ideias preconcebidas; eles os ajudam a vencer os obstáculos e suavizam as provas que não podem ser evitadas, ao passo que abandonam, também de modo ostensivo, aqueles que deserdam e sacrificam a causa da verdade pelas ambições pessoais.

Devemos incluir entre os desertores do Empirismo aqueles que se afastam de suas fileiras por não concordarem com a nossa maneira de ver? Aqueles que, por acharem o nosso método muito lento, ou muito rápido, pretendem alcançar mais depressa e em melhores condições o objetivo a que nos propomos? Não, se tiverem por guia a sinceridade e o desejo de propagar a verdade, não podem ser considerados desertores. No entanto, se os seus esforços tendem unicamente a colocá-los em evidência e a chamar sobre si a atenção pública, satisfazendo ao seu amor-próprio e às suas ambições pessoais, devem, sim, ser considerados como desertores.

O fato de terem uma maneira de ver diferente da nossa e de não simpatizarem com os nossos princípios, por si só, não prova que estão mais próximos da verdade do que nós. Sempre é possível divergir de opinião em matéria de Ciência. Façam as suas pesquisas que nós faremos as nossas, e o futuro mostrará quem está certo e quem está errado. Não somos os únicos em condições de fazer estudos sérios e úteis, não temos essa pretensão. O que fazemos, outros também podem fazer. Os homens inteligentes podem se associar a nós ou se reunir longe de nós, pouco importa! O que realmente importa é que os centros de estudos se multipliquem, pois isso será um sinal incontestável de progresso, que aplaudiremos com todas as nossas forças.

Quanto às rivalidades, às tentativas que façam para nos suplantarem, temos um meio infalível de não as temer, pois trabalhamos para compreender, para desenvolver a nossa inteligência e o nosso coração; lutamos com os outros, mas lutamos com caridade e abnegação. Que o amor ao próximo, escrito na nossa bandeira, seja o nosso lema! Que a busca pela verdade, venha de onde vier, seja o nosso único objetivo.

Com esses sentimentos, enfrentaremos a zombaria dos nossos adversários e as tentativas que eles empreendem para nos desestabilizar. Se por acaso estivermos errados, não teremos problema algum em reconhecer o erro e não vamos nos obstinar em ideias falsas, para preservar o nosso amor-próprio. Entretanto, existem princípios sobre os quais jamais pode haver engano: o amor ao bem, a abnegação em favor do próximo, a renúncia a todo e qualquer sentimento de inveja e de ciúme. Esses são os nossos princípios. Neles vemos os laços que vão prender todos os homens de bem, qualquer que seja a divergência de opinião que exista entre eles. Somente o egoísmo e a má-fé conseguem erguer entre os homens barreiras intransponíveis.

Qual será a consequência de semelhante estado de coisas? Sem dúvida, as intrigas dos falsos espíritas podem momentaneamente acarretar algumas perturbações parciais. Por esse motivo, devemos empregar todos os nossos esforços no sentido de frustrá-las, tanto quanto possível. Entretanto, a atuação dessas perturbações é passageira e não podem ser prejudiciais ao futuro; primeiro porque são simples manobras de oposição que caem por terra pela força das circunstâncias; depois, digam ou façam o que quiserem, não conseguirão retirar da Doutrina o seu caráter diferenciado, a sua filosofia racional e lógica, nem a sua moral que consola e regenera.

Hoje, as bases do Espiritismo estão fixadas de forma inabalável. Os livros, escritos com clareza e colocados ao alcance de todas as inteligências, serão sempre a expressão clara e exata do ensinamento dos Espíritos. Esses ensinamentos também serão transmitidos de forma intacta aos que virão depois de nós.

Não devemos nos esquecer de que estamos num momento de transição e que nenhuma transição se opera sem conflito. Portanto, que ninguém se espante ao ver certas paixões se agitarem por efeito de ambições comprometidas, de interesses feridos, de pretensões frustradas. Aos poucos, tudo isso se extingue, e a febre se abranda. Os homens passam, e as novas ideias permanecem. Espíritas, se quiserem ser invencíveis, sejam benevolentes e caridosos. O bem é um escudo contra o qual sempre se quebram as manobras da maldade!

Não há razão para temermos coisa alguma, pois o futuro nos pertence. Deixemos que os nossos adversários se debatam, tolhidos pela verdade que os ofusca. Toda oposição é impotente contra a evidência, que triunfará inevitavelmente pela força das circunstâncias. A popularização universal do Espiritismo é uma questão de tempo, e, neste século, o tempo marcha a passos de gigante, sob o impulso do progresso.

Allan Kardec

Observação: Como complemento deste artigo, publicamos uma instrução que Allan Kardec deu sobre o mesmo assunto logo que voltou ao mundo dos Espíritos. Pareceu-nos que seria interessante aos leitores poder comparar as páginas eloquentes e vigorosas que acabamos de transcrever com a opinião atual do organizador por excelência da nossa filosofia.

Paris, novembro de 1869 (Kardec desencarnou em março de 1869)

"Quando eu me encontrava encarnado entre vocês, eu disse muitas vezes que se devia fazer uma história do Espiritismo, que não deixaria de ter interesse. Ainda hoje, essa é a minha opinião, e os elementos que eu havia reunido para esse fim poderão servir um dia para a realização da minha ideia. É que eu, com efeito, me encontrava em melhores condições do que qualquer outro para apreciar o curioso espetáculo provocado pela descoberta e pela popularização de uma grande verdade. Hoje eu sei o que ontem eu apenas pressentia, ou seja, que uma ordem maravilhosa e uma harmonia inconcebível presidem à concentração de todos os elementos destinados a dar origem à nova obra.

A benevolência, a boa vontade, o devotamento absoluto de uns; a má-fé, a hipocrisia, as manobras maldosas de outros, tudo contribui para garantir a estabilidade do edifício que se eleva. Nas mãos das forças superiores que são responsáveis por todos os progressos, as resistências inconscientes ou fingidas e os ataques que têm por finalidade semear o descrédito e o ridículo tornam-se instrumentos de elaboração.

O que já não fizeram e colocaram em ação para sufocar a criança no berço! (a Doutrina no seu nascimento). O charlatanismo e a superstição quiseram, por sua vez, se apoderar dos nossos princípios para explorá-los em proveito próprio. Toda fúria da imprensa foi lançada contra nós. Zombaram das coisas mais respeitáveis. Atribuíram aos Espíritos do mal os ensinamentos dos Espíritos mais dignos da admiração e da veneração universais. No entanto, a junção de todos esses esforços e de todos esses interesses feridos só serviu para proclamar a impotência dos nossos adversários.

É na luta incessante contra os preconceitos estabelecidos, contra os erros arraigados, que se aprende a conhecer os homens. Ao me entregar à obra da minha predileção, eu sabia que me expunha ao ódio, à inveja e ao ciúme dos outros. O caminho se achava repleto de dificuldades que se renovavam a cada instante. Nada podendo fazer contra a Doutrina, atacavam o homem. Por esse lado, no entanto, eu me sentia forte porque havia renunciado à minha personalidade. Que me importavam as tentativas de calúnia? A minha consciência e a grandeza do objetivo me faziam esquecer, de boa vontade, os espinhos do caminho. Os testemunhos de simpatia e de estima que recebi daqueles que souberam me apreciar foram a mais suave recompensa que eu jamais poderia ter ambicionado.

Ah! Quantas vezes eu não teria sucumbido ao peso da minha tarefa se a afeição e o reconhecimento de um grande número de pessoas não tivessem feito com que eu me esquecesse da ingratidão e da injustiça de alguns! Apesar de eu sempre ter sido insensível aos ataques que os inimigos dirigiam contra mim, confesso que me sentia muito magoado todas as vezes que descobria falsos amigos entre aqueles com quem eu mais contava.

Se é justo censurar aqueles que tentaram explorar o Espiritismo ou desvirtuá-lo com os seus escritos, antes de terem feito dele um estudo prévio, quanto mais culpados não são aqueles que, depois de terem assimilado todos os seus princípios, e não contentes em se afastar, ainda se voltaram contra ele com todas as suas forças! É, sobretudo, para os desertores dessa categoria que devemos pedir a misericórdia divina, visto que eles apagaram voluntariamente a tocha que os iluminava e com a qual poderiam esclarecer os outros. Por conta disso, eles perdem a proteção dos bons Espíritos, e temos a triste experiência de vê-los chegarem, bem depressa, de queda em queda, rumo às mais críticas situações!

Desde que voltei ao mundo dos Espíritos, tive a oportunidade de ver alguns desses infelizes! Agora eles estão arrependidos, lamentam a sua inércia e má vontade, mas não podem recuperar o tempo perdido! Em breve eles retornarão à Terra, com o firme propósito de contribuir ativamente para o progresso [da Doutrina], e ainda terão que lutar contra as velhas tendências até que consigam vencê-las definitivamente.

Poderíamos até acreditar que os espíritas de hoje, esclarecidos por esses exemplos, evitariam cometer os mesmos erros. Infelizmente, porém, não é o que acontece. Por muito tempo ainda haverá falsos irmãos e amigos despreparados que, como os seus antecessores, também não conseguirão afastar o Espiritismo do caminho que lhe foi traçado. Mesmo eles causando algumas perturbações momentâneas e puramente locais, a Doutrina não correrá, por conta disso, nenhum risco. Ao contrário, os espíritas desviados do caminho reto logo reconhecerão o seu erro e virão colaborar com maior ardor para a obra que abandonaram. Atuando de comum acordo com os Espíritos superiores que dirigem as transformações humanitárias, pela qual passam os homens, caminharão a passos largos rumo a tempos mais felizes, que foram prometidos à Humanidade regenerada."

CAPÍTULO 22

LIGEIRA RESPOSTA AOS DETRATORES DO ESPIRITISMO

O direito de "examinar" e de "criticar" não precisa estar escrito em lugar algum para que se cumpra, e o Espiritismo não tem a pretensão de não deixar que os seus ensinamentos sofram o exame e a crítica, assim como não tem a pretensão de agradar a todas as pessoas. Portanto, cada um é livre para aceitá-lo ou rejeitá-lo, contanto que o façam com conhecimento de causa.

Ora, a crítica tem provado inúmeras vezes que ignora os seus princípios mais elementares ao lhe imputar exatamente o contrário do que ele ensina, além de ainda lhe atribuir o que ele desaprova. Confundem-no com imitações grosseiras do charlatanismo ao considerar a excentricidade de alguns de seus indivíduos como se isso fosse uma regra geral. Com muita frequência, a má-fé tem feito de tudo para tornar o Espiritismo responsável por atos repreensíveis ou ridículos, nos quais o seu nome foi envolvido casualmente, fazendo disso uma arma contra ele.

Antes de responsabilizar uma doutrina por incentivar um ato condenável qualquer, a razão e a imparcialidade exigem que se examine se ela contém princípios que justifiquem semelhante ação. Para saber a parcela de responsabilidade que cabe ao Espiritismo, numa determinada circunstância, há um meio muito simples: fazer de *boa-fé* uma investigação escrupulosa, não entre os adversários, mas na própria Doutrina, daquilo que ela aprova e daquilo que ela condena. Isso é muito fácil, visto que o Espiritismo não tem segredos. Os seus ensinamentos são publicados e todos têm acesso aos seus conteúdos.

Se os livros da Doutrina Espírita condenam de maneira explícita e formal um ato justamente reprovável; se, ao contrário, eles só trazem instruções que orientam para o bem proceder, conclui-se que não foi nos livros espíritas que um indivíduo culpado de algum delito se inspirou, mesmo que tivesse esses livros em sua posse.

O Espiritismo não é solidário com aqueles que dizem ser espíritas da boca para fora, do mesmo modo que a Medicina também não o é com os charlatões que a exploram, nem a boa religião é solidária com os abusos e os crimes que são cometidos em seu nome. A Doutrina Espírita só reconhece como adeptos aqueles que praticam os seus ensinamentos, ou seja, aqueles que trabalham pelo próprio aperfeiçoamento moral; que se esforçam para vencer as suas más tendências, procurando ser menos egoístas e menos orgulhosos, mais brandos, mais humildes, mais pacientes, mais bondosos, mais caridosos para com o próximo, mais moderados em tudo, porque este é o verdadeiro espírita.

O objetivo dessa ligeira resposta aos detratores não tem por finalidade combater todas as falsas alegações que fazem contra o Espiritismo. Também não tem a pretensão de desenvolver ou provar todos os seus princípios e, muito menos, tentar converter aqueles que possuem opiniões contrárias, desejamos que eles sigam as suas ideias. O nosso objetivo é apenas dizer, em poucas palavras, aquilo que o Espiritismo realmente é, e aquilo que ele não é, as coisas que ele admite e as coisas que ele desaprova.

As crenças que o Espiritismo defende, as tendências que ele manifesta e o objetivo a que se propõe se resumem nas seguintes proposições:

1º O *elemento espiritual* e o *elemento material* são os dois princípios, as duas forças vivas da Natureza, que se completam mutuamente e que reagem sem cessar uma sobre a outra. Ambas são indispensáveis ao funcionamento do mecanismo do Universo. Da ação recíproca entre o elemento espiritual e o material nascem fenômenos que não poderiam ser explicados se esses elementos fossem analisados de forma separada.

A Ciência propriamente dita tem por missão especial o estudo das Leis que regem a matéria. O Espiritismo tem por objetivo o estudo do *elemento espiritual* e as suas relações com o elemento material. Ele encontra, na união desses dois princípios, a explicação para uma multidão de fatos até então inexplicados. O Espiritismo caminha ao lado da Ciência no campo da matéria e admite todas as verdades que a Ciência comprova. No entanto, onde a Ciência termina as suas investigações, o Espiritismo prossegue nas suas pesquisas pelo campo da espiritualidade.

2º Sendo o elemento espiritual um estado ativo da Natureza, os fenômenos de que ele participa estão sujeitos a Leis e são, por isso mesmo, tão naturais quanto aqueles que ocorrem na matéria inerte.

Alguns desses fenômenos foram considerados *sobrenaturais* pela ignorância das Leis que os regem. Em virtude desse princípio (o elemento espiritual), o Espiritismo não admite o caráter miraculoso atribuído a certos fatos, embora reconheça a sua realidade e a sua possibilidade. Para ele, não existem *milagres* que possam anular as Leis da Natureza. Assim, se pode concluir que os espíritas não fazem milagres, sendo, portanto, impróprio o qualificativo de "milagreiros" que algumas pessoas lhes atribuem.

O conhecimento das Leis que regem o princípio espiritual relaciona-se de maneira direta com a questão do passado e do futuro do homem. Sua vida se restringe à existência atual? Ao entrar neste mundo, ele vem do nada e volta para o nada ao deixá-lo? Ele já viveu antes e ainda viverá depois de partir? *Como ele viverá e em que condições?* Enfim, de onde o homem vem e para onde ele vai? Por que ele está na Terra e por que precisa sofrer neste mundo? Essas são as perguntas que todos fazem para si mesmos porque elas são de grande interesse para todas as criaturas. Até hoje, no entanto, nenhuma doutrina respondeu a esses questionamentos de forma racional. A resposta que o Espiritismo nos dá, apoiando-se nos fatos e satisfazendo às exigências da lógica e da mais rigorosa justiça, constitui uma das causas principais da sua rápida propagação.

O Espiritismo não é uma concepção pessoal nem o resultado de um sistema preconcebido. Ele é o resultado de milhares de observações feitas em todos os pontos do Globo e que convergiram para um centro que os reuniu e coordenou. Todos os princípios que constituem o Espiritismo, sem exceção de um só, foram deduzidos da experiência. A experiência sempre precedeu a teoria.

Assim, desde o começo, o Espiritismo lançou raízes por toda parte. A história não oferece nenhum exemplo de uma doutrina filosófica ou religiosa que, em dez anos, tenha conquistado tão grande número de adeptos. Lembramos que, para se tornar conhecido, o Espiritismo não empregou nenhum dos meios popularmente em uso. Propagou-se por si mesmo graças às afinidades que despertou nas pessoas que a ele tiveram acesso.

Um fato importante de ser registrado é que o Espiritismo, em nenhum país, surgiu nas camadas mais baixas da sociedade. Em toda parte, ele se propagou de cima para baixo na escala social. Ele se expandiu quase que exclusivamente nas classes esclarecidas, e, entre os seus adeptos, as pessoas iletradas constituem uma minoria.

Verifica-se também que a propagação do Espiritismo seguiu, desde o começo, uma marcha sempre ascendente, apesar de tudo que fizeram os seus adversários para opor-lhe obstáculos e para desacreditá-lo perante a opinião pública. Chama a atenção que tudo aquilo que foi feito nesse sentido somente serviu para difundi-lo ainda mais e despertar a curiosidade de muitas pessoas que procuraram conhecê-lo, ou seja, pessoas que nunca tinham ouvido falar dele.

Quanto mais se empenhavam em difamá-lo ou ridicularizá-lo, mais ele despertava o interesse geral. Como ele só tinha a ganhar com esse exame, o resultado foi que os seus adversários se constituíram, sem o querer, em excelentes propagandistas. Se as críticas não lhe acarretaram nenhum prejuízo, é porque aqueles que o estudaram em sua verdadeira origem reconheceram que ele era muito diferente daquilo que lhes tinha sido apresentado.

Nas lutas que o Espiritismo precisou enfrentar, as pessoas imparciais confirmaram a moderação da Doutrina, ou seja, ele nunca usou de represália para combater os seus adversários, nem respondeu às injúrias que lhe lançaram com outras injúrias.

O Espiritismo é uma doutrina filosófica que tem consequências religiosas, como qualquer filosofia espiritualista. Por essa razão, ele toca forçosamente nos fundamentos de todas as religiões, que são: Deus, a alma e a vida futura. Mas ele não é uma religião constituída, visto que não possui culto, nem rituais, nem templos, e, entre os seus adeptos, nenhum recebeu o título de sacerdote ou de sumo sacerdote. Esses qualificativos são pura invenção da crítica.

É espírita aquele que simpatiza com os princípios da doutrina e procede de acordo com eles. É uma opinião como qualquer outra que cada um tem o direito de ter, assim como tem o direito de ser judeu, católico, protestante, fourieristas (Charles Fourier), simonistas (Conde de Saint-Simon), voltairianos (Voltaire), cartesianos (René Descarte), deístas (aceita Deus desde que Ele prove a Sua existência) e até materialistas.

O Espiritismo entende que a liberdade de consciência é um direito natural; ele a quer para os seus adeptos, assim como para todas as pessoas. Respeita todas as convicções sinceras e faz questão da reciprocidade.

A liberdade de consciência proporciona o direito do *livre-exame* em matéria de fé. O Espiritismo combate o princípio da fé cega porque ela exige que o homem abra mão de fazer o seu próprio julgamento. Considera que toda a fé que é imposta não tem uma base, por isso que inscreve entre as suas máximas: *fé inabalável é somente aquela que pode encarar a razão face a face, em todas as épocas da Humanidade.*

Coerente com seus princípios, o Espiritismo não se impõe a ninguém. Quer ser aceito livremente e por efeito de convicção. Expõe os seus ensinamentos e acolhe aqueles que voluntariamente o procuram. Não cogita afastar ninguém das suas convicções religiosas. Não se dirige aos que estão satisfeitos com a sua fé, dirige-se apenas àqueles que, não estando satisfeitos com o que têm, procuram alguma coisa melhor.

SEGUNDA PARTE

1. Extratos, *in extenso*, do livro das *Previsões relativas ao Espiritismo*
2. Fora da caridade não há salvação
3. Projeto – 1868
4. Constituição do Espiritismo
5. Credo espírita

CAPÍTULO 1

EXTRATOS, *IN EXTENSO*, DO LIVRO DAS *PREVISÕES RELATIVAS AO ESPIRITISMO*

Manuscrito feito com especial cuidado por Allan Kardec e do qual nenhum capítulo havia sido publicado até hoje.

1. A MINHA INICIAÇÃO NO ESPIRITISMO

Foi em 1854 que eu ouvi falar pela primeira vez das mesas girantes. Certo dia, encontrei com o Sr. Fortier, magnetizador que eu conhecia há muitos anos e que me perguntou: "Você já sabe da singular propriedade que acabam de descobrir no Magnetismo? Parece que além das pessoas, consegue-se magnetizar também as mesas, que giram e caminham à vontade". "É muito interessante mesmo", respondi, "mas, a rigor, isso não me parece radicalmente impossível".

O fluido magnético, que é uma espécie de eletricidade, pode perfeitamente atuar sobre os corpos inertes e fazer com que eles se movam. Os relatos publicados nos jornais sobre experiências feitas em Nantes, em Marselha, e em algumas outras cidades não deixam margem para dúvidas a respeito da realidade desse fenômeno.

Algum tempo depois, encontrei-me novamente com o Sr. Fortier, que me disse: "O fato é muito mais extraordinário. Não somente fazem a mesa girar, quando a magnetizam, como também fazem-na falar. As pessoas perguntam, e ela responde". "Isso agora", retruquei, "é outra questão. Só acreditarei vendo, e quando me provarem que a mesa tem cérebro para pensar, nervos para sentir e que possa se tornar sonâmbula. Até lá, permita que eu veja no caso um simples conto da carochinha".

Esse raciocínio era lógico. Eu aceitava a possibilidade do movimento por uma força mecânica, mas, ignorando a causa e a Lei do fenômeno, parecia-me absurdo atribuir inteligência a uma coisa puramente material. Eu me encontrava na posição dos incrédulos atuais, que simplesmente negam o fato porque não o compreendem.

Há cinquenta anos, se fosse dito para alguém que era possível transmitir um telegrama a 500 léguas e receber a resposta dentro de uma hora, a pessoa responderia com uma gargalhada e não lhe faltariam excelentes razões científicas para provar que o fato era materialmente impossível. Hoje, por conhecermos a Lei da eletricidade, isso não espanta mais ninguém, nem mesmo um camponês. Da mesma forma acontece com todos os fenômenos espíritas. Para aqueles que não conhecem a Lei que os rege, eles parecem sobrenaturais, maravilhosos e, por consequência, impossíveis e ridículos. Uma vez conhecida a Lei, desaparece o maravilhoso. Ao compreendermos o modo como eles são produzidos, eles deixam de repugnar a razão.

Eu estava diante de um fato não explicado, aparentemente contrário às Leis da Natureza e que a minha razão não aceitava. Ainda não tinha visto nem observado nada. As experiências, realizadas na presença de pessoas honradas e dignas de toda confiança, confirmavam a minha opinião quanto à possibilidade de um efeito puramente material, mas a ideia de uma mesa *falante* ainda não me entrava no cérebro.

No ano seguinte, no início de 1855, encontrei o Sr. Carlotti, meu amigo há 25 anos, que me falou daqueles fenômenos por cerca de uma hora, com aquele entusiasmo que todas as ideias novas produzem. O Sr. Carlotti era natural da Córsega e possuía um temperamento ardente e enérgico. Eu sempre apreciei nele as qualidades que distinguem uma bela alma, mas, ainda assim, desconfiava da sua empolgação. Ele foi o primeiro que me falou da intervenção dos Espíritos e me contou tantas coisas surpreendentes que, longe de me convencer, aumentou ainda mais as minhas dúvidas. "Um dia, o senhor será um dos nossos", disse-me ele. "Não digo que não", respondi, "veremos isso mais tarde".

Passado algum tempo, lá pelo mês de maio de 1855, fui à casa da Sra. Roger, sonâmbula, na companhia do Sr. Fortier, seu magnetizador. Ali encontrei o Sr. Pâtier e a Sra. Plainemaison, que me falaram sobre aqueles fenômenos que o Sr. Carlotti havia se referido, mas num outro tom. O Sr. Pâtier era funcionário público, já de uma certa idade, homem muito instruído e de caráter sério, frio e calmo. Sua linguagem pausada, isenta de qualquer entusiasmo, causou-me viva impressão, por isso, quando me convidou para assistir às experiências que se realizavam na casa da Sra. Plainemaison, à Rua

Grande-Batelière, 18, aceitei imediatamente. A reunião ficou marcada para uma terça-feira às oito horas da noite. Foi lá que, pela primeira vez, presenciei o fenômeno das mesas que giravam, saltavam e corriam, em condições tais que não era possível ter mais qualquer dúvida. Assisti também a alguns ensaios, muito imperfeitos, da escrita mediúnica numa ardósia (quadro-negro), com o auxílio de uma cesta.

Minhas ideias ainda não estavam definidas, mas ali estava um fato que deveria ter uma causa. Eu entrevia, naquelas aparentes futilidades, na diversão que faziam com aqueles fenômenos, algo de sério, como que a revelação de uma nova Lei, que prometi a mim mesmo investigar a fundo.

Em seguida surgiram outras oportunidades para que eu pudesse observar os fatos com mais atenção, coisa que eu ainda não havia feito. Numa das reuniões na casa da Sra. Plainemaison, conheci a família Baudin, que residia à Rua Rochechouart. O Sr. Baudin me convidou para assistir às sessões semanais que se realizavam em sua casa e as quais me tornei, desde então, muito assíduo.

Essas reuniões eram bastante numerosas e, além dos assistentes habituais, eram admitidos, sem muita dificuldade, todos aqueles que solicitavam permissão para assisti-las. As médiuns eram as Srtas. Baudin (Caroline e Julie), que escreviam numa ardósia com o auxílio de uma cesta, chamada *pião*, descrita em *O Livro dos Médiuns* (cesta-pião). Esse método, que exige a participação de duas pessoas, exclui toda a possibilidade da intervenção das ideias do médium. Lá, tive a oportunidade de presenciar comunicações contínuas e respostas dadas a perguntas que eram propostas e, algumas vezes, até a perguntas feitas mentalmente, o que faziam entrever, de modo evidente, a intervenção de uma inteligência estranha.

Os assuntos tratados nas reuniões eram geralmente fúteis. Os assistentes se ocupavam principalmente com as coisas relativas à vida material, como saber sobre o futuro, e com coisas que não eram importantes. A curiosidade e o divertimento era o principal objetivo dos assistentes.

O Espírito manifestante dava a ele mesmo o nome de *Zéfiro*; nome, aliás, compatível com o seu caráter e com o da reunião. Entretanto, ele era muito bom e dizia-se protetor da família. Se muitas vezes ele sabia fazer rir, quando era necessário, sabia dar bons conselhos e utilizava o recurso da epigrama (pequena composição poética). Além disso, era muito espirituoso e sabia ser malicioso. Logo fizemos amizade, e ele me ofereceu muitas provas de simpatia. Não era um Espírito muito adiantado, porém, mais tarde, ajudado por Espíritos superiores, auxiliou-me nos meus primeiros trabalhos. Depois, disse que tinha que reencarnar e não ouvi mais falar nele.

Foram nessas reuniões que comecei os meus estudos sérios sobre o Espiritismo, muito mais por aquilo que pude observar do que por aquilo que me foi revelado. Apliquei a essa nova ciência, conforme estava acostumado a fazer, o método experimental. Jamais utilizei teorias preconcebidas. Observava atentamente, comparava e deduzia as consequências.

Com base nos efeitos, procurava chegar às causas, por dedução e pelo encadeamento lógico dos fatos, só aceitando como válida a explicação que pudesse resolver todas as dificuldades da questão. Foi assim que eu sempre procedi em meus trabalhos anteriores, desde os meus 15, 16 anos de idade. Compreendi, logo à primeira vista, a importância da pesquisa que iria empreender. Vislumbrei naquele fenômeno a explicação para um problema tão obscuro e tão controvertido, que dizia respeito ao passado e ao futuro da Humanidade, a solução que eu procurava em toda a minha vida. Era, em resumo, uma revolução total nas ideias e nas crenças existentes, por isso era preciso agir com prudência, e não com leviandade; ser objetivo, e não idealista, para não me deixar levar pelas ilusões.

Um dos primeiros resultados que eu colhi das observações que fiz dos Espíritos foi a de que eles, sendo as almas dos homens, não possuíam toda a sabedoria nem todo o conhecimento. Que o saber deles era limitado ao grau de adiantamento que haviam alcançado e que suas opiniões só tinham o valor de uma opinião pessoal. Essa verdade, reconhecida desde o princípio, livrou-me do grave perigo de acreditar que os Espíritos eram infalíveis e me impediu de formular teorias precipitadas com base no que eles diziam.

O simples fato da possibilidade de uma comunicação com os Espíritos, independentemente do que eles digam, prova a existência do mundo invisível. Esse era um ponto essencial, um imenso campo aberto às nossas pesquisas e a base para inúmeros fenômenos até então inexplicados. O segundo ponto, não menos importante, era que a comunicação com os Espíritos nos permitia conhecer o estado desse mundo, seus costumes, se assim podemos nos expressar.

Logo percebi que cada Espírito, em virtude da sua posição pessoal e dos seus conhecimentos, me desvendava um aspecto daquele mundo, do mesmo modo que se pode chegar ao conhecimento de um país interrogando os habitantes de todas as classes sociais e de todas as condições, visto que cada um pode nos ensinar alguma coisa, o que não acontece se a informação vier de um indivíduo somente. Cabe ao observador formar o conjunto, com o auxílio dos dados colhidos em diferentes partes, coordenando e comparando uns com os outros. Agi com os Espíritos como teria feito com os homens. Para mim, eles foram, desde o menor até o maior deles, veículos de informação, e não *reveladores predestinados*.

Estas foram as diretrizes que utilizei em meus estudos espíritas: observar, comparar e julgar. E são elas que eu utilizo até hoje.

Até aquela data, as sessões na casa do Sr. Baudin não tinham tido nenhum objetivo determinado. Tomei para mim a iniciativa de resolver nelas os problemas que me interessavam sob o ponto de vista da Filosofia, da Parapsicologia e da natureza do mundo invisível. Para cada sessão, eu levava uma série de perguntas preparadas e metodicamente dispostas. Elas eram sempre respondidas com precisão, profundidade e de uma maneira lógica. A partir de então, as reuniões assumiram um caráter muito diferente. Entre os assistentes, encontravam-se pessoas sérias que tinham muito interesse no meu estudo. Quando eu precisava faltar, elas ficavam sem saber o que fazer. As perguntas fúteis tinham perdido o interesse para a maioria dos frequentadores. A princípio, eu só tinha por objetivo o de me instruir.

Mais tarde, quando vi que aquelas comunicações formavam um conjunto, um todo e ganhavam as proporções de uma doutrina, tive a ideia de publicar os ensinamentos recebidos para que todos também pudessem se instruir. Foram aquelas mesmas questões que, sucessivamente desenvolvidas e completadas, constituíram a base para a publicação de *O Livro dos Espíritos*.

No ano seguinte, em 1856, além das reuniões na casa da família Baudin, frequentei também as reuniões espíritas que se realizavam na Rua Tiquetone, na casa do Sr. Roustan e da Srta. Japhet, que era sonâmbula. Eram reuniões sérias e feitas com muita ordem. As comunicações eram transmitidas por intermédio da médium Srta. Japhet, com o auxílio da cesta de bico.

O meu trabalho estava quase concluído e assumia as proporções de um livro. Entretanto, eu fazia questão de submetê-lo ao exame de outros Espíritos, com o auxílio de diferentes médiuns. Lembrei-me de fazer dele objeto de estudo nas reuniões do Sr. Roustan. Depois de algumas sessões, os Espíritos disseram que preferiam fazer a revisão em separado. Marcaram para essa revisão certos dias nos quais eu trabalharia em particular com a Srta. Japhet, a fim de fazê-lo com mais calma e para evitar as indiscrições e os comentários prematuros do público.

No entanto, não me contentei com essa revisão, assim como os Espíritos me haviam recomendado. As circunstâncias fizeram com que eu conhecesse outros médiuns, e cada vez que se apresentava uma oportunidade, eu aproveitava a ocasião para propor algumas das questões que me pareciam mais espinhosas. Foi assim que mais de dez médiuns prestaram a sua colaboração neste trabalho. Depois de classificar, comparar e juntar todas aquelas respostas de maneira coordenada, muitas vezes retocadas no silêncio da meditação, foi que elaborei a primeira edição de *O Livro dos Espíritos*, publicada em 18 de abril de 1857.

No fim desse mesmo ano, as duas Srtas. Baudin se casaram. As reuniões cessaram, e a família se dispersou. As minhas relações começavam a se ampliar, e os Espíritos me multiplicavam os meios de instrução, visando aos meus trabalhos posteriores.

2. MEU ESPÍRITO PROTETOR

(Na casa do Sr. Baudin. Médium: Srta. Baudin.)
11 de dezembro de 1855.

Pergunta ao Espírito Zéfiro – Há, no mundo dos Espíritos, algum que seja o meu bom gênio (anjo da guarda)?

Resposta – Sim.

P – Será ele o Espírito de algum parente ou de algum amigo?

R – Nem uma coisa nem outra.

P – Quem foi ele na Terra?

R – Um homem justo e muito sábio.

P – O que devo fazer para conquistar o seu afeto?

R – Todo o bem que estiver ao seu alcance.

P – Por quais sinais eu poderei reconhecer a sua intervenção?

R – Pela satisfação que você vai experimentar.

P – Existe algum meio pelo qual eu posso evocá-lo? Qual?

R – Ter uma fé verdadeira e chamá-lo com ardor.

P – Eu o reconhecerei, depois da minha morte, no mundo dos Espíritos?

R – Quanto a isso não pode haver dúvida. Será ele quem virá recebê-lo e felicitá-lo, caso você desempenhe bem a sua tarefa.

Comentário de Kardec: *É possível ver, por estas perguntas, que eu ainda era muito inexperiente sobre as coisas do mundo espiritual.*

P – O Espírito da minha mãe vem me visitar algumas vezes?

R – Sim, e protege você tanto quanto lhe é possível.

P – Vejo-a frequentemente em sonho. Será isso uma lembrança e um efeito da minha imaginação?

R – Não. É ela mesmo que lhe aparece. Você deve compreender pela emoção que sente.

Comentário de Kardec: *Isso é perfeitamente exato. Quando minha mãe me aparecia em sonho, eu experimentava uma emoção indescritível, o que a médium não podia saber.*

P – Algum tempo atrás, quando evocamos S... e lhe perguntamos se ele poderia ser o Espírito protetor de um de nós, ele respondeu: "Eu estarei junto daquele que se mostrar digno; Zéfiro vai lhe dizer". Você acha que eu sou digno desse favor?
R – Se você o quiser.
P – O que eu preciso fazer para isso?
R – Faz todo o bem que estiver ao seu alcance e suporta com coragem as adversidades desta vida.
P – Pela natureza da minha inteligência, tenho condições de penetrar, tanto quanto é permitido ao homem fazê-lo, as grandes verdades que dizem respeito ao nosso destino?
R – Sim, você tem a aptidão necessária, mas o resultado dependerá da sua perseverança no trabalho.
P – Poderei contribuir para a propagação dessas verdades?
R – Sem dúvida.
P - Por que meios?
R – Você vai saber mais tarde. Enquanto espera, trabalha.

3. MEU GUIA ESPIRITUAL

(Na casa do Sr. Baudin.)
25 de março de 1856.
Nessa época, eu morava na Rua dos Martyrs, n. 8, no segundo andar, ao fundo. Certa noite, trabalhando em meu gabinete, ouvi pequenas batidas na parede que me separava do aposento vizinho. A princípio, não lhes dei qualquer atenção. Porém, como as batidas aumentaram de intensidade e mudavam de lugar, fui examinar minuciosamente os dois lados da parede, para verificar se elas provinham do outro andar, mas nada descobri. O que havia de estranho era que, a cada vez que eu ia averiguar, o ruído cessava, recomeçando tão logo eu me sentava para trabalhar.

Minha esposa retornou por volta das 10 horas, veio ao meu gabinete e, ouvindo as batidas, me perguntou o que era. "Não sei", respondi-lhe. "Já faz uma hora que eu as escuto." Investigamos juntos, mas também nada encontramos. O ruído continuou até meia-noite, quando fui me deitar. No dia seguinte, como havia sessão na casa do Sr. Baudin, contei o fato e solicitei uma explicação aos Espíritos.

P – Certamente você ouviu o relato que eu acabei de contar. Seria possível me explicar a causa daquelas batidas que ouvi ontem com tanta insistência?

R – Era o seu Espírito familiar.

P – Por que ele batia daquele jeito?

R – Ele queria se comunicar com você.

P – E o que ele queria de mim?

R – Você mesmo pode perguntar, ele está aqui.

Comentário de Kardec: *Nessa época, não se fazia distinção entre as diversas categorias de Espíritos simpáticos (que possuem afinidade conosco). Colocavam-se todos eles sob a denominação de Espíritos familiares.*

P – Meu Espírito familiar, agradeço por ter vindo me visitar. Poderia me dizer quem você é?

R – Para você me chamarei *A Verdade*. Todos os meses, durante um quarto de hora, estarei aqui à sua disposição.

P – Ontem, quando eu estava trabalhando e você começou a bater, tinha alguma coisa de particular para me dizer?

R – O que eu tinha a dizer era sobre o trabalho que estava sendo feito. Aquilo que você escrevia me desagradava e eu queria que parasse.

Comentário de Kardec: *O que eu estava escrevendo era relativo aos estudos que fazia sobre os Espíritos e suas manifestações.*

P – A sua desaprovação era quanto ao capítulo que eu estava escrevendo ou quanto ao conjunto do trabalho?

R – Era sobre o capítulo de ontem. Quero que você mesmo julgue. Leia de novo o que escreveu e você reconhecerá os seus erros e poderá corrigi-los.

P – Eu mesmo não estava muito satisfeito com aquele capítulo e o refiz hoje. Ficou melhor?

R – Está melhor, mas ainda não está bom. Leia da terceira à trigésima linha e você vai encontrar um erro grave.

P – Rasguei o que escrevi ontem.

R – Não importa, pois isso não impediu que o erro continuasse. Releia e você vai encontrá-lo.

P – O nome *Verdade*, que você adotou, é uma alusão à verdade que procuro?

R – Talvez. Pelo menos é um guia que vai o proteger e o ajudar.

P – Posso evocar você em minha casa?

R – Sim, mas para lhe assistir em pensamento. Quanto às respostas escritas em sua casa, isso você ainda vai levar muito tempo para obtê-las.

Comentário de Kardec: *De fato, durante cerca de um ano, não obtive em minha casa nenhuma comunicação escrita. Sempre que eu recebia um médium, do qual esperava conseguir alguma comunicação, surgia uma circunstância imprevista para atrapalhar. Assim, eu só obtinha comunicações fora da minha casa.*

P – Você poderia vir com mais frequência, em vez de vir uma vez por mês?

R – Sim, mas prometo apenas uma vez por mês, até nova ordem.

P – Na Terra, você foi algum personagem conhecido?

R – Já disse que para você eu sou a *Verdade*, e isso significa discrição; a esse respeito você nada mais saberá.

Comentário de Kardec: *À noite, assim que voltei para casa, me apressei em ler o que eu havia escrito. Tanto no rascunho que eu atirei na cesta como na nova cópia, na 30ª linha encontrei um erro grave, que me admirei de ter cometido. Desde então, não recebi nenhuma outra manifestação com esse tipo de conteúdo. Uma vez estabelecidas as minhas relações com o meu Espírito protetor, tais manifestações não eram mais necessárias.*

O intervalo de um mês, que ele havia estabelecido para suas comunicações, só se cumpriu no princípio e, ainda assim, muito raramente. Foi uma maneira de ele me avisar que eu deveria trabalhar sozinho, sem estar recorrendo ao seu auxílio diante da menor dificuldade.

(Na casa da Sr. Baudin. Médium: Sra. Baudin.)
9 de abril de 1856.

Pergunta (Ao Espírito Verdade) – Você criticou outro dia o trabalho que eu havia feito e com razão. Reli e descobri, na 30ª linha, o erro que gerou o seu protesto por meio daquelas batidas. Isso me levou a descobrir outros erros e a refazer o trabalho. Você está mais satisfeito agora?

Resposta – Ficou melhor, mas aconselho que você espere um mês para publicá-lo.

P – O que você quer dizer em publicá-lo? Você sabe que eu não tenho essa intenção, se é que algum dia vou tê-la.

R – Quero dizer: mostrá-lo a terceiros. Inventa um pretexto qualquer para não mostrá-lo aos que lhe pedirem para ver. Até lá, você vai melhorar o trabalho. Faço essa recomendação para evitar a crítica. Zelo pelo seu amor-próprio.

P – Você disse que seria um guia para mim e que me ajudaria, além de me proteger. Compreendo essa proteção e o seu objetivo, dentro de determinados parâmetros, mas essa proteção também alcança as coisas materiais da vida?

R – Aqui na Terra a vida material é muito importante. Não ajudá-lo a viver seria não amá-lo.

Comentário de Kardec: A proteção desse Espírito, cuja superioridade eu estava longe de imaginar, de fato, nunca me faltou. A sua solicitude e a dos bons Espíritos que estavam sob as suas ordens se manifestou em todas as circunstâncias da minha vida. Seja para amenizar as minhas dificuldades materiais, seja para facilitar a execução dos meus trabalhos e para me preservar da má vontade dos meus adversários, que sempre foram reduzidos à impotência.

Se, por um lado, eu não pude ser poupado dos problemas que estavam ligados à missão que eu tinha que desempenhar, por outro, eles foram sempre suavizados e largamente compensados por agradáveis satisfações morais.

4. PRIMEIRA REVELAÇÃO DA MINHA MISSÃO

(Na casa do Sr. Roustan. Médium: Srta. Japhet.)
30 de abril de 1856.

Há algum tempo, eu vinha acompanhando as sessões que se realizavam na casa do Sr. Roustan, onde eu começava a revisão do meu trabalho, que mais tarde deveria constituir *O Livro dos Espíritos*. Em uma sessão reservada, assistida por apenas umas sete ou oito pessoas, falávamos sobre diferentes acontecimentos que poderiam produzir uma transformação social quando a médium, tomando a cesta, escreveu espontaneamente a seguinte mensagem:

"Quando chegar a hora, você vai abandoná-lo; você apenas vai aliviar o seu semelhante; a sós com ele, você vai magnetizá-lo a fim de curá-lo. Depois, cada um no posto que lhe foi preparado, visto que todos serão necessários, uma vez que tudo será destruído, ao menos temporariamente. Não haverá mais religião, e apenas uma será necessária, porém, verdadeira, grande, bela e digna do Criador... Os seus primeiros alicerces já foram colocados... Quanto a você, Rivail, esta é a sua missão. (Livre, a cesta voltou-se rapidamente para o meu lado, como o teria feito uma pessoa que me apontasse com o dedo.) A você, M..., a espada que não fere, mas que mata; contra tudo o que é, você será o primeiro a vir. Ele, Rivail, virá em segundo lugar: é o trabalhador que reconstrói o que foi demolido."

Nota – *Essa foi a primeira revelação objetiva da minha missão, e confesso que quando vi a cesta voltar-se bruscamente para o meu lado e me chamar pelo nome, não consegui deixar de sentir uma certa emoção.*

O Sr. M..., que assistia a essa reunião, era um jovem com ideias extremamente radicais, comprometido em assuntos políticos e obrigado, por isso, a não se colocar muito em evidência. Acreditando numa reviravolta eminente, ele estava se preparando para participar e já tinha os seus planos de reforma. Ele era, além disso, um homem gentil e inofensivo.

5. A MINHA MISSÃO

(Na casa do Sr. Roustan. Médium: Srta. Japhet.)
7 de maio de 1856.
Pergunta – (A Samuel Hahnemann – fundador da Homeopatia) – Outro dia, os Espíritos me disseram que eu tinha uma importante missão a cumprir e me mostraram qual era o objetivo dessa missão. Gostaria de saber se você confirma isso.

Resposta – Sim, e se você interrogar as suas aspirações, as suas tendências e o objeto quase constante das suas meditações, você não vai se surpreender com o que lhe foi dito. Vai realizar aquilo que é o seu sonho durante longo tempo. É preciso que trabalhe ativamente, para estar pronto, porque o dia está mais próximo do que você supõe.

P – Para desempenhar essa missão, tal como eu imagino, são necessários meios de execução que ainda não estão ao meu alcance.

R – Deixa a Providência fazer o seu trabalho, e você ficará satisfeito.

6. ACONTECIMENTOS

7 de maio de 1856.

Pergunta – A comunicação dada outro dia faz prever acontecimentos muito graves. Você pode nos dar alguma explicação a respeito?

Resposta – Não podemos precisar os fatos. O que podemos dizer é que haverá muitas ruínas e desolações, pois são chegados os tempos previstos para uma renovação da Humanidade.

P – O que causará essas ruínas? Será um cataclismo?

R – Não haverá nenhum cataclismo de ordem material, tal como você entende, mas flagelos de toda espécie devastarão as nações. A guerra dizimará os povos. Instituições obsoletas serão engolidas por um mar de sangue. É preciso que o Velho Mundo desmorone para que uma nova era se abra ao progresso.

P – Então a guerra não ficará circunscrita a uma região?

R – Não, ela vai abranger toda a Terra.

P – Mas, nesse momento, nada parece dar indício de uma tempestade próxima.

R – As coisas estão penduradas num fio de teia de aranha, já meio rompido.

P – É possível saber, sem cometer indiscrição, de onde partirá a primeira centelha?

R – Da Itália.

Observação: *A chamada guerra da Itália tem esse nome devido ao processo de unificação italiano. Ela foi travada pela França de Napoleão III e pelo Reino da Sardenha contra o Império Austríaco entre os anos de 1859 e 1860. Essa foi a primeira centelha prevista pelo Espírito em 7 de maio de 1856.*

7. ACONTECIMENTOS

(Sessão pessoal na casa do Sr. Baudin.)

12 de maio de 1856.

Pergunta – O que você pensa do Sr. M...? Ele terá influência nos acontecimentos?

Resposta – Ele gosta de muita polêmica, tem boas ideias e é um homem de ação, mas não é um líder.

P – Devemos tomar ao pé da letra o que foi dito, isto é, que lhe cabe o papel de destruir o que existe?

R – Não. Quiseram personificar nele o partido, cujas ideias ele representa.

P – Posso manter com ele relações de amizade?

R – Por enquanto não, você correria perigos inúteis.

P – Consultando o seu médium, o Sr. M... disse que lhe informaram com precisão a marcha dos acontecimentos, ou seja, fixaram uma data. Isso será verdade?

R – Sim, determinaram-lhe épocas, mas foram Espíritos levianos que lhe responderam. Espíritos que não sabem mais do que ele e que exploram o seu entusiasmo exagerado. Você sabe que não temos a permissão para precisar as coisas futuras. Os acontecimentos previstos certamente se realizarão em um tempo próximo, mas que não pode ser predeterminado.

P – Os Espíritos disseram que são chegados os tempos em que essas coisas devem acontecer. Que sentido devemos dar a essas palavras?

R – Em se tratando de coisas de tamanha gravidade, o que são alguns anos a mais ou a menos? Elas nunca ocorrem bruscamente, como um raio. São lentamente preparadas por acontecimentos parciais que são como seus precursores, semelhantes aos ruídos surdos que precedem a erupção de um vulcão. Podemos dizer que os tempos são chegados, sem que isso signifique que as coisas vão acontecer amanhã. Significa unicamente que você está no período em que elas vão acontecer.

P – Você confirma o que foi dito, isto é, que não haverá cataclismos?

R – Certamente. Não é preciso temer nem por um dilúvio, nem por um incêndio do seu planeta, nem por outras coisas desse tipo. Não podemos chamar de cataclismos as perturbações locais que sempre aconteceram em todas as épocas. Haverá apenas um cataclismo de natureza moral, cujos instrumentos serão os próprios homens.

8. O LIVRO DOS ESPÍRITOS

(Na casa do Sr. Roustan. Médium: Srta. Japhet.)

10 de junho de 1856.

Pergunta (A Hahnemann) – Já que em breve terminarei a primeira parte do livro, julguei que para andar mais rápido, poderia solicitar o auxílio do médium B..., o que você acha?

Resposta – Acho que será melhor você não se utilizar do seu auxílio.

P – Por quê?

R – Porque a verdade não pode ser interpretada pela mentira.

P – Mesmo que o Espírito familiar de B... seja dado à mentira, isso não impediria que um Espírito bom se comunicasse por intermédio do médium, desde que não evocássemos o Espírito mentiroso.

R – Sim, mas nesse caso o médium ajuda o Espírito. Quando o Espírito é trapaceiro, o médium se presta à trapaça. Aristo, o Espírito trapaceiro, e B... acabarão mal.

Nota *– B... era um jovem médium escrevente que recebia com muita facilidade, mas era assistido por um Espírito orgulhoso, déspota e arrogante, que usava o nome de Aristo e que lhe exaltava o amor-próprio. As previsões de Hahnemann se realizaram. O rapaz, julgando ter na sua faculdade um meio de enriquecer, seja por meio de consultas médicas, seja por meio de invenções e descobertas produtivas, somente colheu decepções e mistificações. Passado algum tempo, ninguém mais ouviu falar dele.*

9. MINHA MISSÃO

(Na casa do Sr. C... Médium: Srta. Aline C...)

12 de junho de 1856.

Pergunta (Ao Espírito Verdade) – Bom Espírito, gostaria de saber o que você pensa da missão que me foi atribuída por alguns Espíritos. Gostaria que me dissesse se isso é uma prova para o meu amor-próprio. Tenho, como você sabe, o maior desejo de contribuir para a propagação da verdade, mas, do papel de um simples trabalhador para o de um missionário-chefe, a distância é muito grande. Não compreendo o que pode justificar em mim um favor dessa natureza, preterindo tantos outros que possuem talentos e qualidades que não tenho.

Resposta – Confirmo o que lhe foi dito e recomendo muita descrição, se você pretende ser bem-sucedido. Mais tarde, você receberá explicações sobre coisas que hoje o surpreendem. Você não deve se esquecer que pode ter sucesso, assim como pode fracassar. Se isso acontecer, outro vai lhe substituir, porque os desígnios de Deus não podem depender da cabeça de um homem. Portanto, evita falar da sua missão, pois isso seria um meio de fazê-la fracassar. Ela somente pode se justificar pela obra realizada, e você ainda não realizou nada. Se conseguir realizá-la, os homens, cedo ou tarde, saberão reconhecê-lo, porque é pelos frutos que se conhece a qualidade da árvore.

P – Não tenho nenhum desejo de me vangloriar de uma missão na qual eu mesmo tenho dificuldade de acreditar. Porém, se eu estou destinado a servir de instrumento aos desígnios da Providência, que Ela disponha de mim. Nesse caso, eu solicito a sua assistência e a dos bons Espíritos, para que me auxiliem e me amparem nessa tarefa.

R – A nossa assistência não lhe faltará, mas será inútil se você, por sua vez, não fizer o que for necessário. O seu livre-arbítrio pode ser usado como achar melhor. Nenhum homem é obrigado a fazer coisa alguma.

P – Quais as causas que poderiam determinar o meu fracasso? Seria a insuficiência das minhas aptidões?

R – Não, mas a missão dos reformadores é cheia de obstáculos e perigos. Vou preveni-lo de que a sua é rude, visto que se trata de mexer e transformar o mundo inteiro. Não pensa que basta publicar um livro, dois livros, dez livros, para depois ficar tranquilamente em casa. Não! Você terá que expor a sua pessoa. Ódios terríveis vão atingi-lo; inimigos obstinados vão tramar para que você se desvie do caminho; você vai ser alvo da má vontade, da calúnia e da traição, mesmo por parte daqueles que lhe parecem ser os mais dedicados.

As suas melhores instruções serão desprezadas e deturpadas; por mais de uma vez você sucumbirá sob o peso da fadiga. Em resumo: terá que sustentar uma luta quase contínua, sacrificando o seu repouso, a sua tranquilidade, a sua saúde e até a sua vida, pois, sem isso, você viveria por muito mais tempo.

Pois bem! Vários já recuaram quando, em vez de um caminho florido, somente encontraram sob os seus pés espinhos, pedras pontiagudas e serpentes. Para missões desse tipo, não basta a inteligência. Para agradar a Deus é necessário, antes de tudo, humildade, modéstia e desinteresse, visto que Ele abate os orgulhosos, os presunçosos e os ambiciosos. Para lutar contra os homens, é preciso coragem, perseverança e uma firmeza inabalável. Também é preciso prudência e tato, para conduzir as coisas de modo conveniente e não comprometer o sucesso com palavras ou medidas intempestivas. É preciso, enfim, dedicação, abnegação e estar pronto para todos os sacrifícios. Como é possível ver, a sua missão está subordinada a condições que dependem somente de você.

Eu – Espírito Verdade, lhe agradeço pelos seus sábios conselhos. Aceito tudo sem restrição e sem ideia preconcebida.

Senhor! Já que se dignou a lançar os olhos sobre mim para a realização dos Seus propósitos, que seja feita a Sua vontade! A minha vida está em Suas mãos. Disponha do Seu servo. Reconheço a minha fraqueza diante de uma tarefa tão grande. Estarei sempre pronto e de boa vontade, mas tenho medo de que as minhas forças me traiam. Proveja as deficiências que eu possuo e me dê as forças físicas e morais que me forem necessárias. Ampara-me nos momentos difíceis e, com o Seu auxílio e de Seus mensageiros, farei tudo para corresponder aos Seus desígnios.

Observação de Kardec: Escrevo esta nota em 1º de janeiro de 1867, dez anos e meio depois que foi dada a comunicação acima, e verifico que ela se realizou em todos os pontos, pois experimentei todas as dificuldades que me foram anunciadas. Fui alvo do ódio de inimigos obstinados, da injúria, da calúnia, da inveja e do ciúme. Acusações infames foram publicadas contra mim. As minhas melhores instruções foram deturpadas. Fui traído por aqueles em quem eu mais confiava e fui pago com ingratidão por aqueles a quem eu servi.

A Sociedade de Paris foi um foco permanente de intrigas elaboradas contra mim por aqueles mesmos que se diziam meus partidários, que me agradavam pela frente e me traíam pelas costas. Disseram que aqueles que se conservavam féis a mim eram pagos com o dinheiro que eu recolhia do Espiritismo. Nunca mais conheci o repouso. Mais de uma vez sucumbi ao excesso de trabalho; minha saúde ficou abalada, comprometendo a minha existência.

Entretanto, graças à proteção e à assistência dos bons Espíritos, que sempre me deram provas da sua boa vontade e de seu interesse, tenho a satisfação de dizer que não tive um só momento de abatimento ou desânimo e que sempre prossegui com a minha tarefa, sem me preocupar com a maldade de que era vítima. Segundo a comunicação do Espírito Verdade, eu devia esperar por tudo isso, e tudo de fato se realizou.

Mas também devo dizer que, ao lado de todas as dificuldades que enfrentei, quantas satisfações eu experimentei ao ver a obra crescer de modo tão prodigioso! Com que doces compensações foram retribuídas as minhas adversidades! Quantas bênçãos e quantos testemunhos de real simpatia eu recebi da parte de muitos aflitos a quem a Doutrina consolou! O Espírito Verdade não havia me anunciado esse resultado, sem dúvida de propósito, e apenas me apontou as dificuldades do caminho. Assim, seria uma ingratidão me queixar! Se eu dissesse que há uma compensação entre o bem e o mal, não estaria dizendo a verdade, porque o bem – refiro-me às satisfações morais – sobrepujou em muito o mal.

Quando sobrevinha uma decepção, uma contrariedade qualquer, eu elevava o meu pensamento acima da Humanidade; colocava-me por antecipação na região dos Espíritos e, desse ponto mais elevado, distinguia a minha meta final, e as misérias da vida passavam por mim sem me atingirem. Habituei-me tanto ao alvoroço dos maus que eles jamais conseguiram me perturbar.

10. O LIVRO DOS ESPÍRITOS

(Na casa do Sr. Baudin. Médium: Srta. Baudin.)
17 de junho de 1856.
Pergunta (Ao Espírito Verdade) – Uma parte da obra já foi revista. Você poderia dizer o que pensa dela?

Resposta – O que foi revisto está bom, mas quando você tiver acabado, convém ler mais uma vez, com o objetivo de ampliá-la em certos pontos e abreviá-la em outros.

P – Devo publicá-la antes que se verifiquem os acontecimentos anunciados?

R – Uma parte sim, tudo não, porque posso lhe assegurar que teremos capítulos bem espinhosos. Por mais importante que seja esse primeiro trabalho, ele é apenas uma introdução. Ele assumirá proporções que hoje você está longe de suspeitar. Você mesmo compreenderá que certas partes só poderão ser publicadas mais tarde e de forma gradual à medida que as novas ideias forem se desenvolvendo e criando raízes. Publicar tudo de uma vez seria imprudência. É preciso dar o tempo necessário para que as pessoas formem a sua opinião. Você vai encontrar criaturas impacientes que vão tentar empurrá-lo para frente. Não dê ouvidos a elas. Vê, observa, sonda o terreno e espera. Faz como o general prudente, que só ataca quando chega o momento favorável.

Comentário de Kardec (escrita em janeiro de 1867): Na época em que foi dada essa comunicação, eu apenas tinha em vista O Livro dos Espíritos e, como disse o Espírito, estava longe de suspeitar as proporções que o conjunto do trabalho iria tomar. Os acontecimentos anunciados só deveriam se realizar depois de muitos anos, visto que até o momento ainda não se verificaram.

As obras que apareceram até agora foram publicadas sucessivamente, e eu fui conduzido a elaborá-las à medida que as novas ideias iam se desenvolvendo. Daquelas que ainda restam por fazer, a mais importante, a que poderá ser considerada como a cúpula do edifício e que contém, certamente, os capítulos mais espinhosos, não poderia ter sido publicada, sem prejuízo, antes do período dos desastres. Eu conseguia ver apenas um único livro e não compreendia que ele poderia se dividir, ao passo que o Espírito fazia alusão aos livros que viriam depois, cuja publicação prematura apresentaria inconvenientes.

"Você deve saber esperar", disse-me o Espírito, "não dê ouvido aos impacientes que querem empurrá-lo para frente." Os impacientes não faltaram, e se eu os tivesse ouvido, teria levado o navio em cheio contra os arrecifes. Coisa estranha! Enquanto

uns me aconselhavam para que andasse mais depressa, outros me pediam para eu fosse mais devagar. Não dei ouvidos nem a uns nem a outros, adotei sempre por bússola a marcha das ideias.

Eu tinha muita confiança no futuro, e ela crescia à medida que eu via se realizar aquilo que me foi previsto. Então, pude testemunhar a profundidade e a sabedoria das instruções dos meus protetores invisíveis!

11. O LIVRO DOS ESPÍRITOS

(Na casa do Sr. Baudin. Médium: Srta. Baudin.)
11 de setembro de 1856.

Depois que fiz a leitura de alguns capítulos de *O Livro dos Espíritos*, referentes às leis morais, a médium escreveu espontaneamente:

"Você compreendeu bem o objetivo do seu trabalho. O plano está bem concebido. Estamos satisfeitos com você. Continua, mas não se esqueça de que quando a obra estiver concluída, recomendamos que a publique e dê a ela a divulgação necessária. Ela é de utilidade geral. Estamos contentes e nunca o abandonaremos. Crê em Deus e prossegue!" – *Muitos Espíritos*.

12. A TIARA ESPIRITUAL

(Na casa da Sra. Cardonne.)
6 de maio de 1857.

Tive a ocasião de conhecer a Sra. Cardonne nas sessões realizadas na casa do Sr. Roustan. Acho que foi o Sr. Carlotti que me disse que ela possuía um notável talento para ler as mãos. Eu nunca acreditei que as linhas da mão tivessem algum significado. Sempre imaginei que, para certas pessoas dotadas de uma espécie de segunda vista, isso podia constituir um meio de estabelecer uma relação que permitisse, como acontece com os sonâmbulos, dizer, às vezes, coisas verdadeiras.

Os sinais da mão são apenas um pretexto, um meio de fixar a atenção, de desenvolver a lucidez, assim como são as cartas, a borra do café, os espelhos ditos mágicos, para os indivíduos que desfrutam dessa faculdade. A experiência teve a oportunidade de me confirmar, por mais de uma vez, como essa opinião estava correta. Seja como for, aceitei o convite daquela senhora para ir visitá-la e eis aqui um resumo do que ela me disse:

"Você nasceu com grande abundância de recursos e de meios intelectuais... Extraordinária capacidade de raciocínio... Teve a formação que quis; governado pela cabeça, você modera a inspiração pelo raciocínio; subordina o instinto, a paixão e a intuição metódica à teoria. Sempre teve inclinação pelas ciências morais, pelo amor à verdade absoluta, pelo amor à arte definida.

O seu estilo tem número, medida e cadência; mas, às vezes, você troca um pouco da sua precisão por uma certa poesia.

Como filósofo idealista, você sujeita a sua opinião à dos outros; como filósofo crente, sente agora a necessidade de ter as suas próprias opiniões.

Possui uma bondade sensata; uma necessidade imperiosa de aliviar, de socorrer, de consolar pessoas; uma necessidade de independência.

Você se corrige muito gentilmente da impulsão repentina do seu humor. É especialmente apto para a missão que lhe foi confiada, por ter um perfil centralizador, não é afeito a trabalhos isolados... Seus olhos têm o olhar do pensamento.

Vejo aqui o sinal da *tiara espiritual*... É bem pronunciado... Olha. (Olhei e nada vi de especial)."

Perguntei a ela: "O que você entende por *tiara espiritual*? Está querendo dizer que eu vou ser papa? Se isso tivesse que acontecer, com certeza não seria nesta existência".

Resposta – Nota que eu disse *tiara espiritual*, o que significa *autoridade moral e religiosa*, e não exercício do poder de forma efetiva.

Reproduzi pura e simplesmente as palavras daquela senhora, transcritas por ela mesma. Não me compete julgar se elas são exatas em todos os pontos. Reconheço que algumas são verdadeiras porque estão de acordo com o meu caráter e com a minha maneira de ser. Há, porém, uma passagem evidentemente falsa: aquela em que ela se refere ao meu estilo, que às vezes tenho a tendência de trocar algo da minha precisão por um pouco de poesia. Não tenho nenhum instinto poético. O que procuro, acima de tudo, o que me agrada nos outros e o que admiro nos outros é a clareza, a nitidez, a precisão, e não sacrificaria essas virtudes em favor da poesia. O que poderiam censurar em mim seria o sacrifício do sentimento poético pela aridez da forma objetiva. Sempre preferi aquilo que fala à inteligência do que aquilo que fala apenas à imaginação.

Quanto à *tiara espiritual*, *O Livro dos Espíritos* tinha sido recentemente publicado; a Doutrina estava no seu início e não se poderia ainda prever os seus resultados posteriores. Dei pouca importância a essa revelação e me limitei a anotá-la a título de informação.

No ano seguinte, a Sra. Cardonne deixou Paris e só tornei a vê-la oito anos mais tarde, em 1866, quando as coisas tinham caminhado bastante. Ela me disse: "Você se lembra da minha previsão sobre a *tiara espiritual*? Eis que ela se realizou". "Como assim se realizou? Que eu saiba não me encontro sentado no trono de Pedro." "Não, certamente, mas também não foi isso que eu lhe anunciei. O senhor não é, de fato, o chefe da Doutrina, reconhecido pelos espíritas do mundo inteiro? Não são os seus escritos que fazem a Lei? Os seus adeptos não se contam por milhões? Em matéria de Espiritismo, existe alguém cujo nome tenha mais autoridade do que o seu? Os títulos de sumo sacerdote, de pontífice e mesmo de papa não lhe são dados espontaneamente? É bem verdade que são dados pelos seus adversários e de forma irônica, mas isso não deixa de ser a maior prova de que eles reconhecem a sua influência. Eles reconhecem o papel que lhe cabe, e esses títulos ficarão com você.

Em suma, o senhor conquistou, mesmo sem procurar, uma posição moral que ninguém pode lhe tirar, porque, sejam quais forem os trabalhos que se realizem depois dos seus, ou competindo com eles, o senhor será sempre o fundador da Doutrina. Assim, na realidade, você está com a *tiara espiritual*, isto é, com a supremacia moral. Portanto, eu disse a verdade. Acredita agora, no sinal das mãos?"

"Acredito menos do que antes e estou convencido de que, se a senhora viu alguma coisa, não foi na minha mão, mas na sua própria mente, e vou lhe provar."

Admito que nas mãos, como nos pés, nos braços e nas outras partes do corpo, existem certos sinais fisiognomônicos (conhecimento do caráter humano pelas feições do rosto), mas cada órgão apresenta sinais particulares, de acordo com o uso a que está sujeito e conforme as suas relações com o pensamento. Os sinais das mãos não podem ser os mesmos que os dos pés, dos braços, da boca, dos olhos etc.

Quanto às dobras interiores da palma da mão, a sua maior ou menor acentuação depende da natureza da pele e da maior ou menor quantidade de tecido celular. Como essas partes não têm nenhuma correlação fisiológica com os órgãos das faculdades intelectuais e morais, não podem ser a expressão dessas faculdades. Mesmo que se admita essa correlação, elas poderiam fornecer indicações sobre o estado atual do indivíduo, mas não seriam sinais que pudessem prever eventos futuros ou passados além do seu controle.

Na hipótese de pressentimentos de coisas futuras, eu compreenderia que, com o auxílio de tais linhas, se pudesse dizer que uma pessoa possui esta ou aquela aptidão, esta ou aquela inclinação. Entretanto, o mais vulgar bom senso repele a ideia de que se possa ler nelas se a pessoa foi ou não casada e quantas vezes, o número de filhos que teve, se é ou não viúva e outras coisas semelhantes, como pretende a maioria dos quiromantes.

Entre as linhas da mão, há uma que todos conhecem e que representa um "M". Se o "M" é bastante acentuado, dizem que isso é o sinal de uma vida infeliz (*malheureuse*). Em francês, a palavra *malheur* (infelicidade) começa com "M", mas, em qualquer outra língua, as palavras que correspondem à infelicidade não começam com a letra "M". Assim, é possível concluir que a linha M, da palma da mão, deveria apresentar formas diferentes de acordo com a língua dos diversos povos.

Quanto à *tiara espiritual*, é, evidentemente, uma coisa especial, excepcional e, de algum modo, individual. Estou convencido de que a senhora não encontrou essa expressão no vocabulário de nenhum tratado de quiromancia. Como ela veio à sua mente? Pela intuição, pela inspiração, por essa espécie de presciência que acompanha a dupla vista e que certas pessoas possuem sem ao menos suspeitar. A sua atenção estava concentrada nas linhas da mão, e a senhora fixou o pensamento num determinado sinal, que outra pessoa poderia ter visto outra coisa, ou que a senhora mesma atribuiria um significado diferente, caso fosse com outro indivíduo.

13. PRIMEIRA NOTÍCIA DE UMA NOVA ENCARNAÇÃO

(Na casa do Sr. Baudin. Médium: Srta. Baudin.)
17 de janeiro de 1857.

O Espírito tinha prometido me escrever uma carta por ocasião da entrada do ano novo. Disse que tinha qualquer coisa de particular a me dizer. Cobrei-lhe a carta numa das reuniões habituais, e ele me respondeu que a daria ao médium em particular, para que ele depois me transmitisse. Eis a carta:

"Caro amigo, eu não quis escrever a você na última terça-feira, na presença de todos, porque há certas coisas que só devem ser ditas entre nós.

Eu queria. Em primeiro lugar, falar da sua obra, aquela que você mandou imprimir. (*O Livro dos Espíritos* tinha acabado de ir para a impressão.) Não se esforce tanto, trabalhando noite e dia. Você vai se sentir melhor, e a obra não perderá nada por esperar.

Pelo que vejo, você tem bastante capacidade para levar a bom termo a sua missão e ainda é preciso fazer grandes coisas. Portanto, não exagere em coisa alguma. Observa e aprecia tudo de maneira sensata e fria. Não se deixe levar pelos entusiastas nem pelos mais apressados. Procura medir todos os seus passos e suas atividades, para que você possa atingir os seus objetivos com segurança. Somente acredita naquilo que você puder verificar; não desvia a atenção daquilo que lhe parece incompreensível; você leva vantagem em relação aos demais porque os assuntos de estudo serão trazidos aos seus olhos.

Mas, ah! Infelizmente a verdade só será conhecida e aceita por todos daqui a muito tempo! Nesta existência, você verá apenas a aurora do sucesso da sua obra. Será preciso voltar, *reencarnado em outro corpo*, para completar o que começou. Então, você vai ter a satisfação de ver os frutos da semente que espalhou sobre a Terra.

Surgirão invejosos e ciumentos que vão tentar difamá-lo e lhe fazer oposição. Não desanime. Não dê atenção ao que eles vão dizer sobre a sua pessoa; prossegue com a sua obra; trabalha sempre pelo progresso da Humanidade e você será amparado pelos bons Espíritos, enquanto estiveres no bom caminho.

Você recorda que, há um ano, eu prometi a minha amizade aos que, durante o ano, tivessem tido uma conduta correta? Pois bem! Declaro que você é um dos que eu escolhi entre vários.

Seu amigo que lhe estima e protege, Z (Zéfiro)."

Comentário de Kardec: *Já tive a ocasião de dizer que Z. não era um Espírito superior, mas muito bom e voltado para o bem. Talvez fosse mais adiantado do que o nome que adotou fazia parecer. É o que se pode concluir, pelo caráter sério e pela sabedoria de suas comunicações, dadas em determinadas circunstâncias. Utilizando aquele nome, ele se permitia usar uma linguagem familiar apropriada ao meio em que se manifestava e dizer, como acontecia frequentemente, duras verdades sob uma forma leve.*

Seja como for, eu sempre guardei dele uma agradável lembrança e muita gratidão pelos conselhos que ele me deu e pelo devotamento que teve para comigo. Desapareceu com a dispersão da família Baudin, dizendo que em breve reencarnaria.

14. A *REVISTA ESPÍRITA*

(Na casa do Sr. Dufaux. Médium: Srta. Ernance Dufaux.)
15 de novembro de 1857.

2ª PARTE / CAPÍTULO 1

Pergunta – Tenho a intenção de publicar um jornal espírita. Você acha que eu vou conseguir, me aconselha a fazê-lo? A pessoa a quem me dirigi, o Sr. Tiedman, não parece disposto a me emprestar o seu dinheiro.

Resposta – Com perseverança, você vai conseguir. A ideia é boa, mas convém deixá-la amadurecer mais.

P – Receio que outros se antecipem a mim.

R – Então, é melhor andar depressa.

P – Não desejo outra coisa, mas me falta tempo. Como você sabe, tenho dois empregos que me são necessários. Gostaria de poder abandoná-los a fim de me dedicar inteiramente à obra, sem outras preocupações.

R – No momento, não será preciso abandonar nada. Sempre há tempo para tudo. Caminha e você conseguirá.

P – Devo agir sem a ajuda do Sr. Tiedman?

R – Age com ou sem a ajuda dele. Não se preocupe com isso. Você pode dispensar a sua ajuda.

P – Eu tinha a intenção de publicar um primeiro número a título de experiência, para firmar a data, continuando mais tarde, se for possível. O que você acha disso?

R – A ideia é boa, mas apenas um número não será suficiente. Entretanto, será útil e mesmo necessário para abrir o caminho a outros. É preciso que você faça com o máximo cuidado, de maneira a lançar as bases para um sucesso duradouro. Se for malfeito, é melhor não fazer, porque a primeira impressão que causar pode decidir o seu futuro. É preciso focar primeiro em satisfazer à curiosidade; ele deve conter tanto o que é sério como o que é agradável. O sério interessa aos homens da Ciência, e o agradável distrai o povo.

Distrair o povo é essencial, mas a parte destinada aos estudos de interesse científico é a mais importante porque, sem eles, o jornal não teria um fundamento sólido. Em suma, é preciso evitar a monotonia usando a variedade, reunir a "instrução sólida" ao "interesse". Isso será para os seus trabalhos posteriores um auxiliar poderoso.

Comentário de Kardec: *Apressei-me em redigir o primeiro número, fazendo-o circular em 1º de janeiro, sem ter dito nada a ninguém. Não tinha um único assinante e nenhum sócio ou investidor. Publiquei-o por conta própria, correndo todos os riscos, e não tive do que me arrepender, pois o sucesso ultrapassou as minhas expectativas.*

A partir de 1º de janeiro, os números se sucederam sem interrupção e, como o Espírito previu, esse jornal se tornou um auxiliar poderoso. Mais tarde, pude reconhecer que para mim foi uma felicidade não ter encontrado um sócio capitalista para me patrocinar, pois assim me conservava mais livre, ao passo que outro interessado poderia ter desejado impor-me as suas ideias e a sua vontade, criando-me embaraços. Sozinho, eu não tinha que prestar contas a ninguém, por mais pesada que fosse a minha tarefa no que diz respeito ao trabalho.

15. FUNDAÇÃO DA SOCIEDADE ESPÍRITA DE PARIS

1º de abril de 1858.

Embora não se trate de nenhum caso de previsão, menciono, para que fique documentado, a fundação da Sociedade Espírita de Paris, devido ao papel que ela representou na marcha do Espiritismo e das comunicações posteriores que ali foram dadas.

Já fazia seis meses que eu realizava em minha casa, localizada à Rua dos Martyrs, uma reunião com alguns adeptos, todas as terças-feiras, tendo como médium principal a Srta. Ernance Dufaux. Embora o local comportasse somente umas 15 a 20 pessoas, às vezes juntavam-se lá umas 30. Essas reuniões despertavam um grande interesse pelo seu caráter sério e pelos assuntos que ali eram tratados. Não era raro comparecerem príncipes estrangeiros e outras personagens de alta distinção.

O local das reuniões, que não oferecia comodidade, logo se tornou muito pequeno. Alguns dos frequentadores resolveram se cotizar para alugar uma sala que atendesse melhor aos trabalhos. Para isso, tornava-se necessário uma autorização legal a fim de evitar que as autoridades fossem nos perturbar.

Comentário de Kardec: *A França vivia sob o regime de Napoleão III (1851-1870). Dentre as restrições à liberdade estava a proibição de reuniões com mais de 20 pessoas em ambientes fechados, salva expressa autorização em contrário.*

O Sr. Dufaux, que conhecia pessoalmente o chefe de Polícia, encarregou-se de fazer a petição. A autorização dependia também do ministro do Interior. Coube então ao general X obter a autorização, pois ele era, sem que ninguém soubesse, simpático às nossas ideias, mesmo sem as conhecer completamente. Graças a sua influência, a autorização, que pelos trâmites usuais levaria uns três meses para ser conseguida, foi obtida em 15 dias.

Assim, a Sociedade ficou legalmente constituída e passamos a nos reunir todas as terças-feiras na sala que ela alugou no Palais Royal, galeria Valois. Nesse endereço, ela permaneceu um ano, de 1º de abril de 1858 a 1º de abril de 1859. Não podendo permanecer por mais tempo nesse local, passou a se reunir todas as sextas-feiras num dos salões do Restaurante Donix, no mesmo Palais Royal, galeria Montpensier, de 1º de abril de 1859 a 1º de abril de 1860, época em que se instalou em local de sua propriedade, à Rua e Galeria Sainte-Anne, 59.

Formada a princípio de pessoas pouco homogêneas e de boa vontade, que eram aceitas com muita facilidade, a Sociedade passou por numerosos problemas, que trouxeram muitos obstáculos ao meu trabalho.

16. DURAÇÃO DOS MEUS TRABALHOS

(Na casa do Sr. Forbes. Médium: Sra. Forbes.)
24 de janeiro de 1860.

Segundo a minha maneira de apreciar as coisas, eu calculava que ainda me faltavam cerca de dez anos para concluir os meus trabalhos, mas não falei sobre esse assunto a ninguém. Portanto, fiquei muito surpreso ao receber de um dos meus correspondentes de Limoges uma comunicação dada espontaneamente, em que o Espírito, falando dos meus trabalhos, dizia que eu não os terminaria antes de uns 10 anos.

Pergunta (Ao Espírito Verdade) – Como explicar o fato de que um Espírito, comunicando-se em Limoges, onde nunca fui, conseguiu dizer exatamente o que eu pensava sobre a duração dos meus trabalhos?

Resposta – Sabemos o que ainda lhe resta fazer e, por consequência, o tempo aproximado de que você precisa para acabar a sua tarefa. Portanto, é muito natural que alguns Espíritos o tenham dito em Limoges, ou em outros lugares, a fim de lhe dar uma ideia da grandeza da obra pelo trabalho que ela exige. Entretanto, o prazo de dez anos não é absoluto e pode ser prorrogado por mais alguns anos, se isso for necessário, devido às circunstâncias imprevistas e que independem da sua vontade.

Comentário de Kardec *(escrita em dezembro de 1866): Já publiquei quatro volumes sobre assuntos básicos, sem falar nos assuntos acessórios. Os Espíritos pedem com insistência para que eu publique A Gênese em 1867, antes das perturbações. Durante o período de grande perturbação, terei que trabalhar nos livros complementares da Doutrina, que só deverão aparecer depois da grande tormenta e para* *os quais precisarei de três a quatro anos. Assim, chegaremos no mínimo a 1870, ou seja, daqui a aproximadamente 10 anos.*

17. ACONTECIMENTOS – PAPADO

(Na casa do Sr. Solichon. Médium: Srta. Solichon.)
28 de janeiro de 1860.

Pergunta – (Ao Espírito Ch.) – Você foi embaixador em Roma e, nesse período, você previu a queda do governo papal. Hoje, qual o seu pensamento a esse respeito?

Resposta – Creio que se aproxima o tempo em que a minha profecia vai se realizar, mas não será sem lutas. Tudo se complica; as paixões se acentuam, e aquilo que poderia acontecer sem perturbações é feito de tal modo que a cristandade inteira será abalada.

P – Você poderia nos dar a sua opinião sobre o "poder temporal" do papa?

R – Penso que o **poder temporal** do papa não é necessário à sua grandeza nem ao seu poder moral; ao contrário, quanto menos súditos ele tiver, mais ele será venerado. Aquele que é o representante de Deus na Terra se encontra numa altura suficiente para dispensar a projeção que os poderes terrenos podem lhe conferir. Dirigir a Terra espiritualmente é a missão do Pai dos cristãos.

Observação
Poder temporal: Era a influência que o Vaticano exercia sobre as pessoas, na figura do papa, sobre a política e, principalmente, sobre os governos.

P – Você acha que o Papa e o Sacro Colégio, mais bem esclarecidos, farão de tudo para evitar o "cisma" (a divisão) e a "guerra interna", embora elas sejam apenas de ordem moral?

R – Não o creio; todos esses homens são obstinados, ignorantes e habituados a todos os prazeres profanos (avessos às coisas religiosas). Precisam de dinheiro para satisfazer esses prazeres e receiam que a nova ordem de coisas não lhes deixe o suficiente. Por isso, levam tudo ao extremo, pouco se importam com o que lhes possa acontecer, visto que são cegos demais para compreenderem as consequências da sua maneira de agir.

P – Não devemos temer que nesse conflito a infeliz Itália sucumba e fique sob o domínio da Áustria?

R – Não. É impossível. A Itália sairá vitoriosa da luta, e a liberdade vai raiar sobre essa terra gloriosa. A Itália nos salvou da barbárie e foi nossa mestra em tudo o que a inteligência tem de mais nobre e de mais elevado. Não tornará a cair sob o domínio daqueles que a rebaixaram.

18. MINHA MISSÃO

(Na casa do Sr. Dehau. Médium: Sr. Crozet.)
(Comunicação espontânea obtida na minha ausência.)
12 de abril de 1860.

Pela sua perseverança e firmeza, o seu presidente frustrou os planos daqueles que pretendiam destruir o seu crédito e arruinar a Sociedade, na esperança de dar um golpe fatal na Doutrina. Honra lhe seja feita! Ele (Kardec) pode ficar certo de que estamos do seu lado e que os Espíritos sábios ficarão felizes em poder ajudá-lo em sua missão. Quantos gostariam de cumprir essa missão, de aproveitar a sua sombra, para receberem os benefícios que dela decorrem!

Mas essa missão é perigosa e, para cumpri-la, é preciso ter uma fé e uma vontade inabaláveis. Também é preciso ter abnegação e coragem para enfrentar as injúrias, os debochos, as decepções e não se alterar com a lama lançada pela inveja e pela calúnia. Nessa posição, o mínimo que pode acontecer a quem a ocupa é ser tachado de louco e de charlatão. Deixa que falem, deixa que pensem livremente: tudo dura pouco, exceto a felicidade eterna. Tudo será levado em sua conta, e fica sabendo que, para ser feliz, é necessário ter contribuído para a felicidade dos pobres seres que Deus utilizou para povoar a Terra. Que a sua consciência permaneça tranquila e serena, pois a tranquilidade é o prenúncio da felicidade celeste.

19. FUTURO DO ESPIRITISMO

(Cidade de Marselha. Médium: Sr. George Genouillat.)
(Comunicação transmitida pelo Sr. Brion Dorgeval.)
15 de abril de 1860.

O Espiritismo está destinado a desempenhar um imenso papel na Terra. Será ele quem vai reformar a legislação tantas vezes contrária às Leis Divinas; vai retificar os erros da história; vai restaurar a religião do Cristo, que nas mãos dos padres se tornou um objeto de comércio e um tráfico indigno. Estabelecerá a verdadeira religião, a religião natural, aquela que parte do coração e vai diretamente a Deus, sem se deter nas franjas de uma batina ou nos degraus de um altar.

O Espiritismo vai extinguir para sempre o ateísmo e o materialismo, para os quais alguns homens foram levados pelos incessantes abusos daqueles que se dizem ministros de Deus, pregando a caridade com uma espada em cada mão e sacrificando os mais sagrados direitos da Humanidade em favor das suas ambições e do seu espírito de dominação. – *Um Espírito*.

20. MINHA VOLTA

(Na minha casa. Médium: Sra. Schmidt.)
10 de junho de 1860.

Pergunta (Ao Espírito Verdade) – Acabo de receber uma carta de Marselha, na qual me dizem que, no seminário dessa cidade, estão estudando seriamente o Espiritismo e *O Livro dos Espíritos*. O que se pode depreender desse fato? Será que o clero vai se envolver com essa questão?

Resposta – Disso você não pode duvidar. O clero se envolve muito porque ele prevê as consequências, e as suas apreensões em relação à Doutrina são muito grandes. A parte esclarecida do clero estuda o Espiritismo mais do que você supõe, mas não pensa que seja por simpatia. Ele procura, ao contrário, os meios de combatê-lo, e eu posso lhe assegurar que a guerra que ele fará contra você será rude. Não se preocupe com isso. Continua a agir com prudência e discrição. Fica em guarda contra as ciladas que eles vão lhe armar. Evita falar ou escrever coisas que possam ser usadas contra você.

Prossegue em seu caminho, mas não tenha medo, mesmo que ele esteja cheio de espinhos. Eu asseguro que você terá grandes satisfações antes de voltar para junto de nós, para ficar "por pouco tempo".

P – O que você quer dizer com estas palavras: "por pouco tempo"?

R – Quero dizer que você não ficará muito tempo entre nós. Terá que voltar à Terra para terminar a sua missão, que não poderá ser concluída nesta existência. Se fosse possível, você não partiria de maneira alguma, mas é preciso que a Lei da Natureza se cumpra. Você vai se ausentar por alguns anos e quando voltar será em condições que lhe permitam trabalhar desde cedo. Entretanto, tem trabalhos que você precisará terminar antes de partir, por isso lhe será dado o tempo que for necessário para concluí-los.

Comentário de Kardec: *Calculando aproximadamente a duração dos trabalhos que ainda me restam fazer e levando em conta o tempo da minha ausência e os anos da infância e da juventude, até a idade em que um homem pode desempenhar um papel no mundo, a minha volta deverá se dar, forçosamente, no fim deste século ou no princípio do outro.*

21. AUTO DE FÉ DE BARCELONA. APREENSÃO DOS LIVROS

(Na minha casa. Médium: Sra. D'A...)
21 de setembro de 1861.

A pedido do Sr. Lachâtre, então residente em Barcelona, eu lhe enviei uma certa quantidade de *O Livro dos Espíritos*, *O Livro dos Médiuns* e coleções da *Revista Espírita*, além de diversas obras e brochuras espíritas, perfazendo um total de 300 volumes. A encomenda foi enviada regularmente pelo seu correspondente em Paris, numa embalagem que continha outras mercadorias e sem a menor infração à lei vigente.

Quando os livros chegaram, foram cobrados do destinatário os direitos de entrada, mas, antes de liberá-los, foi enviada uma relação das obras ao bispo, pois na Espanha a autoridade eclesiástica era encarregada das livrarias e tinha força policial para censurar qualquer obra. O bispo se achava então em Madri. Ao regressar, tomando conhecimento da relação dos livros, ordenou que eles fossem apreendidos e queimados em praça pública pela mão do carrasco. A execução da sentença foi marcada para o dia 9 de outubro de 1861.

Se tivessem tentado introduzir aquelas obras como contrabando, a autoridade espanhola teria o direito de dispor delas à vontade. Mas, desde que não houve fraude, nem tentativa de enganar ninguém, conforme comprovava o pagamento voluntário dos direitos, o mais justo seria devolver os volumes, caso não lhe conviesse admitir a sua entrada no país. As reclamações feitas ao cônsul francês em Barcelona não tiveram qualquer resultado. O Sr. Lachâtre me perguntou se convinha recorrer à autoridade superior. Aconselhei-o para que deixasse se consumar aquele ato arbitrário. Ainda assim, achei por bem ouvir a opinião do meu guia espiritual.

Pergunta (Ao Espírito Verdade) — Por certo você não ignora o que acaba de acontecer em Barcelona, com o envio de algumas obras espíritas. Devo prosseguir com a reclamação, visando à restituição dos volumes apreendidos?

Resposta – Você tem o direito de reclamar a devolução das obras e certamente vai conseguir a restituição, desde que recorra ao ministro das Relações Exteriores da França. Minha opinião é que desse auto de fé resultará um bem maior do que resultaria para a Doutrina a simples leitura de alguns livros. A perda material nada representa se comparada com a repercussão que tal fato produzirá em favor da Doutrina. Uma perseguição tão ridícula e tão antiquada só pode fazer com que o Espiritismo progrida na Espanha. As ideias se espalharão lá com uma rapidez muito maior, e, pelo fato de elas terem sido queimadas, as obras serão procuradas com muito maior avidez. Está tudo certo.

P – Convém que eu escreva um artigo a respeito do caso no próximo número da *Revista Espírita*?

R – Espera o auto de fé se consumar.

22. AUTO DE FÉ DE BARCELONA

9 de outubro de 1861.

Essa data ficará registrada nos anais do Espiritismo pelo auto de fé dos livros espíritas realizados em Barcelona. Eis aqui um extrato da ata de execução:

"Neste dia, 9 de outubro de 1861, as 10h30 da manhã, na esplanada da cidade de Barcelona, no local onde são executados os criminosos condenados ao derradeiro suplício, e por ordem do bispo desta cidade, foram queimados trezentos volumes e brochuras sobre o Espiritismo, a saber: *O Livro dos Espíritos*, de autoria de Allan Kardec etc."

Os principais jornais da Espanha publicaram com minúcias a notícia da queima dos livros, que foi condenada pelos órgãos da imprensa liberal do país, com justa razão. É digno de nota que, na França, os jornais liberais limitaram-se a mencionar o caso, sem fazer maiores comentários. O próprio jornal *Siècle (século)*, tão veemente em censurar os abusos do poder e os menores atos de intolerância do clero, não publicou uma palavra sequer de reprovação para esse ato digno da Idade Média. Alguns jornais de menor circulação acharam no episódio um motivo para zombaria.

Não entrando no mérito da crença, havia ali uma questão de princípio e de direito internacional que interessava a todos e sobre a qual não teriam guardado silêncio se as obras envolvidas fossem de outro gênero. Esses jornais não se cansam de censurar quando recusam um selo (uma liberação) para venda de um livro materialista. Ora, o fato de a inquisição reacender as suas fogueiras com solenidades de outrora, às portas da França, era um acontecimento muito mais grave. Por que então semelhante diferença de tratamento? É porque se tratava de uma doutrina que estava em pleno progresso e na qual os incrédulos tinham medo. Reivindicar justiça em favor do episódio que aconteceu na Espanha seria consagrar à Doutrina o direito de ter a proteção da autoridade e aumentar o seu crédito. Seja como for, o auto de fé de Barcelona não deixou de produzir o efeito esperado, pela repercussão que teve na Espanha, onde contribuiu fortemente para propagar as ideias espíritas. (Ver a *Revista Espírita* de novembro de 1861 – "Resquícios da Idade Média – o auto de fé de Barcelona".)

O auto de fé de Barcelona deu lugar a inúmeras comunicações por parte dos Espíritos. A que segue foi obtida espontaneamente na Sociedade Espírita de Paris, em 19 de outubro, quando regressei de Bordeaux:

"Era preciso acontecer alguma coisa que chocasse com violência certos Espíritos encarnados, para que eles tomassem a decisão de se ocupar com essa grande Doutrina, que deverá regenerar o mundo. Na Terra, nada se faz inutilmente, e nós, que inspiramos esse acontecimento, sabíamos perfeitamente que, agindo assim, estaríamos trabalhando para que um enorme passo fosse dado no sentido de ampliar a sua divulgação. Esse fato brutal, inacreditável para os tempos atuais, teve a finalidade de chamar a atenção dos jornalistas que se mantinham indiferentes diante da agitação profunda que acontecia nas cidades e nos centros espíritas. Apesar de eles deixarem falar e fazer o que bem entendessem, faziam-se de surdos e não respondiam ao desejo de propaganda dos adeptos do Espiritismo.

Querendo ou não, hoje eles são obrigados a falar dele. Uns para comprovar o fato histórico acontecido em Barcelona, outros para desmenti-lo. Assim, estimularam uma polêmica que dará a volta ao mundo e da qual apenas o Espiritismo se beneficiará. Essa é a razão pela qual a retaguarda da inquisição fez hoje o seu último ato de fé, conforme desejávamos".

Um Espírito.

Comentário de Kardec: *Enviaram-me de Barcelona uma aquarela, feita no local por um artista notável, representando a cena do auto de fé. Mandei fazer dela uma fotografia reduzida. Possuo também cinzas que foram colhidas no local da fogueira, onde é possível encontrar fragmentos ainda legíveis de folhas queimadas. Conservei-os numa **urna de cristal**.*

Observação

Urna de cristal: A urna de cristal que Kardec se referiu foi destruída pelos nazistas durante a Segunda Guerra Mundial (1939-1945).

23. MEU SUCESSOR

(Na minha casa. Comunicação particular. Médium Sr. D'A...)
22 de dezembro de 1861.

Conversando com os Espíritos, veio o assunto sobre quem iria me suceder no comando do Espiritismo. Então, questionei:

Pergunta – Entre os adeptos, muitos se preocupam com o que acontecerá ao Espiritismo após a minha morte e perguntam quem vai me substituir quando eu partir, visto que ainda não surgiu ninguém apto o suficiente para assumir o controle.

Respondo que não tenho a pretensão de ser indispensável. Deus é extremamente sábio para permitir que o futuro de uma Doutrina, destinada a regenerar o mundo, dependa da vida de um só homem. Além disso, os Espíritos sempre disseram que a minha tarefa é constituir a Doutrina e que, para isso, me será dado o tempo que for necessário. Portanto, a tarefa do meu sucessor será muito mais fácil, visto que o caminho estará todo traçado, cabendo-lhe apenas segui-lo. Mas, ainda assim, se os Espíritos acharem conveniente dizer-me alguma coisa de mais concreto, eu lhes ficaria muito grato.

Resposta – Tudo isso é rigorosamente exato. Eis o que nos é permitido dizer-lhe a mais. Você tem razão em dizer que não é indispensável. Pode parecê-lo aos olhos dos homens porque era necessário concentrar o trabalho da organização nas mãos de um só, para que houvesse unidade, mas não é indispensável aos olhos de Deus. Você foi o escolhido, e daí vem o sentimento de estar sozinho, mas sabe que não é o único com capacidade de desempenhar essa missão. Se, por qualquer motivo, ela fosse interrompida, não faltariam a Deus outras criaturas para substituí-lo. Assim, aconteça o que acontecer, o Espiritismo não corre perigo.

Enquanto o trabalho de elaboração não estiver concluído, é necessário que você seja o único a estar em evidência, visto que é preciso uma bandeira em torno da qual as pessoas possam se reunir. É preciso que elas o considerem indispensável, para que a obra que sair das suas mãos tenha mais autoridade no presente e no futuro. Convém mesmo que temam pelas consequências da sua partida. Se aquele que haverá de substituí-lo fosse designado previamente, poderiam surgir entraves para a obra ainda não acabada. Oposições despertadas pela inveja iriam se formar, e ele seria contestado antes mesmo que pudesse provar a sua capacidade. Os inimigos da Doutrina procurariam barrar-lhe o caminho, e disso resultariam cismas e divisões. Portanto, ele será revelado quando chegar o momento.

Desse modo, a tarefa daquele que irá substituí-lo será facilitada porque, como você disse, o caminho estará todo traçado. Se ele se afastasse do trabalho que foi realizado, ele se perderia, como aconteceu com todos aqueles que quiseram se atravessar na estrada. Por outro lado, a tarefa dele será mais penosa porque haverá lutas mais terríveis a sustentar. A você coube a responsabilidade da concepção, a ele caberá o encargo da execução, razão pela qual ele terá que ser um homem de energia e de ação.

Observa a sabedoria de Deus na escolha de seus mandatários: você possui as qualidades que são necessárias ao trabalho que é preciso realizar, mas não possui as que serão necessárias ao seu sucessor. Você precisa da calma, da tranquilidade do escritor que amadurece as ideias no silêncio da meditação; ele precisará da força do capitão que comanda um navio segundo as regras traçadas pela Ciência. Desobrigado do trabalho de criação da obra, sob cujo peso o seu corpo, Kardec, sucumbirá, ele terá mais liberdade para aplicar todas as suas faculdades no desenvolvimento e na consolidação do edifício.

P – Posso saber se a escolha do meu sucessor já está feita?

R – Está e não está, pois o homem possui o seu livre-arbítrio e pode recuar no último momento diante da tarefa que ele próprio escolheu. É preciso também que ele dê provas de capacidade, de devotamento, de desinteresse e de abnegação. Caso ele se deixe levar pela ambição e pelo desejo de se sobressair, certamente será posto de lado.

P – Já foi dito inúmeras vezes que Espíritos superiores iriam encarnar para ajudar o movimento.

R – Sem dúvida, muitos Espíritos terão essa missão, mas cada um vai agir na sua especialidade, conforme a sua posição, neste ou naquele setor da sociedade. Todos se revelarão por suas obras, e não por alguma pretensão de supremacia.

24. IMITAÇÃO DO EVANGELHO

(Ségur, 9 de agosto de 1863. Médium: Sr. d'A...)

Comentário de Kardec: *Eu não tinha comunicado a ninguém sobre o assunto do livro no qual eu estava trabalhando. Mantive o seu título em segredo, tanto é assim que o editor, o Sr. Didier, só foi conhecê-lo por ocasião da impressão. O título A Imitação do Evangelho foi utilizado somente na primeira edição. Mais tarde, em razão das reiteradas observações do Sr. Didier e de algumas outras pessoas, ele foi*

Extratos, in extenso, do Livro das Previsões relativas ao Espiritismo

mudado para O Evangelho Segundo o Espiritismo. Assim, as reflexões contidas nas comunicações seguintes não poderiam, portanto, ser consideradas como fruto de ideias preconcebidas do médium.

Pergunta – Qual a sua opinião sobre a nova obra, na qual estou trabalhando neste momento?

Resposta – Esse livro doutrinário terá uma influência considerável, visto que você aborda nele questões capitais. Não somente o mundo religioso encontrará nele as máximas que lhe são necessárias, mas a vida prática das nações extrairá dele excelentes instruções. Você fez bem em abordar questões de alta moral prática, do ponto de vista dos interesses gerais, dos interesses sociais e dos interesses religiosos. A dúvida precisa ser destruída. O terreno foi preparado pelos seus amigos espirituais há muito tempo, e as populações civilizadas da Terra estão prontas. Portanto, lança a semente que lhe confiamos, pois chegou o tempo de a Terra gravitar na ordem dos mundos radiantes e sair, definitivamente, da penumbra e do nevoeiro que obscurece as inteligências. Completa a sua obra e conta com a proteção do seu guia, o guia de todos nós, e com o auxílio devotado dos Espíritos que lhe são fiéis, entre os quais você pode me incluir.

P – O que o clero vai dizer?

R – O clero vai gritar: "heresia!" Ele verá que você ataca sem rodeios as "penas eternas" e outros pontos sobre os quais ele apoia a sua influência e o seu crédito. Gritará mais alto, pois se sentirá mais ferido do que quando você lançou *O Livro dos Espíritos*, cujos dados principais ele podia, a rigor, aceitar. Agora, porém, você vai entrar por um novo caminho, no qual o clero não vai poder acompanhá-lo.

A maldição, que antes era secreta, se tornará oficial, e os espíritas serão rejeitados pela Igreja Romana, assim como foram os pagãos e os judeus. Em compensação, o número de espíritas vai amentar em virtude dessa perseguição, principalmente quando eles virem que os sacerdotes estão qualificando de demoníaca uma Doutrina cuja moralidade brilhará como um raio de sol, pela publicação desse seu novo livro e daqueles que ainda virão.

Aproxima-se a hora em que você terá que apresentar abertamente o que é o Espiritismo e mostrar a todos onde está a verdadeira doutrina ensinada pelo Cristo. Aproxima-se a hora em que, diante do Céu e da Terra, você terá que proclamar o Espiritismo como sendo a única tradição verdadeiramente cristã, a única instituição verdadeiramente divina e humana. Ao escolherem você, os Espíritos sabiam da solidez das suas convicções e que a sua fé, tal qual um muro de bronze, resistiria a todos os ataques.

Entretanto, amigo, se a sua coragem ainda não fraquejou diante da pesada tarefa que você aceitou, é bom saber que até agora os obstáculos ainda não apareceram e que é chegada a hora das dificuldades. Sim, caro mestre, você deve se preparar para a grande batalha; o fanatismo e a intolerância, inconformados com o sucesso da sua publicação, vão atacá-lo, como também aos seus seguidores, com armas envenenadas. Prepare-se para a luta. Tenho confiança em você, assim como você tem em nós, porque a sua fé é daquelas que transporta montanhas e possibilita caminhar sobre as águas. Portanto, coragem! Que a sua missão se cumpra! Conte conosco e, principalmente, com a grande alma do Mestre de todos nós, que o protege de modo muito especial.

Paris, 14 de setembro de 1863.

Comentário de Kardec: *Eu havia solicitado uma comunicação sobre um assunto qualquer e pedido que ela fosse enviada para o meu retiro em Sainte-Andresse.*

Quero falar com você de Paris, embora não veja nisso nenhuma utilidade, visto que o seu cérebro recebe as nossas inspirações com uma facilidade que você não imagina. A nossa atuação, sobretudo a do *Espírito da Verdade*, é constante ao seu redor e é de tal forma que você não pode se esquivar. É por isso que eu não entrarei em detalhes inúteis a respeito do plano da sua obra, que você modificou completamente, em função dos meus conselhos ocultos. Compreende agora por que era necessário que você estivesse sempre ao nosso alcance, livre de qualquer outra preocupação que não fosse a da Doutrina.

Uma obra, como a que estamos elaborando em conjunto, exige recolhimento e um isolamento sagrado. Tenho um grande interesse pelo seu trabalho, que representa um passo considerável para o futuro e que abre, finalmente, ao Espiritismo, um grande campo para aplicações proveitosas em benefício da sociedade. Com essa obra, o edifício começa a se libertar dos andaimes, e é possível entrever a sua cúpula delineando-se no horizonte. Continua, pois, com paciência e sem fadiga. O monumento estará concluído na hora prevista.

Já tratamos com você das questões que estão em pauta no momento, ou seja, as religiosas. O Espírito da Verdade lhe falou sobre as demonstrações de resistência que começam a se levantar nesta hora. Essas hostilidades, anteriormente previstas, são necessárias para despertar a atenção dos homens, que, com muita facilidade, se deixam desviar de um assunto sério. Novos combatentes estão se juntando incessantemente aos soldados que lutam pela causa. Suas palavras e seus escritos vão causar sensação e levarão perturbação e confusão às fileiras adversárias.

Adeus, caro companheiro de outrora, fiel discípulo da verdade, que dá continuidade nesta vida à obra que, em outros tempos, diante do grande Espírito que o ama e a quem eu venero, juramos colocar as nossas forças e as nossas vidas até que ela se achasse concluída. Eu lhe saúdo.

Comentário de Kardec: *O plano da obra foi, de fato, completamente modificado, o que certamente o médium não podia saber, visto que ele estava em Paris e eu em Sainte-Andresse. Ele também não podia saber que o Espírito da Verdade havia me falado da atitude de revolta do bispo de Argel e de outros. Todas essas circunstâncias eram propositais e serviam para me confirmar que os Espíritos tinham parte ativa nos meus trabalhos.*

25. A IGREJA

(Médium: Sr. d'A...)
Paris, 30 de setembro de 1863.

Meu amigo, você está de volta e não perdeu o seu tempo. Volta ao trabalho para que a sua bigorna não esfrie. Forja, forja armas bem temperadas. Repousa do trabalho executado, empreendendo outros trabalhos mais árduos. Todos os elementos serão colocados ao seu alcance à medida que for necessário.

Chegou a hora de a Igreja prestar contas do depósito que lhe foi confiado, da maneira como praticou os ensinamentos do Cristo, do uso que fez da sua autoridade, enfim, do estado de incredulidade a que levou os homens. Chegou a hora de ela dar a César o que é de César e de assumir a responsabilidade por todos os seus atos. Deus a julgou e a reconheceu inapta para continuar como responsável pela missão de fazer progredir as criaturas, o que deve ser incumbência de toda autoridade espiritual. Somente por meio de uma transformação absoluta ela poderia continuar; mas será que ela se resignaria a essa transformação? Não, porque assim ela deixaria de ser a Igreja.

Para assimilar as verdades e as descobertas da Ciência, ela teria que renunciar aos dogmas que lhe servem de fundamentos. Para voltar à prática rigorosa dos princípios do Evangelho, teria que renunciar ao poder, à dominação, trocar o luxo e o trono pela simplicidade e pela humildade apostólicas.

Ela se encontra entre duas alternativas: ou se transforma e, nesse caso, se suicida, ou permanece estacionária e sucumbe esmagada pelo progresso.

Roma, aliás, se encontra ansiosa. Nós ficamos sabendo, por revelações irrefutáveis, que na Cidade Eterna a Doutrina Espírita está destinada a causar uma grande dor ao papado, porque o Cisma (a divisão) se prepara, principalmente, na Itália. Portanto, não é de causar espanto que o clero combata o Espiritismo com tanta obstinação, levado pelo instinto de conservação. Ele, porém, verificou que as suas armas se tornam cada vez mais fracas contra essa força que surge e que está em ascensão. Como seus argumentos não têm conseguido resistir à lógica inabalável, só lhe resta o recurso de fazê-los passar por obra do demônio, recurso, aliás, bem fraco para o século 19.

Além do mais, a luta está mais aberta entre a Igreja e o progresso do que entre a Igreja e o Espiritismo. É o progresso geral das ideias que abre brecha por todos os seus lados e que a fará sucumbir, como tudo o que não consegue atingir o seu nível. A marcha rápida dos acontecimentos deve fazer você pressentir que o desfecho não tardará muito tempo. A própria Igreja parece inclinada a contribuir para precipitá-lo.

Espírito E.

26. *VIDA DE JESUS*, POR RENAN

(Sobre o futuro de várias publicações. Médium: Sr. d'A...)

Paris, 14 de outubro de 1863.

Pergunta (Ao Espírito Erasto) – Que efeito produzirá o livro *Vida de Jesus*, de Renan?

Resposta – O efeito será imenso. A repercussão no clero será muito grande porque este livro faz ruir os alicerces do edifício em que o clero se abriga há dezoito séculos. O livro não é irrepreensível, longe disso, porque é o reflexo de uma opinião pessoal, que limita sua visão ao círculo estreito da vida material. Renan, no entanto, não é materialista, mas pertence àquela escola que, se não nega o princípio espiritual, também não lhe atribui nenhum papel efetivo e direto na condução das coisas do mundo. Ele é desses cegos inteligentes que explicam ao seu modo aquilo que não podem ver; que, não compreendendo o mecanismo da visão a distância, acham que só é possível se conhecer alguma coisa tocando-a. É por isso que ele reduziu o Cristo às proporções do homem mais vulgar, negando-lhe todas as faculdades que são os atributos do Espírito livre e independente da matéria.

Entretanto, ao lado de erros importantes, especialmente no que se refere à espiritualidade, o livro contém observações muito coerentes, que até então haviam escapado aos comentaristas e que, num certo sentido, lhe dão elevado alcance. Seu autor pertence à legião de Espíritos encarnados que podem ser chamados de os demolidores do Velho Mundo, cuja missão é nivelar o terreno onde será construído um mundo novo e mais racional. Deus quis que um escritor, que com justiça é credenciado entre os homens pelo seu talento, viesse trazer ensinamentos sobre algumas questões obscuras e envoltas em preconceitos seculares, a fim de predispor os Espíritos para aceitar as novas crenças. Sem suspeitar, Renan aplainou o caminho para o Espiritismo.

27. PRECURSORES DA TEMPESTADE

(Grupo do Sr. Golovine. Médium: Sr. L...)
Paris, 30 de janeiro de 1866.

Permitam que um velho dignitário (pessoa que ocupa cargo elevado) da Táurida (Península da Crimeia – Ucrânia) abençoe os seus dois filhos. Que eles possam, sob o amparo das respectivas mães, tornarem-se inteligentes em tudo e ser para você uma fonte de reais satisfações! Desejo que eles sejam espíritas convictos e que acreditem firmemente na ideia de outras vidas, nos princípios de fraternidade, de caridade e de solidariedade. Desejo também que os acontecimentos que vão ocorrer quando eles estiverem na idade da consciência e da razão não venham surpreendê-los nem enfraquecer sua confiança na Justiça Divina, em meio às provas pelas quais a Humanidade tem que passar.

Algumas vezes, vocês são surpreendidos pela rudeza com que os seus adversários os atacam. Segundo eles, vocês são loucos, visionários, tomam a ficção pela realidade, ressuscitam o diabo e todos os erros da Idade Média. Vocês sabem que responder a todos esses ataques seria começar uma polêmica em que não colheriam fruto algum. O silêncio prova a força que possuem, assim, não lhes dando oportunidade de responder, eles acabarão por se calar.

O que devem temer é o imprevisto. Se houver uma mudança de governo, no sentido **ultramontano**, que é o mais intolerante, certamente vocês serão perseguidos, ofendidos, combatidos, condenados, expatriados. Mas os acontecimentos, mais fortes do que as manobras em surdina, preparam no horizonte político um temporal bastante violento, por isso, quando ele desabar, procurem estar bem abrigados, procurem ser fortes e desinteressados. Haverá ruínas, invasões e demarcações de fronteiras, e, desse naufrágio imenso que virá da Europa, da Ásia e da América, fiquem sabendo que somente escaparão as almas bem formadas, os Espíritos esclarecidos, tudo o que for justiça, lealdade, honra e solidariedade.

Observação

Ultramontano: Aquele é partidário da doutrina teológica e que defende a infalibilidade e o poder absoluto do papa em matéria de fé e disciplina, tanto no terreno espiritual como no temporal.

As suas sociedades, do modo como estão organizadas, são perfeitas? Os indivíduos desprezíveis são contados aos milhões; a miséria faz com que as prisões e os prostíbulos estejam sempre cheios, enviando gente para os cadafalsos (estrado alto para execução dos sentenciados). A Alemanha vem assistindo, como tem acontecido em todos os tempos, os seus habitantes emigrando às centenas de milhares, o que não constitui uma honra para o seu governo. O papa, príncipe temporal, espalha o erro pelo mundo, em vez do *Espírito de Verdade*, do qual ele é o falso emblema. A inveja anda por toda a parte! Vejo interesses que entram em conflito e nenhum esforço para erguer o ignorante. Os governos, minados por princípios egoístas, tentam manter-se contra a maré que sobe, e essa maré é a consciência humana, que finalmente se insurge, depois de suportar por séculos a minoria que explora as forças vivas das nacionalidades.

Nacionalidades! Que a Rússia não encontre na palavra "nacionalidade" um obstáculo terrível, um novo Cabo das Tormentas! Amado país! Que os seus estadistas não se esqueçam de que a grandeza de uma nação não consiste em ter fronteiras sem fim, muitas províncias despovoadas, algumas grandes cidades num mar de ignorância, imensas planícies, porém desertas, áridas e impiedosas como a inveja, como tudo o que é falso e soa falso. Por mais que o Sol nunca se esconda em seus domínios (por serem muito vastos), nem por isso deixará de haver menos deserdados, menos ranger de dentes, todo um inferno ameaçador, pronto a tudo tragar.

Da mesma forma que os governos, as nações têm o seu livre-arbítrio; assim como os indivíduos, elas sabem dirigir-se pelo amor, pela união e pela concórdia. Elas vão fornecer, para a tempestade que está anunciada, os elementos elétricos próprios para destruí-la e desagregá-la com mais eficiência.

Innocent (em vida, foi arcebispo de Táurida.)

28. A NOVA GERAÇÃO

(Grupo Villon. Médium: Sr. G...)
Lyon, 30 de janeiro de 1866.

A Terra vibra de alegria! Aproxima-se o dia do Senhor! Todos os que se destacam, por estarem à frente (os desencarnados), aspiram por entrar na luta (reencarnar). Já os Espíritos de algumas almas valorosas, que estão encarnadas, agitam seus corpos como querendo rompê-los. A carne confusa não sabe o que pensar; um fogo desconhecido a devora. Elas serão libertadas porque os tempos são chegados. Uma eternidade está prestes a chegar ao fim; uma eternidade gloriosa está para despontar, e Deus procede à contagem dos seus filhos.

O reinado do ouro (dinheiro) dará lugar a um reinado mais puro. Em breve, a mente será soberana sobre a matéria. Os Espíritos de elite, que desde remotas épocas iluminam os séculos em que vivem, virão servir de referência para os séculos futuros, ao reencarnarem entre vocês. Que digo? Muitos estão encarnados. Suas palavras de sabedoria trarão consigo uma chama destruidora que causará danos irreparáveis aos velhos abusos. Quantos preconceitos antigos vão desmoronar de uma só vez, quando os Espíritos esclarecidos, como um machado de dois gumes, vierem destruí-los em seus fundamentos!

Sim! Os "pais do progresso" da mente humana deixaram, uns, as suas moradas radiosas (os mundos felizes), outros, grandes trabalhos, em que a felicidade se junta ao prazer de se instruírem, para retomarem o bastão de peregrinos que haviam deixado no limiar do templo da Ciência (para reencarnarem). Muito em breve, dos quatro cantos do globo, os cientistas de renome vão ouvir, com espanto, jovens ainda sem barba a lhes contrapor, usando uma linguagem profunda, para destruir os argumentos que eles julgavam incontestáveis.

O sorriso zombeteiro não será mais um escudo seguro que poderá ser utilizado, e sob pena de se desmoralizarem, serão forçados a responder. Assim, o círculo vicioso em que se encerram os mestres da fútil filosofia será posto a descoberto, pois os novos combatentes trazem consigo não só um facho de luz, mas também a inteligência desembaraçada de véus grosseiros, o que lhes permite desfrutar de um estado especial, privilégio das grandes almas, tal como Jesus, e que dá o poder de curar e de realizar maravilhas consideradas milagres.

Diante dos fatos materiais em que a mente se mostra tão superior à matéria, como negar os Espíritos? O materialismo terá que voltar atrás naquilo que pregou, seja por uma palavra mais eloquente do que a sua, seja por fatos evidentes e comprovados por todos, visto que grandes e pequenos, novos São Tomés, poderão tocá-los com o dedo.

Sim! O Velho Mundo carcomido desaba por todos os lados; o Velho Mundo chega ao fim e com ele todos os velhos dogmas, que só brilham ainda pelo revestimento dourado que os cobre. Espíritos valentes! Cabe a vocês a tarefa de remover esse ouro falso. Para trás, vocês que desejam em vão apoiar o velho ídolo (o materialismo). Atacado por todos os lados, ele vai ruir e vai arrastá-los em sua queda! Para trás! Todos vocês que negam o progresso; para trás, com as suas crenças de uma época que já se foi. Por que não aceitam o progresso e querem detê-lo? É porque, desejando ter a primazia, serem sempre os primeiros, vocês condensaram o seu pensamento em artigos de fé e dizem para Humanidade: "vocês serão sempre crianças, e nós, que temos o esclarecimento do Alto, fomos destinados a conduzi-los".

No entanto, vocês viram ficar em suas mãos os andadores da criança que, não precisando mais deles, pula e corre diante de vocês. Mesmo assim, ainda teimam em dizer que ela não pode caminhar sozinha! Será que vai ser batendo na criança com os próprios andadores que se destinavam a sustentá-la que vocês conseguirão provar a autoridade de seus argumentos? Claro que não! E vocês sabem muito bem disso! Mas é tão agradável, para quem se diz infalível, acreditar que os outros ainda depositam fé nessa infalibilidade, na qual nem vocês mesmos acreditam!

Ah! Quantos gemidos não se ouvem no santuário! É lá que, de ouvido atento, se escutam os sussurros dolorosos! O que vocês dizem, pobres obstinados? Que a mão de Deus pesa sobre a sua Igreja? Que em toda parte a imprensa livre ataca e repele os argumentos de vocês? Onde estará o novo **crisóstomo**, cuja palavra poderosa reduzirá a nada esse dilúvio de argumentadores? Em vão esperam por ele!

Observação

Crisóstomo: Arcebispo de Constantinopla, conhecido por seus poderosos sermões.

Suas penas (canetas), as mais vigorosas e credenciadas, nada mais podem fazer! Elas se obstinam em agarrar-se ao passado que se vai, enquanto a nova geração, num impulso irresistível que a empurra para frente, exclama: "Não, nada de passado! O futuro é nosso! Uma nova aurora desponta, e é para lá que tendem as nossas aspirações!"

"Avante!", diz ela (a nova geração). Alarguem o caminho, pois os nossos irmãos nos seguem. Sigam a onda que nos arrasta! Precisamos do movimento, que é a vida, enquanto vocês nos apresentam a quietude, que é a morte. Abram seus túmulos, suas catacumbas; afastem os seus olhos das velhas ruínas de um passado que se extinguiu. Seus santos mártires não morreram para imobilizar o presente. Eles previram a "nossa época" e se lançaram à morte como um caminho que os levaria a ela. Cada época com o seu gênio. Queremos nos lançar à vida, uma vez que os séculos futuros que vislumbramos têm horror à morte.

Eis aí, meus amigos, o que os valorosos Espíritos que presentemente estão encarnando vão fazer com que vocês compreendam. Este século não terminará sem que muitos destroços cubram o solo. A guerra mortífera e fratricida (aquele que mata o irmão ou irmã) desaparecerá em breve diante da discussão. A força mental substituirá a força bruta. Depois que todas essas almas generosas tiverem combatido, voltarão ao mundo espiritual para receberem a coroa do vencedor. Aí está a meta, meus amigos. Os combatentes são muito aguerridos para que o sucesso seja duvidoso. Deus escolheu a elite de Seus servidores, e a vitória está assegurada para a Humanidade.

Alegrem-se, portanto, todos vocês que aspiram à felicidade e que desejam que os seus irmãos também dela desfrutem. O dia chegou! A Terra dá pulos de alegria, pois verá o começo do reino da paz prometido pelo Cristo, o Divino Messias. Reino cujos fundamentos ele veio trazer.

Um Espírito.

29. INSTRUÇÃO RELATIVA À SAÚDE DO SR. ALLAN KARDEC

(Comunicação particular. Médium: Sr. D...)
Paris, 23 de abril de 1866.

Visto que a saúde do Sr. Allan Kardec se enfraquece a cada dia em consequência dos trabalhos excessivos que superam as suas forças, vejo-me na obrigação de repetir o que já lhe disse inúmeras vezes:

"Você precisa de repouso; as forças humanas têm limites que o seu desejo de ver o ensinamento progredir não deve ultrapassar. Você está errado, pois, agindo assim, a marcha da Doutrina não será apressada, e a sua saúde, uma vez arruinada, vai o colocar na impossibilidade material de acabar a tarefa que veio desempenhar na Terra. A sua enfermidade atual é apenas o resultado de um dispêndio incessante de forças vitais, sem dar o tempo necessário para que elas se refaçam, e também devido a um aquecimento do sangue produzido pela absoluta falta de repouso.

Sem dúvida, nós o sustentamos com muitos fluidos, mas sob a condição de que você não desfaça o que estamos fazendo. De que adianta correr? Nós não já lhe dissemos inúmeras vezes que cada coisa virá a seu tempo? Que os Espíritos encarregados pela movimentação das ideias saberão fazer com que surjam circunstâncias favoráveis quando chegar o momento de agir?

Quando cada espírita concentra as suas forças para a luta, você acha que deve esgotar as suas? Não! Você tem que dar o exemplo em tudo, e o seu lugar é na "linha de frente" no momento do perigo. O que você faria lá se o seu corpo enfraquecido não lhe desse mais a permissão para que a sua mente se utilizasse das armas que a experiência e a revelação colocaram em suas mãos? Acredita em mim: deixa para mais tarde as grandes obras destinadas a completar o trabalho que está esboçado nas suas primeiras publicações; os seus trabalhos corriqueiros e alguns pequenos folhetos mais urgentes bastam para absorver o seu tempo e devem constituir o único objeto de suas preocupações atuais.

Não lhe falo apenas em meu nome; sou aqui o delegado de todos os Espíritos que com muito esforço têm contribuído, mediante suas sábias instruções, para a propagação do ensinamento. Eles lhe dizem, por meu intermédio, que esse atraso, que você julga prejudicial ao futuro da Doutrina, é uma medida necessária por várias razões, seja porque certas questões não foram ainda completamente elucidadas, seja para preparar os ânimos visando a uma melhor assimilação. É necessário que outros preparem o terreno, que certas teorias provem a sua insuficiência e a necessidade de serem substituídas. Resumindo: o momento não é oportuno. Portanto, procura se poupar, porque todo vigor do seu corpo e da sua mente será necessário quando chegar o tempo certo.

Não foi o Espiritismo, até aqui, alvo de muitas críticas e não levantou muitas tempestades? Você julga que toda essa agitação passou, que todos os ódios se acalmaram e se tornaram impotentes? Nada de ilusões a esse respeito, pois o recipiente depurador ainda não expeliu todas as suas impurezas. O futuro lhe reserva outras provas, e as últimas crises não serão as menos penosas de suportar.

Sei que a sua posição particular lhe impõe uma infinidade de trabalhos secundários que consomem a maior parte do seu tempo. De inúmeros lugares chegam pedidos de toda espécie e você procura atendê-los dentro do que lhe é possível. Farei aqui o que você talvez não ousasse fazer por si mesmo:

dirijo-me a todos os espíritas, pedindo-lhes, em nome do próprio interesse do Espiritismo, que evitem sobrecarregá-lo de trabalho, capaz de consumir o tempo que você deve dedicar, quase que exclusivamente, à conclusão da obra. A sua correspondência pode até sofrer um pouco com isso, mas, em contrapartida, o ensinamento ganhará.

Algumas vezes é preciso sacrificar as satisfações pessoais ao interesse geral. É uma medida urgente que todos os adeptos sinceros saberão compreender e aprovar. A volumosa correspondência que chega às suas mãos constitui para você um precioso acervo de documentos e informações. Ela lhe esclarece sobre a verdadeira marcha e os progressos reais da Doutrina. É um termômetro imparcial. Além disso, ela lhe proporciona satisfações morais que, por mais de uma vez, têm lhe sustentado a coragem, ao mostrar a adesão que encontram as suas ideias em todos os pontos do Globo. Sob esse aspecto, a quantidade excessiva de correspondência é um bem, e não um inconveniente, mas com a condição de auxiliá-lo nos trabalhos, e não de entravá-los, criando um acúmulo de ocupações."

Dr. Demeure.

Pergunta – Bom Dr. Demeure, agradeço os seus sábios conselhos. Graças à resolução que tomei de arranjar um auxiliar, exceto para casos excepcionais, a correspondência habitual está quase em dia e não atrasará mais no futuro. Mas o que vou fazer com as mais de 500 cartas que se encontram atrasadas e que, apesar de toda a minha boa vontade, não consigo pô-las em dia?

Resposta – É preciso, como se diz em linguagem comercial, lançá-las todas à conta de lucros e perdas. Anunciando essa medida na *Revista Espírita*, os seus correspondentes compreenderão o nosso pedido e a necessidade de você agir dessa forma. Tenho certeza de que eles ainda acharão justos os conselhos que acabamos de lhe dar. Repito, seria impossível que as coisas continuassem por mais tempo do modo como estavam. Tudo sofreria com isso, tanto a sua saúde como a Doutrina. Convém, quando necessário, saber fazer os sacrifícios indispensáveis. De agora em diante, com mais tranquilidade sobre esse ponto, você poderá se dedicar mais livremente aos seus trabalhos obrigatórios. Eis o que lhe aconselha este que será sempre o seu dedicado amigo.

Demeure.

Atendendo a esse sábio conselho, pedimos aos nossos correspondentes, com os quais estamos desde há muito tempo em atraso, que aceitem as nossas desculpas e o nosso pesar por não poder responder minuciosamente, como desejávamos, às suas amáveis cartas e que se dignem a receber os nossos sentimentos fraternais.

30. REGENERAÇÃO DA HUMANIDADE

Resumo das comunicações dadas pelas Sras. M.... e T..., em estado sonambúlico (de desdobramento).

Paris, 25 de abril de 1866.

Os acontecimentos precipitam-se com rapidez, razão pela qual não lhe dizemos mais, como antigamente: "Aproximam-se os tempos". Agora dizemos: "Os tempos são chegados".

Não tomem essas palavras pelo prenúncio de um novo dilúvio, nem de um cataclismo, nem um abalo geral dos elementos do Globo. Em todas as épocas, houve convulsões parciais na Terra e ainda hoje se repetem porque fazem parte da sua constituição, mas não são estes os sinais dos tempos.

Entretanto, tudo o que está predito no Evangelho deverá se cumprir e se cumpre neste momento, conforme você vai reconhecer mais tarde. Tomem os sinais anunciados como figuras que precisam ser compreendidas, não pelo que está escrito, e sim pela sua essência. Todas as *Escrituras* encerram grandes verdades sob o véu da alegoria, e aqueles que se apegaram somente ao que estava escrito, interpretando-o ao pé da letra, se desviaram do caminho certo. Faltou-lhes a chave para compreenderem o seu verdadeiro sentido. Essa chave está nas descobertas da Ciência e nas Leis do mundo invisível, que o Espiritismo veio revelar. De agora em diante, com o auxílio desses novos conhecimentos, o que era obscuro tornou-se claro e inteligível.

Tudo segue a ordem natural das coisas, e as Leis imutáveis de Deus não serão destruídas. Assim, vocês não verão nem milagres, nem prodígios, nem fatos sobrenaturais, no sentido vulgarmente atribuído a essas palavras.

Não olhem para o Céu em busca de sinais precursores (aqueles que anunciam a chegada de algo), pois não vão encontrá-los, e aqueles que os anunciam estão abusando da credulidade das criaturas. Olhem em torno de vocês mesmos, entre os homens, pois é aí que vão descobri-los.

Não sentem uma espécie de vento soprando sobre a Terra, agitando todos os Espíritos? O mundo está na expectativa e tomado por um vago pressentimento de que uma tempestade se aproxima. Entretanto, não acreditem no fim do mundo material. A Terra tem progredido desde o seu início; precisa ainda continuar progredindo e não ser destruída. A Humanidade atingiu um dos seus períodos de transformação, e a Terra vai se elevar na hierarquia dos mundos.

Não é, portanto, o fim do mundo material que se aproxima, mas, sim, o fim do mundo moral. É o velho mundo, o mundo dos preconceitos, do egoísmo, do orgulho e do fanatismo que se desmorona. Cada dia ele leva consigo alguns destroços. Tudo deste mundo vai se acabar com a geração que se retira do planeta. A geração nova terá como missão construir o novo edifício que será consolidado e completado pelas gerações seguintes.

De mundo de expiação, a Terra está predestinada a se tornar um dia um mundo feliz, e habitá-la será uma recompensa em vez de uma punição. O reinado do bem vai suceder ao reinado do mal.

Para que os homens sejam felizes na Terra, é preciso que ela seja povoada somente por Espíritos bons, encarnados e desencarnados, que unicamente aspirem ao bem. Como esse tempo chegou, uma grande emigração se opera neste momento entre os seus habitantes. Aqueles que praticam o mal pelo mal, *alheios* ao sentimento do bem, serão excluídos por não serem mais dignos de permanecer na Terra transformada. Se eles continuassem, trariam novamente perturbações e confusões, constituindo-se em obstáculo ao progresso. Esses Espíritos irão expiar a sua falta de sensibilidade e teimosia em mundos inferiores, para onde levarão os conhecimentos adquiridos aqui na Terra. Eles terão por missão fazer com que esses mundos primitivos progridam. Aqui, serão substituídos por Espíritos melhores, que farão reinar entre si a justiça, a paz e a fraternidade.

Já dissemos que a Terra não será transformada por um cataclismo que vá destruir de súbito toda uma geração. A geração atual desaparecerá, gradualmente, e a nova lhe sucederá da mesma maneira, sem que haja mudança na ordem natural das coisas. Portanto, exteriormente, tudo se passará como de costume, com uma única diferença muito importante: uma parcela dos Espíritos que encarnavam na Terra não mais irá encarnar. Em toda criança que nascer, ao invés de receber um Espírito atrasado e voltado para o mal, reencarnará um Espírito mais adiantado e *propenso ao bem*. Portanto, não se trata de uma nova geração corpórea, e sim de uma nova geração de Espíritos. Assim, ficarão desapontados aqueles que esperavam ver uma transformação por meio de efeitos sobrenaturais e maravilhosos.

A época atual é de transição, em que os elementos das duas gerações se confundem. Colocado numa posição intermediária, você assiste à partida de uma e à chegada da outra, e cada geração se manifesta no mundo por características que lhe são próprias. As duas gerações que se sucedem têm ideias e maneira de ver muito opostas. Pela natureza das tendências morais e, sobretudo, pelas tendências *intuitivas e de nascença*, fica fácil distinguir a qual das duas pertence cada indivíduo.

Tendo como missão fundar a era do progresso moral, a nova geração se distingue por uma inteligência e uma razão geralmente precoces, aliadas ao sentimento *inato* do bem e das crenças espiritualistas, o que constitui um sinal inquestionável de um certo grau de adiantamento anterior. A nova geração não será composta de Espíritos eminentemente superiores, mas, sim, de Espíritos que, já tendo progredido, estão predispostos a assimilar todas as ideias progressistas e a auxiliar o movimento regenerador.

Ao contrário, o que distingue os Espíritos atrasados é, primeiramente, a revolta contra Deus, pela negação da providência e de qualquer poder que seja superior à Humanidade. Depois, pela tendência *instintiva* para as paixões degradantes, para os sentimentos antifraternais do orgulho, do ódio, do ciúme, da ganância, ou seja, da predominância do apego a tudo aquilo que é material. Esses são os vícios que terão que ser expurgados da Terra, pelo afastamento daqueles que se recusam a corrigir-se, porque eles são incompatíveis com o reino da fraternidade e porque os homens de bem sofreriam toda vez que tivessem que entrar em contato com essas criaturas.

Quando a Terra estiver livre deles, os homens caminharão sem entraves rumo a um futuro melhor que lhes está reservado neste mundo. Será a recompensa pelos seus esforços e pela sua perseverança, enquanto aguardam que uma depuração ainda mais completa lhes abra as portas dos mundos superiores.

Por essa emigração de Espíritos, não se deve entender que todos os Espíritos retardatários serão expulsos da Terra e enviados a mundos inferiores. Muitos, ao contrário, vão reencarnar de novo no planeta "porque foram arrastados pelas circunstâncias e pelo exemplo que tiveram"; nesses, a casca (a aparência) estava mais estragada que o miolo (o conteúdo). Uma vez livres da influência da matéria e dos prejuízos do mundo em corpo físico, esses Espíritos vão ver as coisas de uma maneira completamente diversa daquela que viam quando estavam encarnados, conforme os inúmeros exemplos que vocês conhecem. Para isso, eles são ajudados pelos bons Espíritos, que por eles se interessam e que se esforçam por esclarecê-los e por lhes mostrar o caminho errado que estavam seguindo. Por intermédio de suas preces e de seus conselhos, vocês poderão contribuir bastante para que eles se melhorem, uma vez que existe uma perpétua solidariedade entre os mortos e os vivos.

Assim, eles poderão retornar por meio da reencarnação e vão se sentir felizes, pois isso lhes será uma recompensa. Que importa o que foram e o que fizeram se estão animados de melhores sentimentos? Em vez de serem hostis à sociedade e ao progresso, eles serão auxiliares úteis porque pertencerão à nova geração.

Somente haverá exclusão definitiva para os Espíritos radicalmente rebeldes; para aqueles que se tornaram surdos aos apelos do bem e da razão, por orgulho e egoísmo, mais do que por ignorância. Apesar disso, estes não estão condenados a uma inferioridade perpétua, pois chegará o dia em que eles vão repudiar o seu passado e abrirão os olhos para luz. Assim, orem pelos Espíritos obstinados, a fim de que eles se emendem enquanto ainda é tempo, visto que se aproxima o dia da expiação.

Infelizmente a maioria, fechando os ouvidos para a voz de Deus, persistirá em sua cegueira, e essa resistência marcará o fim do reinado dessas criaturas por meio de lutas terríveis. O desvario delas será o responsável pela própria perda; provocarão destruições que darão origem a inúmeros flagelos e calamidades, de sorte que, mesmo não querendo, elas apressarão a chegada da era da renovação.

Caso a destruição não se operar com bastante rapidez, os suicídios se multiplicarão em proporções nunca vistas, até mesmo entre as crianças. Jamais se terá visto um número tão grande de pessoas atacadas pela loucura que, mesmo antes de morrerem, estarão riscadas do número dos vivos. São esses os verdadeiros sinais dos tempos, e tudo isso se realizará pelo encadeamento das circunstâncias, sem que, conforme dissemos, sejam revogadas as leis da natureza em momento algum.

No entanto, por meio da nuvem escura que envolve vocês e no seio da qual ruge a tempestade, é possível ver despontando os primeiros raios da nova era. A fraternidade lança seus fundamentos em todos os pontos do Globo, e os povos se dão as mãos. A barbárie se atenua em contato com a civilização. Os preconceitos de raças e de seita, que derramaram tanto sangue, vão se extinguindo. O fanatismo e a intolerância perdem terreno, ao passo que a liberdade de consciência se introduz nos costumes e se torna um direito.

Por toda parte as ideias se agitam; vê-se o mal e procura-se o remédio, mas muitos ainda caminham sem orientação e se perdem em utopias. O mundo encontra-se num imenso trabalho de gestação, que já dura um século. Nesse trabalho, ainda confuso, é possível notar que existe uma tendência para se alcançar um determinado objetivo: o da unidade e da uniformidade, que deixa as portas abertas para a confraternização.

Também aí você tem os sinais dos tempos. Mas, enquanto os outros sinais são os da agonia do passado, estes últimos são os primeiros choros da criança que nasce, os precursores da aurora que o próximo século verá despontar, pois que então a nova geração estará com toda a sua pujança. Assim como a fisionomia do século 19 se difere da do século 18, sob certos aspectos, também a do século 20 será diferente da do século 19, sob outros aspectos.

Uma das características que vão distinguir a nova geração será a de que ela vai nascer com fé. Não a fé cega que exclui e divide os homens, mas a fé raciocinada, que esclarece e fortifica, além de confundir todos os homens num sentimento comum de amor a Deus e ao próximo. Com a geração que se extingue desaparecerão os últimos vestígios da incredulidade e do fanatismo, que também são contrários ao progresso moral e social.

O Espiritismo é o caminho que conduz à renovação porque ele destrói os dois maiores obstáculos que se opõem a essa renovação: a incredulidade e o fanatismo. Ele proporciona uma fé sólida e esclarecida, desenvolve todos os sentimentos e todas as ideias que correspondem aos modos de pensar da nova geração. É por isso que o Espiritismo se manifesta desde o nascimento, de forma intuitiva, no coração dos seus representantes. Assim, a nova era vai vê-lo prosperar e crescer de maneira natural. Ele vai se tornar a base de todas as crenças e o ponto de apoio de todas as instituições.

No entanto, daqui até lá, quantas lutas o Espiritismo terá ainda que sustentar contra os seus dois maiores inimigos, a incredulidade e o fanatismo, que, estranhamente, se dão as mãos para abatê-lo. Isso ocorre porque os dois pressentem a sua própria ruína e o futuro que está reservado à Doutrina Espírita. Esse é o motivo pelo qual o temem. A incredulidade e o fanatismo já veem o Espiritismo erguendo, sobre os destroços do Velho Mundo egoísta, a bandeira que deverá congregar todos os povos.

Na divina máxima: *Fora da caridade não há salvação*, eles leem a sua própria condenação, porque essa sentença é o símbolo da nova aliança fraterna proclamada pelo Cristo. Para a incredulidade e o fanatismo, ela se apresenta como as palavras fatais do **festim de Baltazar**. No entanto, deveriam bendizer essa máxima, pois ela os defende de qualquer represália por parte daqueles que por eles são perseguidos. Isso, porém, não acontece, visto que uma força cega os impele a rejeitar a única coisa que poderia salvá-los!

Observação

Festim de Baltazar: Conta a história que Baltazar, rei da Babilônia e filho de Nabucodonosor, oferecia um grande banquete em seu palácio quando no auge da festa, enquanto o rei brindava com os reis pagãos, uma mão misteriosa escreveu, pela escrita direta, uma mensagem com três palavras na parede do palácio, predizendo a queda de Baltazar:

Mene: Deus contou os anos do seu reinado e nele põe um fim.

Tequel: Você foi pesado na balança e considerado leve demais.

Perês: Seu reino vai ser dividido e entregue aos medos e aos persas.

As três palavras escritas sintetizam a condenação, pela Espiritualidade Superior, dos desmandos, das orgias, da corrupção e das guerras que a Babilônia sustentava na vida do Estado e na relação com os outros povos.

O que os incrédulos e os fanáticos poderão fazer contra a crescente opinião que os repudia? O Espiritismo sairá triunfante da luta, não duvidem, porque ele está nas Leis da Natureza e, por isso mesmo, não pode perecer. Observem os múltiplos meios pelo qual as ideias espíritas se espalham e penetram em toda parte. Acreditem, pois esses meios não provêm do acaso, eles são providenciais. Aquilo que à primeira vista parece ser prejudicial (a incredulidade e o fanatismo) é justamente o que auxilia na propagação da Doutrina.

Logo surgirão os verdadeiros defensores das causas justas, dentre os homens mais importantes e conceituados, para dar apoio ao Espiritismo. Eles vão usar a autoridade de seus nomes e de seus exemplos, impondo silêncio aos detratores, pois ninguém vai se atrever a chamá-los de loucos. Esses homens estudam a Doutrina em silêncio e só aparecerão quando chegar o momento oportuno. Até lá, convém que eles se mantenham afastados.

Em breve vocês vão ver as artes utilizarem o Espiritismo como uma fonte riquíssima e traduzirem os seus pensamentos e os horizontes que ele descortina por meio da pintura, da música, da poesia e da literatura. Já foi dito que um dia haverá a *arte espírita*, assim como já houve a *arte pagã* e a *arte cristã*. É uma grande verdade, visto que os gênios vão se inspirar nele. Logo, vocês poderão ver os primeiros esboços da arte espírita, que mais tarde tomará o lugar que lhe é devido.

Espíritas! O futuro lhes pertence, assim como a todos os homens de sentimento abnegado. Não se assustem com os obstáculos porque nenhum deles poderá impedir que se realizem os desígnios da Providência. Trabalhem sem descanso e agradeçam a Deus por ter colocado vocês na vanguarda da nova era. É um posto de honra que vocês mesmos pediram e do qual devem se tornar dignos, pela sua coragem, pela sua perseverança e pelo seu devotamento.

Felizes daqueles que sucumbirem nesta luta contra as forças que se opõem ao Espiritismo, pois eu garanto que aqueles que sucumbirem por fraqueza ou covardia sentirão vergonha ao entrar no mundo dos Espíritos. As lutas, aliás, são necessárias para fortalecer a alma. O contato com o mal faz com que apreciemos melhor as vantagens do bem. Sem as lutas que estimulam as faculdades, o Espírito se entregaria a uma indiferença que seria funesta ao seu adiantamento. As lutas contra os elementos desenvolvem as forças físicas e a inteligência; as lutas contra o mal desenvolvem as forças morais.

31. MARCHA GRADUAL DO ESPIRITISMO. DISSIDÊNCIAS E OBSTÁCULOS

(Na casa do Sr. Leymaire. Médium: Sr. L...)
Paris, 27 de abril de 1866.

Caros companheiros de escola: a verdade se impõe e nada pode impedir a propagação de uma verdade. Às vezes, até conseguem encobri-la, escondê-la, como se escondem os **teredos** nos diques holandeses, causando prejuízo às embarcações. A verdade não é construída sobre piloti, ela percorre o Espaço, ela está no ar ambiente. Mesmo que fosse possível cegar uma geração, há sempre novas encarnações. Existem Espíritos, no mundo espiritual, que sempre reencarnam trazendo germes fecundos e outros elementos, sabendo como atrair para si as grandes coisas desconhecidas.

Observação
Teredos: Moluscos marinhos que cavam galerias e se alimentam das madeiras que ficam submersas, causando prejuízo às embarcações.

Meus amigos, não se apressem demais. Muitos de vocês gostariam de ir a vapor e, nestes tempos de eletricidade, correr tanto quanto ela. Esquecidos das Leis da Natureza, gostariam de andar mais rápido do que o tempo. Entretanto, reflitam e vejam como Deus é sábio em tudo o que faz. Os elementos que constituem a Terra passaram por um longo e difícil processo de criação. Antes que vocês pudessem existir, foi necessário que tudo fosse feito para adaptar os órgãos humanos ao planeta em que iriam viver. A matéria, os minerais, fundidos e refundidos, os gases e os vegetais foram se harmonizando e condensando aos poucos, para que vocês pudessem surgir na Terra. É a eterna Lei do trabalho que rege tanto os seres inorgânicos quanto os seres inteligentes.

O Espiritismo não pode escapar a essa Lei, a Lei da criação. Implantado num solo ruim, não há como ele evitar as ervas daninhas e os maus frutos. Todos os dias é preciso roçar, limpar o terreno e podar os galhos que não são bons. Assim, o terreno vai se transformando sem que possamos perceber. Quando o viajante, cansado das lutas da vida, encontrar a abundância e a paz na sombra de um oásis fresco, matará a sua sede e enxugará o seu suor neste reino, que foi lenta e sabiamente preparado. Aí o rei é Deus, esse doador generoso, que trata a todos com igualdade e justiça. Ele bem sabe como o trajeto a percorrer é doloroso, mas fecundo; penoso, mas necessário. O Espírito formado na escola do trabalho dela sai mais forte e mais apto para as grandes realizações. Aos fracos, Ele diz: coragem e, como esperança suprema, Ele deixa entrever, mesmo aos mais ingratos, um ponto de chegada, um ponto de alívio, que nada mais é do que o caminho traçado pelas reencarnações.

Riam das falsas declamações, deixem que falem os dissidentes, que vociferem aqueles que não se conformam por não serem os primeiros. Todo esse barulho não impedirá que o Espiritismo prossiga firme em seu caminho. Ele é uma verdade, e, assim como um rio, toda verdade tem que seguir o seu curso.

32. PUBLICAÇÕES ESPÍRITAS

(Sociedade Espírita de Paris. Médium Sr. M... em estado sonambúlico.) 16 de agosto de 1867.

Comentário de Kardec: *O Sr. L... acabava de anunciar que se propunha a publicar obras espíritas para vendê-las a preços fabulosamente reduzidos. Foi a esse respeito que o Sr. Morin disse, em estado sonambúlico, o que se segue:*

Os espíritas são hoje numerosos, mas muitos ainda não compreendem o alcance eminentemente moralizador e emancipador do Espiritismo. O núcleo (o grupo inicial, com Kardec à frente), que seguiu sempre o bom caminho, continua a sua marcha de forma lenta, porém segura. Afastam-se das ideias preconcebidas e pouco se ocupam com aqueles que vão ficando pelo caminho. Infelizmente, mesmo entre aqueles que formam esse núcleo fiel, existem aqueles que acham tudo maravilhoso, tanto neles quanto nos outros e, por serem bons, facilmente se deixam levar pelas aparências e caem facilmente na lábia dos seus inimigos, de pessoas que se dizem despojar de tudo, dar seu sangue, seus bens, sua inteligência pelo triunfo da ideia.

Pois bem! Releiam a comunicação (a comunicação que L... acabava de escrever) e vocês vão ver que para certos indivíduos esses sacrifícios só podem ser feitos com segundas intenções. Convém desconfiar dos devotamentos e das generosidades feitos com ostentação, assim como da veracidade das pessoas que dizem não mentir jamais.

Anunciar a venda de alguma coisa a preços impossíveis, alegando não ter prejuízo, é ocultar que está fazendo especulação. É fazer mais ainda: é dar de graça, a pretexto de excesso de zelo, a título de brinde, todos os elementos de uma doutrina sublime, e isso é o cúmulo da hipocrisia. Espíritas, tomem cuidado!

33. ACONTECIMENTOS

(Sociedade Espírita de Paris. Médium: Sr. D...)
16 de agosto de 1867.

A sociedade em geral, ou melhor, a reunião dos seres, tanto encarnados quanto desencarnados, que compõem a população flutuante de um mundo, ao qual chamamos de Humanidade, não é mais do que uma grande criança coletiva que, como todo ser dotado de vida, passa por todas as fases, desde o nascimento até a idade mais avançada.

Do mesmo modo que o desenvolvimento do indivíduo é acompanhado de certas alterações físicas e intelectuais, que acontecem mais particularmente em certos períodos da vida, também a Humanidade tem as suas crises de crescimento, seus transtornos morais e intelectuais. Vocês assistem a uma dessas grandes épocas, onde termina um período e se inicia outro.

Participando ao mesmo tempo das coisas do passado e do futuro, dos sistemas que desmoronam e das verdades que se implantam, tenham cuidado, meus amigos, para se colocarem do lado correto, do lado do progresso e da lógica, se não quiserem ficar à deriva. Abandonem os palácios suntuosos na aparência, mas vacilantes na base, e que em breve vão sepultar, sob as suas ruínas, os infelizes e insensatos que não quiseram abandoná-los, apesar de todas as advertências que receberam. Todas as mentes ficam nubladas, e a calma aparente de que desfrutam serve apenas para acumular um maior número de elementos destruidores.

Algumas vezes, antes da tempestade que destrói os frutos do trabalho de um ano, surgem sinais que permitem tomar alguns cuidados necessários para evitar, tanto quanto possível, as devastações. Desta vez, porém, não será assim. O Céu sombrio vai se tornar claro, as nuvens vão desaparecer e, depois, de uma só vez, todas as fúrias, que por longo tempo foram reprimidas, vão se manifestar com uma violência espantosa.

Ai daqueles que não tiverem preparado um abrigo para si! Ai dos fanfarrões que forem ao encontro do perigo com o braço desarmado e o peito descoberto! Ai daqueles que afrontarem o perigo com a taça na mão! Que terrível decepção os espera! Serão atingidos antes que a taça que seguram lhes chegue aos lábios!

Mãos à obra, espíritas! Não se esqueçam, porém, de que todos devem ter prudência e precaução. Vocês têm um escudo, tratem de usá-lo bem! Uma âncora de salvação, por isso não a desprezem.

34. MINHA NOVA OBRA SOBRE *A GÊNESE*

(Sessão íntima. Médium: Sr. D...)
Comunicação espontânea.
Ségur, 9 de setembro de 1867.

Primeiro, duas palavras sobre a obra que está no seu início. Conforme dissemos inúmeras vezes, é urgente que ela seja posta em execução sem perda de tempo e que ela seja publicada o mais rápido possível. É preciso que a primeira publicação já tenha produzido nas mentes os seus efeitos quando estourar o **conflito europeu**.

Observação

Conflito europeu: O Espírito refere-se ao conflito que ocorreria em 1870 entre a França de Napoleão III e a Prússia de Bismarck, ao término do qual a Prússia anexou a Alsácia e parte da Lorena ao seu território. Isso desencadeou uma série de conflitos que mais tarde levariam à Primeira Guerra mundial (1914-1918).

Se ela tardar, acontecimentos brutais poderão desviar a atenção das obras puramente filosóficas. E como essa obra está destinada a desempenhar um papel na elaboração que está em curso, torna-se necessário que ela seja apresentada no tempo oportuno. No entanto, isso não deve prejudicar o seu desenvolvimento. Você deve dar a ela toda a amplitude necessária. Cada pequena parte tem o seu peso na balança da ação e, numa época tão decisiva como esta, nada pode ser desprezado, seja na ordem material, seja na ordem moral.

Pessoalmente, estou satisfeito com o trabalho, mas a minha opinião vale pouco se comparada com a satisfação daqueles a quem ela irá transformar. O que faz com que eu me alegre são as consequências que a obra vai produzir sobre as massas, tanto no Espaço quanto na Terra.

Pergunta – Se não surgir nenhum contratempo, a obra poderá ficar pronta em dezembro. Você prevê obstáculos?

Resposta – Não prevejo dificuldades intransponíveis. A sua saúde seria o principal obstáculo, por isso que não paramos de lhe aconselhar para que não se descuide dela. Quanto a obstáculos exteriores, não tenho o pressentimento de nada sério.

Dr. D...

35. A GÊNESE

(Comunicação particular. Médium Sr. D...)
22 de fevereiro de 1868.

O Dr. Demeure, por intermédio de uma comunicação, me deu sábios conselhos sobre modificações a serem introduzidas no livro *A Gênese*, por ocasião da sua reimpressão. Ele me pediu para que essas modificações fossem feitas o mais rápido possível, ao que eu respondi:

A venda, até aqui tão rápida, certamente esfriará. Foi um efeito do primeiro momento. Creio que a quarta e a quinta edições levarão mais tempo para se esgotarem. Todavia, como é preciso certo tempo para a revisão e a reimpressão, convém que eu não esteja desprevenido. Você poderia me dizer quanto tempo eu tenho para tratar desse assunto?

Resposta – Esta revisão é um trabalho sério e eu lhe aconselho a não esperar muito para começá-lo. É melhor estar com ele pronto antes da hora do que ficarem à sua espera. Contudo, não se apresse muito. Apesar da aparente contradição das minhas palavras, eu sei que você me compreende. É melhor começar o quanto antes, mas não trabalhe em excesso. Seja moderado. As ideias se apresentarão mais claras, e o corpo só terá a ganhar com isso, visto que ele não se cansará tanto.

Assim, é preciso que você esteja preparado para uma venda rápida. Quando lhe dissemos que esse livro seria um grande sucesso, dentre aqueles que você tem tido, estávamos nos referindo a um sucesso tanto filosófico quanto material. Como você vê, as nossas previsões estavam certas. Convém que esteja pronto para agir a qualquer momento, pois as coisas vão se passar mais rápido do que você imagina.

***Nota** – Numa comunicação de 18 de dezembro de 1867 foi dito: "Será certamente um grande sucesso entre os seus sucessos". É notável que, com um intervalo de dois meses, outro Espírito repita exatamente as mesmas palavras, dizendo: "Quando nós lhe dizíamos etc." A palavra nós prova que os Espíritos agem de comum acordo e que, muitas vezes, um fala em nome de muitos.*

***Observação:** As três primeiras edições de A Gênese eram exatamente iguais e todas foram publicadas em 1868. A 4ª edição, revisada e ampliada por Kardec, e que se tornou a edição definitiva, só foi lançada em 1869. Ela ainda estava no prelo quando ele desencarnou.*

36. ACONTECIMENTOS

(Comunicação íntima. Médium Sr. C...)
Paris, 23 de fevereiro de 1868.

Procura se ocupar desde já com o trabalho que você tem esboçado sobre os meios de algum dia ser útil aos seus irmãos em crença e de servir à causa da Doutrina, pois os acontecimentos que vão se desenrolar talvez não lhe deixem tempo suficiente para se dedicar a esse trabalho.

Esses acontecimentos vão dar lugar a períodos durante os quais o pensamento humano poderá se manifestar com absoluta liberdade. Nesses momentos, os cérebros em delírio, desprovidos de qualquer orientação sadia, produzirão distorções tão grandes que a notícia da aparição da besta do Apocalipse não causaria espanto a ninguém e ainda passaria despercebida. Os jornais vão publicar todas as loucuras humanas até se esgotarem as paixões que eles mesmos provocaram.

Semelhante época será favorável aos espíritas. Eles ganharão importância, prepararão os seus materiais e as suas armas. Ninguém pensará em molestá-los porque eles não perturbarão a quem quer que seja. Serão os discípulos da mente, enquanto os outros serão os discípulos da matéria.

37. MEUS TRABALHOS PESSOAIS. CONSELHOS DIVERSOS

(Médium: Sr. D...)
Paris, 4 de julho de 1868.

Os seus trabalhos pessoais estão bem encaminhados; prossiga na reimpressão da sua última obra; faça o seu planejamento geral para até o fim do ano, o que lhe será muito útil, e deixa o resto por nossa conta. A agitação que *A Gênese* produziu está apenas no começo, e muitos elementos, abalados por ela, em breve se acomodarão sob a sua bandeira. Outras obras sérias também vão aparecer para acabar de esclarecer o pensamento humano sob a nova Doutrina.

Aprovo igualmente a publicação das cartas de **Lavater**. É um pequeno recurso destinado a produzir grandes efeitos. Em suma, será um ano fértil para todos os amigos do progresso racional e liberal.

Observação
Lavater: Johann Kaspar Lavater (1741-1801) foi pastor, filósofo, poeta, teólogo e um entusiasta do magnetismo animal na Suíça. É considerado o fundador da fisiognomonia, que é a arte de conhecer a personalidade das pessoas por meio dos traços fisionômicos.

Também concordo que você publique o resumo que pretende fazer, sob a forma de catecismo ou manual. Entretanto, sugiro que você faça uma revisão com muito cuidado. Antes de publicá-lo, não se esqueça de me consultar sobre o título, talvez eu tenha uma boa indicação a lhe oferecer, e ela dependerá dos acontecimentos que já se realizaram.

Quando lhe aconselhamos a não retardar muito a revisão de *A Gênese*, informamos que em alguns pontos haveria a necessidade de fazer alguns acréscimos, com a finalidade de preencher certas lacunas. Também lhe solicitamos para resumir outros pontos, de modo a não tornar a obra muito extensa. Nossas observações não foram inúteis e teremos prazer em colaborar na revisão desta obra, como tivemos em contribuir para a sua execução.

Hoje, vou recomendar que você revise com atenção, principalmente, os primeiros capítulos, cujas ideias são todas excelentes e ali nada contém que não seja verdadeiro, mas algumas expressões poderiam se prestar a uma interpretação errônea. Salvo essas retificações, que eu lhe aconselho a não negligenciar, visto que os antagonistas, quando não podem atacar as ideias, atacam as palavras, nada mais tenho a lhe dizer sobre o assunto.

Eu lhe aconselho, entretanto, a não perder tempo. É preferível que os livros esperem pelo público do que faltem nas prateleiras, quando forem procurados. Nada deprecia mais uma obra do que a interrupção da sua venda. O editor, impaciente por não poder atender aos pedidos que lhe são feitos e por perder a oportunidade de vender, desinteressa-se pelas obras do autor imprevidente. O público se cansa de esperar, e o sentimento ruim custa a se dissipar.

Por outro lado, não é mau que você tenha a mente um pouco livre para enfrentar as eventualidades que possam surgir ao seu redor e para se dedicar aos estudos particulares que, conforme os acontecimentos, podem se tornar urgentes ou serem adiados para tempos mais propícios.

Assim, fique pronto para tudo, procura se desembaraçar de todos os obstáculos, seja para que você possa se dedicar a um trabalho especial, se a tranquilidade geral lhe permitir, seja para estar preparado quando um acontecimento imprevisto surgir e solicitar a sua pronta intervenção. O ano novo começa em breve, portanto, é preciso que até o fim deste ano você dê a última demão na primeira parte de *A Gênese*, a fim de ficar com o campo livre para as tarefas futuras.

Observação: *Kardec iria dispor de apenas três meses do ano novo de 1869, uma vez que ele desencarnou em 31 de março. Os Espíritos, sem lhe dizer o que aconteceria, conduziram-no a concluir o trabalho e ficar em condições de partir.*

CAPÍTULO 2

FORA DA CARIDADE NÃO HÁ SALVAÇÃO

Para mim, esses princípios não são apenas teoria, visto que eu os ponho em prática. Faço todo o bem que a minha posição permite. Presto todos os serviços que posso. Os pobres alguma vez foram enxotados da minha casa ou tratados com severidade? Ao contrário, em todas as oportunidades, eles não foram sempre recebidos com gentileza? Alguma vez me queixei dos passos que dei para prestar um favor? Pais de família não têm saído da prisão graças aos meus esforços?

Certamente, não me cabe aqui fazer a relação dos bens que pude fazer, mas quando as pessoas parecem se esquecer de tudo, penso que é válido lembrar que a consciência não me acusa de ter feito mal a ninguém. Tenho feito todo o bem que me é possível sem me preocupar com a opinião de quem quer que seja. A esse respeito, a minha consciência está tranquila, e a ingratidão com que me pagaram, em mais de uma oportunidade, não é motivo para que eu deixe de praticar o bem. A ingratidão é uma das imperfeições da Humanidade e, como ninguém está isento de críticas, é preciso desculpar os outros para que nos desculpem também, a fim de que possamos dizer como Jesus: "Atire a primeira pedra aquele que estiver sem pecado".

Assim, continuarei a fazer todo o bem que estiver ao meu alcance, mesmo aos meus inimigos, porque o ódio não me cega. Sempre vou estender as mãos para tirá-los do precipício, quando a ocasião se apresentar. É assim que entendo a caridade cristã. Compreendo uma religião que nos ensina a pagar o mal com o bem, mas nunca compreenderei uma que prescreva pagar o mal com o mal. *(Pensamentos íntimos de Allan Kardec, num documento encontrado entre os seus papéis.)*

CAPÍTULO 3

PROJETO – 1868

Um dos maiores obstáculos que podem atrapalhar a propagação da Doutrina é a falta de unidade. O único meio de evitá-la, se não quanto ao presente, mas pelo menos quanto ao futuro, é fazer uma descrição detalhada de todas as suas partes, incluindo os menores detalhes, com tanta precisão e clareza que se torne impossível qualquer interpretação divergente.

Se a doutrina do Cristo provocou tantas controvérsias, se ainda hoje ela é tão mal compreendida e praticada de maneira tão diversa, é porque Jesus se limitou a um ensinamento oral e porque seus apóstolos apenas transmitiram princípios gerais, que cada um interpretou de acordo com as suas ideias ou interesses.

Se Jesus tivesse organizado a Igreja Cristã com a precisão de uma Lei ou de um regulamento, é incontestável que isso teria prevenido a maior parte das dissidências e das disputas religiosas, assim como a exploração que foi feita da religião em proveito de ambições pessoais.

Se o Cristianismo foi para alguns homens esclarecidos a causa de uma reforma moral séria, para a grande maioria, ele foi apenas o objeto de uma crença cega e fanática, o que gerou, num grande número de criaturas, a dúvida e a incredulidade absoluta.

Somente o Espiritismo, bem compreendido, pode remediar esse estado de coisas e tornar-se, conforme disseram os Espíritos, a grande alavanca de transformação da Humanidade. A experiência deve nos esclarecer sobre o caminho a seguir. Mostrando-nos os inconvenientes do passado, a experiência nos diz claramente que o único meio de evitá-los para o futuro é assentar o Espiritismo sobre as bases sólidas de uma doutrina positiva, que não deixa nada à mercê de interpretações. As dissidências que possam surgir vão se fundir, por si mesmas, na unidade principal que será estabelecida em bases mais racionais, desde que essas bases sejam claramente definidas, e não enunciadas de modo vago.

Resulta ainda dessas considerações que essa marcha, dirigida com prudência, é o meio mais poderoso de lutar contra os opositores da Doutrina Espírita. Assim, todos os sofismas (argumento enganoso com aparência de verdade) terão dificuldade de enfrentar os "princípios espíritas" porque a "razão esclarecida" não consegue encontrar falhas nesses princípios.

Dois elementos devem contribuir para o progresso do Espiritismo: o estabelecimento teórico da Doutrina e os meios de torná-la popular. O seu desenvolvimento, aumentando a cada dia, multiplica as nossas relações, que somente poderão crescer com o impulso que lhes dará a nova edição de *O Livro dos Espíritos* e a publicidade que se fará sobre ele.

Para utilizar essas relações de maneira proveitosa, se, depois de constituir a teoria, eu tivesse que contribuir para a sua instalação, seria necessário que, além da publicação das minhas obras, eu dispusesse de meios para exercer uma ação mais direta. Ora, penso que seria útil se o fundador da teoria pudesse ao mesmo tempo impulsioná-la, pois assim haveria mais unidade. A esse respeito, a Sociedade Espírita de Paris deve necessariamente exercer uma grande influência, conforme disseram os próprios Espíritos. A sua ação, no entanto, só será realmente eficaz quando ela servir de centro e de ponto de ligação, de onde parta um ensinamento que exerça uma influência sobre a opinião pública. Para isso, será preciso que ela tenha uma organização mais forte e elementos que ainda não possui.

No século em que estamos e levando em conta os nossos costumes, os recursos financeiros são o grande motor de todas as coisas, quando empregados com critério. Na hipótese de esses recursos me chegarem às mãos por um meio qualquer, eis o plano que eu seguiria e cuja execução seria proporcional ao volume de recursos e subordinada ao conselho dos Espíritos. Conforme segue.

1. ESTABELECIMENTO CENTRAL

O mais urgente seria prover a Sociedade Espírita de Paris de um local bem situado e com as devidas acomodações para reuniões e recepções. Sem lhe dar um luxo desnecessário, o que seria fora de propósito, mas também sem deixar que ela parecesse ser um lugar miserável. Ela deveria ser suficientemente apresentável para que as pessoas distintas pudessem frequentá-la sem constrangimento.

Além da minha residência particular, deveria possuir:

1º Uma grande sala para as sessões da Sociedade e para as grandes reuniões.

2º Um salão de recepção.

3º Um lugar destinado a evocações íntimas, uma espécie de santuário que não pudesse ser profanado com outro tipo de reunião.

4º Um escritório para a *Revista Espírita*, os arquivos e os negócios da Sociedade.

Tudo isso disposto e preparado de maneira cômoda e de acordo com a sua destinação. Além disso, seria criada uma biblioteca composta de todas as obras e jornais franceses e estrangeiros, antigos e modernos, que tenham relação com o Espiritismo.

O salão de recepção estaria aberto todos os dias e em determinados períodos, para que os membros da Sociedade pudessem ir conversar livremente, ler jornais e consultar o arquivo e a biblioteca. Ali seriam recebidos os adeptos estrangeiros de passagem por Paris, desde que apresentados por um sócio. Seria estabelecida uma correspondência regular com todos os centros espíritas da França e do estrangeiro. Finalmente, contrataríamos um secretário e um auxiliar de escritório remunerados.

2. ENSINAMENTO ESPÍRITA

Um curso regular de Espiritismo seria ministrado com o objetivo de desenvolver os princípios da Ciência espírita e difundir o gosto pelos estudos sérios. Esse curso teria a vantagem de criar uma unidade de princípios e de formar adeptos esclarecidos, capazes de difundir as ideias espíritas e de desenvolver um grande número de médiuns. Considero esse curso como algo capaz de exercer uma grande influência sobre o futuro do Espiritismo e sobre suas consequências.

3. PUBLICIDADE

Seria dado um desenvolvimento maior à *Revista Espírita*, seja pelo aumento do seu número de páginas, seja com uma publicação menos espaçada. Um redator remunerado seria contratado.

Uma publicidade em larga escala, feita nos jornais de maior circulação, levaria ao mundo inteiro, até as localidades mais distantes, o conhecimento das ideias espíritas. Isso despertaria o desejo de aprofundá-las e, multiplicando o número de adeptos, imporia silêncio aos detratores, que logo teriam que ceder diante do incremento da opinião geral a favor do Espiritismo.

4. VIAGENS

Dois ou três meses do ano seriam dedicados a viagens, com vistas a visitar os diferentes centros espíritas a fim de dar a eles uma boa direção.

Se os recursos permitissem, seria instituído um fundo para custear as despesas de viajem de um certo número de missionários, esclarecidos e de talento, que se encarregariam de divulgar a Doutrina. Uma organização bem estruturada e com ajuda de auxiliares remunerados, com os quais eu pudesse contar, me dispensariam de inúmeras ocupações e preocupações materiais. Isso me proporcionaria o lazer indispensável para que eu pudesse retomar os trabalhos que ainda me restam fazer e que o atual estado das coisas não permite que eu me entregue com a assiduidade que seria necessária. Além do tempo material, faltam-me também as forças físicas.

Se algum dia me estivesse reservado realizar esse projeto, cuja execução eu precisaria agir com a mesma prudência que usei no passado, é inegável que bastariam alguns anos para fazer com que a Doutrina avançasse de alguns séculos.

Nota: *A constituição do Espiritismo foi inserida por Allan Kardec na Revista Espírita de dezembro de 1868, mas sem os comentários que ele fez antes de morrer e que reproduzimos textualmente. A morte do seu corpo físico o deteve quando ele se preparava para traçar os Princípios fundamentais da Doutrina reconhecidos como verdades incontestáveis, e que os nossos leitores certamente lamentarão, assim como nós, visto que aqueles princípios teriam ajudado a completar aquela constituição por meio de avaliações lógicas e ponderadas.*

Este foi o último manuscrito do mestre, e nós o lemos com profundo respeito.

CAPÍTULO 4

CONSTITUIÇÃO DO ESPIRITISMO

1. CONSIDERAÇÕES PRELIMINARES

Como todas as coisas, o Espiritismo teve o seu período de gestação. Assim, enquanto todas as questões que a ele se prendem não se acharem resolvidas, independentemente de elas serem principais ou acessórias, ele somente poderá apresentar resultados incompletos. Fomos capazes de vislumbrar a sua finalidade, pressentir as suas consequências, mas apenas de modo vago e incerto.

Da incerteza sobre os pontos ainda não determinados, deveriam forçosamente surgir divergências sobre a maneira de como eles seriam considerados. A unificação só poderia ser obra do tempo, e ela se efetuou gradualmente, à medida que os princípios foram sendo elucidados. A Doutrina só formará um todo harmônico depois de abranger todas as partes que a constituem, e só então se poderá julgar o que é verdadeiramente o Espiritismo.

Enquanto ele foi apenas uma opinião filosófica, o Espiritismo só podia contar, da parte de seus adeptos, com a simpatia natural que a concordância de ideias produz. Entre eles não poderia haver nenhum vínculo sério, por falta de um programa claramente definido. Esta é, sem dúvida, a causa principal da fraca coesão e da instabilidade dos grupos e das sociedades que se formaram.

É por isso mesmo que procuramos, constantemente e com todas as nossas forças, afastar os espíritas da ideia de fundarem, de modo prematuro, qualquer instituição especial com base na Doutrina, antes que ela esteja estabelecida em bases sólidas. Se não for assim, os espíritas vão se expor a fracassos inevitáveis, cujo efeito será desastroso pela impressão que causará no público e pelo desânimo em que lançará os seus adeptos. Semelhantes fracassos poderiam retardar em um século o progresso definitivo da Doutrina. O seu insucesso seria, na realidade, o resultado apenas de uma imprevidência. Por não saberem esperar o momento exato, os apressados e impacientes, em todos os tempos, sempre têm comprometido as melhores causas.

Só devemos pedir para as coisas aquilo que elas podem nos dar e à medida que ficam em condições de produzir. Não se pode exigir de uma criança o que se exige de um adulto, nem de uma árvore recém-plantada o que ela vai dar quando atingir o seu pleno desenvolvimento. O Espiritismo, em sua fase de elaboração, somente poderia dar resultados individuais. Os resultados gerais e coletivos serão os frutos do Espiritismo completo, que gradativamente se desenvolverá.

Mesmo que o Espiritismo ainda não tenha dado a última palavra sobre todas as questões, ele se aproxima da sua fase final. Chegou o momento de lhe dar uma base sólida e durável, mas sempre aberta a se desenvolver de acordo com as circunstâncias futuras e garantindo toda a segurança aos que desejam saber quem tomará sua direção, depois do desaparecimento daquele que dirigiu os seus primeiros passos.

A Doutrina é, sem dúvida, perene porque repousa nas Leis da Natureza e porque, melhor do que qualquer outra, ela corresponde às legítimas aspirações dos homens. Entretanto, sua difusão e sua instalação definitivas podem ser antecipadas ou retardadas por diversas circunstâncias; algumas que estão subordinadas ao andamento geral das coisas, e outras que estão ligadas à própria Doutrina, à sua constituição e à sua organização.

Os princípios que definem a Doutrina estão acima de tudo e acabam sempre por prevalecer. Entretanto, a forma pela qual eles são apresentados tem uma importância muito grande porque, se eles não forem expostos de uma maneira correta, poderão causar embaraços e atrasos, sobrepujando até mesmo a sua própria essência.

Teríamos feito uma obra incompleta e deixado grandes embaraços para o futuro se não tivéssemos previsto as dificuldades que poderiam surgir. Foi com a intenção de evitar essas dificuldades que elaboramos um plano de organização, aproveitando a experiência do passado, a fim de evitar os obstáculos contra os quais se chocaram a maioria das doutrinas que surgiram no mundo.

O plano que segue foi concebido há muito tempo, pois sempre nos preocupamos com o futuro do Espiritismo. Em várias oportunidades deixamos esse plano transparecer, vagamente, é verdade, mas o suficiente para mostrar que ele não é uma concepção nova e que, mesmo trabalhando na parte teórica da obra, não nos descuidamos do seu lado prático.

2. SOBRE OS CISMAS (OPINIÕES DIVERGENTES)

Uma questão que se apresenta desde logo é a dos cismas que poderão surgir no seio da Doutrina. O Espiritismo estaria preservado deles?

Certamente que não! No início, ele terá que lutar contra as ideias pessoais, que são sempre absolutas, tenazes e refratárias com as ideias dos demais. Terá que lutar também contra a ambição daqueles que desejam, a todo custo, ligar o seu nome a uma inovação qualquer. Contra os que criam novidades visando se destacar só para poderem dizer que não pensam nem agem como os outros, pois o amor-próprio dessas criaturas sofre quando elas ocupam uma posição secundária.

Se o Espiritismo não consegue escapar às fraquezas humanas, que sempre é preciso levar em consideração, ele pode, pelo menos, neutralizar as suas consequências, e isso é o que importa.

É interessante notar que os inúmeros sistemas divergentes, que surgiram na origem do Espiritismo, sobre a maneira de se explicarem os fatos foram desaparecendo à medida que a Doutrina foi se completando por meio da observação e de uma teoria racional. Hoje, esses sistemas primitivos contam apenas com alguns partidários. Podemos afirmar que as últimas divergências vão desaparecer com a completa elucidação de todas partes da Doutrina. Mas sempre haverá os dissidentes que, intencionalmente, estarão interessados, por um motivo ou outro, em formar um grupo à parte. É contra a pretensão deles que devemos prevenir os demais.

Para assegurar a unidade no futuro, uma condição é indispensável: todas as partes do conjunto da Doutrina devem ser determinadas com precisão e clareza, sem que nada fique impreciso ou mal definido. Nesse sentido, temos feito todos os esforços para que os nossos escritos não se prestem a interpretações contraditórias e cuidaremos para manter sempre essa norma.

Quando for dito claramente e sem ambiguidade que dois e dois são quatro, ninguém poderá pretender que insinuamos que dois e dois são cinco. Portanto, poderão se formar *ao lado da* Doutrina seitas que não adotem os seus princípios, ou todos os princípios. Essas seitas não deverão estar *dentro* da Doutrina por questões de interpretação do texto, como tantas se formaram pelo sentido que deram às próprias palavras do Evangelho. Esse é um ponto de muita importância.

O segundo ponto é não sair do âmbito das ideias práticas. Se é correto dizer que a utopia de ontem se torna, muitas vezes, a verdade de amanhã, deixemos que o amanhã realize a utopia de ontem, mas não dificultemos a

Doutrina com princípios que seriam considerados ilusões e rejeitados pelos homens de pensamento positivo.

Finalmente, o terceiro ponto é inseparável do caráter essencialmente progressivo da Doutrina. Pelo fato de ela não se deixar embalar por sonhos irrealizáveis, não significa que ela deva se imobilizar no presente. Apoiada exclusivamente nas Leis da Natureza, ela não pode variar mais do que essas Leis, mas se uma nova Lei for descoberta, a Doutrina tem que estar em concordância com essa Lei. Ela não deve fechar as portas a nenhum tipo de progresso, sob pena de se suicidar. Assimilando todas as ideias reconhecidamente verdadeiras, independentemente de serem físicas ou metafísicas, ela jamais será ultrapassada, e isso constitui uma das maiores garantias da sua perpetuidade.

Se uma seita, portanto, se formar ao lado do Espiritismo, utilizando ou não os seus princípios, de duas uma: ou essa seita estará com a verdade ou não. Se não estiver, cairá por si mesma, pela força da razão e do senso comum, como aconteceu com tantas outras através dos séculos. Se as suas ideias forem verdadeiras, ainda que seja num único ponto, a Doutrina Espírita, que apenas procura o bem e a verdade onde quer que eles se encontrem, assimilará essas ideias, de sorte que, em vez de ela ser absorvida, é ela quem absorverá.

Se alguns dos seus membros vierem a se separar, é porque acreditam que podem fazer coisa melhor. Se eles realmente fizerem coisa melhor, a Doutrina os imitará. Se fizerem uma maior quantidade de bem, ela se esforçará para fazer o mesmo, e ainda mais, se isso for possível. Se fizerem o mal, ela deixará que o façam, na certeza de que, cedo ou tarde, o bem prevalece sobre o mal e a verdade sobre o que é falso. Essa é a única luta na qual ela estará realmente empenhada.

A tolerância, sendo fruto da caridade, que é a base da moral espírita, impõe à Doutrina o dever de respeitar todas as crenças. A moral espírita quer ser aceita livremente, por convicção, e não por coação. Ao proclamar a liberdade de consciência como um direito natural e que não prescreve, ela diz: *se estou com a razão, os outros acabarão por pensar como eu; se estou errado, acabarei por pensar como os outros*. Em virtude desses princípios, não atirando pedras em ninguém, ela não dará pretexto a represálias e deixará aos dissidentes toda a responsabilidade por suas palavras e por seus atos.

Assim, o programa da Doutrina só será fixo em relação aos princípios que já passaram à condição de verdades comprovadas. Com relação aos outros, ela só os admitirá, como sempre tem feito, a título de hipóteses até que sejam confirmados. Se lhe demonstrarem que ela está em erro acerca de um ponto qualquer, ela se modificará nesse ponto.

A verdade absoluta é eterna e, por isso mesmo, invariável. Mas quem pode se vangloriar de possuí-la integralmente? No estado de imperfeição em que se encontram os nossos conhecimentos, o que hoje nos parece falso, amanhã pode ser reconhecido como verdadeiro, em consequência da descoberta de novas Leis, e isso tanto na ordem moral quanto na ordem física. É contra essa possibilidade de as coisas mudarem que a Doutrina nunca poderá estar desprevenida. O princípio progressivo que ela inscreveu no seu código será a garantia da sua perenidade, e a sua unidade se manterá exatamente porque ela não repousa sobre o princípio da imobilidade.

Em vez de ser uma força, a imobilidade é uma causa de fraqueza e de ruína para aqueles que não acompanham o movimento geral. Ela rompe a unidade porque aqueles que querem avançar separam-se dos que insistem em ficar para trás. Mas, mesmo para aqueles que seguem o movimento progressivo, convém ter prudência e não se entregar às cegas aos devaneios das utopias (coisas irrealizáveis) e dos novos sistemas. É preciso que eles façam isso a tempo, nem muito cedo, nem muito tarde, e com conhecimento de causa.

Uma doutrina assentada sobre tais bases deve ser realmente sólida e forte. Desafia qualquer concorrência e neutraliza as pretensões dos seus competidores. Aliás, a experiência comprovou o acerto dessa previsão. Tendo utilizado sempre esse mesmo proceder, desde a sua origem, a Doutrina Espírita avança constantemente, mas sem precipitação, verificando se é sempre sólido o terreno onde pisa, medindo seus passos e levando em conta a opinião geral.

A Doutrina tem feito como o navegante experiente, que não prossegue sem ter a **sonda** na mão e sem consultar os ventos.

Observação
Sonda: Aparelho que mede a profundidade.

3. O CHEFE DO ESPIRITISMO

Pergunta-se com frequência: quem será o encarregado de manter o Espiritismo nesse caminho? Quem terá o tempo e a perseverança necessários para se entregar ao trabalho incessante que essa tarefa exige? Se o Espiritismo for entregue a si mesmo, sem guia, será que não devemos temer que ele se desvie do seu caminho? Será que a malevolência, contra a qual terá que lutar por muito tempo ainda, não se esforçará para desvirtuar seu sentido? Certamente, são questões vitais cuja solução é do máximo interesse para o futuro da Doutrina.

A necessidade de uma "direção central superior", que seja a guardiã vigilante da unidade e dos interesses gerais da Doutrina, é de tal modo evidente que causa inquietação o fato de não despontar no horizonte um condutor. Sem uma autoridade moral capaz de centralizar os trabalhos, os estudos e as observações, o Espiritismo correria o risco de se desviar do rumo. Faltaria alguém para impulsionar a Doutrina a estar sempre na vanguarda, a estimular os cuidados que ela precisa tomar, alguém para defender os fracos e sustentar os ânimos vacilantes, para ajudar com os conselhos da experiência e fixar a opinião sobre os pontos incertos. Não somente uma direção central é necessária como também é preciso que ela tenha força e estabilidade para enfrentar as tempestades.

Aqueles que não querem saber de nenhuma autoridade não compreendem os verdadeiros interesses da Doutrina Espírita. Se alguns pensam que a Doutrina não precisa ter alguém que a dirija, a maior parte, formada por aqueles que têm consciência de que são falíveis e não depositam confiança absoluta em seus conhecimentos, sente a necessidade de um ponto de apoio, de um guia, nem que seja apenas para ajudá-los a caminhar com mais segurança. (Ver na *Revista Espírita* de abril de 1866 o artigo: "O Espiritismo independente".)

Uma vez reconhecida a necessidade de uma direção, de quem o chefe receberá poderes para exercê-la? Será ele aclamado pela totalidade dos adeptos? Isso seria uma coisa impraticável. Se ele se impuser, utilizando a sua própria autoridade, será aceito por uns e rejeitados por outros, e poderão surgir vinte candidatos disputando uns contra os outros. Seria ao mesmo tempo o despotismo e a anarquia. Tal atitude só poderia partir de alguém ambicioso, e nada seria menos adequado do que uma pessoa ambiciosa e orgulhosa para dirigir uma Doutrina que se baseia na abnegação, no devotamento, no desinteresse e na humildade. Essa pessoa, por não levar em consideração o princípio fundamental da Doutrina Espírita, só poderia desvirtuá-la. É o que aconteceria inevitavelmente se, de forma antecipada, não se adotassem medidas eficazes para evitar esse inconveniente.

No entanto, vamos admitir que um homem reunisse todas as qualidades necessárias para desempenhar o seu mandato e que, por um caminho qualquer, ele chegasse à direção suprema. Cada homem tem o seu sucessor, mas nem sempre eles se assemelham, pois depois de um bom pode vir um mau, e o espírito da direção pode mudar em função daquele que o assuma. Mesmo que não seja uma pessoa de más tendências, ele poderá ter uma visão mais estreita das coisas. Se ele quiser impor as suas ideias pessoais, pode dar um outro rumo à Doutrina, desvirtuando-a do seu objetivo. Isso poderia promover dissidências, e a cada mudança as mesmas dificuldades se renovariam. Convém não se esquecer de que o Espiritismo ainda não atingiu a plenitude da sua força. Do ponto de vista da organização, ele é uma criança que mal começa a caminhar. Sendo assim, é importante, especialmente no início, preservá-lo contra os obstáculos do caminho.

Alguns podem nos perguntar: não virão Espíritos que foram anunciados para estar na direção do Espiritismo e ainda colaborar com a obra da regeneração? Provavelmente virão, mas, como esses Espíritos não vão trazer na fronte nenhum sinal que os identifique, eles só serão reconhecidos *pelos seus atos*. A maioria só vai reconhecê-los depois da sua morte, por aquilo que eles tiverem realizado em vida. Além disso, como eles não são eternos, é preciso prever todas as eventualidades.

Sabemos que a missão desses Espíritos é muito abrangente, uma vez que eles vão atuar em diversas áreas. Eles pertencerão a todos os níveis da escala espiritual e serão encontrados nos diversos ramos da economia social, em que cada um exercerá a sua influência a favor das novas ideias, segundo as posições que irão ocupar. Todos trabalharão pela implantação da Doutrina, seja numa parte ou noutra. Uns vão contribuir como chefes de estado, outros como legisladores, magistrados, cientistas, literatos, oradores, industriais etc. Cada um dará provas da sua capacidade no ramo que escolheu, desde o trabalhador mais simples até o soberano, *sem que haja qualquer coisa que possa distingui-los dos homens comuns, além de suas obras*. Se algum deles vier a dirigir o movimento, é possível que isso emane da Providência. Um fato desses só acontecerá se forem seguidos os meios legais para tal. Circunstâncias aparentemente fortuitas o conduzirão até lá, sem que haja uma vontade premeditada da sua parte, sem que nem ele mesmo tenha consciência da sua missão. (Ver *Revista Espírita*: "Os messias do Espiritismo", fevereiro e março de 1868.)

Nesse caso, o pior de todos os chefes seria aquele que se fizesse passar por eleito de Deus. Como Deus não confia missões desse tipo, nem aos ambiciosos, nem aos orgulhosos, as virtudes que caracterizam um verdadeiro messias devem ser, antes de tudo, a simplicidade e a humildade; numa palavra, o mais completo desinteresse material e moral. Ora, a simples pretensão de alguém querer ser um messias já exclui essas qualidades essenciais

– a simplicidade e a humildade. Aquele que precisasse se valer de um título assim daria prova de ser um presunçoso, mesmo que tivesse boa-fé, ou de ser um grande impostor.

Não faltarão criaturas que se utilizam da intriga, falsos espíritas, que queiram se elevar por orgulho, ambição ou ganância. Também não faltarão aqueles que dizem receber falsas revelações, com o auxílio das quais procuram se colocar em evidência e fascinar as imaginações excessivamente crédulas. É preciso ter cuidado ainda com aqueles que, sob falsas aparências, pretendem apossar-se do leme, com a ideia preconcebida de fazer com que o navio afunde, desviando-o da sua rota. O navio não afundará, mas pode sofrer atrasos prejudiciais que devem ser evitados.

São esses, sem dúvida alguma, os maiores obstáculos contra os quais o Espiritismo precisa se precaver. Quanto mais sólido ele estiver, mais os seus adversários vão lhe armar ciladas. Portanto, é dever de todos os espíritas sinceros não permitir que a intriga tenha êxito, tanto nos pequenos como nos grandes Centros. Eles deverão, acima de tudo, repudiar da maneira mais absoluta todo aquele que se apresentar como messias, seja como chefe do Espiritismo, seja como simples apóstolo da Doutrina. É pelo fruto que se conhece a árvore. Assim, esperem que a árvore dê o seu fruto antes de julgar se ela é boa e observem ainda se os frutos não estão estragados. (*O Evangelho Segundo o Espiritismo*, cap. 21, item 9 – "Características do verdadeiro profeta".)

Alguns propuseram que os candidatos fossem designados pelos próprios Espíritos, em cada grupo ou sociedade espírita. Além de esse modo de proceder não evitar todos os inconvenientes, ele ainda apresentaria outros, que são próprios dele, conforme a experiência demonstrou e que seria supérfluo citar aqui. Convém lembrar que a missão dos Espíritos consiste em nos "instruir" para que nos melhoremos, *e não em tomar o lugar do nosso livre-arbítrio*. Eles nos sugerem pensamentos, ajudam-nos com os seus conselhos, principalmente no que se refere às questões morais, mas deixam sob a nossa responsabilidade a execução das coisas materiais, pois não lhes cabe poupar-nos dessas tarefas. Que os homens se contentem em serem assistidos e protegidos pelos bons Espíritos, mas não descarreguem sobre eles a responsabilidade que cabe aos encarnados.

Solicitar aos Espíritos que escolham os líderes do movimento causaria mais embaraços do que se poderia supor, pela dificuldade de fazer com que todos os grupos participem de semelhante eleição. Isso traria uma complicação no mecanismo de escolha porque, quanto mais simples ele for, menor a possibilidade de dar problemas. A dificuldade está em constituir um Comitê central que tenha força e estabilidade, para que a Doutrina não fique sujeita a flutuações. Um Comitê que corresponda a todas as necessidades da Doutrina e que crie uma barreira intransponível contra as intrigas e as ambições. Esse é o objetivo do plano sobre o qual faremos um esboço rápido.

4. COMITÊ CENTRAL

Durante o período da sua elaboração, a direção do Espiritismo teve que ser individual. Era necessário que todos os elementos que constituem a Doutrina, vindos em estado embrionário de diversos lugares, convergissem para um centro comum onde pudessem ser examinados e confrontados. Isso era preciso para que um pensamento único presidisse à sua coordenação, a fim de estabelecer a unidade do conjunto e a harmonia entre todas as suas partes. Se não fosse assim, a Doutrina teria sido semelhante a um mecanismo cujas peças não se engrenam com precisão umas nas outras.

Conforme já dissemos, por ser uma verdade incontestável, hoje claramente demonstrada, a Doutrina Espírita não poderia sair completamente estruturada de um único Centro, da mesma maneira que a ciência astronômica não poderia sair inteiramente constituída de um único observatório. Qualquer Centro espírita que tivesse tentado constituí-la, tendo como base unicamente as suas observações, teria realizado um trabalho incompleto e estaria em contradição com os outros Centros numa infinidade de assuntos. Se mil Centros quisessem fazer cada um a sua doutrina, não haveria duas iguais em todos os pontos. Se estivessem de acordo quanto à essência do conteúdo, certamente não estariam quanto ao modo de apresentar e de interpretar esse conteúdo.

Ora, como há muita gente que dá mais atenção ao que é periférico em detrimento daquilo que é fundamental, haveria tantas seitas quantas fossem as formas diferentes de apresentá-las. A unidade só poderia resultar do conjunto e da comparação de todos os resultados parciais. Essa é a razão pela qual a reunião dos trabalhos num único lugar era necessária. (*A Gênese*, cap. 1, item 51 e seguintes – "Características da revelação espírita".)

Aquilo que era vantagem num determinado período, mais tarde se tornaria um inconveniente. Hoje, que o trabalho de elaboração se acha concluído, no que diz respeito às questões fundamentais, e que os princípios gerais da ciência espírita estão estabelecidos, a direção, que no início precisou ser individual, tem que se tornar coletiva. Primeiro, porque chegará o momento em que o peso da sua responsabilidade excederá as forças de um só homem e, em segundo lugar, porque há mais garantia de estabilidade numa reunião de indivíduos, na qual cada um dá apenas o seu parecer e que nada realizam sem o concurso um dos outros, do que colocar toda a responsabilidade num único indivíduo, capaz de abusar da sua autoridade e querer que predominem as suas ideias pessoais.

Em vez de um chefe único, a direção será confiada a um Comitê central permanente, cuja organização e atribuições serão definidas para evitar arbitrariedades. A composição do Comitê será de no máximo doze membros titulares, que reúnam certas condições necessárias, e de igual número de conselheiros. À medida que forem vagando os seus cargos, por falecimento ou por outra causa qualquer, o comitê se completará seguindo regras predeterminadas. Um arranjo especial determinará o modo pelo qual serão nomeados esses doze primeiros membros.

O Comitê nomeará o seu presidente por um ano, sendo que a sua autoridade será meramente administrativa. Ele dirigirá as decisões do Comitê, cuidará da execução dos trabalhos e do expediente diário. Afora as atribuições que lhe são conferidas pelos estatutos, ele não poderá tomar nenhuma decisão sem consultar o Comitê. Desse modo, evitam-se os possíveis abusos, as causas que geram a ambição, os pretextos para intriga ou ciúme e a supremacia que desagrada.

O Comitê será, portanto, o verdadeiro "chefe do Espiritismo", um chefe coletivo que nada poderá fazer sem o consentimento da maioria. Ele será numeroso para se esclarecer por meio da discussão, mas não será numeroso o bastante para que haja confusão. A autoridade do Comitê central será moderada, e os seus atos serão fiscalizados pelos congressos ou pelas assembleias gerais, dos quais trataremos adiante.

Para os adeptos em geral, a aprovação ou a desaprovação, o consentimento ou a recusa e as decisões de um grupo constituído que representa uma opinião coletiva terão forçosamente uma autoridade que jamais teriam se elas emanassem de um só indivíduo, que representa apenas uma opinião pessoal. É frequente uma pessoa rejeitar a opinião de outra, por entender que seria humilhante submeter-se a ela. Entretanto, essa pessoa aceita, sem dificuldades, a opinião de muitos.

É preciso ficar bem entendido que aqui se trata de autoridade moral, em relação às coisas que dizem respeito à interpretação e aplicação dos princípios da Doutrina, e não de um poder disciplinar qualquer. Essa autoridade será, em matéria de Espiritismo, o que é a de uma academia em matéria de Ciência.

Na visão daqueles que não são adeptos, um "grupo constituído" tem maior ascendência e preponderância contra os adversários. Representa, sobretudo, uma força de resistência e possui meios de ação que um indivíduo sozinho não poderia ter, pois um grupo constituído luta com vantagens infinitamente maiores. Um indivíduo está sujeito a ser atacado e aniquilado, mas isso não acontece com uma entidade coletiva.

Um ser coletivo oferece uma garantia de estabilidade que não existe quando tudo recai sobre um único indivíduo. Se ele tiver um contratempo qualquer, todas as coisas ficam paralisadas. Com uma entidade coletiva, ocorre o contrário, ou seja, todas as coisas têm continuidade, pois se ela perde um ou vários de seus membros, o conjunto não corre perigo. Alguns dirão que a dificuldade está em reunir, de modo permanente, doze pessoas que estejam sempre de acordo. Ora, o essencial é que elas estejam de acordo quanto aos princípios fundamentais da Doutrina. Essa será uma condição absoluta para que sejam admitidos os doze membros do Comitê e para todos aqueles que farão parte da direção.

Quanto às questões menos importantes, pouco importa as divergências, visto que prevalecerá a opinião da maioria. Para aquele que tiver uma opinião acertada, não lhe faltarão boas razões para justificá-la. Se alguém se retirar, contrariado por não conseguir que as suas ideias sejam aceitas, isso não impedirá que as coisas sigam o seu curso e não haverá motivo para lamentar a sua saída, uma vez que ele teria dado prova de possuir uma sensibilidade orgulhosa, pouco espírita, capaz de gerar perturbações.

As causas mais comuns para que um grupo se divida é o conflito de interesses e a possibilidade de um suplantar o outro em proveito próprio. Isso não tem sentido, visto que o prejuízo de um não pode ser aproveitado pelos demais. Uma vez que todos estão sintonizados nos mesmos objetivos, o grupo só terá a perder com a desunião, ao invés de ganhar. Essa é uma questão de pouca importância prevista na organização.

Vamos admitir que entre os membros do Comitê exista um falso irmão, um traidor que esteja ao lado dos inimigos da Doutrina. O que ele poderia fazer se tem apenas o seu voto nas decisões? Vamos supor que o Comitê inteiro entrasse no mau caminho, o que é impossível, ainda assim existiriam os congressos para reconduzi-lo à ordem.

A fiscalização dos atos da administração caberá aos congressos, que poderão decretar a censura ou uma acusação contra o Comitê central, por infração do seu mandato, por violação dos princípios estabelecidos ou por medidas prejudiciais à Doutrina. É por isso que a Doutrina deverá recorrer ao congresso sempre que julgar que a responsabilidade do Comitê está de alguma forma comprometida.

Se "os congressos" representam um freio para o Comitê, este adquire novas forças cada vez que os seus atos são referendados pelos congressos. É assim que o chefe coletivo depende, em última análise, da opinião geral, e não pode, sem risco para si mesmo, afastar-se do caminho reto.

As principais atribuições do Comitê central serão:

1º Cuidar dos interesses da Doutrina e da sua propagação; manter a sua utilidade, pela conservação da integridade dos princípios que já tiveram o seu reconhecimento, além de desenvolver as suas consequências.

2º Estudar princípios novos que tenham condições de fazer parte da Doutrina.

3º Concentrar todos os documentos e informações que possam interessar ao Espiritismo.

4º Tratar da correspondência.

5º Manter, consolidar e ampliar os laços de fraternidade entre os adeptos e as sociedades particulares dos diversos países.

6º Dirigir a *Revista Espírita*, que será o jornal oficial do Espiritismo e a qual se poderá juntar outra publicação periódica.

7º Examinar e apreciar obras, artigos de jornais e todos os escritos que interessam à Doutrina. Refutar os ataques, se acontecerem.

8º Publicar as obras fundamentais da Doutrina, de modo a torná-las o mais popular possível. Confeccionar e publicar obras, cuja orientação vamos dar e que não teremos tempo de executar em nossa existência atual. Estimular as publicações que sejam proveitosas para a Doutrina Espírita.

9º Fundar e conservar a biblioteca, os arquivos e o museu.

10º Administrar a caixa de assistência (auxílio monetário aos necessitados), o dispensário (estabelecimento para dar, gratuitamente, cuidados e medicamentos aos doentes pobres que podem ser tratados no domicílio) e o asilo.

11º Administrar os negócios materiais.

12º Dirigir as sessões da Sociedade.

13º Ministrar o ensinamento oral.

14º Visitar e dar instruções às sociedades particulares que estão sob o seu patrocínio.

15º Convocar os congressos e as assembleis gerais.

Essas atribuições serão repartidas entre os diversos membros do Comitê, conforme a especialidade de cada um. Eles serão assistidos, se for necessário, por um número suficiente de auxiliares ou simples funcionários.

5. INSTITUIÇÕES ACESSÓRIAS E COMPLEMENTARES AO COMITÊ CENTRAL

Muitas instituições complementares serão anexadas ao Comitê central, na forma de dependências locais, à medida que as circunstâncias forem permitindo, a saber:

1º Uma *biblioteca*, onde estarão reunidas todas as obras que interessam ao Espiritismo e que possam ser consultadas no local ou cedidas para leitura.

2º Um *museu* onde estejam reunidas as primeiras obras de arte espírita, os trabalhos mediúnicos mais notáveis, os retratos dos adeptos que, por sua dedicação à causa, mereceram essa distinção e daqueles a quem o Espiritismo quiser homenagear, mesmo que não pertençam à Doutrina, como benfeitores da Humanidade: grandes gênios, missionários do progresso etc.

3º Uma *sala* destinada a consultas médicas *gratuitas* e ao tratamento de algumas enfermidades, sob a direção de um médico diplomado.

4º Uma caixa de assistência e de previdência em condições de fácil acesso.

5º Um asilo.

6º Um grupo de adeptos que celebre sessões regulares.

Sem entrar num exame prematuro a respeito do assunto, convém dizer algumas palavras sobre dois artigos, cujo sentido poderia ser mal interpretado.

A criação de uma caixa de assistência é impraticável e apresentaria sérios inconvenientes, conforme foi demonstrado num artigo especial que consta na *Revista Espírita* de julho de 1866. Portanto, o Comitê não deve entrar num caminho que logo terá que abandonar, nem se comprometer com alguma coisa que ele não tem a certeza de que poderá realizar. É preciso ter um caráter prático e não se envolver em ilusões, pois esse é o meio caminhar por longo tempo e com segurança. Assim, em todas as coisas, o comitê deve se conservar dentro dos limites daquilo que lhe é possível.

Essa caixa de assistência não pode e não deve ser mais do que uma instituição local, de ação circunscrita, cuja boa organização possa servir de modelo a outras do mesmo gênero que poderiam ser criadas por sociedades particulares. É justamente pelo fato de elas serem muitas que poderão prestar um serviço eficaz, e não pela centralização dos seus meios de ação.

A caixa de assistência será alimentada:

1º Pelas parcelas destinadas a tal fim, proveniente da renda da caixa geral do Espiritismo.

2º Pelos donativos particulares que lhe forem feitos. Ela capitalizará a quantia que receber de maneira a formar uma renda certa para si. Com essa renda é que ela prestará os socorros temporários ou vitalícios e cumprirá com as obrigações que estão estipuladas no regulamento da sua constituição.

O projeto de um asilo propriamente dito não poderá ser executado logo no início, devido ao capital que é preciso para uma obra desse porte e à necessidade de dar à administração o tempo para que ela se firme e passe a atuar com regularidade, antes de complicar as suas atribuições com empreendimentos que possam vir a fracassar. Seria imprudência abraçar muita responsabilidade antes de dispor dos meios para a sua execução. Isso é fácil de compreender, desde que se pense em todos os detalhes que são necessários a um estabelecimento desse tipo. É muito louvável ter boas intenções, mas, antes de tudo, é preciso que se possa realizá-las.

6. EXTENSÃO DAS ATIVIDADES DO COMITÊ CENTRAL

No início, um centro de elaboração das ideias espíritas se formou por si mesmo, sem um objetivo premeditado, por força das circunstâncias, mas sem nenhum caráter oficial. Ele era necessário porque, se não existisse, qual seria o ponto de ligação dos espíritas espalhados em diferentes países? Não podendo compartilhar suas ideias, suas impressões, suas observações com todos os outros Centros particulares, também espalhados e às vezes sem consistência, os espíritas ficariam isolados uns dos outros, prejudicando com isso a difusão da Doutrina. Portanto, era indispensável um ponto para o qual tudo convergisse e de onde tudo pudesse se irradiar.

O desenvolvimento das ideias espíritas, ao invés de tornar inútil esse centro, fará com que os seus adeptos sintam ainda mais a sua necessidade, visto que, quanto maior for o número de espíritas, mais necessidade eles têm desse ponto de encontro. Colocar o Espiritismo sob uma constituição, regularizando as coisas, trará ainda maiores vantagens, pois vai preencher as lacunas que por acaso se apresentem. A organização da Doutrina vai tirá-la do seu caráter de individualidade para criar um foco de atividade coletiva, atuando no interesse geral e onde a autoridade pessoal desaparece.

Assim, qual será a amplitude de ação desse Comitê central? Estará destinado a dirigir o mundo e a ser o árbitro universal da verdade? Se ele tivesse tal pretensão, teria compreendido mal a essência do Espiritismo, que proclama os princípios do livre-exame, da liberdade de consciência e repele a ideia de se apresentar como uma **autocracia**, uma vez que, se assim o fizesse, estaria entrando num caminho fatal.

Observação
Autocracia: Governo de um só; poder absoluto.

O Espiritismo tem "princípios" que, por se basearem nas Leis da Natureza, e não em abstrações metafísicas, tendem a ser, e certamente um dia serão, os da maioria dos homens. Todos vão aceitá-los porque encontrarão neles verdades palpáveis e demonstradas, assim como aceitaram a teoria do movimento da Terra. No entanto, pretender que o Espiritismo esteja organizado, por toda parte, da mesma maneira; pretender que os espíritas do mundo inteiro se sujeitem a um regime uniforme, a uma mesma forma de proceder; que devam esperar que a luz lhes venha de um único ponto, para o qual tenham que voltar os seus olhos, seria uma utopia tão absurda quanto pretender que todos os povos da Terra formassem um dia uma única nação, governada por um único chefe, regida pelo mesmo código de Leis e adotando os mesmos costumes. Se há Leis gerais que podem ser comuns a todos os povos, elas terão que estar sempre apropriadas aos costumes, às características e ao clima de cada povo, pois todos os povos têm as suas particularidades.

Assim será com o Espiritismo organizado. Os espíritas do mundo inteiro terão princípios comuns que os ligarão à grande família pelos laços sagrados da fraternidade, mas cuja aplicação poderá variar de acordo com as regiões, sem que, com isso, seja rompida a unidade fundamental e sem que se formem seitas dissidentes onde umas atiram pedras e amaldiçoam as outras, o que seria absolutamente antiespírita. Portanto, poderão se formar, e certamente se formarão, Centros gerais em diferentes países, ligados apenas pelos laços da mesma crença e pela solidariedade moral, sem subordinação de uns em relação aos outros, sem que o da França, por exemplo, tenha a pretensão de se impor aos espíritas americanos e vice-versa.

A comparação com os observatórios, que fizemos acima, é perfeitamente justa. Existem observatórios em diferentes pontos do Globo. Todos, seja qual for a nação a que pertençam, têm por base os princípios gerais reconhecidos pela Astronomia, o que não os torna dependentes uns dos outros. Cada um dirige os seus trabalhos como bem entende. Trocam observações entre si e todos fornecem para a Ciência as suas descobertas. O mesmo deverá ocorrer com os Centros gerais do Espiritismo. Eles serão os observatórios do mundo invisível, que permutarão entre si o que obtiverem de bom e de aplicável aos costumes dos países onde se encontram, visto que o objetivo desses Centros é o bem da Humanidade, e não a satisfação de ambições pessoais.

O Espiritismo é uma doutrina com princípios definidos, por isso prender-se a questões periféricas, de menor importância, seria uma ingenuidade indigna da grandeza do seu objetivo. É por essa razão que os Centros que se dedicam ao verdadeiro Espiritismo deverão estender-se as mãos fraternalmente, unindo-se para combater os seus inimigos comuns, ou seja, a incredulidade e o fanatismo.

7. ESTATUTOS QUE CONSTITUEM O COMITÊ

A redação dos estatutos que constituem o Comitê deveria vir antes de toda execução. Se ela for confiada a uma assembleia, seria importante determinar previamente as condições que devem preencher aqueles que forem encarregados do trabalho. A falta de uma base estabelecida com antecedência, a divergência de opiniões, as pretensões individuais, sem falar nas intrigas dos adversários, poderiam provocar divisões. Um trabalho de alcance tão grande não pode ser improvisado, pois demanda uma longa elaboração e conhecimento das necessidades reais da Doutrina, o que só pode ser adquirido por meio da experiência e de profundas meditações.

Para que haja concordância de pensamentos, harmonia e coordenação de todas as partes do conjunto, ele só pode emanar da iniciativa individual, para receber mais tarde a sanção dos interessados. Desde o início, será necessária uma regra, ou seja, um rumo traçado, um objetivo determinado. Uma vez estabelecida a regra, é possível caminhar com segurança, sem tatear nem hesitar.

Todavia, como não é dado a ninguém possuir o conhecimento universal, nem fazer com perfeição o que quer que seja; como um homem pode se equivocar acerca de suas próprias ideias; como outras pessoas podem ver o que ele não vê; como a pretensão de se impor, sob qualquer pretexto, seria um abuso, os estatutos que constituem o comitê serão submetidos à revisão do primeiro congresso que se realizar, para que sejam feitas as retificações que forem necessárias.

Ressaltamos que uma constituição, por melhor que seja, não pode ser perpétua. O que é bom para uma determinada época pode se tornar insuficiente para uma época posterior. As necessidades variam de acordo com as épocas e com o desenvolvimento das ideias. Se não quisermos que ela caia em desuso ao longo do tempo, ou que venha a ser revogada pelas ideias progressistas, será necessário que ela acompanhe essas ideias. Isso acontece também com as doutrinas filosóficas e com as sociedades particulares, com a política e com a religião: acompanhar ou não o movimento progressista é uma questão de vida ou de morte. Portanto, no caso que aqui tratamos, seria um grave erro acorrentar o futuro com um regulamento rígido e inflexível.

Erro não menos grave seria fazer, na Constituição orgânica, constantes modificações que tirassem a sua estabilidade. É preciso agir com maturidade e cautela. Somente uma experiência, com uma certa duração, pode mostrar a real utilidade dessas modificações. Em tal caso, quem pode ser o juiz? Não será um único homem, que geralmente só vê as coisas do seu ponto de vista; também não será o autor do trabalho, porque ele poderá ser muito complacente com a sua própria obra. Assim, quem julgará serão os próprios interessados, visto que são eles que experimentam de modo direto e permanente os efeitos da instituição e podem perceber onde ela peca.

A revisão dos estatutos que constituem o Comitê será feita pelos *congressos habituais*, que em determinadas épocas tratarão exclusivamente desse tema. *Isso será feito* de tempos em tempos, para que não haja interrupção e para acompanhar o progresso das ideias, ainda que daqui a mil anos.

Como as épocas da revisão são periódicas e conhecidas antecipadamente, não serão necessárias convocações especiais. A revisão não será apenas um direito, mas um dever do congresso que estiver em vigência na época. Ela estará inscrita antecipadamente na ordem do dia, de modo que não ficará dependendo da boa vontade de ninguém. Pessoa alguma poderá requerer o direito de decidir se ela é ou não oportuna. Se, após a leitura dos estatutos, o congresso julgar desnecessário qualquer modificação, ela continuará em vigor assim como está.

O número de membros do congresso é limitado pela impossibilidade material de reunir nele todos os interessados. Para que os ausentes possam concorrer com as suas opiniões, todos eles poderão, do lugar onde estiverem e no período entre dois congressos, enviar ao Comitê central as suas observações. Elas serão colocadas na ordem do dia e examinadas durante o transcorrer do próximo congresso a realizar-se.

Nenhum movimento apreciável nas ideias se elabora num período inferior a um quarto de século. Sendo assim, será somente a cada 25 anos que a Constituição do Espiritismo passará por uma revisão. Sem ser muito longo, esse intervalo de tempo é suficiente para permitir que sejam apreciadas as novas necessidades, sem que elas causem perturbações por efeito de modificações muito frequentes.

Levando-se em consideração que é nos primeiros anos que se verificará o maior trabalho de elaboração e que o movimento social que acontece nesse momento pode fazer com que surjam necessidades imprevistas, até que a sociedade tenha firmado seus passos, e que é importante aproveitar, sem demora, as lições obtidas por meio da experiência, as épocas de revisão terão que ser mais próximas umas das outras até o final do século 19, mas sempre marcadas com antecedência. No intervalo desses 30 primeiros anos, a Constituição terá se completado e se retificado o suficiente para dar à Doutrina uma relativa estabilidade. Só então poderão começar, sem inconvenientes, os períodos de 25 anos.

Assim, a obra que no seu início foi individual e abriu o caminho se tornará, na realidade, uma obra coletiva que vai pertencer a todos os interessados, com as vantagens que oferece um trabalho individual e as que oferece um trabalho coletivo, mas sem os inconvenientes de cada um. Ela se modificará sob a influência das ideias progressistas e da experiência, mas sem abalos, sem precipitações, uma vez que obedecerá ao princípio básico que está na sua própria Constituição.

8. SOBRE O PROGRAMA DAS CRENÇAS

A condição absoluta de vitalidade para qualquer reunião ou associação, seja qual for a sua finalidade, é a homogeneidade, isto é, a concordância na maneira de ver as coisas, é possuir os mesmos princípios e sentimentos, é a tendência de todos para um mesmo objetivo, em resumo: é a comunhão de pensamentos. Todas as vezes que as pessoas se reúnem em torno de uma ideia vaga, jamais conseguem se entender, porque cada uma compreende essa ideia à sua maneira. Toda reunião formada por indivíduos heterogêneos traz consigo os germens da discórdia entre os seus membros. Isso ocorre porque ela se compõe de interesses divergentes, materiais ou de amor-próprio, que tendem a fins diversos e conflitantes, em que raramente as pessoas estão dispostas a fazer qualquer concessão em benefício do interesse comum, ou mesmo da razão. Elas até suportam a opinião da maioria, quando não existe outra solução, mas nunca se associam a ela de uma maneira sincera.

Com o Espiritismo não está sendo diferente. Formado gradativamente, por meio de observações sucessivas, como acontece com todas as Ciências, sua aceitação vem aumentando pouco a pouco. O qualificativo de espírita, aplicado de modo sucessivo a todos os graus da crença, comporta um número infinito de matizes, que vai desde a simples crença nas manifestações até as mais altas deduções morais e filosóficas; desde aquele que, estando na superfície, só consegue ver nos fenômenos apenas um passatempo, até aquele que procura a concordância dos princípios espíritas com as Leis universais e a sua aplicação aos interesses gerais da Humanidade; enfim, desde aquele que só vê nas manifestações espíritas um meio de exploração em proveito próprio, até aquele que extrai delas elementos para o seu próprio melhoramento moral.

O fato de alguém dizer que é espírita convicto não indica, de modo algum, o tamanho da sua crença. A palavra "espírita" significa muito para uns e muito pouco para outros. Se fizéssemos uma assembleia com todos aqueles que se dizem espíritas, ela seria uma grande mescla de opiniões divergentes, onde não haveria entendimento, e dela nada de sério resultaria. Isso sem falar que a assembleia abriria suas portas a pessoas interessadas em semear discussões. Essa divergência, inevitável no início e durante o período de elaboração, com frequência tem causado equívocos lamentáveis, à medida que ela atribui à Doutrina aquilo que não passa de abuso ou desvio de seus membros.

É em consequência da falsa aplicação que diariamente se faz do qualificativo de "espírita" que a crítica, pouco interessada em se aprofundar nas coisas e muito menos em aprender com o lado sério do Espiritismo, encontrou nele um motivo para zombaria. Basta que alguém se diga espírita, ou pretenda fazer com o Espiritismo o mesmo que os ilusionistas fazem com a física, mesmo que seja um charlatão, para que logo o considerem como um representante da Doutrina.

É verdade que se tem feito uma distinção entre os bons e os maus espíritas, os verdadeiros e os falsos; aqueles que são mais esclarecidos e os que são menos; aqueles que são mais convictos e os que são menos; aqueles que são espíritas de coração etc. Entretanto, essas designações são sempre muito vagas e nada revelam de verdadeiro, nada que os caracterize quando não conhecemos os indivíduos e ainda não tivemos a oportunidade de julgá-los por suas obras. Desse modo, podemos nos enganar pelas aparências.

De tudo isso, concluímos que a qualificação de espírita, não sendo segura, não pode, em absoluto, recomendar ninguém. Essa incerteza lança nas mentes uma espécie de desconfiança que impede que se estabeleça entre os adeptos um laço sério de verdadeira fraternidade.

Hoje, quando já estão assentados todos os pontos fundamentais da Doutrina e os deveres dos verdadeiros adeptos, a qualidade de espírita pode ter um caráter definido, que antes não tinha. É possível criar um formulário de profissão de fé (declaração pública que alguém faz da sua fé), e a adesão por escrito a essas normas será um testemunho autêntico da maneira com que a pessoa considera o Espiritismo.

Essa adesão, comprovando a unidade dos princípios, será o laço que vai unir os espíritas em uma grande família, sem distinção de nacionalidade, sob o domínio de uma mesma fé, de uma concordância de ideias, de um mesmo modo de ver as coisas e de idênticas aspirações. A crença no Espiritismo não será mais uma simples adesão a uma ideia vaga, muitas vezes parcial. Ela será uma adesão motivada, feita com conhecimento de causa e comprovada por um título oficial dado àquele que aderir. Para evitar os inconvenientes da falta de uma definição mais exata quanto ao qualificativo de espírita, aqueles que assinarem o formulário da profissão de fé receberão o título de *espíritas professos*.

Essa qualificação, assentada numa base precisa e bem definida, não dará margem a nenhum equívoco, permitindo que os adeptos que seguem os mesmos princípios e trilham o mesmo caminho se reconheçam pelo simples fato de dizerem que são espíritas e, se for preciso, mostrarem o seu título. Assim, uma reunião composta por *espíritas professos* será tão homogênea quanto é possível na Humanidade.

Um formulário de profissão de fé, pormenorizado e bem definido, será o caminho a ser seguido; o título de *espírita professo* será a palavra de união.

Alguns vão dizer: será esse título uma garantia suficiente contra os homens de sinceridade duvidosa? Obter uma garantia absoluta contra a má-fé é impossível, visto que há pessoas que desrespeitam os atos mais solenes; mas temos que convir que essa garantia é melhor do que nenhuma.

Aliás, aquele que não possui escrúpulos e se faz passar pelo que não é, dizendo coisas da boca para fora e sem assumir a responsabilidade pelo que diz, muitas vezes recua diante de uma afirmação escrita, que deixa vestígios, e que pode ser usada caso ele se afaste do caminho reto. Entretanto, existem aqueles que não dão importância para o que está escrito. Graças a Deus, o número deles é muito pequeno e não merecem ser levados em consideração.

Aliás, o caso daqueles que apenas aparentam sinceridade está previsto nos estatutos, que, sobre esse assunto, terá um dispositivo especial.

Tal providência inevitavelmente afastará das reuniões sérias as pessoas que não estão à altura de frequentá-las. Se esse dispositivo afastar também alguns espíritas de boa-fé, será porque eles ainda não estão bem seguros de si mesmos. Poderá afastar também os medrosos, que têm receio de se colocar em evidência, e aqueles que, em qualquer circunstância, nunca são os primeiros a se manifestar, pois preferem aguardar para ver antes o rumo que as coisas vão tomar. Com o tempo, uns vão se esclarecer de modo mais completo e outros vão se encher de coragem. Até lá, nenhum deles poderá ser contado entre os sólidos defensores da Doutrina. Quanto àqueles cujo afastamento se poderia realmente lamentar, o número deles será pequeno e diminuirá continuamente.

Como nada é perfeito neste mundo, e mesmo as melhores coisas têm os seus inconvenientes, se pretendêssemos rejeitar tudo aquilo que carrega consigo algumas inconveniências, não haveria nada que se pudesse aproveitar. Precisamos pesar as vantagens e as desvantagens, e é evidente que no nosso caso as vantagens estão em maior número.

Certamente, nem todos os que se dizem espíritas irão se submeter à Constituição. Por isso mesmo, ela é apenas para aqueles que a aceitarem de forma livre e voluntária, visto que ela não tem a pretensão de se impor a quem quer que seja. Uma vez que o Espiritismo não é compreendido de forma igual por todas as pessoas, a Constituição recorre àquelas que com ela concordam, com a finalidade de lhes dar um ponto de apoio quando se acharem isoladas e de fortalecer os laços da grande família pela unidade da crença. Sendo fiel ao princípio de liberdade de consciência, que a Doutrina proclama como um direito natural, ela respeita todas as convicções sinceras e não condena aqueles que têm ideias diferentes. Ao contrário, ela não deixará de aproveitar os conhecimentos que eles possam trazer.

É essencial, portanto, conhecer aqueles que seguem o mesmo caminho. E como reconhecê-los com precisão? É materialmente impossível conseguir esses dados por meio de interrogatórios individuais. Além disso, ninguém tem o direito de investigar consciências. O único meio, o mais simples, o mais correto, seria o de estabelecer um formulário de princípios, resumindo o estado dos conhecimentos atuais que resultam da observação e que já foram ratificados pelo ensinamento geral dos Espíritos, ao qual cada um é livre para aderir ou não. A adesão escrita é uma profissão de fé que dispensa qualquer outra investigação, deixando cada um com a inteira liberdade.

Assim, a constituição do Espiritismo tem como complemento necessário, no que diz despeito à crença, um "programa de princípios definidos", sem o qual ela seria uma obra sem alcance e sem futuro. Esse programa, fruto da experiência adquirida, será a bússola que indicará o caminho. Para seguir com segurança, além da Constituição orgânica, faz-se necessária uma constituição da fé, um **credo** (crença), se quiserem, que será o ponto de referência de todos os adeptos.

Observação

O **credo** proposto nunca foi adotado, pois o Espiritismo é uma convicção pessoal que não combina com profissões de fé. A constituição do Espiritismo é uma prova do cuidado que Kardec tinha com a continuação da Doutrina, mas não passa de um documento histórico. (Adaptado da explicação de *Herculano Pires*.)

Esse programa, assim como a constituição orgânica, não podem nem devem acorrentar o futuro, sob pena de sucumbirem, cedo ou tarde, esmagados pela força do progresso. Fundado de acordo com o estado atual dos conhecimentos, a Constituição deve se modificar e se completar à medida que novas observações venham lhe demonstrar as deficiências ou os defeitos. Tais modificações, entretanto, não devem ser feitas levianamente, com precipitação. Elas serão o resultado dos congressos orgânicos que, na revisão periódica dos estatutos constitutivos, se juntarão ao do formulário de princípios.

A constituição e o *credo*, caminhando constantemente em harmonia com o progresso, vão sobreviver através dos tempos.

9. RECURSOS E HAVERES

Sem dúvida, é lamentável que tenhamos que entrar em considerações de ordem material para atingir um objetivo de ordem espiritual. Porém, devemos observar que a própria espiritualidade da obra se prende à questão da Humanidade terrena e do seu bem-estar, que não se trata apenas de emitir algumas ideias filosóficas, mas, sim, de fundar algo de positivo e durável em favor do desenvolvimento e da consolidação da Doutrina, para que ela possa produzir os frutos que dela se esperam.

Imaginar que ainda estamos naqueles tempos em que alguns apóstolos podiam pôr-se a caminho com o seu bastão de viagem, sem se preocuparem com o lugar onde iriam pousar nem com o que iriam comer, seria alimentar uma ilusão que logo se transformaria em amarga decepção. Para que alguém realize alguma coisa séria, é preciso que se submeta às necessidades impostas pelos costumes da época em que se vive, e essas necessidades são muito diferentes das dos tempos patriarcais. O próprio interesse do Espiritismo exige que se calcule com critério os meios de ação, para que não seja preciso parar no meio do caminho. Calculemos, visto que vivemos num século onde é preciso calcular tudo.

Como se vê, as atribuições do Comitê central são bastante numerosas e necessitam de uma boa administração. Como cada um dos seus membros tem funções ativas e contínuas, se o Comitê fosse constituído apenas por homens de boa vontade, os trabalhos seriam prejudicados, visto que ninguém teria o direito de censurar os negligentes.

Para a regularidade dos trabalhos e o bom andamento do expediente, precisa-se de homens assíduos, com os quais que se possa contar, e que não considerem sua função como simples atos de beneficência. Quanto mais independência eles tiverem, em função dos seus recursos financeiros, tanto menos vão se sujeitar a ocupações regulares; se não tiverem recursos financeiros, não poderão dispor de tempo. Portanto, é importante que eles sejam remunerados, assim como todo o pessoal administrativo. Com isso, a Doutrina ganhará força, estabilidade, pontualidade e, ao mesmo tempo, será um meio de ajudar pessoas que necessitam de emprego.

Um ponto essencial na economia de toda administração previdente é que sua existência não dependa de recursos eventuais que possam vir a faltar num determinado momento. São necessários recursos certos, regulares, de modo que o seu funcionamento, aconteça o que acontecer, não sofra entraves. Assim, é preciso que as pessoas chamadas a prestar a sua colaboração não tenham qualquer preocupação em relação ao futuro.

Ora, a experiência demonstra que devem ser considerados como incertos os recursos que apenas tenham por base o produto de cotas ou contribuições não obrigatórias, quaisquer que sejam os compromissos assumidos. É muito difícil cobrar de quem se propõe a fazer contribuições opcionais. Contar com recursos eventuais para despesas permanentes e regulares seria uma falta de previdência, que mais tarde iríamos lastimar.

As consequências são menos graves, sem dúvida, quando se trata de fundações temporárias, que se mantêm enquanto é possível. No nosso caso, porém, é uma questão de futuro. A sorte de uma administração como esta não pode estar subordinada aos azares que ocorrem com um estabelecimento comercial. Ela deve ser, desde o seu início, tão florescente, ou pelo menos tão estável, quanto o será daqui a um século. Quanto mais sólida for a sua base, tanto menos exposta ela ficará às dificuldades de toda ordem.

Em tal caso, a mais vulgar prudência manda que se capitalizem, de maneira inalienável, os recursos à medida que vão sendo obtidos, a fim de se ter uma renda perpétua, que proteja a administração de todas as eventualidades. A administração, gastando de acordo com o que recebe, não poderá, em caso algum, comprometer a sua existência, porque sempre vai dispor de meios para funcionar. No começo, ela pode se organizar em pequena escala; os membros do Comitê podem se limitar provisoriamente a cinco ou seis, sendo reduzidos ao mínimo possível os gastos administrativos e com pessoal, mas sem prejuízo para o desenvolvimento que virá com o aumento dos recursos e das necessidades da Doutrina.

Foi com vistas a preparar o caminho para essa instalação que dedicamos, até agora, o fruto dos nossos trabalhos, conforme dissemos acima. Se os nossos recursos pessoais não nos permitem fazer mais, pelo menos teremos a satisfação de termos colocado a primeira pedra.

Suponhamos então que, por um meio qualquer, o comitê central fique em condições de funcionar, o que pressupõe um rendimento fixo de 25 a 30.000 francos. Restringindo no início as suas despesas, os recursos de qualquer natureza que ele consiga obter, em capitais e rendas eventuais, vão constituir a *Caixa Geral do Espiritismo*, que ficará sujeita a uma contabilidade rigorosa. Estando reguladas as despesas obrigatórias, o excedente da renda irá aumentar o fundo comum. Proporcionalmente aos recursos desse fundo, o Comitê vai subsidiar as diversas despesas úteis ao desenvolvimento da Doutrina, sem que jamais faça dele uma fonte de renda pessoal ou de especulação para qualquer de seus membros. A utilização dos fundos e a contabilidade serão submetidas à verificação de comissários especiais, designados para esse fim pelos congressos ou pelas assembleias gerais.

Um dos primeiros cuidados do Comitê será o de se ocupar com as publicações, tão logo seja possível, sem esperar pelas rendas. Os recursos utilizados para isso serão, na realidade, um adiantamento, pois o produto da venda das obras voltará para o fundo comum. É uma questão que ficará a cargo da administração.

10. ALLAN KARDEC E A NOVA CONSTITUIÇÃO DO ESPIRITISMO

As considerações que seguem constam do extrato de prestação de contas que Allan Kardec fez à Sociedade Espírita de Paris, em 5 de maio de 1865, relativo à Caixa do Espiritismo. Elas servem como introdução da

Constituição do Espiritismo

nova Constituição do Espiritismo que ele estava elaborando, além de proporcionar ao mestre que externasse a sua posição sobre o assunto.

Observação: *O prefácio acima foi incluído pelos organizadores de Obras póstumas neste ponto do livro. A explanação que se segue é um documento histórico importante porque permitiu a Kardec esclarecer aos seus adversários sobre a sua conduta em relação aos recursos obtidos na venda de suas obras. (Texto adaptado de Herculano Pires.)*

"Muito se tem falado dos proventos que eu retiro das minhas obras. Certamente, nenhuma pessoa séria acredita nos meus milhões, apesar da afirmação daqueles que dizem, de fonte segura, que eu levo uma vida de príncipe, com carruagem puxada por quatro cavalos e que em minha casa só piso em tapetes de Aubusson [tapetes de luxo muito utilizado pela realeza francesa do século 16]. (*Revista Espírita*, junho de 1862, "Assim se escreve a história! – Os milhões do Sr. Allan Kardec".)

Não obstante o que disse o autor de uma brochura que vocês conhecem, provando por meio de cálculos hiperbólicos que os meus rendimentos ultrapassam a lista civil do mais poderoso soberano da Europa, visto que, só na França, vinte milhões de espíritas são meus tributários (*Revista Espírita*, junho de 1863, "Orçamento do Espiritismo"), existe um fato mais autêntico do que os seus cálculos, ou seja, o de que eu nunca pedi nada a ninguém e de que ninguém nunca me deu coisa alguma.

Em resumo: eu não vivo à custa de ninguém porque, das **somas** que voluntariamente me foram confiadas em favor do Espiritismo, nenhuma parcela foi desviada em meu proveito."

Nota do original francês: *Essas somas eram naquela época em torno de 14.100 francos, cujo emprego, em proveito exclusivo da Doutrina, foi justificado pela prestação de contas.*

"As minhas imensas riquezas, portanto, procederiam das minhas obras espíritas. Embora elas tenham tido um sucesso inesperado, basta que alguém entenda um pouco sobre negócios de livraria para saber que não é com livros filosóficos que se ganham milhões em cinco ou seis anos. Sobre as vendas se recebe apenas os direitos do autor, que não passam de alguns centavos por exemplar. Mesmo sendo muito ou pouco, esse ganho é o fruto do meu trabalho e ninguém tem o direito de se intrometer no emprego que lhe dou.

Comercialmente falando, estou nas mesmas condições de qualquer pessoa que colhe os frutos do seu trabalho. Corro o risco que todo escritor corre, ou seja, de ser bem-sucedido ou de fracassar. Se bem que, quanto ao fato de eu ser bem ou malsucedido, não tenho que prestar contas a ninguém. Entretanto, julgo ser útil, para a causa a qual me dediquei, dar algumas explicações.

Todos os que conheceram a minha casa antes e que me visitam hoje podem atestar que nada mudou na nossa maneira de viver desde que passei a me ocupar com o Espiritismo. Ela é tão simples hoje quanto o era antigamente. Os meus lucros, quaisquer que tenham sido, não são empregados para nos proporcionar uma vida luxuosa. Então, onde eu os utilizo?

O Espiritismo me tirou da obscuridade e me lançou num novo caminho. Em pouco tempo, fui arrastado por um movimento que eu estava longe de prever. Quando tive a ideia de fazer *O Livro dos Espíritos*, a minha intenção era a de não me pôr em evidência e permanecer desconhecido. No entanto, logo os limites que eu imaginava foram totalmente ultrapassados e, permanecer no anonimato, não me foi mais possível.

Tive que renunciar ao meu gosto por uma vida pacata sob pena de ter que desistir da obra que eu havia empreendido e que crescia a cada dia. Para isso, foi preciso que eu seguisse o impulso e tomasse as rédeas. À medida que ela se desenvolvia, descortinavam-se diante de mim horizontes cada vez mais vastos. Compreendi assim a imensidade da minha tarefa e a importância do trabalho que me restava fazer para completá-la.

As dificuldades e os obstáculos, longe de me assustar, faziam com que eu redobrasse as minhas energias. Percebi a grandeza do objetivo e resolvi atingi-lo com a assistência dos bons Espíritos. Sentia que não tinha tempo a perder e não o perdi, nem em visitas inúteis, nem em cerimônias ociosas. Foi a obra da minha vida. A ela dediquei todo o meu tempo, sacrifiquei o meu repouso, a minha saúde, pois o futuro estava escrito diante de mim, em letras irrecusáveis.

Sem nos afastarmos do nosso tipo de vida [Kardec e a esposa], nem por isso essa posição excepcional deixou de criar necessidades, que apenas os meus recursos pessoais, muito limitados, não me permitiam satisfazer. Seria difícil alguém imaginar a quantidade de despesas que aquela posição me acarretava e que, sem ela, eu as teria evitado. Pois bem, senhores, o que me forneceu esse suplemento de recursos foi o produto das minhas obras. Sinto-me feliz em dizer que foi com o meu próprio trabalho, com o fruto de minhas noites pouco dormidas, que eu pude enfrentar as necessidades materiais da instalação da Doutrina. Desse modo, contribuí com uma boa quantia para com a Caixa do Espiritismo.

Portanto, aqueles que trabalham na propagação das obras não poderão dizer que trabalham para me enriquecer, visto que o produto da venda de cada livro e de cada assinatura da *Revista Espírita* reverte para a Doutrina, e não para o indivíduo.

Prover recursos para o presente não é tudo, visto que é preciso também pensar no futuro e preparar uma fundação que, depois de mim, possa auxiliar aquele que vai me substituir na grande tarefa que terá pela frente. Essa fundação, sobre a qual eu ainda preciso guardar silêncio, faz parte de uma propriedade que possuo e é nela que eu aplico uma parte dos meus recursos visando melhorá-la. Como estou longe de possuir os milhões que me atribuíram, duvido muito que, apesar das minhas economias, os meus recursos me permitam algum dia dar a essa fundação o complemento que eu desejaria que ela tivesse ainda durante esta vida. No entanto, uma vez que a sua realização está nos planos dos meus guias espirituais, é bem provável que, se eu não o fizer, outros façam. Enquanto espero, vou elaborando os seus planos.

Longe de mim, senhores, qualquer sentimento de vaidade pelo que acabo de expor. A persistência de certas críticas, extremamente rigorosas, foi essencial para que eu me decidisse, mesmo a contragosto, a romper o silêncio sobre alguns fatos que me dizem respeito. Algum dia, aqueles a quem a maldade corrompeu serão esclarecidos por meio de documentos autênticos, mas o tempo certo para essas explicações ainda não chegou. A única coisa que me importa, por ora, é que vocês fiquem esclarecidos quanto ao destino dos fundos que a Providência faz passar por minhas mãos, qualquer que seja a sua origem. Considero-me apenas um depositário, até mesmo do que ganho e, com mais forte razão, daquilo que me é confiado.

Certo dia, alguém me perguntou, sem curiosidade e sem muito interesse na minha resposta, o que eu faria se tivesse um milhão de francos. Respondi a ele que hoje eu empregaria essa soma de modo muito diferente daquele que eu teria empregado no princípio. Outrora, eu os teria utilizado em propaganda, mediante publicidade em larga escala. Atualmente, eu reconheço que teria sido inútil, visto que os nossos adversários se encarregam de fazê-la eles mesmos. Os Espíritos, ao não me colocarem à disposição grandes recursos, quiseram me provar que o Espiritismo devia o seu sucesso à sua própria força.

Hoje, que o horizonte se alargou e que o futuro se desdobra aos nossos olhos, as necessidades são totalmente diferentes. O capital que você mencionou teria um emprego muito mais útil. Sem entrar em pormenores, que seriam prematuros, direi apenas que uma parte serviria para transformar a minha propriedade numa casa especial de retiro espírita, onde os habitantes colheriam os benefícios da nossa doutrina moral; a outra parte serviria para construir uma renda que não poderia ser transferida a ninguém e que seria destinada a:

1º Manter o estabelecimento.

2º Assegurar uma existência independente para aquele que viesse me substituir e para os que o ajudassem em sua missão.

3º Atender às necessidades correntes do Espiritismo, sem correr o risco de precisar de recursos eventuais, como sou obrigado a fazer, uma vez que a maior parte dos nossos recursos provém do meu trabalho, que um dia acabará.

Isso é o que eu faria; mas, como não me será dada essa satisfação, sei que, de uma maneira ou de outra, os Espíritos que dirigem o Movimento vão prover todas as necessidades em tempo oportuno. É por isso que não me inquieto nenhum pouco e só me preocupo com aquilo que me parece ser o essencial, ou seja, os trabalhos que ainda preciso concluir. Feito isso, partirei quando Deus resolver me chamar."

Ao que Allan Kardec disse um tempo atrás, ele acrescenta hoje:

"Quando o Comitê estiver organizado, dele faremos parte como simples membro, dando-lhe a nossa parcela de colaboração, sem reivindicar qualquer supremacia, título ou privilégio.

Mesmo sendo membro ativo do Comitê, não pesaremos de forma alguma no seu orçamento, nem por honorários, nem por despesas de viagem, nem por outro motivo qualquer. Se até aqui nunca pedimos nada a ninguém, não seria nessa circunstância que iríamos fazê-lo. O nosso tempo, a nossa vida, todas as nossas forças físicas e intelectuais pertencem à Doutrina. Portanto, declaramos formalmente que nenhuma parcela de recurso destinada ao Comitê será utilizada em nosso proveito.

Ao contrário, vamos dar a ele a nossa contribuição:

Abrindo mão, em seu favor, da receita das nossas obras, já feitas e por fazer.

Dando-lhe bens móveis e imóveis.

Quando a Doutrina estiver organizada pela constituição do Comitê central, as nossas obras passarão a ser propriedade do Espiritismo, na pessoa desse mesmo Comitê. Ele vai administrá-las, cuidar da sua publicação e utilizar os meios mais apropriados para que elas se tornem populares. Ele também vai cuidar para que as obras sejam traduzidas para os principais idiomas estrangeiros.

A *Revista Espírita* foi, até agora, uma obra pessoal, visto que ela fazia parte das nossas obras doutrinárias. Ela faz parte dos Anais do Espiritismo, ou melhor, da sua história. É por meio dela que todos os princípios novos são elaborados e colocados em estudo. Assim, era necessário que ela conservasse o seu caráter individual para que a unidade fosse mantida.

Por diversas vezes nos solicitaram que a sua publicação fosse menos espaçada. Por mais agradável que possa ser esse desejo, não nos foi possível atender a esse pedido. Em primeiro lugar porque nos faltava tempo para esse acréscimo de trabalho e, em segundo lugar, porque a *Revista* não deveria perder o seu caráter essencial, que não é o de ser um jornal propriamente dito.

Hoje, que a nossa obra pessoal se aproxima do seu término, as necessidades não são as mesmas. A *Revista Espírita* vai se tornar, assim como as nossas obras concluídas e ainda por concluir, propriedade coletiva do Comitê, que passará a dirigi-las para maior utilidade do Espiritismo, sem que, por isso, renunciemos a prestar a nossa colaboração.

Para completar a obra doutrinária, falta-nos ainda publicar vários trabalhos, que formam a parte mais difícil e mais penosa da Doutrina. Apesar de possuirmos todos os elementos para executá-los e de o programa de cada um estar traçado até o último capítulo, poderíamos dispensar-lhe maior atenção, e a ele dar início, se o Comitê central estivesse funcionando. Isso nos liberaria de certos detalhes que nos absorvem grande parte do tempo."

***

O primeiro período do Espiritismo foi dedicado ao estudo dos princípios e das Leis que, em seu conjunto, deveriam constituir a Doutrina. Nesse período, era preciso preparar os materiais e, ao mesmo tempo, popularizar a ideia. Foi a semente lançada que, assim como a parábola do Evangelho, não deveria frutificar de maneira igual em toda parte. A criança cresceu e hoje é um adulto; chegou o momento em que, sustentado por adeptos sinceros e devotados, deverá avançar rumo ao objetivo que lhe está traçado, sem que os retardatários o impeçam.

Como, porém, fazer essa triagem? Quem ousaria assumir a responsabilidade de fazer um julgamento sobre as consciências individuais? O melhor seria que essa triagem se fizesse por si mesma e, para isso, o meio é bem simples: basta erguer uma bandeira e dizer: "Aqueles que adotam a Doutrina, sigam-na!"

Ao tomar a iniciativa de constituir o Espiritismo, usamos de um direito comum que é o seguinte: todo homem tem que completar, como bem entender, a obra que começou e escolher, ele mesmo, a oportunidade de julgá-la. Desde que cada um é livre para aderir ou não a essa obra, ninguém pode se queixar que sofreu algum tipo de pressão que o obrigasse a participar.

Criamos a palavra "Espiritismo" para atender às necessidades da Doutrina, portanto, temos o direito de determinar onde e como ela deve ser aplicada. Ela define as qualidades e as crenças do verdadeiro espírita. (*Revista Espírita*, abril de 1866.)

Depois de tudo o que foi dito, compreende-se facilmente que teria sido impossível e prematuro fazer essa constituição logo no início. Se a Doutrina Espírita tivesse sido formada com todas as suas partes, como acontece com qualquer concepção pessoal, ela estaria completa desde o primeiro dia, assim, seria mais simples fazer-lhe uma Constituição. No entanto, como a Doutrina surgiu gradualmente, tendo por base as aquisições sucessivas, a sua Constituição teria, sem dúvida, reunido todos aqueles que amam novidades; mas logo seria abandonada pelos que não aceitassem todas as consequências que ela impõe aos seus seguidores.

Entretanto, alguns poderão dizer: mas isso não é criar uma divisão entre os adeptos? Ao criar dois campos, você não enfraquece os seguidores?

Nem todos os que se dizem espíritas pensam da mesma forma sobre todos os pontos. De fato, a divisão existe e ela é muito mais prejudicial porque pode ocorrer que não se saiba quando um espírita é um aliado ou um adversário. O que faz a força é o todo. Ora, entre pessoas interessadas, moral ou materialmente, em seguir o mesmo caminho e procurar o mesmo objetivo só pode existir uma união verdadeira. Dez homens sinceros, unidos por um pensamento comum, são mais fortes do que cem que não se entendem entre si. Nesse caso, a mescla de ideias divergentes tira a força de coesão entre aqueles que desejariam andar juntos, exatamente como um líquido que, infiltrando-se num corpo, torna-se um obstáculo para a agregação das moléculas desse corpo.

Se a Constituição tem por efeito diminuir momentaneamente o número aparente de espíritas, terá como consequência inevitável dar mais força aos que caminharem de comum acordo para a realização do grande objetivo humanitário que o Espiritismo deve atingir. Eles se reconhecerão e se estenderão as mãos de um extremo a outro do mundo. Além disso, a Constituição vai ser uma barreira aos ambiciosos que, desejando se impor, tentariam explorar a Doutrina em proveito próprio e desviá-la do bom caminho. Tudo está calculado para evitar que isso aconteça, pela retirada de toda autocracia (governo de um só) ou supremacia pessoal.

CAPÍTULO 5

CREDO ESPÍRITA

INTRODUÇÃO

Os males da Humanidade provêm da imperfeição dos homens; é pelos seus vícios que eles se prejudicam uns aos outros. Enquanto os homens forem viciosos, eles serão infelizes, visto que a luta pelos seus interesses produzirá misérias sem cessar.

Sem dúvida, as boas Leis contribuem para melhorar o estado social, mas são impotentes para assegurar a felicidade da Humanidade, pois elas nada mais fazem do que sufocar as más paixões, sem destruí-las. Em segundo lugar, porque elas são mais repressoras do que moralizadoras, reprimindo apenas as más ações que se sobressaem, sem, contudo, destruir as suas causas. A bondade das Leis é proporcional à bondade dos homens. Enquanto esses forem dominados pelo orgulho e pelo egoísmo, farão Leis que beneficiam as suas ambições pessoais. A Lei civil modifica apenas a superfície. Somente a Lei moral pode penetrar o foro íntimo da consciência humana e reformá-la.

Reconhecendo, portanto, que é o contato com o vício aquilo que torna os homens infelizes, o único remédio para os seus males está no aperfeiçoamento moral. Uma vez que é nas imperfeições que se encontra a fonte de todos os males, a felicidade aumentará à medida que as imperfeições diminuírem.

Por melhor que seja uma instituição social, se os homens forem maus, eles vão desfigurar seus princípios para explorá-la em proveito próprio. Quando os homens forem bons, vão fazer boas instituições, que serão duráveis, porque todos terão o interesse em conservá-las.

Assim, a questão social não tem o seu ponto de partida nesta ou naquela instituição. Ela depende inteiramente do melhoramento moral do indivíduo e das massas. Esse é o ponto de partida, a verdadeira chave para a felicidade da Humanidade, uma vez que os homens não vão mais pensar em prejudicar uns aos outros. Não basta cobrir de verniz a corrupção, é preciso extirpá-la.

O princípio da melhora está na natureza das crenças, visto que estas são o que motivam as ações e modificam os sentimentos. A melhora também está nas ideias que nos acompanham desde a infância e que se identificam com o nosso ser. O desenvolvimento posterior da inteligência e da razão só pode fortalecer as boas ideias, e não destruí-las. É pela educação, mais do que pela instrução, que a Humanidade vai se transformar.

O homem que trabalha seriamente pelo seu melhoramento assegura para si a felicidade já nesta vida. Além da satisfação da sua consciência, ele se livra das misérias materiais e morais, que são as consequências inevitáveis das suas imperfeições. Ele será calmo, pois as dificuldades da vida só de leve vão afetá-lo. Desfrutará de saúde, visto que não vai desgastar o seu corpo com os excessos. Será rico, porque rico é todo aquele que sabe se contentar com o necessário. Terá paz de espírito, uma vez que não sentirá necessidades impossíveis de serem realizadas, nem será atormentado pela sede das honrarias e do supérfluo; também não será atormentado pela febre da ambição, da inveja e do ciúme.

Ao ser indulgente para com as imperfeições alheias, elas lhe causarão menos sofrimentos, pois despertarão a sua piedade, e não a sua cólera. Evitando tudo o que possa prejudicar o seu próximo, seja com palavras ou com atos, procurando, ao contrário, tudo o que possa ser útil e agradável aos outros, ninguém sofrerá com o seu convívio.

O homem que trabalha para o seu melhoramento garante a sua felicidade na vida futura, visto que, quanto mais ele se depurar, tanto mais se elevará na hierarquia dos seres inteligentes e logo conseguirá abandonar esta Terra de provações por mundos superiores. O mal que ele reparar nesta vida não terá que reparar em outras existências. Na erraticidade (intervalo entre uma encarnação e outra), ele só encontrará seres amigos e simpáticos, e não será atormentado pela visão incessante daqueles que tiveram motivo de queixa contra ele.

Se os homens vivessem animados desses sentimentos, seriam tão felizes quanto é possível ser na Terra. Se, aos poucos, esses sentimentos englobassem todo um povo, toda uma raça, toda a Humanidade, nosso Globo estaria entre os mundos felizes.

Será isso uma fantasia, uma utopia? Sim, para aqueles que não acreditam no progresso da alma; mas não para aqueles que acreditam que o aperfeiçoamento da alma não tem limites.

O progresso geral é a resultante de todos os progressos individuais, mas o progresso individual não consiste apenas no desenvolvimento da inteligência, na aquisição de alguns conhecimentos, pois isso é apenas uma parte do progresso, que não conduz necessariamente ao bem, visto que existem muitos homens que fazem mau uso do seu saber. O progresso consiste, acima de tudo, no melhoramento moral, na depuração do Espírito, na exterminação dos maus instintos que existem em nós. Esse é o verdadeiro progresso, o único capaz de garantir a felicidade da Humanidade, porque ele é a negação do mal. O homem mais adiantado intelectualmente pode fazer muito mal; aquele que é adiantado moralmente só fará o bem. Portanto, é do interesse de todas as criaturas o progresso moral da Humanidade.

O que importa, no entanto, a melhora e a felicidade das gerações futuras para aquele que acredita que tudo acaba com a morte? Que interesse ele tem em se aperfeiçoar, em conter o seu ímpeto, em dominar as suas más paixões, em se privar do que possui em benefício dos outros? Absolutamente nenhum. A própria lógica lhe diz que o seu interesse está em desfrutar agora, utilizando todos os meios possíveis, visto que amanhã, talvez, ele nem mais exista.

A doutrina do niilismo, que prega o "nada" como futuro, é a paralisia do progresso humano, porque circunscreve a visão do homem apenas na existência presente, uma vez que restringe as suas ideias e as concentra forçosamente na vida material. Com essa doutrina, o homem nada era antes e nada será depois. Com o término da vida, cessa também todas as relações sociais; a solidariedade torna-se uma palavra sem sentido; a fraternidade é uma teoria sem fundamento; a abnegação em favor dos outros é uma ilusão ridícula; o egoísmo, com o seu lema: *cada um por si*, é um direito natural; a vingança passa a ser um ato racional; a felicidade é um privilégio apenas dos mais fortes e dos mais espertos; o suicídio é o fim lógico para aquele que sofre sem esperanças e não consegue vencer as dificuldades. Uma sociedade fundada no niilismo traria em si mesmo o gérmen de uma dissolução próxima.

Os sentimentos daquele que tem fé no futuro são bem diferentes, pois ele sabe que tudo o que adquiriu em conhecimento e em moralidade não estará perdido; que o trabalho de hoje dará frutos amanhã; que ele próprio vai fazer parte das gerações futuras, mais avançadas e mais felizes. Sabe que, trabalhando para os outros, trabalha para si mesmo. A visão daquele que não se restringe à Terra abrange a infinidade dos mundos que um dia lhe servirão de morada. Ele entrevê o lugar glorioso que vai compartilhar com todos os seres que atingem a perfeição.

Acreditando na vida futura, o círculo das ideias se alarga; o futuro lhe pertence; o progresso pessoal passa a ter um objetivo, uma utilidade *efetiva*. Da continuidade das relações entre os homens nasce a solidariedade. A fraternidade se funda numa Lei da Natureza e no interesse de todas as criaturas. Portanto, a "crença na vida futura" é um elemento de progresso porque estimula o Espírito. Somente ela pode dar coragem ao homem nas suas provas, visto que fornece uma razão de ser para essas provas; fornece-lhe também a perseverança na luta contra o mal e lhe mostra um objetivo a ser alcançado.

Aqueles que possuem a crença na vida futura têm por obrigação incuti-la na mente das massas. O homem possui essa crença desde o nascimento. Todas as religiões a divulgam. Sendo assim, por que ela não tem dado até hoje os resultados que se deveria esperar? É porque, em geral, a crença na vida futura é apresentada em condições que a razão não pode aceitar.

Do modo como a ensinam, ela rompe todas as relações com o presente. A partir do momento que a pessoa deixa a Terra, ela se torna estranha à Humanidade; nenhuma solidariedade existe mais entre os mortos e os vivos; o progresso é puramente individual; cada um, trabalhando para o futuro, trabalha apenas para si, só pensa em si mesmo, sem nenhuma finalidade clara, definida, positiva, sobre a qual o pensamento possa se firmar com segurança. Resumindo: a crença na vida futura é mais uma esperança do que uma certeza material.

Daí resulta, para uns, a "indiferença" quanto ao futuro e, para outros, uma "exaltação mística" que, ao isolar o homem na Terra, é essencialmente prejudicial ao progresso real da Humanidade. Dessa forma, ele deixa de cuidar do progresso material, para o qual a Natureza lhe impõe o dever de contribuir.

Entretanto, por mais ineficientes que sejam os resultados, nem por isso eles deixam de ser efetivos. Quantos homens não foram estimulados e sustentados a seguir no caminho do bem e nele continuaram persistindo, levados por essa vaga esperança, chamada vida futura? Quantos não estiveram a ponto de praticar uma maldade e não seguiram adiante pelo temor de comprometer o seu futuro! Quantas virtudes novas essa crença já não desenvolveu?

Não desprezemos as crenças do passado, por mais imperfeitas que elas sejam, se elas nos conduzem ao bem. Essas crenças estavam de acordo com o grau de adiantamento que a Humanidade possuía na época em que elas eram aceitas. A Humanidade, porém, tendo progredido, requer crenças em harmonia com as novas ideias. Se os elementos da fé permanecem estacionários (a fé cega) e se distanciam do progresso da mente humana, eles perdem toda a sua influência, e o bem que produziram no seu tempo não vão mais produzir no presente, pois aqueles elementos já não estão mais à altura das circunstâncias.

Daqui por diante, para que o "ensinamento da vida futura" possa dar os frutos que esperamos, é preciso que ela satisfaça completamente à razão; que corresponda à ideia que fazemos da sabedoria, da justiça e da bondade de Deus e que não possa ser desmentida pela Ciência. É preciso que a vida futura não deixe na nossa mente dúvidas e incertezas; que seja tão verdadeira quanto a vida presente, da qual é a continuação, assim como o amanhã é a continuação do dia anterior. É preciso que a vida futura seja vista, compreendida, seja, por assim dizer, tocada com a mão. Enfim, é preciso que seja evidente a solidariedade que existe entre o passado, o presente e o futuro, através das diversas existências.

Essa é a ideia que o Espiritismo apresenta da vida futura. A sua força está no fato de ela não ser o produto de uma concepção humana, que apenas teria o mérito de ser mais racional, sem, contudo, não oferecer uma certeza maior da sua existência do que nos oferece as outras crenças. A vida futura é o resultado de estudos realizados ao observar os testemunhos dados pelos Espíritos, de diferentes categorias, durante as suas manifestações. Foi isso que nos permitiu explorar a vida fora do corpo físico em todas as suas fases, desde os Espíritos mais adiantados até os menos.

Assim, o que ocorre na vida futura não é mais uma teoria, uma hipótese provável, e sim o resultado de observações. São os próprios habitantes do mundo invisível que vêm descrever o estado em que se encontram. Há situações em que a mais fértil imaginação não poderia conceber, caso não fossem mostradas aos olhos do observador.

A Doutrina Espírita, dando-nos a prova material da existência e da imortalidade da alma, esclarecendo-nos a respeito do nascimento, da morte, da vida futura, da vida no Universo (fora da Terra), mostrando-nos as consequências inevitáveis do bem e do mal, melhor do que qualquer outra, faz ressaltar a necessidade dos indivíduos se melhorarem.

Por meio da Doutrina Espírita, o homem sabe de onde vem, para onde vai e por que está na Terra; o bem passa a ter um objetivo, uma utilidade prática. Ela não se limita a preparar o homem para o futuro, prepara-o também para o presente, para viver em sociedade. Melhorando-se moralmente, os homens prepararão a Terra para receber o reino da paz e da fraternidade.

A Doutrina Espírita é, por tudo isso, o elemento mais poderoso de moralização, porque ela se dirige simultaneamente ao coração e à inteligência, despertando no homem a compreensão de que é fundamental cuidar de si mesmo.

Por sua própria essência, o Espiritismo participa de todos os ramos dos conhecimentos físicos, metafísicos e morais. São inúmeras as questões abrangidas por ele e todas podem ser resumidas nos pontos seguintes que, considerados como verdades incontestáveis, constituem o programa das crenças espíritas.

PRINCÍPIOS FUNDAMENTAIS DA DOUTRINA ESPÍRITA, RECONHECIDOS COMO VERDADES INCONTESTÁVEIS

Sob o título acima, as edições anteriores das *Obras póstumas* traziam apenas uma nota de Leymaire, assim redigida:

A morte física de Allan Kardec interrompeu as obras desse eminente Espírito. Este volume termina com um ponto de interrogação que muitos leitores desejariam ver resolvido de maneira lógica, como sabia fazer o douto professor em matéria de Espiritismo. Sem dúvida, é porque deveria ser assim.

No Congresso espírita e espiritualista internacional de 1890, seus membros declaravam que, desde 1869, estudos novos haviam revelado coisas novas e que, segundo o ensinamento recomendado por Allan Kardec, alguns dos princípios do Espiritismo, sobre os quais o mestre havia baseado os seus ensinamentos, deveriam ser revisados e colocados em concordância com os progressos da Ciência em geral, realizados nestes últimos 20 anos.

Essa corrente de ideias, comum aos membros do Congresso, vindos de todas as partes da Terra, provou que um volume novo precisava ser feito para ajustar o ensinamento de Allan Kardec com aquilo que constantemente nos oferece a pesquisa da verdade. Esse será um trabalho do Comitê de propaganda. Contamos muito com os bons conselhos dos nossos irmãos da FSI (*Féderation Spirite Internationale*), que no Congresso provaram a sua competência acerca das mais elevadas questões filosóficas, para auxiliarem o Comitê na elaboração desse trabalho coletivo e sempre progressivo. Esse volume, por sua vez, deverá ser revisto quando um novo Congresso assim o decidir.

Allan Kardec disse em *A Gênese, os milagres e as predições segundo o Espiritismo*:

> A Ciência é chamada a constituir a verdadeira gênese, de acordo com as Leis da Natureza (cap. 4, item 3).
>
> As descobertas da Ciência glorificam a Deus, ao invés de rebaixá-Lo. Elas só destroem o que os homens construíram sobre as ideias falsas que fizeram de Deus (cap. 1, item 55).
>
> O Espiritismo, caminhando de par com o progresso, jamais será ultrapassado, porque, se novas descobertas lhe demonstrarem que ele está errado acerca de um ponto qualquer, ele se modificará nesse ponto; se uma verdade nova se revelar, ele a aceitará" (cap. 1, item 55).

P.G. Leymarie

Fim

Leia também...

O Evangelho Segundo o Espiritismo de Allan Kardec

ISBN: 978-85-99275-32-0
328 págs.
16 x 23cm

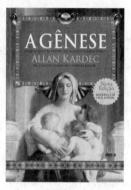

**A Gênese
Os milagres e as predições segundo o espiritismo**

ISBN: 978-85-55270-087-1
396 págs.
16 x 23cm

O Livro dos Espíritos de Allan Kardec

ISBN: 978-85-99275-63-4
480 págs.
16 x 23 cm

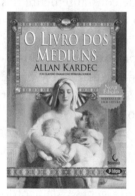

O Livro dos Médiuns de Allan Kardec

ISBN: 978-85-99275-98-6
424 págs.
16 x 23 cm

O Céu e o Inferno de Allan Kardec

ISBN: 978-85-55270-40-6
384 págs.
16 x 23cm

Saiba mais no site
www.besourobox.com.br

IMPRESSÃO:

Santa Maria - RS | Fone: (55) 3220.4500
www.graficapallotti.com.br